甘肃文史集萃 第一辑

甘肃省人民政府文史研究馆 编

敦煌文献与西北历史文化研究

李并成 著

甘肃文化出版社

甘肃·兰州

图书在版编目（CIP）数据

敦煌文献与西北历史文化研究 / 李并成著. -- 兰州 ：
甘肃文化出版社，2024. 12. --（甘肃文史集萃）.
ISBN 978-7-5490-2912-9

Ⅰ. K870.6；K294

中国国家版本馆CIP数据核字第202419UH97号

敦煌文献与西北历史文化研究
DUNHUANGWENXIAN YU XIBEILISHI WENHUA YANJIU

李并成 ｜ 著

策　　划 ｜ 周乾隆　甄惠娟
责任编辑 ｜ 史春燕
封面设计 ｜ 石　璞

出版发行 ｜ 甘肃文化出版社
网　　址 ｜ http://www.gswenhua.cn
投稿邮箱 ｜ gswenhuapress@163.com
地　　址 ｜ 兰州市城关区曹家巷1号｜730030(邮编)

营销中心 ｜ 贾　莉　王　俊
电　　话 ｜ 0931-2131306

印　　刷 ｜ 西安国彩印刷有限公司
开　　本 ｜ 889毫米×1194毫米　1/16
字　　数 ｜ 408千
印　　张 ｜ 24.5
版　　次 ｜ 2024年12月第1版
印　　次 ｜ 2024年12月第1次
书　　号 ｜ ISBN 978-7-5490-2912-9
定　　价 ｜ 78.00元

总　序

2023年6月1日,习近平总书记在中国国家版本馆考察时强调:"盛世修文,我们这个时代,国家繁荣、社会平安稳定,有传承民族文化的意愿和能力,要把这件大事办好。"

延续中华民族"修史立典、存史启智、以文化人"的传统,赓续文化血脉,留住中华民族的根与魂,是每一位文化工作者义不容辞的责任。

存史资政,呼应时代

近年来,甘肃省政府文史研究馆始终坚持"敬老崇文、存史资政"的办馆宗旨,始终以传承弘扬中华优秀传统文化为己任,致力于打造学术精品,积极推动文化赋能地方发展。在新时代推进文史研究,深度契合弘扬中华优秀传统文化的时代精神,为繁荣发展甘肃文化事业,增强中华文明传播力、影响力,努力持久地作出新的贡献。

本套丛书收录了文史馆馆员的研究成果,是一套扎根于中华优秀传统文化、洋溢着对中华民族的历史自信与文化自信的丛书,更是甘肃省政府文史馆著书立说的延续和拓展。

辨章学术,考镜源流

作为各自独立的学术专著,这套丛书从纷繁复杂、波澜壮阔的西北经济、政治、社会、文化发展历史中采撷了五色吉光。丛书作者均是甘肃省政府文史研究馆馆员,他们著作等身,在学术研究,尤其是在西北地方史研究方面堪称领军人物。因此，本套丛书能不囿门户之见、不泥一家之言，呈现出生动多元的学术探索成果。本丛书中，《唐宋敦煌史事记略》《敦煌民族文献论稿》《敦煌文献及西北历史文化研究》，以翔实、细微和具体的史料研究历史，考镜源流，辨章学术，从而建立起对西北历史更深刻、更清晰的立体构架。

作者既能借助大量史料还原历史，让读者身临其境，又能以旁观者的视角为读者剖析人物事件。就像汪受宽馆员在《古史述议》中所讲："他们的事迹是那么鲜活，他们的活动是那么精彩，他们把人性的善良和丑陋张扬到极致，他们的结局叫人恨、让人喜、令人悲、使人痛。"我们跟随作者的笔触，在"当时"与"今日"之间自由出入，窥见历史的偶然性和必然性。

《西汉水与乞巧节》则别有一种学术风度和科学精神，呈现出文史兼治、以史证文的研究特色。赵逵夫馆员以汉水、牛郎织女传说和七夕风俗三者的关系为中心，以材料和考证作支撑深入探索，揭示了一些长久被人们淡忘、忽视的史实。透过颇具浪漫主义色彩的神话传说，我们亦能深切感受到农耕文化的深厚淳朴、民间文学的生动丰饶。

聚焦问题，以古为新

陈寅恪先生在《敦煌劫余录》序中讲道："一时代之学术，必有其新材料与新问题。取用此材料，以研求问题，则为此时代学术之新潮流。"《西汉水与乞巧节》《古史述议》《敦煌文献及西北历史文化研究》《唐宋敦煌史事记略》《敦煌民族文献论稿》五部专著，跨度从古代到当下，从思想到政治，从文史到民俗，为读者梳理了清晰简洁的历史脉络。既回到过去，在人类文明的灿烂遗产中钩沉拾贝，也面向今天，面向时代，面向未来，以古为新。

　　作为学术类丛书，本套丛书更有着极为深切的现实关怀。切近社会问题，把握时代脉搏，立足中国未来发展，保持文化的创造性活力，是传统知识分子和当代学人一脉相承的责任与使命。本套丛书，不仅在于"求真"，更重视"求解"。几部著作都突出体现了关注实践的问题意识和探究理论的独特视角。

　　依托甘肃粲然可观的文化遗产和文史馆馆员丰硕的研究成果，我们希冀这套丛书可以展现甘肃文史的厚重与精深，以使读者更好地感知多元一体的中华文明的丰富内涵，以及中国优秀传统文化的精神内核，从而为实现中华民族伟大复兴的中国梦提供精神动力。

　　是为序。

甘肃省政府文史研究馆党组书记、馆长 王華存

2024年6月于兰州

目 录

一　敦煌学研究

003 敦煌在丝绸路上的重要地位新考

013 敦煌文化
　　——丝绸之路文化最具代表性的杰出范例

024 "镜"类文献识略

042 《沙州城土镜》(P.2691v)之地理调查与考释

058 居延汉简里程简地理调查与考释

070 "草圣"张芝其人其事新探
　　——以敦煌遗书为中心

082 敦煌归义军曹氏统治者果为粟特后裔吗?
　　——与荣新江、冯培红先生商榷

095 中晚唐五代宋初敦煌佛教的生命关怀考论

108 唐代甘州"中府"钩沉

113 释"平水"

121 | 敦煌资料中有关遵循自然节律保护环境的哲理

139 | 有关敦煌饮食文化中几个重要问题的探讨

147 | 敦煌文献再现上元节场景

151 | 敦煌遗书中所见的寒食、清明节习俗

155 | 敦煌文书中所见的唐五代时期端午节习俗

158 | 敦煌文书中所见的乞巧节习俗

161 | 敦煌遗书中所见的重阳节习俗

164 | 敦煌遗书中的民法文卷考

171 | 敦煌唐五代时期"物权"文献研究

189 | 敦煌吐鲁番契约文书中的担保方式再议

203 | 敦煌资料等所见人们对于马的喜爱与管护

二　西北历史文化研究

215 | 甘肃历史文化在华夏文明中的地位论略

230 | 河西走廊历史时期人地关系的演变论略

238 | 武威王杖简与汉代尊老扶弱制度

242 | 汉晋时期楼兰绿洲屯垦开发再议

251 | "五凉"时期中西文化交流新考

258 | 蕃占时期对塔里木盆地东南部一带的经营
——以米兰出土简牍为中心

270 | "凉州会谈"的重大意义论略

273 | "凉州会谈"不能说成"凉州会盟"

277 | 古代城防设施——羊马城考

281 | 兰州在丝绸之路上的重要地位新考

295 | 丝绸之路上的白银

306 | 护秦屏陇,连蜀系蒙,援疆翼藏
——天水在丝绸之路上重要地位的再揭示

310 | 甘青新地区西王母文化遗存的实地调查与考证

321 | 有关西北干旱区历史地理研究中几个重要问题的辨析

331 | 民国时期甘肃发生的疫灾与畜疫灾研究

348 | 新时代甘肃精神应有新的表达
——艰苦奋斗,开放包容,自强不息,创新跨越

3

三 附 录

355 | 甘肃在共建"一带一路"格局下的东西合作论略

360 | 实施生态立省战略,努力建设美丽甘肃

365 | 强化服务,优化环境,振兴甘肃民营经济

369 | 关于我省建设节水型社会的思路和建议

373 | 关于促进我省绿色能源开发的建议

377 | 关于我省哲学社会科学创新发展的若干思考

381 | 关于加强和改进大学生思想政治工作的若干建议

一

敦煌学研究

敦煌在丝绸路上的重要地位新考

  研究和弘扬敦煌文化,离不开对于敦煌在丝绸之路上重要地位的探讨,虽有不少学者在此方面做过工作,但仍有一些问题值得深入挖掘。笔者不揣简陋,拟就此作一新的考察与剖析,并就如何充分利用敦煌在丝绸之路上的独特地位优势,以及敦煌文化、敦煌学所具有的国际性、开放性等特征和跨时空的创新力,将其作为唤起"一带一路"共建国家的共同记忆,加强我国与各国人民文明对话、民心相通的重要的"外交"渠道和平台,提出若干设想,以就教于学界。

一、从"敦煌"得名的含义谈起:丝绸之路"凿空"与"敦煌"一名的原生性

  "敦煌"一名是何含义?《汉书·地理志》"敦煌郡"条唐颜师古注,应劭曰:"敦,大也;煌,盛也",即"盛大辉煌"之意。对于这一解释不少学者持有异议,认为敦煌是一个小地方,人口不多(汉代敦煌郡人口仅三万八千多),又地处偏远,何以言大,何以言盛? 于是有些学者寻求另外的解读和探讨,但迄今仍言人人殊,莫衷一是。

  有人认为,西汉建郡前敦煌及河西走廊被匈奴统治,"敦煌"一名应来自匈奴语的译音。日本学者藤田丰八在其《西域篇》中认为,"敦煌"可能是都货罗(Tokhara)的译音,而都货罗即汉初居于敦煌、祁连间的月氏族。1986年,海风发表《敦煌地名的来源及其他》一文,认为"敦煌"既不是汉语语词,也不是少数民族语音的译音,而可能与希腊人有关。因为文献记载中的大夏国,即希腊·巴克特里亚,在公元前三世纪已达帕米尔高原,其中的塞人世居于敦煌。可见希腊人是早于匈奴人在敦煌驻足的。①

---

①海风:《敦煌地名的来源及其他》,《光明日报》1986年10月27日4版。

岑仲勉先生提出,东罗马作家Simocatta(约当我国隋代人,其著作成书于610年)以"Taugas"称我国,昆莫河诸碑亦以"Tapgac"称我国,而沿用近六百年中该名称见于汉译只一次,即《长春真人西游记》云:"土人惟以瓶取水,载而归,及见中原汲器,喜曰,桃花石诸事皆巧。桃花石谓汉人也。"因而认为"桃花石"为城名。从历史上看,敦煌不仅是东西交通之咽喉,而且是国际商业之集散地,它"握北门之锁钥者最少可六百载,其历史如是久且要,外人叩关投止,因以初到之封境为称,渐乃变成国号,固自然而然之事实矣。"岑先生因之认为"Tapgac"为"敦煌"之对音,至于"敦煌"这个译名究竟本自何种语言,今不可知。①

刘光华先生认为,"敦煌"一名在汉武帝设置河西郡县以前很早就出现了,与"祁连"连用的"敦煌",肯定不是指敦煌县、敦煌郡,它和"祁连"一样,应是当地土著民族所呼土名的汉音写名,至于"敦煌"一词的原意早在东汉就无法知道了。②

王冀青先生则认为"敦煌"一名与希腊人无关,因为海风的说法有一个关键性错误,即将Scythians人当作希腊人的一支,而Scythians人是晚至公元七世纪起活动于里海、咸海、锡尔河以北的欧亚大草原上的游牧民族,我国译作西徐亚人、塞西安人、斯基泰人或塞种人,这支游牧民族实际上是操印欧语系东伊朗语的众多游牧部落的联合体,希腊·巴克特里亚王国建立后,他们既不与希腊人同族,又不是希腊·巴克特里亚王国的臣民,因而汉代以前曾世居敦煌的塞种人也绝非希腊人。③

王宗维先生认为,敦煌为族名,来自《山海经·北山经》《水经注笺》卷二所记载的"敦薨"。敦薨人的活动范围约在今巴龙台以南,包括焉耆、库尔勒,再向东直至罗布泊方圆数千里的地方,山名、水名、泽名均以"敦薨"一词命名,根据我国西北地区往往有地从族名的习惯,说明在这个地方曾经有一个很大的民族——敦薨人在此活动,时间从《山海经》一书的成书年代推测,约在中原战国时期。④

①岑仲勉:《释桃花石(Taugas)》,《东方杂志》第33卷第21号,1936年。
②刘光华:《敦煌上古历史的几个问题》,《敦煌学辑刊》第3辑,1983年。
③王冀青:《敦煌地名与希腊人无关》,《地名知识》1987年第4期。
④王宗维:《"敦煌"释名——兼论中国吐火罗人》,《新疆社会科学》1987年第1期。

还有学者认为,敦煌为羌语译音。李得贤《敦煌与莫高窟释名及其他》一文写道,河西走廊的庄浪(今永登)藏语意为野牛沟,张掖的原意是野牛之乡,"敦煌"之为羌语译音,盖与庄浪、张掖、山丹等相同,其对音为"朵航",这在现代藏语为"诵经地"或"诵经处"的含义。①

除上而外,对于"敦煌"名称的解读还有一些说法,就不一一列举了。笔者以为,上述这些看法尽管均有所据,但限于史料的缺乏,在很大程度上均属于推测,很难将此问题"打死"。

谭世保《燉(焞、敦)煌考释》则别具新意,否定了燉(焞、敦)煌为胡语音译各说,认为"燉煌"完全是按照汉文的这两个字的本义组合而成的专有名词,绝非胡语音译。应以"燉"为正体字,"焞"为其异体字,"敦"为其俗体字,"燉煌"之取义大盛,并非实指其时郡治之城市规模的大盛,而是用以象征汉朝的文明道德犹如日月之光辉一样大盛,故其首字应以从火的燉或焞为正,无火字旁的敦为俗写假借。②谭先生考证细致,其说颇有道理,笔者赞同。然而此问题尚未说透,人们不免会产生进一步的疑问,为什么单单在这个地方取用"燉煌"一名,而不在全国其他地方取用此名呢?汉朝文明道德的光辉难道在全国其他地方"不盛"吗?显然,敦煌的得名还应有其更深层次的谜团有待揭开。

探究"敦煌"一名的准确本义,我们还是应回到对其原始资料《史记》《汉书》等有关记载的准确解读上。

诚如谭先生所言,应劭的解释是现存汉朝人最早也是唯一对"燉煌"的正确释义。笔者发现,今天一些学者对于应劭"敦煌"释义产生质疑,其实不仅仅是在今天,早在唐代或更早的时代这种质疑就已经存在了,成为一个令人关注的问题了。为之唐代著名舆地学家李吉甫就此专门做出应答和解释:"敦,大也;以其广开西域,故以盛名。"意思是说由于敦煌在开辟西域方面的重大意义,所以才赋予了它这

---

①李得贤:《敦煌与莫高窟释名及其他》,《青海社会科学》1988年第5期。
②谭世保:《燉(焞、敦)煌考释》,《文史》第37辑,中华书局,1993年,第55—64页。

样一个具有盛大含义的名字。可见,"盛大辉煌"或曰"汉朝的文德大盛"所指并不限于敦煌本身,更重要的是在于其"广开西域"的作用和功业,西域难道不大吗? 开拓西域的业绩难道不盛吗? 正是由于"敦煌"与开拓西域的辉煌创举紧密相连,因而才有了这样一个熠熠生辉、光耀古今的盛名,这块地方才配得上称之为"燉煌"。开拓西域也就意味着开通丝绸之路,意味着"凿空"壮举,可见敦煌从其建郡得名伊始就与开拓西域、开辟丝绸之路紧紧地连在了一起,也可以说敦煌得名的"原生性"即在于西域的开拓及丝绸之路的开辟。

翻检史册,敦煌对于开拓西域、开通丝绸之路的重大作用和意义的记载不胜枚举。就拿汉代来说,两汉经营西域、开通丝绸之路有如一幕幕历史活剧,而敦煌即为汉王朝导演活剧的后台,也是汉室决策西域的耳目。汉破楼兰、姑师,联乌孙,伐大宛,与匈奴争车师,远征康居,等等,凡征战,敦煌便是前线重要的物资、人员补给基地和大军出发地,并且在应对和支撑西域危局中发挥了无可替代的巨大作用。例如,据《后汉书》卷七七《班勇传》等史料记载,东汉明帝永平末年(75),为抵御北匈奴对西域的攻击,在敦煌设置中郎将,"使护西域";东汉安帝永初元年(107)汉罢西域都护,元初七年(120)又置西域副校尉,代替西域都护管理西域事务,西域副校尉就常驻敦煌,"宣威布德,以系诸国内向之心,以疑匈奴觊觎之情",担负着"西抚诸国,总护南北道"的重任,①敦煌又一度成为中原王朝统辖西域的军政中心,经营西域、维护丝路畅通的大本营。有学者认为,若将东汉在西域稳定统治的时间下限定于安帝永初元年(107)汉廷征还段禧、自此不复置都护算起,则河西尤其是敦煌极大延续了东汉对西域此后70年的统治。②

《汉书·西域传》记,两汉时期出敦煌玉门关、阳关往西域有南北两道。《三国志·魏书》卷30注引《魏略·西戎传》记,从敦煌玉门关入西域,前有二道,曹魏时增至三道。隋代通西域有北中南三道,但无论哪一道都"发自敦煌""总凑敦煌,是其咽喉

---

①[南朝宋]范晔:《后汉书》卷七七《班勇传》,《二十五史》第2册,上海古籍出版社、上海书店,1986年,第183页。

②高荣:《先秦汉魏河西史略》,天津古籍出版社,2007年,第240页。

之地"①。笔者考得，唐代以敦煌为中心曾在不同时期辟有5条大道通往西域，即北通伊州（今哈密）的稍竿道、西北通高昌（今吐鲁番）的大海道、西通焉耆和龟兹（今库车）的大碛道、西南通鄯善（今若羌）和于阗（今和田）的于阗道，以及敦煌东面瓜州（今锁阳城遗址）西北通伊州的第五道（莫贺延碛道）；此外，敦煌还有南通青藏高原吐谷浑和吐蕃的道路。②由此可见，敦煌对于中原王朝经营西域、丝绸之路的开辟与畅通有着密不可分的关系及重大意义。

因之笔者拙见，研究"敦煌"的得名，不应单就"敦煌"二字本身去寻觅追究，由于敦煌特殊的地理位置以及重大的历史作用，而应站在汉王朝经营西域、"凿空"丝绸之路的历史大背景下去探讨考释。

二、敦煌为我国西部的"命门"所系，不仅是丝绸之路上极为重要的枢纽重镇，而且是中国历史上率先对外开放的前沿之地

说到敦煌就不能不联系到河西走廊。河西历史上作为中原王朝势力强盛之时向西发展的具有重大战略意义的前进基地和重要根据地，或名之曰中原王朝向西伸出的"右臂"。汉、魏、隋、唐、宋、元、明、清各代都把河西作为整个西北地区的战略支撑点。占领河西走廊，就可割断蒙古高原与青藏高原游牧民族之间的联系，并进而向西控制天山南北的广大地域。河西的得失与中原王朝的命运可谓息息相关，河西成为巩固西北边防、维护国家统一和安全的重要依托和生命线，对于中国统一的多民族国家形成和巩固发挥过无可替代的历史作用，正所谓"欲保秦陇，必固河西；欲固河西，必斥西域。"而位于河西走廊最西端的敦煌，堪称中国西部的"命门"所系。

笔者认为，张骞出使西域属于一种国家行为，是我国主动向西开放、走向世界

---

①［唐］魏徵等撰：《隋书》卷六八《裴矩传》，《二十五史》第5册，上海古籍出版社、上海书店，1986年，第190页。

②李并成：《盛唐时期河西走廊的区位特点与开发》，载《唐代地域结构与运作空间》，上海辞书出版社，2003年，第61—71页。

的壮举,也是中国历史上最早的对外开放,由此开拓了对于整个古代世界产生重大影响的丝绸之路,这不仅在中国历史发展上的贡献至伟至巨,而且为整个人类社会的发展进步做出划时代的历史贡献,史家称其为"凿空"。由于我国东面濒临浩瀚的大海,在当时的历史条件下不可能远涉重洋,因而对外开放的主方向只能是选择向西开放,向欧亚大陆开放,即沿着丝绸之路走出国门,走向世界。

而位处东亚与中亚接合部的河西走廊有着比北部沙漠戈壁、南部青藏高原优越得多的自然环境和通行条件,遂成为连接我国中东部腹地与西北地区重要的天然通道,可称之为我国走向世界的第一条通道。居于河西走廊最西端的敦煌,无疑成为中国历史上率先对外开放的前沿之地,以至发展成为"华戎所交"的国际性都会。

著名学者季羡林先生曾说:"世界上历史悠久、地域广阔、自成体系、影响深远的文化体系只有四个:中国、印度、希腊、伊斯兰,再没有第五个。而这四个文化体系汇流的地方只有一个,就是中国的敦煌和新疆地区,再没有第二个。"诚如其言,敦煌和新疆成为世界四大文化体系别无他选的交流融汇之地。拿敦煌而言,随着丝绸之路的开辟,使其迅速发展成为西出西域无可替代的咽喉枢纽、中原与西方经济文化交流的重镇。

三、民族交流融汇、多元共生的纽带

河西走廊东与黄土高原毗连,北与蒙古高原接壤,南与青藏高原邻境,西与塔里木盆地交界,这种特殊的区位条件使其成为历史上生活在这些地域以至更广区域范围内的各民族往来、迁徙、交流、融汇非常频繁的地区,农耕民族和诸多游牧民族在本区的交流交融、共建共荣,不仅对于敦煌、河西历史,而且在全国历史上都产生过不容忽视的重要影响。《耆旧志》云:敦煌"国当乾位,地列艮虚,水有县泉之神,山有鸣沙之异,川无蛇虺,泽无兕虎,华戎所交,一都会也"。敦煌发展成了华夏民族与西方各民族交往的国际都会。

远的姑且不论,2000多年来,农耕民族与诸多游牧民族的关系错综复杂和盘

根错节,即是敦煌、河西历史文化中的一个重要特点,也恰恰成为中华民族多元一体格局发展进程中的重要动力和组成部分。多民族的共同开发建设,赋予敦煌、河西历史文化多元互嵌共生的内涵和民族浑融的斑斓色彩,形成了"你中有我、我中有你、各美其美、美美与共"的文化融合发展的民族命运共同体。

著名学者费孝通先生曾提出"民族走廊"这一概念,位于丝路主干道的河西走廊正是我国一条路线最长、历时最久、规模最宏大、文化积淀最丰厚的民族走廊。河西走廊为中华民族共同体意识的形成和发展做出过重要的历史性贡献。

敦煌、河西地区不仅是国内许多民族交往共生的走廊,从更广阔的视域上来看,河西还是贯穿亚欧大陆,国内外各民族友好交往交流的历史走廊和重要过渡地带。来自不同国家、不同民族、不同文明类型的多元文化在这里进行了长时期的交汇交流、对话、依存与沉淀,文化特色上表现出开放、多元的风格,形成诸多"共同的历史记忆",呈现出人类共有精神家园的构建规律和前进趋势。

即拿来自中亚、西亚的胡文化来说,早自西汉张骞"凿空"西域不久,粟特等中亚、西亚民族就大量涌入敦煌、河西以及中原一些地区,及至唐五代时期达到高潮,粟特等民族胡文化亦随之传入,遂为敦煌、河西等地的社会文化注入了新的血液和营养,使这里的文化面貌呈现出新气象。例如,唐代敦煌辖有13乡,其中从化乡为外来的粟特人的聚居之地,乡名"从化"即依从王化之意,指胡族归属、依附中华的行为。日本学者池田温依据敦煌天宝十载(751)《差科簿》(P.3559c)等文书考得,从化乡在8世纪中期约有300户居民、1400人左右,从其姓氏上看大部分聚落成员是粟特人。[1]至于散居在敦煌其他各乡的胡人亦不在少数。敦煌当地民风习俗诸如赛祆、婚丧、服饰、饮食、乐舞、体育等,无不受胡风浸染。粟特人在敦煌建有安城,城中立有祆庙,其规模多达20龛。归义军官府《破用历》经常记载为了举办赛祆活动而支出的画纸、灯油等食品。祆祠赛神已被纳入敦煌当地的传统祭祀习俗

---

① [日]池田温:《八世纪中叶敦煌的粟特人聚落》,载氏著《唐研究论文选集》,中国社会科学出版社,1999年,第52页。

中,从官府到普通百姓,无论粟特人,还是汉族和其他少数民族,无不祀祆赛神。敦煌赛祆活动的主要仪式有,"祆寺燃灯,沿路作福",供奉神食及酒,幻术表演,雩祭求雨等,反映了外来宗教文化传入中国后融入中国传统文化的状况,经过中国传统文化消化、改造了的祆教,已与中亚本土的祆教有诸多不同。①

四、东西方文化交融整合、孵化衍生的创新高地

敦煌、河西不仅是丝绸路上东西方文化传播交流的重要通道和枢纽,而且还是东西方文化交融整合的加工场、孵化器和大舞台,是其创化衍生和发展嬗变的创新高地。我们看到,西方文化进入中国,首先要通过敦煌、河西进行中国本土化过程,或与中国传统文化碰撞、交流、整合后再继续东传。同样,中原文化向西传播亦是经过河西、敦煌发生文化的交流交融。敦煌在整合文化资源、创新文化智慧方面有着独具特色的优势。如佛教文化与西域歌舞艺术即是如此。

作为外来宗教,佛教欲在中华故土上传播发展,欲融入中国的传统文化,就必须要适应中国原有的文化氛围,适应中国人的思想观念与审美意识,运用中国的语言表达方式,这首先就需要进行一番"中国化"的改造与更新过程。敦煌作为佛教进入我国内地的第一站,率先形成了佛经翻译、传播中心,并成为佛教"中国化"的创新之地。如世居敦煌的月氏高僧竺法护,曾事外国沙门竺高座为师,游历西域诸国,通晓多种语言,率领一众弟子首先在敦煌组织了自己的译场,被人们称为"敦煌菩萨"。

竺法护为当时最博学的佛教学者,是佛教东渐时期伟大的佛教翻译家,开创了大乘佛教中国化的新局面,奠定了汉传佛教信仰的基本特色。②他"孜孜所务,唯以弘通为业,终身写译,劳不告倦。法经所以广流中华者,护之功也。"《开元录》载其共译经175部354卷。任继愈主编《中国佛教史》第二卷载,竺法护"一生往来于敦

---

①参见李并成:《敦煌文化——丝绸之路文化最杰出的代表》,《敦煌文化研究》第1辑,甘肃人民出版社,2016年,第60—70页。

②李尚全:《竺法护传略》,甘肃人民出版社,2011年,第1页。

煌、长安之间，先后47年（266—313），译经150余部，除小乘《阿含》中的部分单行本外，大部分是大乘经典……早期大乘佛教各部类的有代表性的经典，都有译介……在沟通西域同内地的早期文化上，作出了卓越的贡献。"正是由于竺法护开创性的贡献，使敦煌实际上成为大乘佛教的发祥地。

又据《高僧传》卷四《晋敦煌竺法乘传》载，竺法护的弟子竺法乘承其师之衣钵，继续在敦煌"立寺延学，忘身为道，诲而不倦"，颇有影响。尔后敦煌僧人竺昙猷继续研习光大，成为东晋时期著名的高僧、浙江佛教的六大创始人之一。《高僧传》卷十一记："竺昙猷，或云法猷，敦煌人。少苦行，习禅定。后游江左，止剡之石城山，乞食坐禅……自遗教东移，禅道亦授，先是世高、法护译出禅经，僧先、昙猷等并依教修心，终成胜业。"可见，竺法护、法乘、昙猷等前后相继，译出并创立大乘佛教的禅学理论，又付诸实践禅修弘法，成就胜业。马德先生认为，昙猷实际上就是中国佛教禅修的创始人。①

又如敦煌壁画中的飞天，其形象源自印度，是佛教天国中的香神和音神，莫高窟中的飞天多达6000余身。飞天形象传入敦煌后，经不断地交融发展、艺术创新，逐渐摆脱了印度石雕飞天原有的样式，以全新的面貌展现于世人面前。

唐代大诗人李白描写的"素手把芙蓉，虚步蹑太清。霓裳曳广带，飘拂升天行"，正可用来赞叹敦煌飞天。敦煌飞天不生羽毛，不长翅膀，借助彩云却不依靠彩云，通过长长的飘带、舒展的身姿、欢快的舞动，在鲜花和流云的衬托下翱翔天空，翩翩起舞，把洞窟装扮得满壁风动。诚如著名学者段文杰先生所论："敦煌飞天不是印度飞天的翻版，也不是中国羽人的完全继承。以歌伎为蓝本，大胆吸收外来艺术营养、促进传统艺术的改变，创造出的表达中国思想意识、风土人情和审美思想的中国飞天，充分展现了新的民族风格。"②敦煌飞天堪称人类艺术的天才创造，是中国美术史上的一个奇迹，充分体现了中华民族不断突破自我、勇于创新的精神

---

①马德：《敦煌文化杂谈三题》，《敦煌哲学》第4辑，甘肃人民出版社，2017年，第156页。
②段文杰：《飞天——乾闼婆与紧那罗》，载《段文杰敦煌艺术论文集》，甘肃人民出版社，1994年，第438页。

品格。

笔者认为,敦煌文化是一种在中原传统文化主导下的多元开放文化,敦煌文化中融入了不少来自中亚、西亚、印度和我国西域、青藏、内蒙古等地的民族文化元素和营养,呈现出一种开放性、多元性、浑融性的文化融合发展的底色和格局。

如果将敦煌与长达万余公里的丝绸路上的其他历史文化名城,如武威、张掖、酒泉、哈密、吐鲁番、库车、喀什、和田、比什凯克、白沙瓦、撒马尔罕、伊斯坦布尔、罗马等相比的话,无论从其独特的地理位置、重要的区位优势等方面,还是从其所出文献,所存遗迹、遗物的丰富程度、广泛性、包容性、多元化,以及影响力和创新性等方面来看,敦煌文化都不愧为最能够代表丝绸之路文化的杰出范例。

敦 煌 文 化

——丝绸之路文化最具代表性的杰出范例

如果说，要在长达万余公里的丝绸之路沿线上，找出一处最能印证丝路历史沧桑、代表丝绸之路精神、体现丝路文化特质的地方，那么敦煌无疑是最佳选择。就中西文化的交流交汇交融而言，丝路沿线的其他任何地方，都不足与敦煌争胜，这与敦煌在丝绸之路上所处的独特的地理位置、所保存的灿烂辉煌的文化遗迹等密切相关。

一、敦煌不仅是丝绸路上中西文化传播交流的枢纽重镇，而且还是中西方文化交融整合、孵化衍生的创新高地

以往的研究中，对于敦煌在丝绸之路上的重要地位及区位优势，虽有学者做过不少论证与阐释，然而尚有值得进一步深入发掘和重新认识的必要。

敦煌位于河西走廊的最西端，说到敦煌就不能不首先来关注河西走廊的历史地位。我们看到，河西走廊地处东亚与中亚的接合部，由于其较之北部沙漠戈壁、南部高原优越得多的自然和通行条件，遂成为连接我国中东部腹地与西北地区最重要的天然通道，堪称中国西部的"命门"所系。从世界发展史上看，河西又是古老的华夏文明与两河流域文明、古印度文明、地中海文明等的汇流之区，是丝绸之路的主动脉。

河西走廊是我国历史上率先对外开放的地区，是我国走向世界的第一条通道。我国历史上最早的对外开放，可追溯到2100多年前的张骞出使西域，史家称其为"凿空"。这一壮举开通了丝绸之路，其主干道就是沿着河西走廊通往西域，进而走出国门，通向西方，而河西走廊通道的前沿就是敦煌。

对于中原王朝来说,敦煌是具有重要战略意义的前进基地和西域门户。东汉应劭解释敦煌二字:"敦,大也;煌,盛也。"唐人李吉甫又云:"敦,大也;以其广开西域,故以盛名。"意思是说由于敦煌在开辟西域方面的重大意义,所以才赋予它这样一个具有盛大含义的名字。随着丝路的畅通,敦煌迅速发展成为西出西域无可替代的咽喉枢纽。

从东西方经济文化交流来说,敦煌又是"华戎所交"的国际都会。如前所论,汉代出敦煌玉门关、阳关往西域有南北两道,曹魏时增至三道。《后汉书·郡国志》引《耆旧志》:敦煌"华戎所交,一都会也",即敦煌发展成了华夏民族与西方各民族交往的国际都会。隋代"发自敦煌"通往西域有北中南三道,唐代以敦煌为中心曾在不同时期辟有6条大道通往西域。

敦煌、河西不仅是丝绸之路上中西文化传播交流的重要通道和枢纽,而且还是中西方文化交融整合的加工场、孵化器和大舞台,是其创化衍生和发展嬗变的高地。我们看到,西方文化进入中国,首先要通过敦煌、河西进行中国本土化过程,或与中国传统文化碰撞、交流、整合后再继续东传。同样,中原文化向西传播亦是经过河西、敦煌发生的文化交流交融。敦煌在整合文化资源、产生文化智慧方面有着独具特色的优势。如前所举,佛教文化与西域歌舞艺术即是如此。

作为外来宗教,佛教欲在中华大地上传播发展,并融入中国的传统文化,就必须要适应中国原有的文化氛围,适应中国人的思想意识与审美观念,运用中国的语言表达方式,这就需要首先进行一番"中国化"的改造与创新过程。敦煌作为佛教进入我国内地的第一站,率先形成了佛经翻译、传播中心,敦煌也就首先成为佛教"中国化"的创新之地。"敦煌菩萨"竺法护,率领一批弟子首先在敦煌组织了自己的译场,被当时人们称为最博学的佛教学者,是佛教东渐时期伟大的佛经翻译家,开创了大乘佛教中国化的新局面,奠定了汉传佛教信仰的基本特色。正是由于竺法护开创性的贡献,使敦煌实际上成为大乘佛教的发祥地。又据《高僧传》卷四、卷十一等所载,竺法护的弟子竺法乘、敦煌高僧昙猷等前后相继,译出并创立大乘佛教的禅学理论,又付诸实践禅修弘法,成就胜业。

敦煌遗书中约90%的卷帙为佛教典籍,总数超过5万件,包括正藏、别藏、天台教典、毗尼藏、禅藏、宣教通俗文书、寺院文书、疑伪经等,具有十分重要的补苴佛典、校勘版本和历史研究价值。例如,禅宗为彻底中国化的佛教,且简单易行,公元8世纪以来,成为中国佛教的主流,受到唐代士大夫及普通民众的欢迎和信仰。然而由于战乱及"会昌灭法"的打击等原因,以至于许多早期的禅籍遗失,其教法也逐渐失传,使我们无法全面了解唐代禅宗的发展状况,也难以真正了解中国思想史和中国社会史。值得欣喜的是,敦煌遗书中保存了大量8世纪前后禅宗的典籍,主要有初期禅宗思想的语录、禅宗灯史等。例如,据说是禅宗初祖达摩的《二人四行论》、三祖僧璨的《信心铭》、卧伦的《看心法》、法融的《绝命观》《无心论》、五祖弘忍的《修心要论》、北宗六祖神秀的《大乘五方便》《大乘北宗论》《观心论》、南宗六祖慧能的《坛经》、南宗七祖神会的《菩提达摩南宗定是非论》,以及杜朏的《传法宝记》、净觉的《楞伽师资记》、保唐宗(净众宗)的《历代法宝记》,等等。[①]这些著述填补了禅宗思想史的诸多空白。

又如别藏,是专收中华佛教撰写的中国佛教典籍的集成,但在大多数佛僧眼中其地位远远比不上由域外传入的正藏,故而使大批中华佛教专著散佚无存,实在可惜。敦煌藏经洞中则保存了相当多的古逸中华佛教论著,包括经律论疏部、法苑法集部、诸宗部、史传部、礼忏赞颂部、感应兴敬部、目录音义部、释氏杂文部等,从而为我们研究印度佛教是怎样一步步演化为中国佛教的,中国佛教是如何发展演变等问题提供了十分丰富的新史料。

再如,疑伪经即非佛祖口授而又妄称为经者,或一时无法确定其真伪的经典,亦大多无存。但这些经典均可反映出中国佛教的某一发展断面,具有很高的研究价值,在敦煌遗书中保存了相当多的数量,十分值得庆幸。如《高王观世音经》,反映了观世音信仰在中国发展和流传的状况;《大方广华严十恶品经》,反映了梁武帝

---

①[日]田中良昭:《敦煌の禅籍》,载《禅学研究入门》,大东出版社,1994年。邓文宽、荣新江:《敦博本禅籍录校》,江苏古籍出版社,1998年。

提倡断屠食素背景下汉传佛教素食传统的形成过程;《十王经》反映了中国人地狱观念的演变,等等。①这些资料已使佛教"中国化"的研究呈现出诸多新的面貌。

又如敦煌壁画中的飞天,其形象源自印度,又名乾闼婆、紧那罗,是佛教天国中的香神和音神,即专施香花和音乐的佛教专职神灵,莫高窟中的飞天多达6000余身。飞天形象传入敦煌后,经不断地交融发展、艺术创新,逐渐摆脱了印度石雕飞天原有的样式,以全新的面貌出现于世人面前。

莫高窟早期洞窟(如北凉第275窟)中的飞天,头有圆光,戴印度五珠宝冠;或头束圆髻,上体半裸,身体呈"U"形,双脚上翘,手掌或分或合,凌空飞来,姿势略显笨拙,形体略显僵硬,似有下沉之感,带有印度石雕飞天的痕迹。北魏时期,飞天逐渐向中国化方向转变,但仍有明显的西域样式和风格,其体态健壮,略呈男性特征,飞动感不强。西魏到隋代是各种飞天艺术风格交融发展的时期,完全中国化的飞天艺术逐渐形成。西魏第285窟飞天形象已趋向于中原秀骨清像形,其身材修长,裸露上身,直鼻秀眼,微笑含情,脖有项链,腰系长裙,肩披彩带,手持各种乐器凌空飞舞。四周天花旋转,云气飘荡,颇显身轻如燕、自由欢乐之状。

隋朝飞天艺术得到进一步发展,一扫呆板拘谨的造型姿态,身姿与飘带完全伸展,体态轻盈、流畅自如,完成了中国化、民族化、女性化、世俗化、歌舞化的历程。如莫高窟第427窟内四壁天宫栏墙内绕窟一周的飞天,共计108身,皆头戴宝冠,上体半裸,项饰璎珞,手带环镯,腰系长裙,肩绕彩带。有的双手合十,有的手持莲花,有的手捧花盘,有的扬手散花,有的手操乐器,朝着同一方向飞去。飘逸的长裙,飞舞的彩带,迎风舒卷。飞天四周流云飞动,天花四散,极富动感和生机。

唐代是敦煌飞天艺术发展的最高峰,也是其定型化的时代。初、盛唐的飞天具有奋发向上、轻盈豪迈、自由奔放的飞动之美,这与唐代前期开明的政治、强大的国力、繁荣的经济、丰富的文化、开放的国策和奋发进取的时代精神是一致的。如莫高窟第321窟西壁佛龛两侧的飞天,姿态十分优美,身材修长,昂首挺胸,双腿上

---

① 方广锠:《敦煌遗书中的佛教文献及其价值》,《西域研究》1996年第1期,第45—48页。

扬,双手散花,衣裙巾带随风舒展,由上而下,徐徐飘落,充分表现出其潇洒轻盈的飞行之美。又如莫高窟第320窟南壁净土变中的阿弥陀佛头顶华盖上方两侧的4身飞天,对称出现,相互追逐,前呼后应,灵动活跃,表现出一种既昂扬向上又轻松自如的精神境界与美感。

敦煌飞天不生羽毛,不长翅膀,借助彩云却不依靠彩云,通过长长的飘带,舒展的身姿、欢快的舞动,在鲜花和流云的衬托下翱翔天空,翩翩起舞,把洞窟装扮得满壁风动。

著名学者季羡林先生曾有一段名言:"世界上历史悠久、地域广阔、自成体系、影响深远的文化体系只有四个:中国、印度、希腊、伊斯兰,再没有第五个;而这四个文化体系汇流的地方只有一个,就是中国的敦煌和新疆地区,再没有第二个。"诚如其言,敦煌作为丝绸之路上东西交通的重要枢纽和具有国际意义的文化汇流、交融与创新之地,敦煌文化堪称丝绸之路文化最杰出的代表。

二、敦煌文化呈现出"你中有我、我中有你、各美其美、美美与共"的融合发展底色与格局

笔者认为,敦煌文化是一种在中原传统文化主导下的多元开放文化,敦煌文化中融入了不少来自中亚、西亚、印度和我国西域、青藏、内蒙古等地的民族文化成分和营养,呈现出"你中有我、我中有你、各美其美、美美与共"的文化融合发展的底色和格局,绽放出一种开放性、多元性、浑融性的斑斓色彩。例如,敦煌遗书中不仅保存了5万多件汉文文献,而且还汇聚了大量中国的少数民族文字以及一批西方国家民族文字的写本。又如西方传入的"胡文化",对于敦煌文化的形成和发展有着十分深刻的影响。

(一)敦煌遗书中汇聚诸多民族文字的文献

敦煌文书中保存的我国少数民族文字以及西方国家民族文字的写本,有吐蕃文、回鹘文、粟特文、于阗文、突厥文、梵文、婆罗迷字母写梵文、佉卢文、吐火罗文(A焉耆文、B龟兹文)、希腊文等语言文字的文本。此外,莫高窟北区还发现西夏文、蒙古文、八思八文、叙利亚文等文书,可谓兼收并蓄,应有尽有。这么多古代东西方民族、国家的文献汇集一地,本身即表明敦煌在东西方文化交流中的重要地位,这些文献对于丝绸之路上的文化交流和民族关系,以及中古时期的民族学、语音学、文字学的研究贡献重大。

例如,敦煌少数民族语言文献中,以吐蕃文即古藏文文献为最多,其内容除有大量与佛教有关的经典、疏释、愿文祷词外,还有相当多的世俗文献,涉及吐蕃历史上一系列重大问题。敦煌发现的回鹘文文书内容包括各种经文、笔记、文学作品,以及从甘州回鹘和西州回鹘带到敦煌的公私文书、信件等,具有重要的学术价值。于阗语是新疆和田地区古代民族使用的语言,公元11世纪以后逐渐消失,成为"死文字"。敦煌于阗语文献大部分已获解读,内容主要有佛教经典、文学作品、医药文书、使河西记、双语词表等,对于研究于阗历史、语言文化以及于阗与敦煌的交往和民族关系意义重大。粟特语又称作窣利语,是古代中亚地区粟特民族使用的语言,敦煌粟特语文献大多为粟特人来到敦煌后留下的文字材料,内容有信札、账单、诗歌、占卜书、医药文书,译自汉文的佛典、经书等,弥足珍贵。突厥文为公元7—10世纪突厥、回纥、黠戛斯等民族使用的文字,曾流行于我国西域、河西地区以及中亚、西亚等地。敦煌文书中保存突厥文格言残篇、占卜书、军事文书等。

敦煌发现的外来民族文字的文献亦不少。如梵文文献,除佛经外,尚有《梵文—于阗文双语对照会话练习簿》,梵字陀罗尼、梵文《观音三字咒》等。又如,莫高窟北区B53窟出土两页四面完整的叙利亚文《圣经·诗篇》,据之大大增加了我们对蒙元时期景教(基督教聂斯脱利派)传播的认识。可以毫不夸张地说,敦煌文献不仅属于中国,也属于世界,是丝路沿线国家共同历史记忆的重要组成部分。

除藏经洞和莫高窟北区保存的众多民族文字的文献外,莫高窟等石窟中还留下了吐蕃文、西夏文、回鹘文、蒙古文等不少民族文字的题记。敦煌汉代烽燧遗址出土佉卢文帛书,莫高窟北区B105窟出土青铜铸造的十字架,表明宋代敦煌地区景教徒的存在。莫高窟还先后4次出土回鹘文木活字1152枚,为目前所知世界上现存最古老的用于印刷的木活字实物,实可宝贵。

（二）敦煌文化中融入了诸多西方文化的元素

西方传入的"胡文化"，对于敦煌文化的影响主要表现在古代敦煌的赛祆胡俗、服饰胡风、饮食胡风、乐舞胡风、婚丧胡风、敦煌画塑艺术中所融入的西方元素，以及医药学文化、科技文化、体育健身文化等所体现的中西文化交流交融等。

赛祆胡俗。赛祆，即祈赛祆神的民俗，唐宋时期的敦煌尤为盛行。祆教，即琐罗亚斯德教，又称拜火教，为萨珊波斯的国教，约在魏晋时传入我国。由敦煌遗书《沙州都督府图经》（P.2005）等见，唐代敦煌城东一里处专门建有安置粟特人的聚落—安城及从化乡，安城中建有祆庙，其规模多达20龛，专门供奉祆神。敦煌归义军官府的《破用历》中经常记载为了举办赛祆活动而支出的画纸、灯油、酒、麨面、灌肠及其他食品等，且数额不菲。并且祆祠赛神已被纳入敦煌当地的传统祭祀习俗中，从官府到普通百姓，无论粟特人，还是汉族和其他少数民族，无不祀祆赛神，藏经洞中亦保存有祆教图像，可见祆教对敦煌文化的重要影响。敦煌赛祆活动的主要仪式有"祆寺燃灯，沿路作福"，供奉神食及酒、幻术表演、雩祭求雨等，反映了外来宗教传入中国后融入中国传统文化的状况。经过中国传统文化消化、改造后的祆教，已与中亚本土的祆教有诸多不同。

服饰胡风。作为丝绸之路咽喉重镇的敦煌，为今天留了极为丰富的古代东西方服饰史料，反映在莫高窟壁画、彩塑中众多人物着装上，无论是天国诸神还是人间众生，既有中原传统的汉服，又有中国西北地区诸多少数民族的衣饰，还有来自中亚、西亚、印度等地的衣装，丰姿丰色，美不胜收。其中属于神的服饰有佛陀、菩萨、天王、力士、天女等的装束；属于人的服饰主要有帝王、各级官吏、武士、僧人、妇女、百姓等的着装。这些服饰又因不同的国家、民族而各具特色，生动地展现了丝绸之路上千余年间各国、各民族、各阶层不同身份的僧俗大众的穿戴，观之使人仿佛置身于一座色彩斑斓的中外古代衣冠服饰的陈列馆中。

饮食胡风。作为国际性都市，敦煌的饮食习俗具有浓郁的汉食胡风特色，来自中亚、西亚、中国西域的饮食习惯融入敦煌当地传统的饮食风俗中，成为敦煌饮食文化的有机组成部分。据不完全检索，仅敦煌遗书中出现的食物品种名称就达60

多种,其中来源于"胡食"的即有很多,如各类胡饼、炉饼、饆饼、饦饼、饸饼、餶飳、饆
锣、博饦、胡桃、胡枣、安石榴、大食瓜、诃黎勒、胡酒等,不一而足。敦煌还有来自吐
蕃的糌粑和灌肠面,它们至今仍是藏族和蒙古族的主要食物之一。至于饮食炊具、
餐具,亦有不少是从"胡地"传入的,如鍮石盏、金叵罗、注瓶、叠子、犀角杯、珊瑚勺、
食刀、胡铁镆子等。饮食礼仪中的胡跪、垂腿坐、列坐而食等,亦深受胡风影响。

乐舞胡风。隋唐时期的九部乐中,西凉乐、龟兹乐、天竺乐、康国乐、疏勒乐、安
国乐都是经由敦煌、河西传入中原,而盛行于宫廷的。西域百戏、胡旋舞、胡腾舞、
柘枝舞等,也是首先是在敦煌、河西流行继而风靡于中原的。这些舞蹈具有浓厚的
西域、中亚风情,矫健、明快、活泼,与当时开放、向上的时代精神相吻合。地处西域
门户的敦煌每每得风气之先,胡风乐舞极为兴盛,这在莫高窟壁画中比比可见。乐
舞表演离不开乐器伴奏,所谓"弦鼓一声双袖举""大鼓当风舞柘枝""横笛琵琶徧头
促"。于敦煌壁画中见,主要乐器有琵琶、曲项琵琶、五弦、胡琴、葫芦琴、弯颈琴、
阮、花边阮、答腊鼓、腰鼓、羯鼓、毛员鼓、都昙鼓、鸡娄鼓、节鼓、齐鼓、担鼓、军鼓、手
鼓、鼗鼓、扁鼓、竖笛、横笛、凤笛、异型笛、筚篥、笙、竽、筝、角、画角、铜角、箜篌、凤
首箜篌、方响、排箫、串铃、金刚铃、拍板、钟、钹、铙、海螺等,它们大多出自西域。如
《隋书·音乐志》:"今曲项琵琶、竖箜篌之徒,并出自西域,非华夏旧器。"

婚丧胡风。由于地处东西交通枢纽,多民族长期杂居,中古时代敦煌一地的胡
汉通婚无论在社会上层,还是下层平民百姓,都成为一种普遍现象。如首任归义军
节度使张议潮的父亲张谦逸就娶妻粟特安氏。五代初曹议金出任节度使后,出于
政治上的需要娶甘州回鹘公主为妻,并将自己的两个女儿分别嫁于甘州回鹘可汗
和于阗国王。此外曹议金还将其姐姐及其女儿嫁给吐谷浑慕容氏。曹延恭继任节
度使后亦娶慕容氏为妻,其弟曹延禄又娶于阗国王第三女为妻。敦煌当地的婚俗
也随之产生了明显的胡化趋向,如源自匈奴、突厥、吐谷浑等族的收继婚,在敦煌屡
有所见。婚礼当中的青庐交拜、下女夫、障车、奠雁等习俗均受胡族影响明显。敦
煌丧葬习俗,亦受胡风熏染。如流行于中亚一带的"劙面截耳""断发裂赏"等丧礼,
在敦煌壁画中皆有所见。

敦煌艺术表现手法中的胡风。敦煌艺术就其品类而言,包括壁画、彩塑、石窟建筑、绢画、版画、纸本画、墓画等,内容十分丰富,数量极其庞大。著名学者姜亮夫先生对其评价:"敦煌千壁万塑,至今仍能巍然独存,而且还有远在北魏的作品,无一躯一壁不是中国流传的最古的宝迹。一幅顾恺之的《女史箴》引得艺术界如痴如醉;数十躯杨惠之的塑像,使人赞叹欣赏,不可名状。这样大的场面,这样多的种色,这样丰富的画派,安能不令世人惊赏! 它是世界第一座壁画塑像的宝库,是我们大好骄傲的遗产,也是艺术界的宝典,史学上的第一等活材料! 总之,以艺术来说,敦煌的唐代美术,是融合了中国的象征写意图案趣味的古典艺术与印度的写实手法,而发挥出其交融后最美丽的光彩,是中土美术得了新养分成长最为壮健的一个时代……它包罗了中国传统的艺术精神,也包罗了中西艺术接触后所发的光辉,表现了高度的技术,以及吸收类化的精沉的方式方法,成为人类思想领域中的一种最高表现。它总结了中国自先史以来的艺术创造意识,也吸收了印度艺术的精金美玉,类化之,发恢之,成为中国伟大传统的最高标准,它是人类精神的最高发扬。"

敦煌医药学中体现出的中西文化交流交融。敦煌保存的医学方面的写卷有60多件,另有医方残卷30余卷,录有医方1200余首。除大量中医药学的文献外,还有吐蕃文的火灸疗法等,并有梵语—于阗语双语《耆婆书》、于阗语《医理精华》,为印度医药学的代表;又有梵语、于阗语、龟兹语、粟特语医方等。据笔者的检索统计,敦煌遗书中所见的药物除大量来自中原外,还有不少西域、印度等地输入的药材,如诃黎勒、高良姜、荜芨、安息香、乳香、苏合、阿魏、阿摩罗、旃檀香、青木香、零陵香、毗梨勒、婆律膏、艾纳、胡椒、白附子、龙脑香、龙涎香、胡粉等近百种。敦煌医学生动地反映了古丝绸之路上中医学与藏医学、于阗医学、粟特医学、回鹘医学、龟兹医学、古印度医学、波斯医学等医药学文化的交流交融。

敦煌科技、体育养生等方面反映的中西文化交流交融。科技方面,如来自印度的制糖法传入敦煌,季羡林先生对此有精辟研究。体育文化方面,包括摔跤、相扑、射箭、体操、技巧、健美、举重、棋弈、游泳、跳水、投掷、划船、马伎、马球、击球、武术、气功、投壶、游戏、踏青、秋千、登山、滑沙,等等,斑斓多姿,精彩纷呈。其中所体现出的"刚健有为、自强不息、乐观进取"的精神,既蕴含有我国传统的强体健身的菁华,又体现出外来体育锻炼方式和观念的熏染。如来自印度的瑜伽练功,在敦煌壁画中多处可见;北周第290窟等佛传故事壁画中描绘悉达太子练功的"举象图"等,显然受到印度体育的影响。敦煌养生文化方面,儒、释、道理念相互渗透,兼收并蓄,所表现出的"精、气、神"三位一体的生命观,"阴阳和谐"的健康机理,"正气在内、邪气不可干"的保健思想,"节阴阳、调刚柔"的动静法则,追求"长寿养炼"的"导引"与"行气"手段,等等,都给我们留下了丰富的遗产。

由上可见,无论是敦煌歌舞艺术、饮食文化、服饰文化、体育文化,还是敦煌赛祓习俗、婚丧习俗、科技及医疗养生文化等,皆是丝绸之路上留存的一笔笔丰厚的历史遗珍和具有权威性的历史标本。

三、敦煌文化最突出的特征——开放性、多元性、浑融性、创新性

如果从数千年来敦煌文化形成发展的全过程及其最本质的一些方面来看,其最突出的特征可以概括和提炼为以下几个方面:开放性、多元性、浑融性、创新性。

开放性,已如前述,敦煌位处世界上四大文化体系的汇流之区,是我国历史上率先对外开放的地区,正是由于这种区位优势,敦煌得以长时间地吸收、汲取丝绸之路上各种文明成果来滋养自己,促进自身经济文化的发展和繁荣。汉唐中国以其恢宏的气魄、灿烂的文化向世界展开胸怀。随着丝绸之路的畅通,位处文化体系汇流之地的敦煌,敞开大门,广接八方来客,海纳外来文化营养,表现出对外来文化强大的吸引力和融合力,此方面例子前面已多有所举。又如蜚声中外的莫高窟、榆林窟等众多的佛教石窟群,像明珠般地闪烁在丝路古道上,光艳夺目,让世人惊叹;它们既是中外文化友好交流的结晶,也是丝绸之路上留下的光辉历史足迹,敦煌文化的开放性是古丝绸之路上东西方文化交流的生动缩影。

多元性,主要表现在多民族的聚住杂居,多种文化体系的交错融合,多种宗教的并存和互相渗透,多种风俗习尚的交互熏染等方面。由于开放性,敦煌文化必然表现为多元融合的格局,而不会只有单一成分。从总体上看,它既有中国文化,又

有域外文化。进一步地说,在中国文化中既包含中原传统文化,又有西域文化、吐蕃文化等;在域外文化中则有印度文化、波斯文化、拜占庭文化等。多种文化的交流交汇为敦煌文化不断注入新的养分,使其文化面貌呈现出新气象。如早自西汉张骞"凿空"不久,粟特等中亚、西亚民族就大量涌入河西,至唐五代时期达到高潮。唐代敦煌辖有13个乡,其中从化乡为粟特人的聚居区,该乡辖3个里,750年全乡有300多户、1400口人,其中大部分居民来自康、安、石、曹、罗、何、米、贺、史等姓的中亚昭武九姓王国,散居他乡的胡人亦不少。已如上考,敦煌民风习俗的许多方面,无不受其浸染。

浑融性与创新性,主要表现在敦煌文化在其长期的历史演进中"海纳百川,有容乃大",形成了极强的包容性。它并不排斥外来的同质或异质文化,浑融不是混合,也不是取消差异与民族特色。文化的认同并不等于文化的同化,而是你中有我,我中有你,各美其美,美美与共,是在更高层次和更广范围内的优势互补和创新发展。本土文化与外来文化的自由交流,东方文明与西方文明的交融汇合,使得敦煌文化绝非仅仅是本乡本土的产物,而成为整个丝绸之路上东西方文化交流融合、创新转化的典型代表。

历史雄辩地证明,每一个民族都需要学习和汲取其他民族文化的优长和营养来推动自身的发展,悠久的中华文化在其漫长的发展过程中,从来就没有脱离过与其他民族文化的交光互影。丰厚的敦煌文化为我们从事此方面的研究提供了极好的例证。

今天在共建"一带一路"的伟大进程中,敦煌又一次站在时代的前沿,以其丰厚的文化财富、富有创新性的文化精神,必将成为互学互鉴、共建共享、互利共赢、共识推动的文化交流交汇交融的重镇与高地。

"镜"类文献识略

一

敦煌遗书中,有一类篇名以"镜"字缀尾的写卷,如《沙州城土镜》(P.2691v)、唐杜友晋《书仪镜》(S.0329+S.0361)、杜友晋《新定书仪镜》(P.2616v、P.3637、P.3688b、P.3849、P.4002、P.4036、P.5020、P.5035、S.5630v、散0676,共10个写本①)、《寿昌县地境(镜)》(散1700)、《西天路竟(镜)》(S.0383)、《韵关辩清浊明镜一卷》(P.5006)、《立像西秦五州占第廿二·天镜》(P.3288)等。一些佛经亦以"镜"字缀名,如《佛说示所犯者瑜伽法镜经》(S.2423、散1539)、《大乘稻芊经随听手镜记》(S.1080、S.6463、S.6619、P.2208、P.2284、P.2303、P.2304v、P.2436v、P.2461v、P.3422,北图调50、云18、阳34、藏9、结59、碱14、碱59、始62、文58、文75、裳13、菜89,散1239)等。

此间"镜"字何意?笔者曾反复思索,未晓确解。在研究《沙州城土镜》写卷时遂望文生义,将其臆测为:"'镜'者亦'境'也,'土镜'乃'土境''地境'之意"②。有的学者亦认同此看法,如郑炳林先生《敦煌地理文书汇辑校注》(甘肃教育出版社,1989年)中将《沙州城土镜》径录作《沙州城土境》。李正宇先生亦认为:"《沙州城土镜》即《沙州城土境》。竟、境、镜三字音同义假,互为借代。其字原本作'竟',而'境''镜'二字皆后世孳乳而生的新字。'境'字始见于秦《吕氏春秋·季秋纪》及《韩非子·奸劫弑臣》,'镜'字始见于《大戴礼·保傅》。竟、境二字古音同读如'疆',因而

---

① 赵和平:《杜友晋〈吉凶书仪〉及〈书仪镜〉成书年代考》,《敦煌学辑刊》1990年第2期,第65—69页。

② 李并成:《〈沙州城土镜〉之地理调查与考释》,《敦煌学辑刊》1990年第2期,第84—93页。

竟、疆二字亦可互代。故余曰'土镜'即'土境'亦'土疆'之义。《三国志·魏书·夏侯玄传》曰:'分疆画界,各守土境','土境'即疆界之义。如此,《沙州城土镜》即《沙州城土境》,换个说法也就是《沙州城土疆》"①。

　　还有的学者认为《西天路竟》之"竟"字亦即"境"字。黄盛璋先生《〈西天路竟〉笺证》一文曰:"'路竟'即'路境',敦煌写本《沙州地志》有'地镜','镜''竟'都是'境'字。'路竟'即所经过路程之意"②。王仲荦先生《〈西天路竟〉笺释》亦云:"路竟者,敦煌石室出《寿昌县地镜》,又伯希和敦煌文书第二六九一号沙州志,中有《沙州城土境》之语,竟、境盖通用,路竟犹言行记也"③。

　　以上这些看法正确吗? 应该说都是能够讲得通的、可以认可的。然而若进一步深究能够发现,"镜"字不仅仅可与"竟""境"通用,《沙州城土镜》《西天路竟》《寿昌县地镜》等书名中的"镜",还应有另外一层含义。诚如上言,镜、境、竟有时确可互为借代。李正宇先生查得,《管子·明法解》"治竟内",《群书治要》引竟作"境";《吕氏春秋·顺说》"则四境之内皆得其利矣"。《列子·黄帝》引境作"竟",是竟、境互通之证。洪适《隶续》卷一四《骈式二镜铭》:"骈式作竟四夷服",洪氏释云:"此铭,镜省其金",又引《宣和博古图》(汉尚方宜子孙镜铭),"镜"亦作"竟",又是竟、镜互代之证④。用此种互代来解释《沙州城土镜》《西天路竟(镜)》等地理一类文书的命名固有一定道理,然而《书仪镜》《新定书仪镜》《韵关辩清浊明镜》《天镜》《大乘稻芊经随听手镜记》等文书题尾的"镜"字又该做何解释? 它们显然非是"疆境""路境"之义。可见以"镜"字为标题尾缀的文书(以下简称"镜"类文献)不单限于地理类写本,也见于其他类著述。"镜"类文献应是一批文书的通称,而并不仅仅限于某一类书卷,它应是一种较为广泛的文书体裁样式。镜、境、竟互为借代固可释得地理类

　　①李正宇:《敦煌遗书P.2691写本的定性与正名》,载《潘石禅先生九秩华诞敦煌学特刊》,台湾文津出版社,1996年,第130页。

　　②黄盛璋:《〈西天路竟〉笺证》,《敦煌学辑刊》1984年第2期,第1—13页。

　　③王仲荦:《敦煌石室地志残卷考释》,上海古籍出版社,1993年,第316页。

　　④李正宇:《敦煌遗书P.2691写本的定性与正名》,载《潘石禅先生九秩华诞敦煌学特刊》,台湾文津出版社,1996年,第130页。

作品,但很难用此解释通《书仪镜》《天镜》以及"明镜""法镜""手镜"等类文卷。

二

除敦煌文书外,"镜"类文献还可见到哪些?其起源何时?流传演变如何?其名称的完整含义何在,内容体例怎样?这些均是我们不能不予以考究的问题。

《隋书·经籍志》载目:子部兵家类《真人水镜》10卷;五行类《天镜》2卷,《乾坤镜》2卷,并注梁《天镜》《地镜》《日月镜》《四规镜经》各1卷,《地镜图》6卷,亡。知兵家、五行之作亦有"镜"类体裁著述。此处梁《天镜》恐与P.3288《立像西秦五州占第廿二·天镜》极有关系,因为后者的内容亦为占星、占日食、占城气等五行类作品。由此知早在十六国西秦时已有"镜"类文献。

《旧唐书·经籍志》胪目:子录兵书类《真人水镜》10卷、陶弘景撰,《握镜》1卷、陶弘景撰,《六军镜》3卷、李靖撰,《悬镜》10卷、李淳风撰。陶弘景其人,《梁书》《南史》有传,字通明,自号华阳隐士,为南朝齐、梁时著名的道教思想家、医学家,性好著述,"尤明阴阳五行,风角星算,山川地理,方图产物,医术本草"。曾整理古《神农本草经》,复增收魏晋年间名医所用新药,成《本草集注》7卷,载药730种,敦煌遗书存该书先唐抄本,署名"华阳陶隐居撰"。李靖(571—649),唐代著名军事家,贞观四年(630年)与李世勣等平定东突厥,进尚书右仆射;贞观九年(635)又率军平吐谷浑。除著兵书《六军镜》外,又有《李卫公兵法》(一说系伪作)散见于《通典》。李淳风(602—670),自幼研习天算星占之学,曾任太史令,参修国史,编写《晋书》《隋书》天文志与律历志。

《新唐书·艺文志》载目:史录仪注类萧嵩《开元礼义镜》100卷,又记《开元礼》150卷,贾登等撰辑,萧嵩总之;子录神仙家类崔少元《老子心镜》1卷,小说家类苏环《中枢龟镜》1卷,天文类武密《古今通占镜》30卷;兵书类亦记陶弘景《真人水镜》10卷、《握镜》3卷、李靖《六军镜》3卷、李淳风《悬镜》10卷;医术类段元亮《病源手镜》1卷。此外,还载录一些称为"镜源""镜录""镜经"等的作品。如经录小学类颜真卿《韵海镜源》360卷,子录儒家类张九龄《千秋金镜录》5卷,子录五行类王希明

《太一金镜式经》10卷(清陆心源铂宋楼藏有抄本,作《太乙金式镜经》10卷),李鼎祚《连珠明镜式经》1卷,子录医术类王超《仙人水镜图诀》1卷,段元亮《五藏镜源》4卷。萧嵩其人,两唐书有传,开元十四年(726)领朔方节度使,翌年徙河西节度使,判凉州事,以张守珪为瓜州刺史,修筑州城,怀抚边民,大败吐蕃;以后又加集贤院学士、知院士,兼修国史,著有《开元礼》等。苏环,唐神龙元年(705)为尚书右丞,明晓法令,多识台省旧章,一朝律令格式皆所删正,再迁户部尚书,有集10卷,均佚。

《宋史·艺文志》列目:经部小学类释元冲《五音韵镜》1卷;史部仪注类亦记萧嵩《唐开元礼》150卷,又《开元礼仪镜》5卷(较《新唐书》所记少95卷,"义"字作"仪"),陈致《五礼仪镜》6卷;子部地理类《南北对镜图》1卷,天文类《镜图》3卷,五行类丘延翰《金镜图》1卷,李鼎祚《明镜连珠》10卷,《三镜篇》1卷,《学堂气骨心镜诀》卷亡,《临山宝镜断风诀》1卷,《心镜歌》3卷,陶弘景《握镜图》1卷,黄石公《地镜诀》1卷(一名《照宝历》,题东方朔进),王希明《太一金镜式经》10卷;道家附释氏神仙类《崔公入药镜》3卷,《太上符镜》1卷;五行类僧正固《骨法明镜》3卷,《应轮心镜》3卷,《三镜》3卷;蓍龟类中条山道士王鄯《易镜》3卷;兵书类亦记陶弘景《真人水照》13卷(应即《真人水镜》,当因避赵匡胤祖父讳改名,所记较《隋书》《新唐书》多出3卷,恐为宋人重新编排改定),李靖《六军镜》3卷,李淳风《悬镜经》(增一"经"字)10卷,又记《统戎式镜》2卷;医书类王起(超)《仙人水镜》1卷。

北宋王尧臣等于庆历元年(1041)撰成的《崇文总目》载:兵家类《真人水鉴》12卷,《统戎式鉴》2卷,医书类《病源手鉴》1卷。它们当分别即《真人水镜》《统戎式镜》《病源手镜》的避讳改称。

南宋晁公武《郡斋读书志》载目:小学类《龙龛手镜》3卷,契丹僧行均撰;释书类《宗镜录》100卷,皇朝僧延寿撰。《龙龛手镜》传世本为4卷,今见毛氏汲古阁旧藏宋刊本、江安傅氏双鉴楼藏宋刊本,以及以此为底本的若干影印本,如续古逸丛书本、四部丛刊续编本、张丹鸣虚竹斋本、日本昭和四年京都帝国大学本等;1985年中华书局又以高丽影印本为底本,并补、校以它本影印出版。

南宋赵希弁《郡斋读书后志》录目：编年类《帝王镜略》1卷，唐刘轲撰；医家类《婴童宝镜》10卷，栖真子撰；天文卜算类《司天考占星通玄宝镜》1卷。

南宋尤袤《遂初堂书目》列目：礼类《礼义镜》《开元义镜》，故事类《唐国镜》，本朝杂史《水心镜》，兵书类《水真人镜》（当为《真人水镜》），术家类《三镜篇》《握镜图》《太乙金镜》《六壬心镜》。

南宋陈振孙《直斋书录解题》载目：神仙类《明镜图诀》1卷，真一子撰；《灵枢金镜神景内经》10卷，称为扁鹊注；《金镜九真玉书》1卷，无名氏；杂艺类《九镜射经》1卷，唐韦韫撰，含弓矢法3篇、射法9篇，《文献通考》"九镜"作"几镜"。

《明史·艺文志》载目：经部易类喻有功《周易悬镜》7卷，小学类顾应祥《释测圆海镜》10卷；史部传记类夏树芳《女镜》8卷，地理类卢传印《职方考镜》6卷；子部五行类吴天洪《造命宗镜集》12卷，类书类杨循吉《奚囊手镜》20卷（《四库全书总目》作13卷）。《释测圆海镜》当据元代李冶《测圆海镜》12卷（今存）而成。

明杨士奇《文渊阁书目总目》录目：算法类李冶《测圆海镜》1部5册；阴阳类《玉镜经》《通玄玉镜》《玉镜》《选择心镜》《易占心镜》，以上均1部1册。

清黄虞稷《千顷堂书目》列目：春秋类陈大伦《春秋手镜》；小学类萧良有《海篇心镜》20卷，（元）李冶《测圆海镜》12卷，顾应祥《释测圆海镜》10卷；编年类汪循《帝祖万年金镜录》，（金）赵秉文等《龟镜万年录》，（金）傅慎微《兴亡金镜录》100卷；政刑类苏茂相《临民宝镜》16卷；儒家类（元）张巨济《万年龟镜录》10卷；五行类《六壬磨镜药》1卷，吴天洪《造命宗镜集》12卷，《统历宝镜》2卷，《玉尺新镜》2卷；医家类蒋达善《医镜》20卷，李先芳《壶天玉镜》，《外伤金镜录》1卷，《保婴金镜录》1卷，《妇科心镜》2卷，《伤寒心镜》1卷；类书类杨循吉《奚囊手镜》20卷；道家类《崔公入药镜测疏》1卷，夏元鼎《崔公药镜解》；释子类《慕果轩镜园集》；表奏类（宋）赵天麟《太平金镜策》8卷。

清朱彝尊《经义考》载目：易类（唐）袁天纲《易镜玄要》1卷，王郜《易镜》3卷，（南宋）林光世《水村易镜》1卷，《周易神镜鬼谷林》1卷；诗类申佳胤《诗镜》；春秋类陈大伦《春秋手镜》。

清乾隆《四库全书》集部辑录明崇祯癸酉贡生陆时雍编《古诗镜》36卷与《唐诗镜》54卷。

刚刚编成出版的《四库全书存目丛书》(齐鲁书社,1997年10月)辑入:经部易类南宋林光世《水村易镜》1卷;史部载记类宋石延年《五胡十六国考镜》1卷,职官类清凌铭麟《新编文武金镜律例指南》16卷,史评类明代陈继儒《读书镜》10卷;子部兵家类清邓廷罗《兵镜三种》16卷,医家类元代常德辑《张子和心镜别集》1卷,杂家类宋吴大有辑《千秋功名镜》12卷、《拾遗》1卷,清谭文光辑《心镜编》10卷,道家类明李文烛《黄白镜》1卷、《续黄白镜》1卷;集部别集类元代赵天麟《太平金镜策》8卷。

《四库全书存目》未出之书尚有:经部易类明沈尔嘉《读易镜》6卷,史部地理类明杨继益《烟云手镜》2卷,子部术数类宋徐道符《六壬心镜要》3卷后集1卷,唐王希明《太乙金镜式经》10卷,明喻有功《周易悬镜》10卷,杂家类《观生手镜》1卷,小说家类明江东伟《芙蓉镜孟浪言》4卷。

近人邵懿辰撰、邵章续录《增订四库简明目录标注》(中华书局,1959年)还标录:史部载记类《吾妻镜》52卷,亦名《东鉴》,即日本史也,朱竹垞集有跋,无撰人名氏;子部医家类元朱震亨撰《丹溪手镜》3卷,明天启刊本;另有日本书目《邸大镜》《十寸镜》《增镜》。

《清史稿·艺文志》载目:经部小学类黄奭辑唐颜真卿《韵海镜源》1卷;史部职官类赵殿成《临民金镜录》1卷,史评类胡季堂《读史任子自镜录》22卷;子部兵家类邓廷罗《兵镜》11卷、《兵镜或问》2卷,法家类徐文弼《吏治悬镜》1卷,医家类夏鼎《幼科铁镜》6卷,天文算法类李谬《测圆海镜法笔》1卷,术数类《地理古镜歌》1卷,任端书等《选择天镜》3卷,无名氏《出行宝镜》1卷,类书类陈元龙《格致镜原》100卷,释家类智达《归元镜》2卷;集部别集类杨伦《杜诗镜铨》20卷。《格致镜原》现存清光绪二十二年上海积山书局石印本,为清康熙中陈元龙汇辑史籍中有关博物和工艺等的记载编成。杨伦清乾隆间笺注《杜诗镜铨》有上海古籍出版社1980年点校新版本。

　　孙殿起《贩书偶记》(1936年刊印)录目:经部易类同治十二年刊曹为霖《易学史镜》8卷,光绪壬午刊何毓福《古本易镜》12卷、《图说》1卷、《易管窥》2卷,该书又名《周易镜》,学庸类道光间刊凤应韶《学庸明镜》1卷;史部史评类同治甲戌刊潘世恩《读史镜古编》32卷;子部儒家类道光丙申刊沈峻《资镜录》2卷,光绪己卯刊陈锦《学庐自镜语》1卷附《幼学录》,医家类雍正二年刊唐见《医学心镜录》11卷首1卷,光绪十七年刊翁仲仁撰、陆道元补遗《增补痘疹金镜录》2卷首1卷,光绪三年刊夏鼎《幼科铁镜》6卷,天文算学类光绪丙申刊刘狱云《测圆海镜通释》4卷,术数类乾隆十三年刊任端书《选择天镜》3卷,类书类咸丰辛亥刊孟云峰《人镜集》54卷,集部别集类嘉庆丁丑刊俞国琛《风怀镜》4卷。

　　孙殿起《贩书偶记续编》(上海古籍出版社,1982年)录目:史部地理类道光壬寅刊戴宝蓉《广利渠水利镜》1卷,职官类光绪十八年刊刚毅《居官镜》1卷,政书类明崇祯间刊御匠司午荣《鲁班经匠家镜》2卷;子部兵家类清乾隆传抄本《诸葛武侯行兵遁甲金函玉镜》,无卷数;医家类元敖氏撰、杜清碧增订《伤寒金镜录》1卷,康熙丁丑刊秦越人诠释《寿世内镜图说》8卷,1921年印清顾靖远《医镜》16卷首1卷,同治间刊江涵暾《笔花医镜》2卷,乾隆戊辰刊万全《痘疹心法金镜录》23卷,道光间刊许豫和《痘疹金镜录注释》3卷,谱录类康熙戊辰刊陈昊之《花镜》6卷;附录子部明代李文烛《黄白镜》1卷。

　　王重民《中国善本书提要》(上海古籍出版社,1983年)著录:经部小学类明万历间刻本翰林院编修萧良有著《海篇心镜》20卷;史部史评类宝颜堂增订明万历陈继儒著《读书镜》10卷,政书类明天启间刻本王世茂纂辑、蒋时机校订《新刻精纂详注仕途悬镜》8卷;子部小说类明崇祯间刻本朱长祚编辑《玉镜新谭》10卷,医家类明嘉靖间刻本敖氏《伤寒金镜录》1卷,天文算法类元翰林学士知制诰同修国史李冶撰、明都察院右副都御史顾应祥释术《测圆海镜分类释术》10卷,术数类明崇祯间刻本吴国仕(吴天洪)纂辑、胡德辉校订《造命宗镜集》12卷,宗教类明刻本洪应明撰《寂光境(镜?)》3卷;集部总集类明刻本陆时雍《诗镜》残存29卷、《唐诗镜》54卷,又有明天启间刻本马嘉松选《花镜隽声》16卷附《韵语》1卷。

我国大量的古籍丛书中亦辑入若干"镜"类文献。据《中国丛书综录》(上海古籍出版社,1986年;与前引重复者略):经部小学类民国龙璋辑《字镜》1卷,清王廷鼎《字义镜》新1卷;史部杂史类清孙淇《蜀破镜》3卷,时令类《四时宝镜》1卷,地理类清凌鸣喈《疏河心镜》1卷,明季婴《西湖手镜》1卷;子部儒学类清张锦蕴《镜谭》1卷,清李元春《阁居镜语》1卷,兵书类清邓廷罗《兵镜备考》13卷、《兵镜或问》2卷,农家类清屠用宁《兰蕙镜》1卷,明黄省曾《理生玉镜稻品》1卷;医家类清陆乐山《养生镜》1卷,清张正《外科医镜》1卷,明薛己《保婴金镜录》1卷,历算类元李冶《测圆海镜细草》12卷,顾应祥《测圆海镜分类释术》10卷,清张楚锺《测圆海镜识别详解》1卷,术数类汉□□撰《出行宝镜》1卷图1卷,清箬冠道人《八宅明镜》2卷,明蒋平阶《地理古镜歌》1卷,清马国翰辑《天镜》1卷、《地镜》1卷、《地镜图》1卷(载《玉函山房辑佚书·子编五行类》),清王仁俊辑《天镜》1卷、《地镜》1卷(载《玉函山房辑佚书续编·子编五行类》),清王谟辑《地镜图》1卷,清洪颐煊辑《地镜图》1卷(《说郛》卷60),释目讲《阴阳宝海三元玉镜奇书》3卷;艺术类《琴镜》9卷首1卷;杂学类清陆文衡《啬庵手镜》1卷;道教类汉崔希范撰、清傅金铨注《入药镜》1卷,《上清金匮玉镜修真指玄妙经》1卷,唐衡岳真子《玄妙心镜注》1卷;集部词曲类元关汉卿《温太真玉镜台》1卷、《玉镜台》1卷,明朱鼎《玉镜台记》1卷、《玉镜台记》2卷;清朱佐朝《轩辕镜》1卷、《石麟镜》2卷。

阳海清编撰《中国丛书综录补正》(江苏广陵古籍刻印社,1984年)类编子类医家录目,清顾靖远《顾氏医镜》。

清末耿文光(1833—1908)《万卷精华楼藏书记》(收入《山右丛书初编》)题录:经部小学类《韵镜》1卷,存南宋张麟之再刻本,其底本出于唐代,今存。清陆心源(1834—1894)《铂宋楼藏书志》题录:医家类金刘守真撰《张子和心镜》1卷,术数类唐开元中王希明撰《太乙金式镜经》10卷。清黄丕烈(1763—1825)《荛圃藏书题识》子类亦题刘守真新刊《张子和心镜》1卷。

由以上材料可知,"镜"类著作当出现于十六国时期,一直延及清代,民国初期亦偶有所见。其内容并非仅仅限于地理方面,更有仪注、天文、五行、易类、春秋、小学、道家、兵家、儒家、释家、小说家、杂家、杂学、医家、农家、时令、算法、政书、类书、传记、载记、编年、职官、史评、杂史、故事、艺术、诗歌、词曲、总集、别集等类作品,涵盖了经、史、子、集四大部著作。其书不仅有称作"×××××镜"者,而且还有"镜图""镜诀""镜占""镜歌""镜源""镜录""镜集""镜经""镜编""手镜"等作。不仅我国文籍有此称谓,就连受我国文化影响很深的日本亦见此类书名。"镜"类著作无疑应是一类古文献撰编体裁的通称,虽如上所见其作品数量并不很多,但所涉书种范围较广。

基于上述认识笔者以为,《寿昌县地境》无疑亦属此类文献,其正名应作《寿昌县地镜》。该卷出土后为敦煌县高级小学校长祁居温(字子厚)所藏,向达先生1942年冬至敦煌即闻是书,而藏者始终秘不示人,仅从窦萃五、吕少卿两先生处得见抄本,据以录副,而为学界所知①。另有该卷吕少卿(吕钟)过录本保存于其编纂的《重修敦煌县志》中,1993年李正宇先生撰文《敦煌吕钟氏录本〈寿昌县地境〉》予以重新刊布②。该卷"境"字实应为"镜"字之借代,亦可能原件就是"镜"字,窦、吕二人录副时臆改为"境"。王仲荦先生就将该卷命名为《寿昌县地镜》③。同理,《西天路竟》之"竟",亦应为"镜"字假借。

三

那么,"镜"字究竟何义,"镜"类著作究竟是一种什么样的典籍?《释名》:镜,景也,言有光景也。即"镜"字具有景色、景致、景况、情景之义。"镜"字又有明亮、照耀、鉴察之义。《后汉书·班固传》:"荣镜宇宙。"《汉书·韩安国传》:"清水明镜不可以形逃。"《汉书·杜邺传》:"逮身所行,不自镜见。"《汉书·卫姬传》:"深说经义,明镜圣法。"《汉书·谷永传》:"愿陛下追观夏、商、周、秦所以失之,以镜考己行。"师古注:

---

① 向达:《记敦煌石室出晋天福十年写本寿昌县地境》,载《唐代长安与西域文明》,生活·读书·新知三联书店,1957年,第429—442页。
② 原为提交的第34届亚洲及北非研究国际学术会议论文后发表于《敦煌研究》1993年第4期,第42—46页。
③ 王仲荦:《敦煌石室出〈寿昌县地镜〉考释》,《敦煌学辑刊》1992年第1—2期,第1—7页。

"镜为鉴照之;考,校也。"《旧唐书·魏徵传》记,魏徵去世后太宗临朝谓侍臣曰:"夫以铜为镜,可以正衣冠;以古为镜,可以知兴替;以人为镜,可以明得失。朕常保此三镜,以防己过。今魏徵殂逝,遂亡一镜矣!"吴国仕《造命宗镜集》题:是书"镜无不烛"。由此笔者认为,"镜"类文献是以"镜"字假为概观、一览、察鉴、通鉴、指南之义,具有简明扼要、大处落墨、文省意赅、主旨鲜明、鉴古资今、简便实用等特点,当与纂要、备要、会要、史要、集要、类要、指要、撮要、语要、鉴要、切要、举要、要略、要录、要览、要义、要望、要鉴、要记、要抄、指掌、手鉴、手册、简本一类著述有诸多相似之处。

《沙州城土镜》卷末倒数第3行缀加"——细说别有本"7字,此语不属于记地本身之言,显系编纂者的说明,盖因本卷乃原本(恐为《沙州城土志》,或《沙州志》)的简本、备要本,故叙事简略,欲晓其详,别有全本可参。据之可证"镜"类著作确系纂要、简本之类的文籍,大多应据内容较详的全本删减、节要而来。也由此推知既有此类简本,一般理应有其所据的全本。诚如上举萧嵩《开元礼仪镜》所据的全本当为该氏的《开元礼》。杜友晋《书仪镜》《新定书仪镜》,其全本当为该氏的《吉凶书仪》(P.3442)。赵和平先生认为:"《书仪镜》是《吉凶书仪》的简本或缩写本,换言之,《书仪镜》当从《吉凶书仪》脱胎而来,……《吉凶书仪》成书于开元末,《书仪镜》成书于开元末天宝初,下限不会超过天宝六载。"[1]《宋史·艺文志》子部五行类记,陶弘景还著有《握鉴方》3卷,此书应是该氏所著《握镜》3卷的又一名称,当为宋人改名;辽代幽州僧人行均为研读佛经编撰《龙龛手镜》4卷,《宋史·艺文志》作《龙龛手鉴》;《新唐书·艺文志》等所录《真人水镜》《统戎式镜》《病源手镜》,宋王尧臣等《崇文总目》亦将"镜"字均改作"鉴";以上皆乃宋人重刻时因避宋太祖赵匡胤、祖父赵敬的嫌讳(敬与镜音同)改称,是"镜""鉴"二字等义。宋徐道符《六壬心镜要》,明焦竑《经籍志》又作《六壬心鉴歌》,亦因"镜""鉴"义同。张子和《伤寒心镜》,元代常德(仲明)撷其遗又名为《治法心要》,又见"镜"类之作确有"要"本之义。

---

[1] 赵和平:《杜友晋〈吉凶书仪〉及〈书仪镜〉成书年代考》,《敦煌学辑刊》1990年第2期,第65—69页。

这类著作除少数外，多已散逸，不能察其全貌，由现知史料观之，在体例结构、功用上具有如下特点：

（一）卷省言简，以约驭繁

它们大多为一两卷或数卷，长者一般不过10余卷，仅个别几种较长。《沙州城土镜》仅1卷，计23行，记沙州（亦含部分沙州周边地段）地理48项，除赴两京道里和四至字数稍多外，其他每项仅有数字至十数字，全卷总计仅600余字。《西天路竟（镜）》1卷，首尾完整，仅19行，记东京至南天竺国万余里路程，总共不足400字。《寿昌县地境（镜）》1卷，首尾完整，记该县山岭、泉泽、渠涧、城镇等地理事物25项，共约1400字，较之专记寿昌县地理的《唐地志》残卷P.5034（首尾俱残，中部及上下亦有残缺，虽如此仍有200余行）要简略许多。

石延年《五胡十六国考镜》亦仅1卷，云："客有问五胡所自始及十六国所自终者，石子曰：详在《晋史》载记及列传，今请略言之……"通篇不及2000字。常德《张子和心镜别集》1卷，又名《伤寒心镜》，含伤寒论双解散、论发汗、论攻里等8题，仅1200字。林光世《水村易镜》成书于南宋理宗淳祐六年（1246），序云："光世渊源家学，遍览藏书，因《易》十三卦取法乾象者著为图说，以明圣人仰观之义，名曰《易镜》。"全书亦1卷，约万字，包括星图30余帧。徐道符《六壬心镜要》3卷后集1卷，"立说简赅，使读者昭然易晓，在壬书中最为善本"（《四库全书总目提要》）。段元亮《病源手镜》，由"病源"二字揆之，本应是探究百疾根源的鸿篇巨制，但是书亦仅1卷，可见"手镜"一类之作确乎甚为简明，"手镜"殆即"手册"。该氏又著《五藏镜源》4卷，因属"考源"，故卷数稍多。《韵镜》亦1卷，是书又名《指微韵镜》，分图列韵，计43图，各图横分四声与四等，纵列23行以统括"三十六字母""如镜映物，随在现形"，简明直观。孟云峰《人镜集》54卷、傅慎微《兴亡金镜录》100卷、宋僧延寿《宗镜录》100卷，它们因系"镜集""镜录"，即"镜"类作品的集录，故卷帙较长。吴国仕《造命宗镜集》亦属"镜集"，为12卷，亦较长。

《古诗镜》与《唐诗镜》卷帙较多，分别为36卷和54卷。虽如此，但二书是自先秦以迄唐末遗存下来的大量古诗中精选而来，较之浩如烟海的古代诗卷，仍可谓之简而又简的纂要本。杨伦《杜诗镜铨》20卷,被公认为注杜之作简明扼要的典范,自序曰:其注"以求合乎作者之意,殆尚所云镜象未离铨者。然一切椒酿丛脞之说,剪无余,使浅学皆晓然易见,则亦庶几刮膜之金篦也夫。"朱桂序云:"是编裁择各本,草剃沙汰,以归简约,使读者开卷了然。至其疏通证明,往往出前贤寻味之外。又博采诸名家评骘,附列简端。"萧嵩《开元礼义镜》较长,《新唐书》记其百卷,《宋史》则作5卷,即或为100卷,也无疑是该氏所著150卷《开元礼》的简本。陈元龙《格致镜原》100卷、颜真卿《韵海镜源》360卷,均篇制不菲,它们虽与"镜"相关,但皆为考"源"之作,并非"镜"类简本之属。如《格致镜原》:"每记一物必究其原委,详其名号,疏其体类,考其制作,略如《事物纪原》,故曰镜原""体例秩然,首尾贯串,无诸家丛冗猥杂之病,亦庶几乎称精核矣"。

一些京房之徒"镜"类作品亦卷幅简略。《立像西秦五州占第廿二·天镜》仅1卷,计约400行,总约万字。《玉函山房辑佚书》及其《续编》五行类所辑几种《天镜》《地镜》原卷早佚。清儒马国翰、王仁俊等据《开元占经》等引文辑之,虽非全貌,但知其卷帙短小,仅一二卷(据前引《隋书·经籍志》)。《天镜》辑本3千余字,以天裂、天鸣、天雨鸟兽、天雨五谷、天雨石、夏雨雪、天无云而雷、星坠石、日食等异常天象推演人世吉凶。《地镜》辑本约4000字,言地动、地裂、地自陷、地有声、山崩、山徙、山石忽动、冢自动、河徙、井水流出地、井水赤色、水冬不冰以及草木鸟兽等的变异,占其吉凶大旨,类似《天镜》。《地镜图》亦佚,马国翰据《太平御览》《艺文类聚》等所辑仅千余字,清洪颐煊辑本(载《说郛》卷60)仅17行,约200字。

这类著作有些甚至以"镜诀""镜歌"的形式出现,当更为简洁明了,可作为口诀朗诵记忆,或作为歌谣广为传唱。至于"镜图",无疑更可一览无余。

(二)择精会要,主旨突出

此类书卷尽管大多文字无繁,但其所记皆选紧要事项,皆关主旨要题,从简略中明大义,于短小间见菁华。《沙州城土镜》堪称记地之作精略的典范,每一地理事项虽仅寥寥数言,但一卷在握,整个沙州(含敦煌、寿昌二县)地理概貌跃然纸上,其去两京道里、四至八道、泉湖泊泽、河渠沟涧、山岳岭脉、长城古垒、祠庙胜迹、关隘城邑一目了然。这与如《沙州都督府图经》(P.2005)那样规模宏大、体例严谨、浩博翔实,系统地展示一地自然和社会、历史和现状全貌的地志著作①自然大有分别。《西天路竟》卷不盈尺,但却记载了长达万余里的自东京(开封)经灵州、甘州、肃州、玉门关、瓜州、沙州、鬼魅碛、伊州、高昌国、丹氏国(焉耆)、龟兹国(库车)、割鹿国、于阗国、疏勒国、布陆沙国、迦湿迷罗国、左兰那罗国、祛罗理、波罗奈国、旷野国、那迦罗里、那兰陀寺、王舍城、金刚座、昧底寺等地至南天竺国宝陀洛山及游尼若水的路程,着重叙述每一地间的方向里距,准确而明晰,文省而事核。《寿昌县地境(镜)》提纲挈领,慎择约举,于区区千余言中就将沙州寿昌县的方位、公廨本钱、沿革以及山川湖泉、城镇戍堡等主要地理事项叙述得分明了然。

《新定书仪镜》P.2616v、P.4036两残卷言其编修主旨:"……然而古今迁变,文质不同,南北士庶,其流亦异,致令晚至后学,无所取则。聊因暇日,纂述诸仪,务在简要,以裨未悟,士大夫之风范尽在是矣。将以传诸子弟,非敢出于户庭。""务在简要"是其最主要的编修特点,虽文字不多,但其精髓"士大夫之风范"已尽在其中。

归义军初期,河西节度使掌书记张敖以杜友晋《书仪镜》和郑余庆《大唐新定吉凶书仪》等为基础,改写加工,撰成具有当地特色的《新集诸家九族尊卑书仪》(P.3502)。其卷开宗明义:"夫书仪者,籍在简要,不在其多。……今之所著,微举宏缕,修从轻重,临时剪裁,……使童蒙易会,一揽(览)无遗,号为纂要书仪,具载于后。"该氏另著《新集吉凶书仪》(P.2646等),其序文亦云:"今采其的要,编其吉凶,录为两卷,使童蒙易晓,一览无遗。"

《四库全书》总纂官纪昀等为陆时雍编《古诗镜》和《唐诗镜》所作提要曰:"其大旨以神韵为宗,情境为主,……然其采摭精审,评释详核,凡运会升降一一皆可考见其源流。在明末诸选之中固不可不谓之善本矣。"诚如所云,此二诗镜于茫茫的古代诗海中爬梳剔抉,取精用宏,悉心编选,在有限的卷幅中展示了我国泱泱古诗的菁华。杨伦《杜诗镜铨》,"将各家注杜之说,勘削纰缪,荡涤芜秽,俾杜老之真面目、

---

①李并成:《唐代图经蠡测》,《西北师大学报》1986年增刊《敦煌学研究》,第34—38页。

真精神洗发显露,如镜之不疲于照,而无丝毫之障翳也"(毕沅序);"杨子研精二十
余年,乃尽得其要领,章疏节解,珠连绳贯,于异说如猬,一一爬罗而剔抉,以求其至
是,如镜烛形,一经磨莹而光愈显,使凡读公诗者,有以知公之志"(周樽序)。

邓廷罗《兵镜三种》含《孙子集注》《兵镜或问》《兵镜备考》三部分,均主题突出。
如《兵镜或问》避免了以往泛泛论兵的笔法,而采用问答的方式,就用兵中的主要问
题,如谋战、众寡、虚实、强弱、进退、弃取、胜败、险易、主客、内外、顺逆、人势、恩威、
赏罚等,集中阐释作者见解。《张子和心镜别集》突出阐发作者对病理的独特见解,
而非面面论到。如在"论发汗"中,着重强调除热药、外凉药亦可,"凉药能汗,大有
尽善者"。《笔花医镜》精撮仲景、东垣诸家之论,联其病类,药归同路,"总不外虚实
寒热,现何病象,系何藏府,作何治法,纲举目张,开卷了然,故曰医镜"(耿文光《万
卷精华楼藏书记》题)。宋僧延寿《宗镜录》,以佛语心为宗,乃制此录,采用设问的
方式,摘引大藏经精要以答之。

(三)鉴古资今,"镜无不烛"

鉴察、借鉴、镜鉴,为"镜"类文献功用上的又一特色,这在部分文卷中体现得尤
为突出。沈师昌为陈继儒《读书镜》作序曰:"先生抽其腹笥,作《读书镜》10卷,为
世资鉴。天下事本末消息各有其渐,智者之所小愚者之所忽也。"《四库全书总目》
为该书提要:"欲使学者得以古证今,通达世事,故以镜名。"可谓一语中的,切中肯
綮。凌铭麟《新编文武金镜律例指南》成书于清康熙辛酉年(1681),主要面向"初仕
者",记载文武官员仪注、品级以及莅任居官事宜,并依据有关条律大旨,引证古之
相传案牍,如禁赌博、禁滥准词讼、禁养瘦马、绝私贩、论人命、论盗案、论奸情等,为
其居官理政提供资鉴。《新刻精纂详注仕途悬镜》亦系此类作品,作者自序:"世有
《明镜台》,必须有《霹雳手》;使不有扛鼎笔,何以济照天烛?"书中多引前人故事,含
居官清事、牧民九要、巡方总约、公移指掌、吕公政训、告示活套、四六判语、奇案公
断传等内容,以为官员之鉴。

邓廷罗《兵镜三种》中之《兵镜备考》,于《孙子集注》13篇中摘录要语为纲,而
罗列古往史实以证其说,为今之用兵者借鉴。吴大有《千秋功名镜》,全书分阴德、

悬济、妇德、梦兆、祥瑞、五行等15类,阐扬因果之说,以警世劝善,用为今人之鉴。谭文光《心镜编》,皆裒辑前人言行之可为法戒者,故名"心镜";分敦伦、修身、劝学、积德、治家、居官、涉世、爱物、乐天、养生10类,每类为1卷,取格言旧本抄撮而成,计614则,以警人自警。胡季堂《读史任子自镜录》,采录自汉至明史传所载人物善恶,每一传后其人言行事实各有评论,"以昭法戒"。明布衣《观生手镜》1卷,摘载古事,每事缀以评语,颇多似"看破红尘"的山人隐士之叹。朱长祚《玉镜新谭》10卷,专记明代奸宦魏忠贤(魏铛)恶迹,又名《逆铛事略》,以此反面教员,诚人警世。唐王希明《太乙金式镜经》,"远不悖乎圣人之旨,近不戾乎先贤之言,如宝镜以鉴容,使后人以观其真"(元大德七年晓山老人序言)。《天镜》《地镜》《地镜图》等京房之徒所作,专言灾异以推论时政得失,"取明照将来之应,故以镜名"。

《书仪镜》《新定书仪镜》以古往圣人贤人居官和日常生活中的诸种礼仪行为为准则,供人们借镜效法,用之维护以三纲六纪为核心的封建伦理道德。《古诗镜》和《唐诗镜》,可称之为学习古诗、从事诗歌创作的良好范本。

(四)实用性强,具有手册、指南特色

赵和平先生研究敦煌书仪写道:"用《新定书仪镜》和《吉凶书仪》相比较,虽然作者都是杜友晋,但二种书有明显的差别。《新定书仪镜》删去了《吉凶书仪》中表和启的部分,把吉凶纂要分散到各条之内,僧尼道士吉凶书仪也删去了;但是,却增加了一目了然的'内、外、夫族服图',增加了'内外族及四海吊答辞(含妇人吊辞)'。从这个比较中可以看出,《新定书仪镜》删去了与一般人关系不大的表启及僧尼道士书仪,增加了实用的'内、外、夫族服图'和'口吊辞',就是书札中的正文,也比《吉凶书仪》的正文简略,其目的显然是为了简便和实用。……在敦煌写本中,《书仪镜》和《新定书仪镜》的数量大大多于《吉凶书仪》,主要原因就是《书仪镜》简便实用。敦煌写本书仪中,也可以明显看到这样一个特点:随着时代的变迁,书仪的内容也发生着变化,为的是适合时代。"①该氏又云:"书仪的编纂,不单单用作书札的

---

① 赵和平:《杜友晋〈吉凶书仪〉及〈书仪镜〉成书年代考》,《敦煌学辑刊》1990年第2期,第65—69页。

范本,而且为人们提供了在官场和日常社会生活中的行动准则,更具有实用性。根据实际需要,这几种有承继关系的书仪在内容上有所增减,有所侧重,表明实用是各种书仪编纂的出发点。"①正由于其实用性强,故得以广泛传布,唐杜友晋《书仪镜》和《新定书仪镜》在敦煌遗书中达10余卷之多,而张敖据此改订而成更适用于归义军时期敦煌地区的新集书仪更达20余卷,即其明证。

《沙州城土镜》《寿昌县地境(镜)》亦是颇具实用的书卷,无论是王室用之"敕戒州事",地方官员"因地治理",抑或士庶人士了解州情县况,都很需要这么一种实用的手册性的地志简本。《西天路竟(镜)》据黄盛璋先生考证,为北宋乾德四年(966)诏遣僧行勤等157人赴西域、印度求经所记行程的记述②,悉据实地所经而录,条理明晰,路线方位准确,诚可作为一本十分有用的西天路径指南,与法显、玄奘所作直达南印度者长篇行记相比,其简便实用、手册指南性的特点更加突出。

辽释行均《龙龛手镜》,针对六朝以至唐五代字形无定、俗体盛行的状况,为研读佛经之便而作,共收26430余字,每字下详列正体、俗体、古体、今字以及或体,并作简要音义注释,"剡以新音偏于龙龛,犹手持于鸾镜,形容斯鉴,妍丑是分,故目之曰龙龛手镜"(沙门智光序)。该书对于我们了解唐代前后人们使用俗字的情况,对于研究汉字流变、研读敦煌文卷,堪为一册方便实用的手本。

敖氏《伤寒金镜录》,主载斯君辨舌之术,辟为专门,即使在今天仍有实用价值。刘守真《张子和心镜》,专论伤寒病理,"深有益于世,如夜行冥冥,迷不知径,忽遇明灯巨火,正路昭然"(无名氏序)。栖真子《婴童宝镜》,专门针对婴幼儿常见病、多发病,录世行民间验方成书。李文烛《黄白镜》专言丹汞之术,"谓土禀中央之气,色象故黄;铅禀西方之气,色象故白。黄者为药,白者为丹,一药一丹是谓黄白",为专供道家炼丹的实用性著述。石延年《五胡十六国考镜》突出阐述五凉四燕三秦二赵并成夏等十六国世次沿革,可作为一本查阅这段纷繁变幻的历史年代的很方便的年

---

①赵和平:《晚唐五代时的三种吉凶书仪写卷研究》,载《唐五代书仪研究》,中国社会科学出版社,1995年,第212页。

②黄盛璋:《〈西天路竟〉笺证》,《敦煌学辑刊》1984年第2期,第1—13页。

表。唐刘轲《蒂王镜略》专为童蒙编写,自开辟迄唐代帝王世次缀为四言,朗朗上口,十分便于咏诵记忆。赵天麟《太平金镜策》,"以建八极、修八政、运八枢、树八事、畅八脉、宣八令、示八法、举八要为纲,而系以六十四子目",专为元代延佑间(1314—1320)初复科举应试之需而编,类似于后世应考手册一类作品。李冶《测圆海镜》是我国最早论述天元术的著作,含170个用天元术解直角三角形的容圆问题,很实用。

四

除上述外,另有少数"玉镜"文卷较为特殊,与前考"镜"类体裁特点尚不尽一致。尽管其作亦有借鉴、镜鉴之用,但卷幅较长,叙事详备,而少见简明扼要、大处落墨等笔法。例如,笔者所见两种"玉镜"类作品即如此。一为隋虞绰等撰《长洲玉镜》,《隋书·经籍志》录在子部杂家类,长达238卷;《旧唐书·经籍志》记在子部类事书类,作138卷;《新唐书·艺文志》亦记在子部类书类,作238卷。虞绰其人,《北史》《隋书》有传,仕陈,为太学博士,隋大业初为秘书学士,奉诏与虞世南、庚自直等撰《长洲玉镜》等书10余部。另一种为1909年内蒙古额济纳旗黑城遗址(元亦集乃路城、西夏黑水镇燕监军司城)出土的西夏文《贞观玉镜将》残卷(又有译作《贞观玉镜统》或《贞观玉镜鉴》者),此为西夏王室于贞观年间(1102—1114)修订的迄今所知最完备的西夏兵书,详载西夏用兵选将、命将、将的组织机构、军政与赏罚律令等内容,虽为残卷,但仍长达73页。原件被俄国人科兹洛夫劫去,现藏俄罗斯科学院东方学研究所圣彼得堡分所,我国学者陈炳应先生对其有专书研究[①]。

"玉镜"一称含义不一,而主要用于比喻政治上如玉镜般洁白无瑕,清明廉尚,又可借喻如宝镜般鉴别真伪,分辨善恶。《太平御览》卷82《尚书帝命验》:"桀失其玉镜,用其噬虎。"《贞观玉镜将》究其内容即寓是义。至于《长洲玉镜》,因原书无睹,未敢断言,余臆为恐亦系这类作品莫属。可见此种著作名曰"玉镜",是仅就其

①陈炳应:《贞观玉镜将研究》,宁夏人民出版社,1995年。

内容含义而言,并不表示体裁上的特点,与前考"镜"类文献有所分别。

另外,我国古籍中还有一些专门颂写"镜子"的作品,如《古今图书集成·考工典》辑北周庾信《镜赋》、赵自励《八月五日花萼楼赐百官明镜赋》、史㓟《仁寿镜赋》、崔鹰《金镜赋》、何据《镜花赋》、张汇《千秋镜汇》等;《贩书偶记》子部谱录类器物之属录目清嘉庆间刊钱站《浣花拜石轩镜铭集录》2卷、道光廿五年刊梁廷楠《藤花亭镜谱》8卷;《松翁居辽后所箸书·辽居杂箸》辑入近人罗振玉《镜话》1卷等。它们与"镜"类体裁文献实非一事,不可混同。

（原载《敦煌研究》1999年第 1 期）

《沙州城土镜》(P.2691v)之地理调查与考释

唐代为适应庞大的国家行政管理之需,十分重视地方志书的纂修,遂有图志(如《元和郡县图志》)、图经(如《沙州都督府图经》)、图(如《十道图》)、志(如《括地志》)、书(如《蛮书》)、录(如《南诏录》)、记(如《扬州记》)等多种类型方志著作问世。迨及五代,继唐之遗风,方志纂修沿而未辍,又新出现了"地境""土境"一类的志书,敦煌出《寿昌县地境》与《沙州城土镜》(P.2691v)即是此时期作品。仅依这二部志书观之,五代时期"地境""土镜"的特点为,胪列一地位置、山脉、河川、湖泽、城池、庙宇等主要的自然和人文地理现象而予以简要叙述,所列条目既概,且记述又略,每一条目之下仅寥寥数言,虽记载过简,但一卷在握,对于一方地理事物亦可概知。这与如《沙州都督府图经》(P.2005)那样规模宏大,体例严谨,浩博翔实,展示一地自然、社会、历史和现状全貌的唐代地志著作已大有分别。

《寿昌县地境》纂于后晋"天福十年"(天福仅八年,十年乃出帝开运二年,即公元945年),向达先生对其早有研究[1],而《沙州城土镜》则尚未见有系统探讨。这部《土镜》较之《寿昌县地境》所述范围更广,所记内容更多,对于五代时期敦煌地区历史、地理的研究和古方志学的研究也更有价值。笔者经过多次实地踏查,并征引有关文献,拟对《沙州城土镜》作一考释,以求复原唐和五代时期敦煌的地理面貌。

《沙州城土镜》,篇名中题,这种题名方法于敦煌文书中多有所见。"镜"者亦"境"也,"土镜"乃"土境""地境"之意,《沙州城土镜》(以下简称《土镜》)乃是记载沙洲(今甘肃敦煌)境内地理事物的志书。兹逐句考释于下:

---

① 向达:《记敦煌石室出晋天福十年写本寿昌县地境》,载《唐代长安与西域文明》,生活·读书·新知三联书店,1979年,第429—442页。

〔前缺〕"尔时窟□并已有□新,从永和九年癸丑岁□建窟,至今大汉乾祐二年己酉岁,算得伍佰玖拾陆年记。""窟"者,当指莫高窟,因当时沙州境内未见有其他称"窟"者。建窟年代记为永和九年,此系东晋穆帝年号,亦即前凉张重华永乐八年(353)。由是年起降至后汉乾祐二年(949),恰为596年。后汉乾祐二年为本志纂修之年,这较《寿昌县地境》成书晚了4年。寿昌县系沙州的辖县,《沙州城土镜》系沙州总志,其内容包括《寿昌县地境》的主要部分,而《土镜》《地境》二志纂修时间仅相隔4年,很可能是先修县志后,再纂州志,亦可能州、县志同时修撰,隔三四年后再重修一次,仍承唐代三年一造的旧制。可见五代曹氏归义军政权统治敦煌时期对修志仍颇重视。至于莫高窟的创建年代,学界一般定为十六国前秦建元二年(366),较《土镜》所载年代推后了13年。查敦煌石室所藏文书,有早自前秦甘露元年(359)的《譬喻经》和甘露二年(360)的《维摩经义》(见许国霖《敦煌石室写经题记汇编》,佛学书局,1963年),这或许可作为莫高窟初建年代的旁证,因而笔者以为或可将《土镜》所记的东晋永和九年(353)作为石窟的始建之年。

"沙州城,案《录》,前汉第六武帝元鼎年六甲子岁,将军赵破奴奉命,领甘、肃、瓜三州人土筑造。至今大汉乾祐六年己酉岁,算得一千五十年记"《录》者,不知全名为何书,莫高窟出敦煌著名文士张球大约撰于后梁开平初年(907)的《敦煌录》(S.5448)无此记载。沙州城的始筑年代,敦煌人杨洞芊的《瓜沙古事系年》(P.3721、S.5693)(荣新江考其大致成书于曹元忠统治敦煌时期,即945—974年间[①]亦记曰:"武帝元鼎六年庚午岁,筑沙州城。"与《土镜》记载合(《土镜》干支有误,元鼎六年实为庚午岁,非甲子岁)。又据《汉书·武帝纪》,敦煌建郡正是在元鼎六年(前111年),筑城自然亦当在是年。又《土镜》"至今大汉乾祐六年己酉岁"与前述"至今大汉乾祐二年己酉岁"抵牾,乾祐仅三年(948—950),无六年,且己酉岁为乾祐二年,非六年,故"六年"应为"二年"之误。又汉元鼎六年(前111)至乾祐二年(949),满

---

①荣新江:《敦煌卷子札记四则》,载《敦煌吐鲁番文献研究论集》第2辑,北京大学出版社,1983年,第670页。

打满算为1060年,非《土镜》所言"算得一千五十年"。西汉所筑敦煌郡城今日遗址犹存。故址位于今敦煌城西的党河西岸,其城垣多圮,但基址显见,西北角城墩较完整,残高达16米,故城南北宽1132米,东西长亦在公里以上(因东垣被党河冲毁,其东西长度未可确知)。据敦煌市博物馆考掘,此城确系汉代城址,并可看出西凉和唐代加固的痕迹。清人常钧《敦煌杂抄》卷二"沙州卫"云:"沙州之西,本有故城,即汉敦煌郡治,经党水北衔,圮其东西。雍正三年(1725)故城东另筑卫城,周围三里三分,开东、西、南门。"由此知这一故城直到明代仍在使用,清雍正三年才在党河以东另筑新城。

"沙州城土镜",题篇名。

"东去京师三千七〔百〕五十九里,去洛扬(阳)四千六百九里。四至:东西(至)瓜州三百一十九里,西至石城一千五百八十里,西北至西州一千三百八十里"。五代后汉的京师为汴(今河南开封),远在洛阳以东170公里处,此言距沙州3759里的京师,依其距离当指长安非汴也。《元和郡县图志》卷四○与《太平寰宇记》卷一五三记沙州至长安的里数分别为:3700里、3859里,近之。去洛阳、瓜州、石城的里数《元和郡县图志》卷四○分别记为:4560里、300里、1500里,亦与"土镜"所记近之,只是《元和郡县图志》均取整数记之,这一点可能是该书通篇的特点,需引起用者注意。瓜州,孙修身先生考其故址为今安西县布隆吉乡驻地南的肖家地古城址。[①]笔者于1983年8月和1988年9月亦曾先后两次来到该城考察,根据其形制,出土文物,并对照文献记载等,笔者考得瓜州城即安西县锁阳城遗址。石城,《寿昌县地境》记曰:"本汉楼兰国,……上元二年改为石城镇,属沙州。东去沙州一千五百八十里。"所记里数与《土镜》同。《中国历史地图集》将其标在今新疆维吾尔自治区若羌县城。西州,据《元和郡县图志》卷四○,为唐贞观十四年(640)灭麹氏高昌以其地置,治所在今吐鲁番市东南的高昌故城。

"甘泉,州西五百里。"甘泉,即今党河。《敦煌录》(S.5448)曰,鸣沙山"近南有甘

①孙修身:《唐代瓜州晋昌郡郡治及其有关问题考》,《敦煌研究》1986年第3期,第13页。

泉,自沙山南〔流〕;其上源出大雪山,于西南寿昌县界入敦煌,以其沃润之功,俗号甘泉。"源于大雪山,绕鸣沙山南麓进入敦煌绿洲的水系,唯有党河一条,敦煌绿洲的形成发育及其人类文化的繁荣,全赖此河滋润之功。由党河源头至敦煌故城,流长约350公里,《土镜》言"五百里"只是粗略估计之数,并非实测的结果。莫高窟所出撰于盛唐开天时期的《沙州都督府图经》(P.2005)残卷,开篇首叙甘泉水干流状况,接着叙述甘泉水进入敦煌绿洲后分为七条主干渠分流灌溉的情形,笔者对此已有研究,①不赘。

"贰师泉,州东一百三十里"。贰师泉又名悬泉水,为古代敦煌地区颇负声气的一处名胜。今天所能看到的有关贰师泉的最早记载是北凉段龟龙的《凉州异物志》与阚骃的《十三州志》。《太平寰宇记》卷一五三"沙州敦煌县"条引《凉州异物志》云:"汉贰师将军李广利伐大宛还,士众渴乏,广利乃引佩刀刺山,飞泉涌出,三军赖此以获济。今有祠,甚严,郡侯岁谒。"张澍辑《十三州志》(《二酉堂丛书》第10册)亦如上记载。《沙州都督府图经》(P.2005)引《西凉异物志》亦云:"汉贰师将军李广利西伐大宛,回至此山,兵士众渴乏;广乃以掌拓山,仰天悲誓,以佩剑刺山,飞泉涌出,以济三军。人多皆足,人少不盈,侧出悬崖,故曰悬泉。"唐章怀太子注《后汉书·郡国志》引《耆旧记》曰,敦煌"国当乾位,地列艮墟,水有悬泉之神,山有鸣沙之异;川无蛇虺,泽无兕虎,华戎所交一都会也。"将悬泉水列为当地具有代表性的圣迹。李广利伐大宛之役发生在太初元年至四年(前104—前101),是汉武帝推行以张骞的"致远之略"为蓝图的西方政策的重大举措,是西汉一代在中亚推行的一次规模最大的军事行动。李广利伐宛军还赖悬泉获济之事不见于史、汉二书记载,但在敦煌当地却传为口碑,世代相颂,人们将悬泉水与伐大宛这一关乎汉帝国西方战略全局的重大历史事件联系了起来,并附以其剑刺飞泉的神奇传说,不难看出这一泉水在人们心目中的重要地位与尊崇之情。至唐和五代,贰师泉的记载于方志著作乃至文艺作品中亦屡屡可见,《元和郡县图志》卷四〇、《沙州都督府图经》卷三(P.2005)、

---

①李并成:《唐代敦煌绿洲水系考》,《中国史研究》1986年第1期,第159—168页。

《沙州地志》(P.0788V)、《沙州伊州地志》(S.0367)等均有关于贰师泉的记载。大约作于唐大历年间(766—779)的《敦煌廿咏》(P.2748、P.3929等)还专有《贰师泉咏》一首,诗曰:"贤哉李广利,为将讨匈奴。路指三危迥,山连万里枯。抽刀刺石壁,发矢落金乌。志感飞泉涌,能令士马苏。"对于贰师泉的渊源、径流状况以及历史传说记载最为详尽的则为《敦煌录》(S.5448),曰:"贰师泉,去沙城东三程,汉时李广利军行渴乏,祝山神,以剑劄山,因之水下,流向西数十里黄帝草泊。后有将渴甚,饮水泉侧而终,水遂不流,只及平地。后来若人多即水多,若人少即水少,若郡(群)众大噉,水则猛下,至今如然。其二(贰)师庙在路旁,久废,但有积石,驼马行人祈福之所,次东入瓜州界。"贰师泉的位置除《敦煌录》作"沙城东三程"(即沙州以东三个驿站间的距离)外,各史料均作"沙州东一百三十里"。以此里数求之,正当今源于火焰山(又名截山子、十工山)的吊吊沟。水自山崖渗出,汇为细流,出山数百米后即全部渗入砾石戈壁之中。水名"悬泉",言其泉出石壁,径流细弱也。今悬泉水出山口西侧仍有废址一墟,残存石砌墙台,暴露有铜箭镞、王莽"大泉五十"币及隋五铢钱等,应为当年的贰师庙残址。贰师泉虽水弱流微,但其正处于敦煌与安西两大片绿洲间的戈壁沙漠地带,又北临沙、瓜之间的丝路大道,对于行之于茫茫沙海,备受燥渴之苦的行旅,它无异于生命的希望,生还的象征,它"能令士马苏",因而人们对其寄予强烈的情感,以至达到了将其神化的地步。

"东盐池,州东五十里"。P.2005与S.0788V亦如此记载。《元和郡县图志》卷四〇与《新唐书·地理志》则记有:"盐池,在(敦煌)县东四十七里。"一作东盐池,一作盐池,均位于县东,且里数略同,应指同一盐池。依其里数求之,其地正当今五墩乡新店台村东之小盐池、新店子湖一带。这里系党河冲积扇、西水沟(宕泉水)冲积扇和东水沟冲积扇的交汇之处,地势低洼,又系扇缘泉线分布范围,潜水大量溢出,而水量消耗唯赖灌溉,致使其成为敦煌绿洲东缘的积盐中心,东盐池正位于此处,在卫星图像上呈现为白色的椭圆形,甚是分明。东盐池范围,P.2005和S.0788V均言"东西二百步,南北三里。"今天这里仍有南北并列的两个盐池,其总长度恰为三里,宽度约300米,与上述记载完全相符,只是面积小了些,昔日统一的盐湖今已被分割为南北二池。P.2005:"其盐在水中自为块片,人就水中漉出曝干,并是颗盐,其味淡于河东盐";《元和郡县图志》:"池中盐常自生,百姓仰给焉"。唐时即已采盐,今日依然。这里盐质较纯,再生性较强,并有厚达0.7米~2米的晶状芒硝层,有条件发展小型乡镇盐化学工业。

"西盐池,州西一百七十里"。P.2005亦云:"西盐池水,右俗号沙泉盐,在州北一百一十七里"。S.0788v亦曰:"西盐池,(敦煌)县西北一百一十七里,俗号沙泉盐者"。以上三件文书所记西盐池位置互有异处,考之当地自然地理情状,《土镜》之"州西一百七十里"一带,正处于半径为百余公里的党河冲积扇戈壁地带,这里根本无盐湖生成的条件,所载有误。P.2005"州北一百一十七里",则远达疏勒河以北的北山洪积戈壁之上,亦非盐湖发育之地,并与"西盐池"之名不符,亦误。S.0788v之"县西北一百一十七里",相当于今哈拉诺尔西南之西园湖、野马井子一带,其地位处党河洪积冲积扇北缘洼地与疏勒河下游冲积平原接连之处,为一东西延伸的槽形之地,有成组的泉群和一连串疏勒河故道牛轭湖分布,历史上曾属哈拉诺尔的一部分,这里具有生成盐池的条件,故S.0788v记载当无误。唐代随着河西走廊农业开发的大规模进行,党河、疏勒河中游地区灌溉需水量较前大增,致使下游哈拉诺尔等处的来水锐减,使这里形成了一系列的盐泽、碱滩,成为"盐池"。其"总有四陂,每陂二亩已下。时人于水中漉出,大者有马牙,其味极美,其色如雪。取者既众,用之无穷"(P.2005)。今天这里的地貌景观仍为沼泽碱滩,并间有波状沙地、沙丘和风蚀垄槽,其间遍布的沉积食盐与芒硝品质仍佳,近年已成为敦煌人民致富的财源之一。

"北盐池,州西北卅五里"。S.0788v亦记曰:"北盐池,县西北卅五里,盐味不胜西池。"P.2005则云:"北盐池水,右在州西北卌五里",疑此说误。沙州故城西北三十五里处,为今孟家桥乡杂坝岔村以北十公里许一带,这里系敦煌绿洲西北边缘洼地,亦有大量的灌溉回归水出露,为绿洲西北部的积盐中心。这一盐池的范围为"东西九里,南北四里,其盐不如西池,与州东盐味同"(P.2005)。今天其大部分地表已属干盐沼风龟裂地,盐池的长度已不足五里,宽不足三里。在其南部数公里尚有数道泉水露头,盐生草甸植被较好,为敦煌西北诸乡的天然牧地。由于其地正当西北盛行风之前冲,其间已被十数条沙梁分割,地貌景观与上述东、西二池不尽相同。

"玉女泉,州西北一百八十五里。"S.0788v 则云:"玉女泉,县西北七十里。"《敦煌录》(S.5448)又云:"城西八十五里,有玉女泉。"《瓜沙古事系年》(P.3721)亦曰玉女泉位于州西八十五里,并记得更为具体,是处"沙、瓜二州水尾下",即党河尾闾汇入疏勒河下游入口处,但其地并非在州西,而是在州西北。看来州西北八十五里应为玉女泉的正确位置,如依《土镜》之州西北一百八十五里,则已进入北山腹地,这里系古生代剥蚀残山,哪里有什么泉的踪迹,显然《土镜》衍"一百"二字。州西北八十五里正当今大、小月牙湖、南泉一带,位于哈拉诺尔南至东南部。其地亦系扇缘交接洼地,泉水呈东西带状出露。依其地貌特征判之,大、小月牙湖和南泉等在历史上当为统一的泉湖,到了唐代称玉女泉时恐亦如此,今天则泉湖萎缩成了数处分散的泉泽滩地。关于玉女泉,S.0788v、S.5448 和 P.3721 均还记有一则优美的传说,说的是开元三年(715)敦煌刺史张嵩在此泉射杀妖龙为民除害的故事,此传说也见于《太平广记》卷四二〇和《敦煌廿咏·玉女泉咏》。虽其本身充斥着神奇色彩,但却也真实地反映出了敦煌人民对于消除水患、兴修水利所倾注的一腔热情。

"兴胡泊,州西北一百一十七里。"P.2005 与 S.0788v 则皆曰,兴胡泊位于"州西北一百一十里",与《土镜》所载无大异。处于这一位置的湖泊显然是指今哈拉诺尔。哈拉诺尔在地貌上为党河与疏勒河汇流处西部之一大型洼地,历史上曾为疏勒河下游之较大河道湖。按其湖岸线范围计之,面积曾达百余平方公里,包括上述西盐池在内。唐时湖泊尚在,但由于中游绿洲的大量引灌,注入该湖的水量大减,其面积已不足原来的一半了,为"东西十九里,南北九里"(P.2005),西盐池已由此分出。湖泊的水质也起了变化,"其水咸苦,唯泉堪食",但深度尚有五尺(P.2005)。到了清代前期,绿洲开垦面积进一步扩大,党河中游分为十渠大兴灌溉,已"无复余波至黑海(即哈拉诺尔)"(乾隆十年修《敦煌县志》),湖泊愈加萎缩,并由河道湖逐渐变成了终端湖。今天的哈拉诺尔已大部干涸,只局部洼地尚有小面积盐沼分布。

唐代哈拉诺尔南岸为敦煌西出玉门关的大道,即丝绸之路北道之所经。敦煌为丝路重镇、华戎所交的都会,哈拉诺尔之所以名为兴胡泊,就是因"商胡从玉门关道往还居之,因以为号"(P.2005)。

"阚塚,州东廿里",S.0788v 所载同。P.2005 记之更详:"阚冢,右在州东廿里,阚骃祖倞之冢也。《后魏书》云:"骃字玄阴,敦煌人也,祖倞有名于西土,父玖为一时秀士,官至会稽合(令)。其冢高三丈五尺,周回卅五步。"如此大冢的封土堆今早已不存,该冢确处无寻。

"河仓城,州西北二百四十里。"S.5448曰:"河仓城,州西北二百三十里,古时军储在彼。"P.2005 则称为阿仓城,曰,该城"在州西北二百卅二里,俗号阿仓城,莫知时代。其城颓毁,其趾犹存。"《通典》卷一七四与《太平寰宇记》卷一五三则记有"河仓烽"一名,曰,沙州西北至"河仓烽二百四十二里,与废寿昌县分界。"河仓烽应是位于河仓城内或其附近的烽燧。以上史料所记河仓城的位置略同。在玉门关遗址(今小方盘城)东约20公里处有一座名为大方盘城的故城址,向达和阎文儒等先生将其比作河仓城,[①]当之;但向先生又认为河仓烽即是河仓城,不确。该城东西132米,南北17米,分为大厅三间,各厅南北两面墙上均有两排对称的三角形通风孔,系粮仓设备。仓外围以两重墙垣,内垣仅存东、北二壁,四角有角楼残迹,高的可达6米;外垣已圮为土垄,仅存南北二面墙基。城址内发现汉简数十枚,证明系汉代粮仓城址。夏鼐和阎文儒先生于1943年11月还曾于城内掘得方形石刻一块,上镌"泰始十一年二月十七日甲辰造"等字[②]。泰始十一年实际上是晋咸宁元年(275),证明当时河仓城仍未废弃。城址南面恰有一处烽燧遗址,编号为 T.18,当为河仓烽。此城距沙州故城直线距离(需穿越60公里长的大戈壁)约80公里,但如沿党河、疏勒河沿岸绿洲地带行进由沙州城至河仓城,其距离就为110公里许,与文献记载大体相符。河仓城位处疏勒河南岸、玉门关之内丝路大道沿线,城北又为汉长

①向达:《西征小记》,载《唐代长安与西域文明》,生活·读书·新知三联书店,1979年,第350页。阎文儒:《河西考古杂记(上)》,《社会科学战线》1986年第4期,第14页。

②阎文儒:《河西考古杂记(上)》,《社会科学战线》1986年第4期,第14页。

城所经,这一大型粮仓的存在显示了昔日边防体系的布防状况和丝绸道路的繁荣。

"长城,州北西六十三里。"P.2005云:"古长城,高八尺,其〔基〕阔一丈,上阔四尺。右在州北六十三里,东至阶亭烽一百八十里,入瓜州常乐县界。西至曲泽烽二百一十二里,正西入碛,接石城界。……汉元帝竟宁元年(前33年),侯应对词曰,孝武出军征伐,建塞起亭,遂筑外城,设屯戍以守之。即此长城也。"将敦煌境内长城的位址,规模及其筑造缘由记述得甚为详尽。S.5448则曰:"长城在州北,其〔去〕城六十三里,正西入碛,前汉所置,北入伊州界。"由沙州城北六十三里经过的汉长城遗址今日犹存,其东西横亘,绵延于疏勒河南岸、古丝路大道北侧,沿线烽燧、城障布设完备,一些地段的塞墙仍很完整。对于这段长城,斯坦因第二次中亚考察报告《塞林提亚》卷二、阎文儒《河西考古杂记》与林梅村、李均明《疏勒河流域汉代边塞遗址概述》中均有详述,此不赘。

"塞城,州东四十五里。"P.2005记之更详,曰:"古塞城,右周回州境,东在城东卌五里,西在城西十五里,南在州城南七里,北在州城北五里。据《汉书》武帝元鼎六年(前111),将军赵破奴出合(令)居,析酒泉置敦煌郡。此即辟土疆,立城郭,在汉武帝时。又元帝竟宁〔元年〕,单于来朝,上书愿保塞和亲,请罢边戍。郎中侯应以为不可,曰:'孝武出军征伐,建塞傲,起亭燧,筑外城,设屯戍以(等)守之,边境少安。起塞已来,百有余年。'据此词,即元鼎六年筑。至西凉王李暠建初十一年(415)又修,以备南羌北虏。其城破坏,其趾见存。"可见这一塞城是与上述长城同时,且出于同一目的修建的,并且西凉时再修。塞城范围,东西几乎括有整个敦煌绿洲,南抵鸣沙山北麓,北在州城北五里,即敦煌绿洲大部是被围在塞城以内的。似这样环绕绿洲的塞垣建置笔者未见于西北其他地区的记载,这或许因敦煌绿洲的政治军事地位特别重要,故除建有北部的长城外,还特筑塞城,再加上沙州城,重重防守。塞城遗址有待考查。

"效谷城,州东北四十里"。S.5448曰:"效谷城,本是渔泽,汉孝〔武〕帝时崔不意教人力田得谷,因名。后为县。"P.2005曰:"古效谷城,周回五百步,右在州东北卌里,是汉时效谷县,本是渔泽部。桑钦说,汉武孝(孝武)元封六年(前105),济南崔意不为渔泽都尉,教人力田,以勤效得谷,因立为县名焉。后秦符坚建安(元)廿一年(385),为酒泉郡人黄花攻破,遂即废坏。今北面有颓其(基)数十步。"所云崔意不,据《汉书·地理志》颜注与上引S.5448当为崔不意之误。由上可知效谷城原为西汉的渔泽障,①地处渔泽之畔,元封六年或其稍后立为县,其城位于沙州城东北三四十里一带。唐代敦煌又置有效谷府(《新唐书·地理志》),并设效谷乡。由P.3669、S.4583等唐代效谷乡受田户籍可见,该乡田亩多位于沙州城东三十里之处,与上述效谷城位置略合。查州城东北三四十里一带,乃系绿洲边缘洼地,绿洲灌溉的回归水每每于此出露,聚而成泽,P.2005所载大井泽即位于这里,此泽当系汉代的渔泽。今天这里已较昔日干燥,而演变为盐碱滩地。即在这里的今城湾农场北2公里许有一座在"文化大革命"中被挖毁的古城址,其墙迹虽荡然无存,但在周围今天仍可见散落的汉晋时期的陶片。访之当地群众,言此城略呈方形,边长约200米许。该城位于沙州故城东北约18公里,与文献记载合;其周长约七八百米,亦与P.2005之"周回五百步"(每步五尺,唐尺约等于今天的0.3米,五百步合今750米),因而这一故城当为汉效谷县故址。《大清一统志》卷二一三与《西域图记》均谓汉效谷县故城位沙州卫西,皆误。向达、齐陈骏、吴礽骧、余尧、梁尉英、法人马伯乐等对效谷城亦有考证,并各执其说,但其结果或与文献记载不符,或与地面遗址不合,不取。

"土地神,州南一里。雨师神,州东二里。风伯神,州西北一里。李先王庙州西八里。"四座祠庙位置与P.2005所记亦略同,只是P.2005将风伯神祠记为"在州西北五十步。"土地、雨师、风伯三神祠,P.2005记其皆立舍画神主,其起始年代均未晓,境内或有灾患,或风不调,或亢旱,因即祈焉。李先王庙即西凉王李暠为祀其父所立之庙,"其院周回三百五十步,高一丈五尺"(P.2005)。唐初已圮,阶墙尚存。乾封元年(666年)于庙侧得瑞石,其色翠碧,有赤文古字云:"下(卜)代卅,卜年七

---

①林梅村、李均明则认为渔泽障与效谷城并非一地,见其著《疏勒河流城出土汉简》(文物出版社,1984年,第25页)。

百。"表奏为上瑞,旁建寺院,以得此瑞石遂号"灵图"(P.2005、P.2695、S.5448)。迨至晚唐庙已破衰,《敦煌廿咏·李庙咏》吟道:"昔时兴圣帝,遗庙在敦煌。叱咤雄千古,英威静一方。牧童歌冢上,狐兔穴坟傍。晋史传韬略,留名播五凉。"四座祠庙今均不存。

"张芝池,北水池是。"P.2005云:"张芝墨池,在县东北一里,效谷府东南五十步。右后汉献帝时,前件人于此池学书,池水尽墨。书绝世,天下名传。因兹王羲之《颜书论》云:'临池学书,池水尽墨,好之绝伦,吾弗及也。'又'草书出自张芝,时人谓之圣。'其池年代既远,并磨灭。古老相传,池在前件所。"到了开元九年(721)八月,"拓上件池,中得一石砚,长二尺,阔一尺五寸。乃劝诸张族一十八代孙上柱国张仁会,……令修葺墨池,中立庙及张芝容"(P.2005、P.3721、S.5693)。《敦煌廿咏》中亦有《墨池咏》一首,对草圣张芝及其勤学苦练的精神备为赞美。五代时池、庙犹存(P.3644),今皆无存。

"鸣沙山,州南七里。"P.2005云,甘泉水流至山阙峰(今党河水库附近)时,"水东即是鸣沙流山。其山流动无定,峰岫不恒。俄然深谷为陵,高崖为谷。或峰危似削,孤岫如画,夕疑无地,朝已干霄。中有井泉,沙至不掩。马驰人践,其声若雷。"《元和郡县图志》卷四○云:"鸣沙山,一名神沙山,在县南七里。今按其山积沙为之,峰峦危峭,踰于山石。四面皆为沙坽,背有如刀刃,人登之即鸣,随足颓落,经宿风吹,辄复如旧。有一泉水,名曰沙井,绵历古今,沙填不满,水极甘美。"《太平寰宇记》卷一五三引《辛氏三秦记》与《西河旧事》亦有如之记载。S.5448则云:"鸣沙山去州十里,其山东西八十里,南北四十里,高处五百尺,系纯沙聚起。此山神异,峰如削成。其间有井,沙不能蔽。盛夏自鸣,人马践之,声振数十里。风俗端午日,城中士女,皆跻高峰,一齐蹙下,其沙声吼如雷。至晓看之,峭崿如旧。古(故)号鸣沙、神沙而祠焉。"鸣沙山系祁连山前之块断隆起的剥蚀残山,上覆数十米至百米的沙层而成,其位置、规模、高度均与S.5448所记同,证明其古今无大差异。山间之"沙井"即今月牙泉,因其位于鸣沙山高大新月形沙丘链中,形如新月而得名。据20世纪50年代测量,其东西218米,南北54米,平均水深5米,为淡水。月牙泉系地质时期鸣沙山大断层线上党河故道遗留的河道湖之一,因其独特的地貌、水文地质条件和大气环流状况,历久而沙不能掩,自古就为敦煌游览胜地。

"三危山,州东南三十里。"《元和郡县图志》卷四〇则曰:"三危山,在县南三十里。山有三峰,故曰三危。《尚书》:'窜三苗于三危',即此山也。"《太平寰宇记》卷一五三云:"三危山,其山有三峰,故曰三危,俗亦名曰升雨山。山在县东南二十里。《书》:'窜三苗于三危',是此山。又云:'导黑水至于三危,入于南海'。盖黑水自北而南,经三危过梁州入南海。……"三危山东与安西县截山子相连,西与鸣沙山相接,三山均系祁连山前隆起的块断山体。至于"窜三苗于三危"之三危的地望,古今学者有十余种说法,有主敦煌者,有主康藏卫者(《卫藏识略》《西藏图考》等),有主云南或四川境内者(《蛮书》《尚书正义》、毕沅《山海经注》等),有主洞庭、彭蠡之间山地者(马少侨),还有主陇西县西北者(《辞海》)等,莫衷一是,但以主敦煌者较多(《左传》昭公九年注、《水经注》《括地志》等)。笔者以为由于唐虞时代边陲地区人迹罕至,未分畛域,故三危山不应专指一地,其范围或可扩大到川、滇之域。至于"导黑水至于三危入于南海"的三危,应指川、甘、青交界地区的一些山地。

"黄釜山,州东一百七十里。猛水山,州东南一百七十五里。南口山,州南二百五十里。碐石山,州南二百卅里。会道山,州东南二百五十里。石泉山,州东三百八十六里。大乌山,州北一百九里。石槽山,州西北三百卅里。望山,州西北三百三十七〔里〕。"这九座山不见于其他敦煌地志文书记载,《元和郡县图志》卷四〇与《太平寰宇记》亦无载。由其所记方位里距推之,黄釜山为今截山子,猛水山为今野马山,南口山为今党河南山,碐石山为今野马南山,会道山为今大雪山,石泉山为今妖魔山(玉门市南),以上诸山均系祁连山支脉;大乌山为今园山,石槽山为今碎石山,望山为今星星峡山,以上诸山则系北山山系支脉。

"寿昌县,西北去州一百廿里。"五代归义军时期的沙州,一如唐代旧制,仍辖有敦煌和寿昌二县。《土镜》以下内容专记寿昌县境内地理事物。寿昌县的位置,《寿昌县地境》(以下简称《地境》)亦曰:"西北去州一百二十里。""西北"应是"东北"之误。《元和郡县图志》卷四〇记其:"东至州一百五里。"《太平寰宇记》卷一五三则记其位于沙州"西南一百五十里。"在沙州城西南约70公里处南湖绿洲北部北工村有一座古城废址,当地世代相传称其为寿昌城。经实地考察,学界亦认定其为汉龙勒县、唐寿昌县故址。[1]笔者实地考察所见,寿昌城遗址总面积83500平方米,今城内外皆是新月形沙丘,高5米~10米,东、西、北三面仅存断续城垣,南面只存墙基,西南角向内凹,北墙长300米,东墙270米,残高4米许,四壁各有马面残迹二处。城墙全系红胶土版筑,夯土中常夹有灰、红陶片及其他汉代遗物,说明该城在汉代以后曾被加固过。城内外亦暴露有陶片、钱币、箭镞、砖块、铜饰,以及生产工具等汉至宋代遗物。城北、城东还分布着大片被沙丘埋压的弃耕农田。该城的废弃当在宋代以后。

"里(黑)鼻山,县西南五十里。姚阅山,县东南一百八十里。龙勒山,县南一百八十里。西紫亭山,县西南一百九十八里。"四山位置与《地境》记载全合。《沙州图经》(P.5034)对此记之更详:"黑鼻山,右在县西南五十里。东接□□□。其沙山,东至山阙,河即绝。其黑鼻山,连延西至紫金,即名紫金山。至五亭,即名五亭山。又西出一百余里即绝。姚阅山,右在县东南一百八十□里。东接敦煌县界,南□山,西接龙勒山。南北廿五里,高七里。其山□□为名。"

龙勒山,右在县南一百八十里。东接姚阅山,西接西子亭山。南北廿五里,高四里。其山因泉为名。西子亭山,右在县西南一百九十八里。东接龙勒山,西经樊石戍。西出连延接石城镇南山。汉开鄯善南路,因山置亭。其山石紫色,故号紫亭。时人语讹,名曰子亭。由其所记位置推之,黑鼻山为今崔木土山,龙勒山、姚阅山、西子亭山均属今阿尔金山支脉。

"大泽,县东七里。"《地境》亦此说。依所记方位里程推之,大泽正是今补给山水沟(唐之石门涧)的泉源,流量较大。唐五代时其范围颇广,"东西十里,南北十五里"(P.5034),因号大泽,且"水草滋茂,牧放六畜,并在其中"(《地境》),为当时南湖绿洲的主要牧地之一。今天的大泽已大为萎缩,仅有细流涌出,平均流量仅0.37立

---

①向达:《记敦煌石室出晋天福十年写本寿昌县地境》,载《唐代长安与西域文明》,生活·读书·新知三联书店,1979年,第429—442页。

方米/秒,昔日牧放六畜的草场今已大部成为洪积戈壁滩。

"曲泽,县西北一百九十里。"《地境》与 P.5034 亦如此记载,并曰:"其泽迂曲,故以为名。"寿昌县西北一百九十里处正是今玉门关以西、疏勒河下游的榆树泉盆地。此为第四纪坳陷盆地,历史上曾是疏勒河一较大的河道湖。其南部边缘发育成一连串由阿尔金山山前洪积扇扇缘溢出的泉群,曲泽回荡,为其特色。该湖因位于哈拉诺尔之西,随着上中游地区大面积开垦引灌的进行,其退缩的时间较哈拉诺尔更早,在唐和五代时就由"湖"退为"泽"了,但其范围尚有"东西十三里,南北十五里"(P.5034)之大。到了 18 世纪党河、疏勒河中游绿洲更大规模开垦之时,疏勒河水已不复入内,曲泽渐干。今天则成了盐沼草地,中有稀疏胡杨林分布,局部地区积盐达 12 米之厚,为当地有开发前途的矿区。

"龙勒泉,县南一百八十里。"P.5034 亦此载。《元和郡县图志》卷四〇则云:"龙勒水,在县南一百八十里之龙勒山上。"此泉当系阿尔金山脉之山间小湖,仅"周回三步"(P.5034)。P.5034 又云,李广利伐大宛得骏马还军时,曾将马放之此泉,"饮水鸣喷……"

"龙堆泉,县南五里。"《地境》与 P.5034 亦此载。古人言龙堆或白龙堆者,皆谓沙丘或风蚀雅丹地貌,以其起伏绵延之势名之。史书所谓敦煌正西关外有白龙堆,即指库穆塔格沙漠东缘的风蚀垄槽地貌。此处的龙堆泉则是指位于寿昌故城之南沙堆土丘低地间的露头小泉。《地境》与 P.5034 皆云:"昔有骏马来至此泉,饮水嘶鸣,宛转回旋而去。今验池南有土堆,有似龙头,故号为龙堆泉。"似这类小泉,在今南湖乡尚有多处。

"寿昌海,县南十里,方圆一里。"《地境》与《沙州伊州地志》(S.0367)所载亦同,并曰其"深浅不测,即渥洼池水也。长得天马之所。"P.5034 亦记西汉元鼎四年(前113)暴利长于此海得天马之事,并记其"地多芦蒲,其水分流二道,一道入寿昌县南溉田;一道向寿昌东溉田。"知在唐时已为灌溉水源。按其位置当为今南湖乡黄水坝水库无疑。只是"方圆一里"不切实际,侯仁之先生指出,疑为"十里"之误[①],是。1938 年在这里筑坝建水库,中华人民共和国成立后,又对其进行了大规模的加修

---

①侯仁之:《敦煌县南湖绿洲沙漠化蠡测》,《中国沙漠》1981 年第 1 期,第 15 页。

护理,今已可蓄水200万立方米,并开辟成了敦煌著名旅游风景点之一。

"大渠,县南十里。"《地境》与S.0367亦此载,并云,其"源自渥洼水。"P.5034亦曰:"大渠,长一十五里,阔八尺,深五尺,右在县南十里。从渥洼海畔穿渠,用溉县东田苗。其水派流支散,因以为名。"源自渥洼池的大渠为南湖绿洲的主灌渠道,相当于今天的大沟。今已将其改建成干、支、塘坝配套的引灌渠系。

"石门涧,县东南三里。"《地境》所载同。P.5034亦云:"石门涧,阔七十三步,崖深一丈五尺,水深三尺。右源出县东南三里,于县城南五步,向西入石门谷,众水合流,可行卅里。百姓堰水以溉田,因山为号。"考今寿昌故址东南三里的渠道,只有山水沟一条位置相符。山水沟平时补给以泉水为主,其主要源泉为上述之大泽,汛期由南山下泄的洪水亦常常排入沟内,沟谷每每被淘深、刷宽,故曰"涧"。笔者考察时所见,今日山水沟沟面宽达五六十米(上云其阔73步,以单步计约合今55米,与今略同),深约15米,较唐之一丈五尺(合今4.5米)淘深了许多。

"无卤涧,县西南十里。"《地境》与S.0367所载同。P.5034记之更为详确:"无卤涧,阔五十步,崖深一丈五尺,水阔八尺,深三尺。右源出古阳关城西南,至县西南十里,北流至石门烽西,正西入寿昌古城界,可廿里。百姓用溉田苗。其水无卤,故以为名。"依其位置,正是今之西土沟。其沟亦以泉水补给为主,由东南流向西北。长约十五公里,自源头鄂博头泉始,穿过六公里长的洪积戈壁,再经阳关故址——古董滩西南侧,抵今南湖国有林场。笔者实测,西土沟沟面宽约40米,与上云"五十步",合今37.5米略同,切深约18米,约为唐时沟深一丈五尺(4.5米)的四倍。联系到山水沟的情形,可见南湖地区由唐至今河沟的下切作用颇为活跃,由此也反映出这一地区1200余年来新构造运动的强度。现西土沟流量为0.8立方米/秒。

"玉门关,县北一百六十里。"S.0788v所记同。《地境》亦曰:"玉门关,县北一百六十里。汉武帝元鼎九年置,并有都尉。《西域传》东即限以玉门阳关也。"元鼎无九年,元鼎九年应为元封三年(前108)。玉门关的位置《元和郡县图志》卷四〇记为"县西北一百一十七里",《太平寰宇记》卷一五三记为"县西北一百一十八里",与《土镜》《地镜》差异较大。如取寿昌县北一百六十里,则已越过汉长城和疏勒河,远达北山腹地,显系误载。学界一般将小方盘城当作汉玉门关,该城正位于寿昌故城西北约55公里处,与《元和郡县图志》和《太平寰宇记》的记载略合。P.5034曰:"玉门关,周回一百卅步,高三丈。"小方盘城遗址东西24.5米,南北26.4米,周长约102米,较一百卅步(合今190米)要小许多,残高9.7米,较三丈(合今9米)略高。如此差异不知是文献记载有误,还是汉玉门关别有他所? 存疑。

"破羌亭,县东六十五里。"《地境》与S.0788v亦此载,并云:"前汉破羌将军辛武贤败破羌戎讫,于此筑亭,故号破羌亭。"《太平寰宇记》卷一五三沙州四至云:"南至寿昌废县中界五十里,以破石亭为界。""南"应为"西南"之误,破石亭疑即破羌亭。沙州城西南五十里、寿昌县东六十五里之处,正是今俄博店(亦名南湖店),该店位于党河北岸,沿党河而上为通青海的要道,清代曾于此设石俄博汛。今天这里仍可看到古代建筑残迹。

"西寿昌城,县西北五里。"《地境》亦云:"西寿昌城,县西北五里,汉武八年并置。"依其位置当位于古董滩东北部。今天虽已不见故城遗址,古董滩亦皆被新月形沙丘所占据,但于丘间地面随处可见散落的陶片、砖块、箭镞、钱币,以及生产工具等汉唐遗物;有的沙垄之间还有大型版筑墙基残迹,西寿昌城当位于此处。笔者又于航拍照片上析得,古董滩上遍布田垄阡陌的遗迹,均呈整齐排列的矩形块状,清晰可辨,显示了其昔日的繁荣。值得注意的是,《土镜》与《地境》均未载阳关,这一位处西域南道口岸上如此重要的关城竟不见于当地方志,岂非怪事! 因而笔者以为西寿昌城即是阳关关址。《元和郡县图志》卷四〇与《太平寰宇记》卷一五三均曰,阳关位于寿昌县西六里。所记位置与《土镜》《地境》之西寿昌城略合,可为佐证。

"□说别有本,常乐县,东去瓜州一百十五里。"常乐系瓜州属县,已如上述瓜州古城为锁阳城址,则位于其西北一百一十五里的常乐县即应是安西县的六工破城。

《土镜》以下尚有沙州神奇怪异之事的记载,与地理无涉,不论。

(原载《敦煌学辑刊》1990年第2期)

居延汉简里程简地理调查与考释

1972年,居延甲渠候官遗址(今额济纳旗破城子)出土一枚珍贵的记载有关城址、驿置间里程的汉简,即E·P·T59:582简。简文分两栏,每栏又分两组,计四组十六行。释文如下:

长安至茂陵七十里　　　　　媪围至居延置九十里

茂陵至茯置卅五里　　　　　居延置至䠼里九十里。

茯置至好止七十五里　　　　䠼里至揟次九十里

好止至义置七十五里　　　　揟次至小张掖六十里

月氏至乌氏五十里　　　　　删丹至日勒八十七里

乌氏至泾阳五十里　　　　　日勒至钧著置五十里

泾阳至平林置六十里　　　　钧著置至屋兰五十里

平林置至高平八十里　　　　屋兰至氐池五十里①

这枚汉简所记各地里程、路线明确而具体,它的出土对于丝绸之路古道和汉代城址、驿置的研究无疑具有极其重要的意义,后代史书的一些讹传误载也由此可得以纠正,因而该简颇受研究者瞩目。笔者不揣浅陋,在多次实地考察的基础上,拟对简文作一地理考释,以就教于学界。本文为第一部分,内容仅涉及简文第二栏第二组四句。

一、删　丹

该组四句提及删丹、日勒、钧著置、屋兰、氐池5处地名,查《汉书·地理志》知,

①甘肃省文物考古研究所等编:《居延新简》,文物出版社,1990年,第395—396页。

除钧著置外,余皆为汉张掖郡的属县(其中垘池作氏池)。

《汉书·地理志》:"删丹,桑钦以为道弱水自此,西至酒泉合黎。"表明删丹县境乃弱水的源地,且位于酒泉合黎之东。弱水,古今书籍均认为即源于祁连山北麓,流经张掖等地的黑河,一名张掖河,其上游主要支流之一为今山丹河;合黎则是位于今张掖、高台、酒泉、金塔等市县北部的合黎山。《尚书·禹贡》:"道弱水,至于合黎,余波入于流沙。"师古注:"合黎山在酒泉,流沙在敦煌西。"《山海经·海内西经》云,弱水出于昆仑之墟西南隅。同书《大荒西经》又云:"西海之南,流沙之滨,赤水之后,黑水之前,有大山,名曰昆仑之丘。……其下有弱水之渊环之。"东晋郭璞注:"……《三国志·魏志·东夷传》亦曰,长城外数千里,亦有弱水,皆所未见也。《淮南子》云:'弱水出穷石。'穷石今之西郡邘冉,盖其派别之源耳。"①何焯、黄丕烈、周叔弢、袁珂等校注《山海经》,参照汉、晋《地理志》均认为此处邘冉即删丹。

《隋书·地理志》记,张掖县有合黎山,删丹县有弱水。《括地志》:"兰门山,一名合黎,一名穷石山,在甘州删丹县西南七十里。《淮南子》云弱水源出穷石山。"又云:"删丹西河名弱水。《禹贡》崑崘在临羌之西,即此明矣"(《史记正义》引)。指出弱水源于删丹县西南七十里的穷石山(兰门山),即删丹西河,但将穷石、合黎二山混同起来,误。《元和郡县图志》卷四〇曰,弱水在删丹县南山下,合黎山,俗名要黎山,在张掖县西北二百里。唐删丹县即今甘肃山丹县。②县境内唯一大河流即源于县南祁连山麓的黑河主要支流山丹河。《太平寰宇记》卷一五二:"弱水,东自删丹县界流入,在(甘)州北二十三里。"甘州即今张掖城,城北二十三里恰是山丹河自东向西汇入张掖河干流河口处。清代以来的一些史志著作亦众口一词,谓弱水即山丹河。《秦边纪略》卷三:"弱水源出祁连,绕(山丹)城前后,合而西流,至于新城,汇于黑河,谓之张掖河。"胡渭《禹贡锥指》:"弱水出自山丹卫西南穷石山。……城西有山丹河,源出祁连山,西流,亦入张掖河,即弱水也。"《水道提纲》:"山丹水即古弱水,

---

①袁珂:《山海经校注》,上海古籍出版社,1980年,第298页。

②参见《中国历史地图集》《中国历史地名辞典》等。

源出山丹卫西南穷石山,合诸河,……而东北入居延泽。"

查山丹河,源出祁连支脉冷龙岭,则今冷龙岭当即古之穷石山,或名兰门山。自此而北流,在今李桥水库附近,左汇新开河坝,右汇由大黄山源出的寺沟河系,继续北流,至今山丹县城附近折而西行,至张掖城北二十余里的乌江堡附近汇入自莺落峡流出的黑河干流,继而西北流、北流,经临泽,高台县境,切穿合黎山,北入额济纳旗境。

弱水的地望已明,则汉删丹城位于今山丹河之侧无疑。乾隆《大清一统志》卷二○五:"删丹故城,今山丹县治,汉置,属张掖郡。"乾隆《甘肃通志》卷二二、《甘肃新通志》卷一三、清人《汉书地理志详释》《汉志释地略》等亦认为,汉删丹故城即今山丹县城。而乾隆四十四年《甘州府志》卷四则记:"删丹古城,《明一统志》曰,在今卫(山丹城)南一百二十里,燕支山下。按在今扁都口内,近马城墩地。"扁都口确位于山丹城南一百二十里,但该口山势陡峻,地形狭窄,系沟通祁连山南北的天然道口,北接河西走廊,南连湟水谷地,且自然条件恶劣,隋大业五年(609)炀帝西巡张掖,"六月癸卯,经大斗拔谷,山路险隘,鱼贯而出,风霰晦暝,与后宫相失,士卒冻死者大半"(《隋书·炀帝纪》)。大斗拔谷即扁都口。这里显然不具备设置县城的条件,《甘州府志》误。清道光十五年《续修山丹县志》卷三引用《明一统志》记载,认为删丹故城在今县南一百二十里燕支山下,"按今寺沟口内近钟山寺地,其山即燕支山,以晓日出映,丹碧相间如删字,一名删丹山,而县以此得名云。"该山又名焉支山。《元和郡县图志》卷四○:"焉支山,一名删丹山,故以县名。山在县南五十里,东西一百余里,南北二十里,水草茂美,与祁连山同。"《太平寰宇记》引《西河旧事》亦云:"焉支山东西百里,南北二十里,亦有松柏五木,其水草茂美,宜畜牧,与祁连山同。"删丹山学界公认即今山丹县境内的大黄山。该山系祁连山前断块隆起的一座孤山,主峰3978米,西北距山丹县城约50公里。汉删丹县城当位于此山下。

即在大黄山西麓、山丹河东岸的今山丹县霍城乡双湖村邓家庄北侧,残存古城遗址一座,名双湖古城。该城已很残破,墙垣多已无存。笔者实地考察中见,仅余西南墙角和东北城角各一段。前者残长约20米,残宽4米许,残高1.5米;后者仅剩一座土墩,长、宽各约5米,残高1.2米。其余墙段仅有墙基可寻。东墙基上被开挖了一条灌田水渠,北、西墙基被用作田埂,南墙基紧靠村民住宅区。笔者步测该城南北长约330米,东西宽320米,规模较大。访之当地群众知,该城墙垣原厚约10米,高7米许,20世纪60年代初被拆毁。城中还曾出土灰陶罐、石磨、碎瓦片、"五铢"币、王莽"货泉"币等物,无疑属汉代城址。该城西北隅又连一座小城,方形,周长约600米,存西垣一段,残长约100米,残高0.5米~1.2米,残宽1.2米;南垣一段,残长约30米,残高3米许,残宽3米。今县城通霍城乡的公路和一条引灌水渠从城中南北穿过。城内曾发现陶罐、"政和通宝"币、"天启通宝"币等物。据县志记载,明代曾在双湖村筑有城堡,名黑城,正德十三年(1518)废,又于今霍城乡驻地筑新堡,明清两代在黑城设游击和守备。则该小城当属明正德十三年前的黑城城堡。

双湖古城位处山丹河上游河谷平原,地势平坦,水流丰沛,城北、城西原有湖泊,故名双湖,今仍有泉流出露,引以灌田。这里具有从事农垦的优越的自然条件。而农业基础正是我国古代城镇选址的最重要因素之一。该城南数公里的西坡村驼岭东还分布有汉代墓葬群,面积达1800平方米。城东南约10公里的童子坝河东岸三级阶地上,即背背山、直岭岭、簸箕洼、六沟山、乱疙瘩等5座山头上下,亦遍布汉墓群,仅明显的封土堆即达千余座,有土穴墓、砖室墓、瓮棺墓等,曾出土彩绘车、马、塔、案等木器,罐、壶、鼎、灶等陶器,以及弩机、矛、箭头、镜等铜器和大量的"五铢"币。从埋葬形式看,自下而上,一排一排遍布山坡。这无疑是古删丹县军民的遗冢。考古实践表明,城址和其周围的古墓群有着密不可分的关系。双湖古城位处今山丹县城南40公里,其南数公里外即为大马营草滩,辽阔宽广,水草丰美,为历代牧放军马的优良牧场。城东南约30公里即扁都口,控扼穿越祁连山的南北通道;该城向北沿山丹河而下,又可连接日勒、觻得等地,其军事、交通地位重要。在这里设县可以起到扼守军事关隘、防范羌人南下,连接丝路交通的作用。综上而论,由双湖古城的方位、规模、遗物、城周墓群、地理条件、交通地位等判断,当为汉删丹县城。

二、日 勒

《汉书·地理志》:"日勒,都尉治泽索谷。"知日勒县置有都尉,其治所在泽索谷。《汉书·赵充国传》:"武威郡、张掖日勒,皆当北塞,有通谷水草。"指明日勒县位于河西走廊北部,临长城,且有水草谷地可供通行。这一谷地恐即泽索谷。《汉书·匈奴传》载,昭帝元凤三年(前78)春正月,匈奴右贤王、犁污王四千骑分三队入日勒、屋兰、番和三县,汉张掖太守、属国都尉发兵击,大破之,杀犁污王,自是之后,匈奴不敢入张掖。屋兰即张掖市碱滩乡东故城(后考),番和即永昌县西寨故城,①日勒则应与它们毗邻,相距不远。《后汉书·梁僅传》唐李贤注和《通典》卷一七四皆云,汉日勒故城在甘州删丹县东南。唐删丹县已如前述即今山丹县城,日勒城位于山丹城东南,恰在河西峰腰地带的番和、屋兰二县间。东汉末,于张掖郡西部分设西郡,日勒遂立为郡治,可见其地位的重要。《太平寰宇记》卷一五二:"后汉兴平二年(195)分置西郡,以删丹县属焉。"亦云:"日勒城,汉时为日勒县,故城今县(删丹)东南。"《晋书·地理志》列西郡首县为日勒,则日勒当系郡治。《读史方舆纪要》卷六三:"西郡治日勒县""日勒城,在(山丹)卫东南"。

《资治通鉴》卷一〇六晋孝帝太元十年(385)条胡注:"《晋志》曰:汉分张掖之日勒、删丹等县置西郡,其地当岭要。"同书卷一一〇晋安帝隆安二年(398)条胡注:"(西)郡在武威西,据岭之要,蒙逊得之,故晋昌、敦煌皆降。"《读史方舆纪要》亦曰:"自姑臧西北出张掖,其间有大岭,度岭而西,西郡当其要,岭谓山丹岭也。隆安二年,后凉段业据建康,使沮渠蒙逊攻克西郡,于是晋昌、敦煌诸郡皆降。"姑臧为今武威。查这一带地形,由武威西北去张掖间的大岭(山丹岭)正是河西走廊中部峰腰地带今永昌至山丹间的一带丘陵残山。这里正处于石羊河水系与黑河水系分水之地,海拔2000米~2500米,高出走廊平原300米~800米。其北部的龙首山与南部的大黄山相距仅20余公里,为走廊最窄的一段,且中间又有十五里达坂、长沟山、

---

① 李并成:《西汉武威郡诸县城址的调查与考证》,《历史地理》第10辑。

石峰山等剥蚀残丘横亘，构成地形屏蔽，一线中通，殊关紧要。今称这里为峡口，又名羊虎口，谓其险要也。正可谓"唇齿姑臧，形援张掖，襟山带水，战守有资，河西一线，卫其东西孔道也。"①西郡位于此大岭之西，扼守冲要，军事地位十分重要。正由于沮渠蒙逊攻克了此地，才使得后凉将士十分惊恐，该郡之西的晋昌、敦煌等郡相率投降。可见这一军事要地的得失具有关乎战略全局的意义。

《大清一统志》《甘肃通志》《新斠注地理志集释》《汉志释地略》等清代史籍亦云，汉日勒县位于山丹县东南。王仲荦《北周地理志》亦载，后魏永宁县（汉日勒县改名）位于今山丹县东南。《甘州府志》《续修山丹县志》《甘肃新通志》更具体地指出，汉日勒故城在山丹县东南百里许，今土人云古城窊。古城窊所在正是今峡口之地。峡口长约22公里，宽一般2公里，窄处不足百米，汉、明长城和今国道312线均从此口穿过。据云该口曾有小城堡一座，故有古城窊之名，但今天早已不见痕迹。

笔者认为，峡口一带虽具有重要的军事意义，但并非一处理想的设县之地。这里地势较高，地形狭窄，地表粗糙，且水源缺乏，虽有羊虎沟、南山沟等季节性小河流入，但水量很小，根本不足以用于发展农业灌溉。事实上，直到今天峡中仍是砾质干荒滩，而无半亩耕地。这里并不具备设立县城所要求的自然和农业等方面条件，更何况是郡治之城。再说，由《十六国春秋》知当时沮渠蒙逊率部进攻西郡，引水淹城，待城垣坍倒后才攻入城内，而峡口一带根本就没有足以坍倒城垣的河流，别处的河水也根本无法引到峡口（因其地势高）。因而日勒城不可能设于峡口，但在峡口可设置军事一类据点，以图坚守。古城窊中的古城应即此类城池，而不会是日勒县城。《甘州府志》等仅依据"古城窊"之名就将其妄指为日勒城的所在，误。由上引《读史方舆纪要》等知，日勒城是在大岭以西，"度岭而西，西郡当其要"。位于此岭之西，而又恰距里程简之删丹县（双湖故城）87里的古城遗址，唯今五里墩古城可当之。

---

①［清］顾祖禹：《读史方舆纪要》卷六三，上海书店出版社，1998年。

　　五里墩古城位于今山丹县位奇乡十里堡村二社居民区,西北距县城仅2.5公里。城址几乎被夷平,仅存三段残垣。两段位于南部,可能为南墙,一长5米许,残高2.5米,残宽5米;一长16米,残高4.5米,基宽8.5米;二墙均东西向延伸,相隔70米。其北180米处又有城垣一段,残长12米,残高4米,残宽6米。据此该城南北至少应长180米,其东西长度依可辨认的墙基测得在200米以上,规模较大。城中东南部存枯井一眼,井口直径10米许、深约20米。城内外今全部为耕地,散落铁青色碎砖块(即俗称的"汉铁砖")、碎陶片等物。张珑、王自刚等同志还曾在城中采集到一批完整和可复原的器物,其中陶罐2件,陶瓮、陶盆、石臼、石础、骨器各1件,石磨2片,东汉五铢钱1枚、北朝五铢钱1枚和阴刻"寺"字陶片1块等。[1]依次判断该城当属汉到北朝的城址,而这恰与日勒城延续的时间相一致。《舆地广记》:"汉日勒城,魏改曰永宁。"《隋书·地理志》:"有西郡永宁县,西魏郡废,县改为弱水,后周省入山丹。"日勒城亦于北周废弃。

　　访之当地群众,言五里墩古城于10多年前就被平为农田,城外原有护城河遗迹和一片很大的涝池,亦被夷平。城东南约60米处还残存夯土墩台一座,覆斗形,底基南北9米,东西8米,残高9米,颇雄壮,墩周亦见铁灰色碎砖块等物。视其形制和保存情况应为明代烽燧,因位于山丹城东南5里,故名五里墩,五里墩古城之名也由此而来。该烽是否利用城址原有的角墩或台基筑成? 尚不清楚。如然,则该城规模更大,其南北长度当在240米以上。

　　五里古故城坐落在山丹河中游冲积细土平原上,地势较低,比峡口处约低750米,平坦膏腴,水源充沛,具有发展灌溉农业的优越条件,堪称设县立郡的理想之地。早在4000多年前的新石器时期,这里就有人类居住并开展生产活动。城址东北1公里许的壕北滩发现马家窑文化和四坝文化遗址,其面积达20万平方米,文化层堆积厚约0.3米~0.8米,出土单耳陶杯、彩陶碎片和石臼等物。城址南约2公里的四坝滩亦发现四坝文化遗址,范围约2000平方米,文化层厚0.6米~3米,出土石

---

①张珑、王自刚:《山丹仙堤故城的调查与研究》,《西北史地》1991年第1期。

斧、石刀、敲砸器、陶罐、杯、壶等。壕北滩上还发现大范围的汉代墓葬,东西约1500米,南北160米,仅明显的封土堆就有百余座。近年山丹县博物馆先后清理了3座被水冲开或被盗掘的墓葬,出土陶瓮、罐、壶、碟、灯、盘、井、灶、仓、碗、杯、铜镜、弩机、钱币、漆奁等物,其子母砖券筑的长方形墓室和出土器物无论是组合还是形制,都表明系东汉墓。另外在五里墩古城西北约10公里的清泉乡北湾村杨家崖,在城南、城西南约10公里的位奇乡马寨村营盘洼、白墩子和汪庄村亦发现汉代墓群、墓葬,出土汉五铢钱、陶罐、子母砖等。城周大范围的古墓群为研究该城的历史面貌进一步提供了有力证据。

五里墩古城位处山丹河由北向西大转弯的南侧,北有龙首山脉,东南有焉支屏障,又地当丝绸之路河西走廊东西交通干道,向东越峡口(大岭)可达永昌(番和)、武威,向西径趋张掖,向北逾龙首山大红寺口或北路口子,经红湖寺、马莲湖、芨芨湖、大湖可抵蒙古高原腹地[汉元凤三年(前78)匈奴右贤王、犁污王即沿此路南侵],向南沿山丹河谷连接汉删丹县城,可谓正处于东西、南北交通的十字路口,地理位置十分重要。该城以北1公里许,汉、明长城自东向西通过。经当地文物普查和笔者实地考察所见,山丹境内的汉长城与明长城平行延伸,二者相距10米~80米,其东接永昌县水泉子长城,经绣花庙、峡口、花草滩、金山子、揣庄、三十里铺、二十里铺、十里铺北、五里墩古城北、山丹县城北、九号、十号、北湾车站、大墩庙、东乐乡北、西屯,西入张掖界,全长近100公里。明长城位于汉长城内侧,由夯筑墙垣、烽燧、列障构成。汉长城则多以壕沟代替墙垣。五里墩古城北的汉长城壕深1.2米~2.5米,口宽5米~8米,壕沟内沿筑壕棱,呈土脊状;其南侧约40米,即明长城,底宽4米,残高3米许,尚可连续。并在城北数公里外的龙首山各山口、山头遍设汉代烽燧和壕堑,有的在明代重筑。自东向西有独峰顶烽及堑壕、红寺湖山口烽及墙垣、北路口烽、龙头山峰及墙垣等。烽多用石块夹柴草垒砌,砂土填实,多残缺,烽周散落灰陶片。由此构成其北部的又一道军事屏障,该城正可谓"地当北塞"。该城位处汉删丹县城北37公里,合汉里恰为87里(汉里当今423米),恰与里程简记载相符。综上所考,五里墩古城为汉日勒县城无疑。张珑、王自刚认为该城为晋代的仙堤县故城,[1]误。仙堤县是晋分删丹县设置,理应距删丹故城(双湖古城)不远。并且五里墩古城的确是汉城,而非晋代所筑。

三、钩著置

置,即汉代驿站。依里程简,钩著置距日勒城五十里,又距屋兰县五十里。恰处于二县间,为连接二县及丝绸之路河西干道上的重要中间站。屋兰县的位置可以确定为今张掖市碱滩乡古城村东古城(详后),位于日勒城故城东42公里许。今42公里恰合汉里一百里,与里程简记载合。位于此中间的钩著置地在当今山丹县东乐乡十里堡村一带。该村地处山丹河南岸,东距今山丹县城18.5公里。惜汉置故城今已无存。

四、屋兰县

《读史方舆纪要》载,汉屋兰城,在(张掖)东北。《大清一统志》《甘肃通志》《甘肃新通志》《新斠注地理志集释》皆曰,屋兰废县在今山丹县西北。说明汉屋兰县在张掖、山丹二县间。《甘州府志》更具体地指出:"屋兰古城,城东五十里,今仁寿驿,俗名古城是也。"

查今张掖城东五十里一带,正是碱滩乡古城村辖地,村政府之地即是清代的仁寿驿,今俗称东古城。城垣早已毁弃无存,仅余西城门楼一座,为明代所建。访之当地,知该城原周长三里,方形,开东、西二门,规模较大。又据当地文物部门同志介绍,该城于1958年拆除时发现明清所筑城墙一些墙段中裹有旧的墙基,知早在明代以前这里即有故城。笔者还注意到,东古城东4公里的碱滩乡架子土冬村村南村东为一处范围颇大的"四坝式"类型文化遗址和汉代墓群。其陶片集中分布于西起架子土冬村,东至山丹县东乐乡城西村山羊堡滩,北抵312国道,南达石岗墩滩北,面积约为数十平方公里。地面遗存石斧、磨制单孔石刀,夹砂红陶片等,灰层

---

[1]张珑、王自刚:《山丹仙堤故城的调查与研究》,《西北史地》1991年第1期。

厚0.5米；并遍布汉代灰陶片、破碎陶器口沿、罐底、汉"铁砖"残片等物，俯拾即是。1978年7月，张掖地区文物普查队在这里考察，从暴露的墓群结构和出土器物判定为汉墓群。架子土冬村南还残存20余座夯筑土墩，均覆斗形，底基大多7米×7米，残高6米许，亦有3米×3米、残高4.5米的小墩和个别12米×12米、残高10米的大墩。它们大略东西排列成3行，行间相距约30米，墩间距18米，墩间无墙垣连接。对照河西其他一些地区类似的情况（如永昌县乱墩子滩），可以推知一些小墩当系墓葬封土堆，个别大墩应为烽燧。墩周普遍堆积大量碎砖块、瓦块等。这些土墩西南60米处还残存一座残高2米许的夯土台基，其长、宽各约60米，云台基上原建庙宇，于1958年拆除。这一带无疑为东古城居民的墓葬区，由此也可证明东古城最早当系汉代所建。

东古城坐落在山丹河南岸，又位于黑河中游主要支流之一的大满渠（今名）与山丹河交会处，水流环绕，土地肥沃，自古就是从事农耕的理想之地。城北正对穿越龙首山的东山寺口子（与古城相距20公里），由此翻山经红泉、大泉、平山湖向北可直达蒙古高原腹地，当年匈奴右贤王、犁污王兵入屋兰恐即由此口，其军事地位的重要自不待言。东古城亦处于连接汉日勒县与觻得县（张掖郡治，今张掖市西北约15公里的"黑水国"古城）的丝绸之路东西干道上，且距日勒古城恰为一百汉里，由此可以认定东古城即汉屋兰县城。

五、氐（氐）池县

里程简之氐池当即汉张掖郡氐池县，距屋兰故城50汉里。地湾（A33）出土汉简："肩水候官执胡隧长……氐池宜乐里，家去官六百五十里"（甲编1014）。同地出土另一简："肩水候官并山隧长……觻得成汉里，家去官六百里"（甲编114）。同地又一简："肩水候官始安隧长……觻得千秋里，家去官六百里"（乙编32）。地湾古城址位于今金塔县鼎新镇北50公里许，即今张掖城北250公里许，为汉肩水候官驻地。由上述3简可算得，氐池县宜乐里与觻得县成汉里、千秋里相距50汉里，且应位于其南部或偏南部。氐池、觻得当系邻县，氐池居南，觻得偏北。

《资治通鉴》卷一一二东晋安帝隆安五年(401)条载,沮渠蒙逊与男成相约同祭兰门山,结果男成无辜被段业所杀,"众皆愤泣争奋,比至氏池,众逾一万,……蒙逊进逼侯坞。"胡三省注:"氏池县,汉属张掖郡,晋省,其地属唐甘州张掖县界。"唐张掖县即今张掖市城,氏池既属其县界内,当距张掖城不远。又兰门山,已如前述为今冷龙岭,男成祭是山被杀,众聚氏池,说明氏池亦距是山不远,约在今张掖东南。《读史方舆纪要》卷六三:"氏池城,在镇(张掖)东,汉县。"乾隆《大清一统志》《甘肃通志》《汉志释地略》《新斠注地理志集释》均曰,汉氏池县城,在山丹县西南。《甘肃新通志》《甘州府志》和《续修山丹县志》更具体指出,氏池故城在山丹城西南一百六十里,即洪水城。洪水城即今民乐县城。当地从事文物、方志的同志亦认为今民乐城即汉氏池县城。然而,民乐城位于汉屋兰县城(东古城)南52公里处,远远大于里程简所记屋兰、氏池间距离,且位于洪水河中游偏上部,海拔较高,达2350米,地面坡降较大,周围虽可从事农耕,但条件相对较差。又据《秦边纪略》《大清一统志》等,该城原为洪水堡,始筑于明嘉靖年间,这里并无更早的古城址可寻。因而今民乐县城不可能是汉氏池城,《甘肃新通志》等的记载误。

依上引汉简等史料,汉氏池故城位于张掖东南、山丹西南,又距屋兰县(东古城)五十汉里,这一位置大体是在东古城南21.5公里(约五十汉里)的今民乐县李寨乡菊花地一带。今天这里的地表景观虽为一片连绵的风蚀荒滩,并零星分布白刺灌丛沙堆和片状流沙地,但随处可见田埂、渠道、屋基等遗迹,其间还散落灰陶片、石磨片、残铁片、碎砖块等物。已干涸的河渠纵横交织,排布有序,洪水河,海潮坝河,大、小都麻河故道亦延伸至此,表明昔日这里曾是一片繁荣的绿洲。这里的海拔1700米,较民乐县城低六七百米,且地势平坦,河道较密,昔日具有发展农业的良好条件。菊花地东北10公里许的六坝大庄和14公里的东乐庄一带,原为村庄,现存空名,亦见大片风蚀弃耕地及到处散落的陶片、瓷片等物。菊花地北3.8公里处还发现属于四坝文化类型的西灰山遗址,面积达70400平方米,文化层厚0.4米~3米,内涵丰富,发现铁器、骨器、陶器、木炭、碳化麦粒等。地表遗存石刀、石斧、彩陶片、夹砂细陶片和少量灰陶片,说明早在汉代以前这里就有人类在活动,而远非似今日这样满目凄凉的景象。菊花地南数公里的铁寨村、北数公里的石岗墩、砖包墩等处又发现范围较大的汉墓群,曾出土汉代灰陶罐、子母砖等物。菊花地今虽已不见古城遗址,但仍有一些断续的垣基可辨,并且当地群众都将这里叫"古城子",云其地确曾有过规模较大的城址,后遭破坏,仅留空名,这一城址无疑为汉氏池县城。氏池城地处古丝绸之路穿越扁都口连接河西走廊与湟水谷地的交通要道上,北接屋兰,西北通觻得,东北连日勒,东南则与删丹相望,南控扁都要隘,其军事、交通地位亦十分重要。

氏池故城及其周围绿洲的废弃与沙漠化,与战争的破坏以及中上游大量占用水源等人为因素直接相关,允另文专论。

(原载《西北史地》1993年第1期)

"草圣"张芝其人其事新探

——以敦煌遗书为中心

张芝,字伯英,生年不详,约卒于东汉献帝初平三年(192),作为书法史上的一代宗师,被誉为"草圣"。对于张芝其人其事,除传世文献中的有关记载外,因其祖籍敦煌,故敦煌遗书中亦保留了不少相关史料,弥足珍贵,可补传世文献之缺。笔者拟以敦煌文书中的有关记载为主线,对张芝其人其事做一新的梳理和探讨,以就教于学界。

一、关于张芝的族系和籍贯

张芝的族系源流,正史缺略,敦煌遗书中却可找到若干线索。P.2625《敦煌名族志》残卷:

> ……时有司隶校尉张襄者,……襄奏霍光妻显毒煞许后,帝以光有大功,寝其事。襄惧,以地节元年,自清河绎幕举家西奔天水,疾卒,子□□年来适此郡,家于北府,俗号北府张。史□□□,子孙莫睹。游击将军上柱国西州岸头府果毅都尉张端,自云是其后也。

张襄在汉宣帝地节元年(前69)因奏劾霍光妻而惧祸西奔,迁于天水,其后代又迁徙到敦煌,家于北府。可见居于敦煌郡北府的张襄一族来自清河。清河,西汉置郡,故址约在今河北省清河县一带。由敦煌文献知,敦煌张氏有三望四源,即清河张、南阳张、安定张、江东(三楚)张,其中安定张源自清河,亦可归入清河张。又据P.3718《唐故河西节度都头知玉门军事银青光禄大夫检校国子祭酒兼御史中丞上柱国清河张府君邈真赞并序》:"府君讳明德,字进达,则芝公第廿一代之云孙也。"知张芝第廿一代云孙张明德出自清河张氏,由此亦可推知张芝乃清河张氏,张襄应为其先祖。因其"家于北府",张芝的祖籍亦可认为是敦煌北府。

敦煌北府一名,亦见于P.2005《沙州都督府图经》。该文书列有"北府渠"一条:"昔敦煌置南府、北府,因府以为渠名。"南府,应指敦煌郡府,即汉唐敦煌故城,其废址即今位于敦煌市城西、党河西岸的沙州故城。至于昔日所置的北府,查有关史料,似应指东汉时在敦煌所置的护西域副校尉府。《后汉书》卷七七《班超传附班勇传》记,汉元初六年(119)班勇上议:"旧敦煌郡有营兵三百人,今宜复之,复置护西域副校尉居敦煌,如永元故事。"问勇曰:"今立副校尉何以为便?"勇对曰:"昔永平之末,始通西域,初遣中郎将居敦煌,后置副校尉于车师,既为胡卢节度,又禁汉人不得有所侵扰,故外夷归心,匈奴畏威。""于是从勇议,复敦煌郡营兵三百人,置西域副校尉居敦煌。"同书《西域传》亦载:"邓太后,……但令置护西域副校尉居敦煌。"这一副校尉府当置于靠近西域的敦煌郡北部,故敦煌当地称其为"北府",唐代敦煌的北府渠即因其得名。笔者考得,北府渠为敦煌绿洲北部的主要灌溉渠道,相当于今敦煌北干渠①。北府应位于该渠之侧,其遗址待查。

由上考知,张芝的祖籍可认为在敦煌北府,张芝可称之为敦煌北府人,或称其为敦煌人。对于张芝的籍贯前人曾有酒泉人、弘农人、敦煌渊泉人几种说法。朱仁夫、②华人德、③郑晓华④等认为张芝是敦煌酒泉人,其依据主要是沿袭上海古籍出版社和上海书店1986年出版的《二十五史》之《后汉书》中的记载。该书《张奂传》云:"张奂,字然明,敦煌酒泉人也。"张奂是张芝的父亲,故他们依此认为张芝也应是敦煌酒泉人。敦煌与酒泉为汉武帝所设河西四郡中的二郡,据《汉书·地理志》,酒泉郡置于汉太初元年(前104),后元元年(前88年)从酒泉郡分置敦煌郡。此后酒泉与敦煌互不统属,酒泉境内无敦煌,敦煌境内亦无酒泉。敦煌酒泉人,实乃敦煌渊泉人刊写之误,中华书局点校本《后汉书》已对之做过校改。然而现在还有些人疏

①李并成:《唐代敦煌绿洲水系考》,《中国史研究》1986年第1期,第165页。
②朱仁夫:《中国古代书法史》,北京大学出版社,1997年,第105页。
③华人德:《中国书法史》,江苏教育出版社,1999年,第186页。
④郑晓华:《翰逸神飞》,中国人民大学出版社,2000年,第110页。

于深究,仍沿袭这一讹误。

《晋书》卷三六《卫恒传》引该氏《四体书势》云:"弘农张伯英……"有人据之认为张芝的籍贯为弘农,其实这是一种误解。汉代弘农约在今河南省灵宝市南。《后汉书》卷九五《张奂传》记,汉永康元年(167)春,张奂因平定羌乱军功,而由边地徙家弘农华阴,"故始为弘农人焉",张芝亦可能随父移住弘农。但若以此断称张芝为弘农人,显然欠当。按照通例,一个人的籍贯多以其祖居地或出生地而言,有些人由于各种原因,一生中可能多次迁徙,但均不以其后来的迁居地为籍贯。《后汉书·张奂传》又记:"奂前为度辽将军,与段颎争击羌,不相平,及颎为司隶校尉,欲逐奂归敦煌,将害之。"后来张奂写了一封言辞哀恳的信给段颎,段颎受到感动而没有杀害他,但张奂是否被逐回了敦煌,其文语焉不详。如果张奂回到敦煌,那弘农之说就更站不住脚了。

中华书局点校本《后汉书·张奂传》:"张奂,字然明,敦煌渊泉人也。"则其子张芝籍贯也可认为是敦煌渊泉县。清代学者张澍《续敦煌实录》亦云:"太常(张奂)为敦煌渊泉人。渊泉为敦煌属县,后汉做拼泉,若酒泉,自为郡也。今《后汉书》作'酒泉'者,传写之讹。"①清道光年间纂《敦煌县志》等亦称张奂为敦煌渊泉人。渊泉为汉代敦煌郡所辖六县之一,笔者考得其治所即今甘肃瓜州县东部的四道沟古城遗址。②

总之,张芝的籍贯无论是称作敦煌北府人,还是敦煌渊泉人,两种说法都是可取的,亦可统称其为敦煌人。敦煌文书中皆记其为敦煌人。P.2635《类林残卷》工书条:"张芝,字伯英,敦煌人也,善草书。"P.2005《沙州都督府图经》"张芝墨池"条:"张芝、索靖,俱是敦煌人"。P.3721《瓜沙两郡史事编年》亦如是记载。张芝应生于敦煌渊泉,但并非一直生活在渊泉,他可能随父到过弘农或其他地方。据P.2005所记效谷府墨池遗迹(详后),至少说明他的青少年时代应是在敦煌城内度过的。敦

---

①[清]张澍:《续敦煌实录》,甘肃人民出版社,1985年,第14页。

②李并成:《汉敦煌郡冥安、渊泉二县城址考》,《社科纵横》1991年第2期,第53页。

煌作为郡治,乃一郡之政治、经济、文化中心,文人儒士、学者僧道大多会选择人口多、文化氛围浓、影响大的地方学习知识或讲经布道,张芝这样的名士自然也不会例外。

二、关于张芝的后裔

张芝的后裔鲜有见于正史者,敦煌文书中却可找到不少珍贵史料。

上引 P.2005《沙州都督府图经》记,张芝的后裔在敦煌当地者有:张族18代孙上柱国张仁会,上柱国张履暹,上柱国张怀钦,上柱国张仁会,上柱国张楚珪,上柱国张嗣业,文举人昭武校尉、甘州三水镇将上柱国张大爽,[□]学博士上柱国张大忠,游击将军、守右玉钤卫西州蒲昌府折冲都尉、摄本卫中郎将、充于阗录守使、敦煌郡开国公张怀福,昭武校尉、前行西州岸头府果毅都尉、上柱国张怀立,壮武将军行右屯卫岷州临洮府折冲都尉、上柱国张燕容,昭武校尉、前西州岸头府左果毅都尉、摄本府折冲、充墨离军子将张履古等。由此可见其家族后世颇为兴旺。其中文举人昭武校尉、甘州三水镇将上柱国张大爽,其名又可见于 P.3490a,该文书末题:"先天二年(713)十二月廿五日清信弟子张大爽述。"[□]学博士上柱国张大忠之名,又可见于 P.2551《李君莫高窟佛龛碑并序》,该碑为"首望宿卫上柱国敦煌张大忠书",立碑时间为武周圣历元年(698)五月。

P.4660《前河西节度押衙银青光禄大夫检校国子祭酒兼监察侍御沙州都押衙张兴信邈真赞》:"敦煌豪族,墨池张氏。禀气精灵,怀仁仗义。政直存公,刚柔双美……处职辕门,功名莫比。""墨池"一词源自张芝"临池学书,池水尽墨"的记载,"墨池张氏"即指张芝一族,则沙州都押衙张兴信当为张芝后裔。该邈真赞撰于唐乾符六年(879)。同卷《沙州释门故张僧政赞》:"敦煌甲族,墨池张氏。神假精灵,天资秀气。"此位张僧政亦为张芝后裔,该邈真赞撰于唐乾符三载(876)。

P.3718《唐故宣德郎试太常胁(协)律郎行敦煌县令兼御史中丞上柱国张府君写真赞》:"府君讳清通,字文信,裔泒临池,敦煌人也。"既为"裔泒临池",张清通应即张芝后裔,其出任行敦煌县令约在唐僖宗时期。

前引P.3718《张明德邈真赞并序》记,张明德为张芝第廿一代之云孙,"逍遥就业,学富三冬……道超北海,德侔芝公……三端备体,六教具通"。他约于唐光化三年(900)前后出任玉门军副使,后升任玉门军使;曹议金当政时期为河西节度都头知玉门军事。

前引P.2625《敦煌名族志》残卷记,游击将军上柱国西州岸头府果毅都尉张端为张芝后裔。岸头府为西州折冲府之一,唐称交河府,置于交河县,即今吐鲁番交河故城,后改名。

莫高窟第329窟绘有张善才供养像及题记:"施主大唐河西归义军节度管内左马……[御]史上柱国清河……养"。可见张善才亦出自清河张氏,为张芝后裔。

P.3556《周故敦煌郡灵修寺阇梨尼临坛大德沙门张氏香号戒珠邈真赞并序》:"清河贵泒,禀落雪之奇姿",张戒珠亦为张芝后裔。

S.5405《张福庆和尚邈真赞并序》:"俗姓张氏,香号福庆,先苗著姓,望在清河,后嗣兴宗,传名沙府矣……清河贵望,玉塞良枝。"该和尚曾任"京城内外临坛供奉大德",亦为张芝后裔。

P.3390《西方净土功德记》:"厥有节度都头清河张,为故慈父都头敬绘斯功德。"则此张都头父子亦应为张芝后裔。郑炳林认为,此处的"故慈父都头"当指张安信,[①]P.3390本篇之前又有《张安信邈真赞并序》,称其:"门传阀阅,举郡良宗"。

三、张芝墨池及唐开元时敦煌尊崇张芝的复古活动。

张芝墨池,为张芝临池学书之处,为其书法成就的代表性遗迹。《后汉书·张奂传附张芝传》李贤注引王愔《文字志》:"(张芝)尤好草书,学崔、杜之法,家之衣帛,必书而后练。临池学书,水为之黑。下笔则为楷则,号忽忽不暇草书,为世所宝,寸纸不遗,韦仲将谓之'草圣'也。"《后汉书》卷三六《卫瓘传》和卫恒《四体书势》亦如是记载。崔、杜指东汉晚期著名的书法家崔瑗、崔寔、杜度,他们皆以草书见称于

---

①郑炳林:《敦煌碑铭赞辑释》,甘肃教育出版社,1992年,第539页。本文所引敦煌"邈真赞",均参考此书。

世,敦煌文书P.2635《类林·攻书》中亦载其名:"杜度,京兆人也,善草书……崔寔,字子真,涿郡安平人也,善草书。"张芝学习崔、杜笔法,钟情于草书,苦心孤诣,孜孜不倦,就连家里刚织就准备做衣服的布帛,都先拿来练字,直到练得无法分清字迹时才拿去染色做衣。他在水池旁边习书,直到毛笔把池水都洗黑了,可见其所下功夫之深。临池学书的典故就是从这里来的。

唐开元年间,在敦煌兴起了一场尊崇张芝、寻检张芝墨池的复古活动。敦煌当地的官吏、士子,为了缅怀先贤,激励时人,继承和发展张芝书体艺术,遂搜罗古今,寻检有关张芝遗迹,张芝墨池便是在此时被寻检出来的。

P.3721《瓜沙两郡大事记并序》记:

> 玄宗开元二年九月,正议大夫、使持节沙州诸军事、行沙州刺史、兼豆卢军使、上柱国杜楚臣赴任到府,寻问张芝学业之处,到于池边。其时未有庙堂。

P.2005《沙州都督府图经》张芝墨池条,对于敦煌这一史迹的发现记载得更为详尽:

> 张芝墨池,在县东北一里,效谷府东南五十步。右后汉献帝时,前件人于此池学书,其池尽墨,书绝世,天下传名。因兹王羲之《额书论》云:"临池学书,池水尽墨,好之绝伦,吾弗及也。"又草书出自张芝,时人谓之[草]圣。其池年代既远,并磨灭,古老相传,池在前件所。去开元二年九月,正议大夫使持节沙州诸军事行沙州刺史、兼豆卢军使、上柱国杜楚臣赴任,寻坟典,文武俱明,访睹此池,未获安惜。至四年六月,敦煌县令赵智本到任,其令博览经史,通达九经,寻诸古典,委张芝、索靖俱是敦煌人,各检古迹,具知处所。其年九月,拓上件池中得一石砚,长二尺,阔一尺五寸,乃劝诸张族一十八代孙上柱国张仁会,上柱国张履暹,上柱国张怀钦,上柱国张仁会,上柱国张楚珪,上柱国张嗣业,文举人昭武校尉、甘州三水镇将上柱国张大爽,[□]学博士上柱国张大忠,游击将军、守右玉钤卫西州蒲昌府折冲都尉、摄本卫中郎将、充于阗录守使、敦煌郡开国公张怀福,

昭武校尉、前行西州岸头府果毅都尉、上柱国张怀立,壮武将军行右屯卫
岷州临洮府折冲都尉、上柱国张燕容,昭武校尉、前西州岸头府左果毅都
尉、摄本府折冲、充墨离军子将张履古等,令修葺墨池,中立庙及张芝容。

由上可见,张芝确曾在敦煌居住、生活过,并在这里习书练字,而其后裔在敦煌
也多有留居。所云"张芝墨池在县东北一里,效谷府东南五十步","县东北一里"应
指沙州城内的敦煌县衙东北一里,并非指在沙州城外东北一里,因效谷府(折冲府)
位于沙州城内子城东北的罗城,"效谷府东南五十步"的张芝墨池自然也在敦煌城
内,再说张芝临池学书也不可能在沙州城外。P.2005嘉纳堂条:"右按《西凉录》,凉
王李暠庚子五年立泮宫,增高门学生五百人,起嘉纳堂于后园,图赞所志。其堂毁
除,其阶尚存。其地在子城东北罗城中,今为效谷府。"沙州故城即前云今敦煌市城
西党河西岸的古城废址,今存南、北、西三面零星残垣。唐代沙州城分为子城和罗
城两个部分,子城又叫作小城,位于罗城西南,为府衙、官员和世家大族的居地;罗
城又叫大城,为商业和主要的居民区,并有如效谷府这样的驻军。据原敦煌市博物
馆馆长荣恩奇讲,20世纪80年代人们在沙州古城遗址东北部施工时,曾挖掘出数
方黑色的淤泥沉积土,他怀疑可能是当年张芝墨池遗址,可惜的是,当时没有对此
做进一步的考查。

沃兴华以"张芝墨池,在县东北一里,效谷府东南五十步"怀疑张芝是敦煌效谷
人[1],这实在是一种误解,作者大概是把汉代的效谷县与唐代的效谷府混为一谈了。
效谷府为唐代前期实行府兵制所设之折冲府,由上引文书知其位于沙州城内子城
东北一里的罗城中,而汉敦煌郡效谷县城,笔者考得为今敦煌市城东北17公里的
墩墩湾古城。[2]张芝墨池的重新发现,作为敦煌当地的一大人文景观,备受人们的
尊崇和重视。张芝18代孙张仁会等重新"修葺墨池,中立庙及张芝容",以供人们
瞻仰祭拜。敦煌文人士子还纷纷撰文赋诗,予以热情称颂。P.3929《敦煌古迹廿

---

①沃兴华:《中国书法史》,上海古籍出版社,2001年,第114页。
②李并成:《汉敦煌效谷县城考》,《敦煌学辑刊》1991年第1期,第58页。

咏》中的《墨池咏》便是唐代敦煌文人写的一首缅怀和颂扬张芝的诗歌：

> 昔人精篆素，尽妙许张芝。圣草雄千古，方(芳)名观(冠)一时。
>
> 舒笺观(行)鸟迹，研墨染鱼缯。
>
> 长想临池处，兴来聊咏诗。

P.3866《李翔涉道诗》之《秋日过龙兴观墨池》吟道：

> 独登仙馆欲从谁，闻者王君旧墨池。苔癣(藓)已侵行履迹，窪坳犹是
>
> 古来规。竹梢声认挥毫日，殿角阴疑洗砚时。叹倚坛边红叶树，霜重欲还
>
> 下山迟。

由此诗可见，张芝墨池应位于敦煌龙兴寺近侧，当时仍有"窪坳"遗迹，墨池周围植有竹林和树木，其叶因霜重而红，池旁建有"殿"和"坛"，该殿、坛疑"中立庙及张芝容"时所建的纪念性建筑。

四、张芝的书法成就

对于张芝的书法成就，敦煌文献中亦不乏记载。

S.5648d《草书歌》吟道：

> 草书四海共传名，变得千般笔下生。白练展时闻鬼哭，紫毫挥处见龙
>
> 惊。收纵屈曲如蛇走，放点徘徊□鸟行。遥望远山烟雾卷，寒光透出满
>
> 天明。

诗中以十分形象、凝练的笔触，概括了张芝的书法艺术特点。张芝的书法既精章草，又妙今草。张怀瓘《书断》："案章草者，汉黄门令史游所作也。……至建初中，杜度擅草，见称于章帝，上贵其迹，诏使草书上事。魏文帝亦令刘广通草书上事。盖因章奏，后世谓之章草。惟张伯英造其极焉。韦诞云：'杜氏杰有骨力，而字画微瘦。惟刘氏之法，字体甚浓，结字工巧，时有不及。张芝喜而学焉，专其精巧，可谓草圣，超前绝后，独步无双。'"[1]章草是由隶书到草书的一种过渡书体，虽非张

---

①转引自潘运告：《张怀瓘书论》，湖南美术出版社，1997年，第106页。

芝所创,但他师法前人而又超越前人,将其推到了登峰造极的程度。《书断》将先秦至唐初以来著名书法家的作品,根据其书体、书写特点和影响大小依次分为神品、妙品、能品三级。神品乃得自然之造化,浑然天成,达到一种超然的艺术境界,普通人很难做到。《书断》将张芝的章草、今草均列为神品之首,可见他的成就之高。P.2635《类林·攻书》列晋以前书法名家16人,张芝名居其中,与仓颉、史籀、钟繇、王羲之等齐名:"张芝,字泊英,敦煌人也,善草书,妙绝。"S.2072《珛玉集》工书记载:"魏有钟繇,晋有王羲之、献之,[与]张芝并皆能书。"钟繇,P2635《类林·攻书》记,字元常,魏武帝时为太尉,明帝时为太傅,"善楷书,亦采蔡邕之法,以为八体。《陈太丘碑文》,蔡邕为碑,钟繇书此碑文字,并最工妙"。所云蔡邕,亦为东汉后期著名书法家。S.2072《佚类书》:"蔡邕,字伯喈,陈留人,善篆楷之法。后汉灵帝时,太学讲堂前立三字石经,五经文也,此是蔡邕所书,今洛阳犹存。"

《书断》又云:"案草书者,后汉征士张伯英之所造也。……然伯英学崔、杜之法,温故知新,因而变之以成今草,转精其妙。字之体势,一笔而成,偶有不连而血脉不断,及其连者,气候通其隔行。惟王子敬明其深旨,故行首之字,往往继前行之末,世称一笔书者,起自张伯英,即此也。……伯英虽草创,遂造其极,伯英即草书之祖也。"张怀瓘《四体书势》亦云:"草书者,张芝造也。草乃文字之末,而伯英创意,庶乎文字之先。其功临乎篆籀,探于万象,取其元精,至于形似,最为近也。字势生动,宛若天然,实得造化之姿,神变无机。"①《书断》往往把某一书体指认为某一书法名家所创,恐不免有些武断,但其认为"今草"为张芝所创则是合乎事实的。今草有别于章草,用笔流动放逸,字画间常萦带连绵。唐代的张旭和怀素以狂草见称于世,实际上他们的草书也深受张芝今草的影响。

张芝书法的要旨是血脉不断,天纵颖异,放荡飘逸,心手随变。其风格和特点为一笔呵成,一气贯通,洒脱流动,具有很高的美学价值。他的今草,似长流不断的清泉、奔腾不息的蛟龙。南朝梁武帝《草书状》评论张芝书法:

---

① [唐]张怀瓘:《四体书势》,转引自《中国历代书法选》,上海书画出版社,1980年,第213页。

……疾若惊蛇失道,迟若渌水之徘徊。缓则鸭行,急则鹊厉,抽如雉喙,点如兔掷。乍驻乍引,任意所为。或粗或细,随态运奇,云集水散,风回电驰。及其成也,粗而有筋,似葡萄之蔓延,女萝之繁荣,泽蛟之相绞,山熊之对争。若举翅而不飞,欲走而还停,状云山之有玄玉,河汉之有列星。厥体难穷,其类多容,婀娜如削弱柳,矗拔如袅长松,婆娑而飞舞凤,婉转而起蟠龙。纵横如结,连绵如绳,流离似绣,磊落如陵。暐暐晔晔,奕奕翩翩,或卧而似倒,斜而复正,断而还连。若白水之游群鱼,聚林之挂腾猿;状众兽之逸原陆,飞鸟之戏晴天;像乌云之罩恒岳,紫雾之出衡山。巉岩若岭,脉脉如泉,文不谢于波澜,义不愧于深渊。传志意于君子,报款曲于人间,盖略言其梗概,未足称其要妙焉。"①

梁武帝的这段评论可谓准确而精妙,足以揭示张芝书法的特点。唐李嗣真论道:"伯英章草似春虹饮涧,落霞浮浦;又似沃雾沾濡,繁霜摇落。"②由于张芝的巨大影响,但凡魏晋书论必言及张芝,就连王羲之这位中国古代最杰出的书法家,也对张芝推崇备至。敦煌文书S.0214与S.3287存有两份王羲之的《题书论》,兹仅录S.3287号文书相关内容:

吾比之钟、张,当抗行,或谓过之。张芝犹当雁行,然张精熟,池水尽墨,假今贡人耽之若此,未必谢之。后之达解者知其评之不虚也。临池学书,池水尽墨,好之绝伦,吾不及也。

王羲之自比张芝"吾不及也",虽属谦辞,但从中确也客观地反映了张芝的卓越成就和深远影响。张芝品行高操,拒绝入仕为官,将毕生精力倾心于书法艺术,在我国书法史上光耀籍册,风流千古。

①[南朝·梁]萧衍:《草书状》,转引自《中国历代书法选》,上海书画出版社,1980年,第80页。
②[唐]李嗣真:《后书品》,转引自《中国历代书法选》,上海书画出版社,1980年,第135页。

五、张芝书法的影响

张芝书法的辉煌成就,引得当时和后世人们的由衷赞叹与仰慕。张芝当世时就有很多人像着魔一样迷恋于他的草书艺术,学练者风靡景从。东汉光和年间(178—184),赵壹在《非草书》中描述当时盛况:研习草书之人"专用为务,忘其疲劳,夕惕不息,仄不暇食。十日一笔,月数丸墨。领袖如皂,唇齿常黑。虽处众座,不惶戏谈,展指画地,以草列壁,臂穿皮刮,指爪摧折,见角思出血,犹不休辍。"①赵壹的描述或许有所夸张,但其所云这些研习草书的人对顽强追求艺术的精神当非虚言。他们的这种执着与沉迷,自然是受到张芝临池学书精神及其书法成就的感染和影响。

后世不少书法名家,其草书皆源出张芝一脉,检索敦煌遗书,可考者不乏其人。例如:

索靖(239—303),张芝姊之孙,敦煌龙勒(今敦煌南湖乡)人,自幼受其祖风陶冶熏染,临池习书,秉承先祖神韵,亦成为名贯古今的一代书法大家。《晋书》卷六〇《索靖传》:"索靖,字幼安,敦煌人也。……靖与尚书令卫瓘俱以善草书知名,帝爱之。瓘笔胜靖,然有楷法,远不能及靖。"不仅善书法,索靖还注重对草书的书写特点从理论上加以分析总结,撰成《草书状》。他写道:"盖草书之为状也,宛若银钩,漂若惊鸾,舒翼未发,若举复安……"P.4010《索崇恩和尚修功德记》,记崇恩先祖索靖,明确提及索靖书法与张芝书法的继承关系:"晋司空索靖,惠帝时敦煌贤达,临池学书,翰墨无双,对策第一。帝佳之,拜驸马都尉、酒泉郡太守。天纪文明,卓然贻则,鸿飞冲翼,响日下而联行;草圣腾芳,映华风而盖代;图成心镜,法沧海而翻波;笔写灵台,树长松于岳峙。千室之邑,焉有如斯者欤!千岁留踪,但仰临池之妙。"P.2625《敦煌名族志残卷》亦载索靖事迹:"靖少有逸群之量,与闻不应辟召,乡人号曰腐儒……[与]乡人张□、索紾、氾衷、索绾等五人俱游太学,号称敦煌五龙。"

---

① 赵壹:《非草书》,转引自《中国历代书法选》,上海书画出版社,1980年,第2页。

莫高窟的前身为西晋的仙岩寺,其名即为索靖所题。P.3720《莫高窟记》:"晋司空索靖,题壁号仙岩寺,自兹已后镌造不绝,可有五百余龛。"莫高窟第156窟前室北壁墨书唐咸通六年(865)《莫高窟记》与第332窟所出《李君修莫高窟佛龛碑》,亦如此记载。惜索靖题壁今已无存。

《抱朴子外编》卷二六《讥惑》论道:"张芝、索靖,各一邦之妙,并用古体,俱足周事。"索靖与尚书令卫瓘皆学张芝,时人号为"一台二妙",时称"瓘得伯英筋,靖得伯英肉"。卫氏数代善书,至卫铄传王羲之。而崔悦、卢谌俱习索靖之草,崔、卢二门子孙传业,累世有名。张怀瓘《书断》:"索靖,字幼安,敦煌龙勒人,张伯英之姊孙。……幼安善章草书,出于韦诞,峻险过之。有若山形中裂,水势悬流,雪岭孤松,冰河危石,其坚劲则古今不逮。……时人云,精熟至极,索不及张;妙有余姿,张不及索。"

李达,武周时任左玉钤卫效谷府旅帅、上护军。P.2551《李君莫高窟佛龛碑并序》:"考达,……临池擅飞翰之工,射叶逞弯弧之妙。"显然其书法源出张芝笔法。

不仅对世俗大众,而且在敦煌僧人中张芝的书法亦产生了巨大影响。P.3556《都僧统氾福高和尚邈真赞并序》:"书文龙飞水走,惊鸾靡比于今时;走笔立动风烟,远鹄岂夸于此世……神资风骨,六艺随躯;文星降质,应笔张芝。"这位身为都僧统的氾福高和尚恐深得张芝笔法神韵。P.2481《副僧统和尚邈真赞并序》:"羲、芝笔势,手下而鸾鹊争飞;蔡邕雄文,口际而珠花竞吐。"这位副僧统和尚对于张芝、王羲之笔势似乎亦心领神会。P.3703v《释迦牟尼如来涅槃会功德赞》:"淳风墨沼,临书更学,月空嘉好。"P.4010、P.4615《索崇恩和尚修功德记》:"以临池余墨,染及素……"

总之,草圣张芝书法及其临池学书的精神影响深远,从汉末历经魏晋南北朝直到唐代,敦煌文书中有关记载不绝如缕,民间也口耳相传,诵咏不衰。

（本文与杨发鹏合写）

敦煌归义军曹氏统治者果为粟特后裔吗？

——与荣新江、冯培红先生商榷

荣新江、冯培红二先生于《历史研究》2001年第1期同时刊出大作,分别题为《敦煌归义军曹氏统治者为粟特后裔说》《敦煌曹氏族属与曹氏归义军政权》,二文(以下分别简称荣文、冯文)均认为归义军曹氏统治者出自粟特后裔。两篇大作视角新颖,立论独特,提出了一些富有启发性的看法,很快成为敦煌学界议论的一个热点,引起人们的广泛兴趣和关注,笔者亦从中受益颇多。然而仔细分析有关资料,不难发现荣、冯二文所论中没有一条材料能够板上钉钉,言之凿凿,二位先生采用推测的方法来下结论,这就不能不使人们对结论的可靠性表示怀疑。笔者不揣梼昧,翻检、征引若干新的史料,拟重新就这一问题予以探讨,并与荣、冯二先生作一商榷性的讨论,以还原历史的本来面貌,正确地认识和评估粟特势力及其文化在敦煌、河西的影响状况。

一、曹议金的来历之谜

敦煌归义军节度使曹议金家族的郡望为谯郡,这在敦煌遗书和莫高窟题记中多有载录。冯文统计莫高窟第55、61、85、100、108、256、342、431、444、454窟和榆林窟第16、19、25、34、35等窟供养人题记,以及P.3660、P.3827、P.4514、P.4516、P.4638、S.0518、S.2687、S.4398等文书中均称曹议金家族出自亳州谯郡。

考之史籍,早在秦汉之际中原曹氏就已入居敦煌。《郃阳令曹全碑》载:

君讳全,字景完,敦煌效谷人也。其先盖周之胄,武王秉乾之机,剪伐殷商,既定尔勋,福禄攸同,封弟叔振铎于曹国,因氏焉。秦汉之际,曹参夹辅王室。世宗廓土斥境,子孙迁于雍州之郊,分止右扶风,或在安定,或处武都，或居陇西，或家敦煌。枝分叶布，所在为雄。君高祖父敏，举孝廉，武威长史、巴郡朐忍令、张掖居延都尉。曾祖父述，孝廉，谒者、金城长史、夏阳令、蜀郡西部都尉。祖父凤，孝廉，张掖属国都尉丞、右扶风隃麇侯相、金城西部都尉、北地太守。父琫，少贯名州郡，不幸早逝，是以位不副德。……（曹全）历郡右职，上计掾史，仍辟凉州，常为治中、别驾。纪纲万里，朱紫不谬。出典诸郡，弹枉纠邪，贪暴洗心，同僚服德，远近惮威。建宁二年，举孝廉，除郎中，拜西域戊部司马。①

曹全及其高祖父、曾祖父、祖父等均任高官，其子孙又在河西一带枝叶分布，"所在为雄"。可见敦煌曹全家族当时堪称一方望族。其祖父曹凤事迹又见于《后汉书·西羌传》《水经注·河水注》等典籍，载曹凤上言和帝刘肇："建复西海郡县，规固二榆，广设屯田，隔塞羌胡交关之路，遏绝狂狡窥欲之源。又殖谷富边，省委输之役，国家可以无西方之忧。"上从之，曹凤遂率部屯田湟水一带。《后汉书·西域传》还记载了汉安帝时敦煌太守曹宗拒北匈奴之事；同传又记汉灵帝建宁三年（170）凉州刺史孟佗遣从事任涉将敦煌兵五百人与戊己司马曹宽等讨疏勒事。有学者认为曹宽与曹全应为同一人。②《后汉书·赵咨传》又记敦煌人曹暠（曾举孝廉），官任荥阳令。迨及魏晋曹氏子孙仍可见于史籍。如前凉尚书侍郎、西平太守曹祛③，武街护军曹权等。④

荣文曰："敦煌的谯郡曹氏一族在归义军出现以前没有见到任何记载。"冯文亦云："自曹魏迄宋，在传世史籍中找不到谯郡曹氏徙居敦煌的记载。"这些说法显然与史实不符。除上考秦汉之际迁入敦煌的曹全家族外，笔者翻检有关史籍，找到了唐初移居瓜州常乐县的另一位曹氏重要人物——曹通。其事迹载于《曹通神道碑》（碑文杨炯撰），《文苑英华》卷九一〇、《全唐文》卷一九四均有收录。碑文云：

---

①[清]张澍辑，李鼎文校点：《续敦煌实录》，甘肃人民出版社，1985年，第51页。

②[清]张澍辑，李鼎文校点：《续敦煌实录》，甘肃人民出版社，1985年，第55页。

③[唐]房玄龄等撰：《晋书·张轨传》，中华书局校点本，1983年，第2223页。

④[唐]房玄龄等撰：《晋书·石季龙载记》，中华书局校点本，1983，第2781页。

君讳通字某，其先沛国谯人也。近代因官遂居于瓜州之常乐县，故今为县人焉。颛顼高阳之子孙，曹叔振铎之苗裔。山河白马，汉丞相开一代之基；谯郡黄龙，魏武帝定三分之业。承家恤胤，岳崎星罗，居雍州之西境，断匈奴之右臂。……祖某隐居不仕，父显荡寇将军。……皇运之初，……隗嚣尚屯于陇右，贺拔盛操符誓众，斩木称兵，以辫发左衽之余，负椎机穷其之号，遂欲驱驰我塞北，扰乱我河西。天子不怿于庙堂，鼓其雷电；使者相望于道路，申其吊伐。武德元年乃招侍中杨仁恭出使，先之以德义，陈之以兵甲。……君深知逆顺，独断胸怀，去危即安。转祸为福。……敕授昭武校尉。鲜卑丑类，慕容残孽，迁于大棘之城，止于小兰之介。虽谓其群下，愿闻礼于上京，而拜于将军，遂夸大于诸国。贞观八年，诏特进，代国公李靖为行军大总管，登坛拜将，授钺行师。……君当仁不让，闻义则行，……诏除上骑都尉。车师旧国，俯枕前庭；戊己遗墟，斜连后壁。负天山而板荡，拥蒲海而虔刘。圣人之德，非欲穷兵黩武；王者之师，盖为夷凶靖乱。十四年，诏兵部尚书侯君集为行军大总管，……君缅怀高义，思报国恩。从来六郡之子，是为万人之敌。梯冲所及，披靡坚城；矛戟所临，野无横阵。一举而清海外，再战而涤河源。饮至策勋，抑惟恒授，诏除上柱国。君备尝艰阻，频有战功，天子闻之，累加征辟。慕田畴之节，羞卖卢龙之塞。……遂乃散发乡亭，拂衣丘壑。……家童有礼，皆使拜宾。门客多才，咸能市义。南宫养老，坐闻鸠杖之荣；东岳游魂，俄见鹤书之召。以龙朔元年某月某日终于里第，呜呼哀哉。夫人某官之女也。……长子游击将军和政府右果毅都尉上柱国永雄。次子朝散郎行西州柳中县主簿上骑都尉知君。……长妇某氏即永雄之妻也，某官之女。……右翊尉卫宏轨……

"雍州西境""断匈奴之右臂"，其地望即指河西一带。由上可知曹通实与东汉曹全同属周武王之弟叔振铎(封于曹国)之苗裔、汉丞相曹参之后，同出于谯郡。荣新江以为曹全一族"显然与谯郡不是一支，以后这一支在敦煌的历史上也几近绝迹"，这一看法显然站不住脚。事实上谯郡曹氏家族不仅秦汉之际即已入迁敦煌、河西一带，曹魏时居于"雍州西境"，而且晚至距唐不远的"近代"亦有因官移居瓜沙者。至于曹通及其子孙，在唐高祖、太宗两朝以至后世，屡建战功，颇为显赫，成为名副其实的敦煌大族。

由碑文知，曹通一生主要干了三件大事：一是武德初期参与平定敦煌贺拔行威的叛乱；二是贞观八、九年间（634—635）从李靖军征讨吐谷浑；三是贞观十四年（640）从侯君集军平高昌。在这三次战役中曹通均建有军功，分别被授予"昭武校尉""上骑都尉""上柱国"等职衔。

又据碑文，曹通其他家庭成员的任职情况大略如下：

祖父　曹某　　隐居未仕

父　　曹显　　荡寇将军

长子　曹永雄　游击将军　　和政府右果毅都尉　　上柱国

次子　曹知君　朝散郎　　　行西州柳中县主簿　　上骑都尉

长孙　曹宏轨　右翊尉卫

可见曹通家族因官居于瓜州后，其父辈即以军功发迹，其子孙亦有官位，还荫及后人。从婚姻状况看，曹通夫人、长媳又均为官宦之女。其家族在敦煌的声威和权势颇可炙手。

又由碑文知，曹通功成名就后"慕田畴之节，羞卖卢龙之塞"，即解甲还乡，"遂乃散发乡亭，拂衣丘壑，……坐闻鸠杖之荣"。家中有奴童、门客，家资之殷厚自不待言。再加上其子孙均居官职，通婚对象也都为官宦之家，曹通家族无疑为瓜沙地区显赫的一支大族。因此有理由认为，同为谯郡郡望的曹议金有可能即是曹通家族的后代。

为了进一步究明问题，笔者还注意到曹氏族属的另一位重要人物——曹良才。此人又名曹仁裕，是曹议金的长兄。P.4638《曹良才邈真赞并序》："公讳厶乙，字良才，即今河西一十一州节度使曹大王之长兄矣。公乃是亳州鼎族，因官停彻（辙）于龙沙，谯郡高原，任职已临于西府。祖宗受宠，昆季沾恩。官禄居宰辅之荣，品秩列三公之贵。门传阀阅,输匡佐之奇才;勋业相承,有出入之通变。"①该文书述及其先祖的语句与《曹通神道碑》的有关内容颇为一致。

如"公乃是亳州鼎族,因官停彻(辙)于龙沙,谯郡高原,任职已临于西府"一句,就与《曹通神道碑》所记"其先沛国谯人也,近代因官遂居于瓜州之常乐县,故今为县人焉"一致。冯文认为:《曹良才邈真赞并序》"未叙谯郡曹氏先祖于何时到敦煌做官,语焉含糊,不足征信。另外《敦煌名族志》文书中并无曹氏族志这一点同样也说明了曹议金这一支曹氏的来历不明,其先人并无足以骄人的阀阅门资和为官业绩"。显然这种判断是不能成立的,是不能以此作为曹议金为粟特后裔的证据的。如果将曹议金一族看作曹通家族的后代,这些疑点自会冰释。曹通家族乃"近代因官遂居瓜州之常乐县",曹通主要活动的时代在唐高祖、太宗两朝,其子孙后嗣的影响无疑又会延及唐代中后期以至更远,这距曹议金崛起的五代初期相当接近,且其家族兴旺,军功显赫,家族背景不可能不为州人所知,也不可能不在一段时间内存在影响。故而曹议金没有任何必要,也没有可能去伪造、篡改其家族郡望。又因为两件《敦煌名族志》文书皆首尾俱残,其中P.2625号仅存张氏的最后一部分(百余字)、阴氏和索氏的前一部分;P.4010残损更甚,仅余10行,仅记索靖事迹。因而《敦煌名族志》中没有曹氏名族的记载就不足为怪,这应是文书本身残损之故。

由以上论证可见,曹议金家族恐怕很难和粟特裔民挂上钩,显然应为敦煌汉族豪门。

二、归义军曹氏之婚姻关系

荣文专列《曹氏的婚姻关系》一节,认为"曹氏与甘州回鹘汗族及于阗王族的联姻,很难仅仅用政治婚姻来解释,很可能是因为他们的种族同为胡族,甚至同为伊朗人种,在胡族内部联姻制的影响下而结合。也就是说,从婚姻的角度也可以为归义军曹氏出自粟特后裔的说法提供一个可能性",这种推测显得过于牵强。

---

① 郑炳林:《敦煌碑铭赞辑释》,甘肃教育出版社,1992年,第255页。

曹议金娶甘州回鹘可汗之女为妻,又嫁女给甘州回鹘可汗和于阗王;同时他的三个儿子相继执政后仍奉甘州回鹘公主为"国母天公主",这些做法完全是一个政权政治上的需要和外交手段,这也是由当时的社会背景所决定的。曹议金上台后面临着严峻的形势:东面有甘州回鹘虎视眈眈,西北有西州回鹘雄居一方,西南则是强盛的于阗王国;同时周围还有吐谷浑、仲云、龙家、嗢末等民族、部族散布,真可谓"六蕃四面围",孤悬西陲,境况险恶。曹议金则以其睿智和才能,汲取张承奉西汉金山国割据称霸、东征西讨、四面受敌,最终导致败亡的深刻教训,改变外交策略,通过和亲联姻等办法,东面结好甘州回鹘,西面联络于阗王国,并与西州回鹘保持友好关系,从而为归义军政权营造了一个相对稳定的外部环境。毫无疑问,曹氏与甘州、于阗的姻亲关系只能视为政治上的和亲手段。

莫高窟第98窟为曹议金的功德窟,从其供养人题记等史料看,曹议金虽与甘州、于阗联姻,但就其整个家族联姻对象来看仍以汉族占绝大多数。曹议金有三位夫人,分别是甘州回鹘天公主、钜鹿索氏、广平宋氏。其姊妹出适于汜、张、罗、阎诸氏;其女分别出适于阴、翟、邓、陈、慕容诸氏;其子分别娶索、张、阎、李、翟诸氏;其侄女又出适于李、汜诸氏。这里需特别指出的是,与曹氏通婚的罗氏、翟氏均为汉族,非胡人后裔。P.2482《罗盈达墓志铭并序》:"府君讳盈达,字胜迁。神资(姿)异貌,岳立英雄,久传通辩之雄才,凤蕴天聪之异众。其先著姓,本自颛顼末胤,受封于房州罗国,故号罗氏。后一子任职敦煌,子孙因官,遂为此郡人也。……夫人曹氏即前河西节度使曹大王之贵妹也。……女小娘子出适曹氏。"[①]至于敦煌翟氏的郡望有两种记载,即蔡州汝南之上蔡和江州浔阳郡。P.4640《翟家碑》称:"河右振其嘉声,上蔡闻其雅誉",该氏当源出蔡州汝南郡,这是归义军初期的记载。迨归义军后期则又有浔阳翟氏。如莫高窟第220窟甬道北壁留有五代翟奉达发愿题文:"清仕信弟子节度押衙守随军□(参)谋银青光禄大夫检校国子祭酒兼御史中丞上

---

①郑炳林:《敦煌碑铭赞辑释》,甘肃教育出版社,1992年,第490页。

柱国浔阳翟奉达……"①由此可以排除与曹氏通婚的罗氏、翟氏属中亚吐火罗国后裔和高车国后裔的可能性。

可见,除吐谷浑慕容氏族系外,在瓜沙当地同曹氏联姻的几乎均为敦煌汉族著姓。通过婚姻所张开的这张大网,使曹氏统治者与这些世家大族建立了既紧密又复杂的人际关系,结成一张盘根错节的关系网,这是曹氏政权维护其统治的重要社会基础。曹氏之所以能够顺利取代张氏并稳定和发展其统治,其婚姻关系是一支重要力量。事实上早在曹议金上台之前,作为敦煌大族的曹氏就已与张氏统治者联姻,如曹盈达就是张承奉的女婿。P.3718《曹盈达写真赞并序》:"公讳盈达,字盈达,则故敦煌郡首张公第十六之子婿矣。"虽然目前还尚不能证明曹盈达与曹议金家族有无宗亲关系,但从其写真赞所云"门承贵族,阀阅晖联;名高玉塞,礼乐双全"可以判断,其应属汉族曹氏无疑,或亦为曹通族属。或许曹氏家族正是通过这种姻亲关系,才使其势力迅速壮大,最终取代张氏而掌持归义军政权。

荣文云:"粟特人入华以后,在很长一段时间里,仍然习惯于内部联姻。……即使在中原内地,粟特后裔的内部联姻仍然顽强地保持着。"荣先生还以晚唐魏博节度使何进滔、后晋皇帝石敬瑭等粟特后裔的内部联姻举例论说。既然如此,而我们却在敦煌文献中找不到曹氏与粟特诸姓联姻的资料,在敦煌颇有实力的粟特康氏、安氏等并未成为曹氏家族通婚的对象。就此我们不能不提出疑问,若曹议金果为粟特后裔,为何不见曹氏家族与粟特诸姓联姻?依荣先生的观点推理,这只能说明曹议金根本就不是粟特后裔;同时也说明康氏、安氏等粟特诸姓虽有一定实力,但远不及汉族著姓实力强大,而曹氏家族自视为中原豪族也不屑与粟特后裔联姻。

从以上情况来看,归义军曹氏家族的婚姻关系处处都体现着汉族大姓的婚姻观念,而非荣文所说:"曹氏的婚姻关系很难用汉族大姓的婚姻观念来看待。"

---

①敦煌研究院:《敦煌莫高窟供养人题记》,文物出版社,1986年,第101页。

三、曹氏统治时期粟特后裔的地位和影响

近年来关于敦煌粟特人的情况,不少学者做过专门研究,并有学者认为敦煌粟特人的势力相当大。诚然,入居敦煌的粟特人确有不少,并在8世纪中叶还一度形成了粟特人聚居的从化乡,该乡约300户、1400人口,粟特人占了大部分。①然而就整个敦煌社会来看,粟特人势力究竟有多大? 其影响究竟达到何种程度? 是否如冯文所断言的"曹氏归义军政权的性质应为以粟特族人为主并联合部分汉族和其他少数民族所建立的政权"? 如荣文所认为的"在曹氏归义军的官府中粟特后裔占有很大比重"? 这又是需要我们以史实为依据予以客观分析的。

我们不妨先来分析一下张氏归义军时的情况。当时粟特人的势力和影响可以从P.4640《唐己未至辛酉年(899—901年)归义军衙内布纸破用历》中略窥一二。该文书共有284行,记录了张氏归义军衙内外官吏需用布纸的支出情况。时归义军瓜沙二州境内设有六个军镇,从此卷知担任六镇镇使的分别是紫亭镇使高神政、邕归镇使杨神海、悬泉镇使曹子盈、新城镇使张从武、寿昌镇使研罗悉兵(己未年)、寿昌镇使张议城(庚申年)、玉门镇使索通达、玉门镇副使张进达。悬泉镇使曹子盈暂无法确定其族属,从其名来看可能为汉族。己未年担任寿昌镇使的研罗悉兵显非汉人,但一年后(庚申年)已换为汉人张议城了。可见把持六镇的几乎全是汉人。此外该卷中出现的大小官吏有142人,有可能为粟特姓者所占比重不足10%。

张氏归义军时期虽有粟特后裔康通信、康使君等担任重要官职,但与汉人相比其势力毕竟有限,似不宜将个别或少数粟特人在归义军中的任职或任要职即看作是粟特后裔势力占有优势的依据。P.3720、S.5630《张淮深造窟功德碑》记:"河西异族狡杂,羌、龙、嗢末、退浑数十万众,驰诚奉质……"此处"河西异族"中并未言及粟特,说明其人数与达"数十万众"的整个河西少数民族相比,粟特人势力并不算太强。

---

① [日]池田温著,辛德勇译:《八世纪中叶敦煌的粟特人聚落》,载《唐研究论文选集》,中国社会科学出版社,1999年,第52页。

我们再来看曹氏归义军时的情况,即以莫高窟第98窟曹议金功德窟供养人题记为例做一分析。该窟共保留供养人题记169条,除去内宅眷属、释门僧人以及于阗国主等外,其中可以辨认姓名的曹氏归义军各类官员共计75人,又其中可以确定为汉族官员者61人,可能是粟特官员者仅11人,其他民族官员3人。在可能是粟特官员中米姓1人、安姓4人、罗姓2人、史姓1人、曹姓仅3人(不包括曹盈达,因由其写真赞可确知其为汉人)。罗姓2人为罗守忠与罗安信,曹姓3人为曹安宁、曹通玄和曹国昌。从这5人的名字来看均可能是汉族,未必是粟特人。即使将曹、罗二氏均算作粟特人,窟中粟特官员也仅占官员总数的14.67%,事实上有可能粟特官员仅占官员总数的8%;而汉族官员则至少占到官员总数的81.3%,若将曹、罗二氏亦算入汉族官员的话,其比例即占到官员总数的88%。可见曹议金的各类官员中汉族占了绝大多数,曹氏归义军的统治基础无疑仍以汉族为主,粟特人的势力并不很强,如何谈得上"曹氏归义军政权的性质应为以粟特族人为主"?至于该窟题记中的僧官大德(共35人)因均未标明其俗姓,尚无法判断其族属,但依理亦应是汉人占绝对优势。

况且归义军时期粟特安姓和康姓势力相对于米、史、曹、石等粟特其他姓要大得多,[①]这就很难理解果若粟特后裔执掌归义军政权的话,为什么不是康氏或安氏,而是曹氏?

荣文还写道,粟特后裔在归义军外交上起着重要作用,由于粟特人在语言上的优势,充当了不同国家和民族间的使者和翻译,代表归义军曹氏出使东西各国的使者有不少是粟特后裔。这一看法笔者基本赞同。但遗憾的是荣氏并没有指出粟特后裔在归义军外交使团中究竟占有多大比重,其重要到何等程度。检梳敦煌文书可知,曹氏归义军与西州回鹘、甘州回鹘、于阗王国等常常互通使节,尽管粟特后裔在外交上的作用不容忽视,然而曹氏归义军外交通使人员中仍多为汉族。依荣氏大著《归义军史研究》第11章第4节检索出的曹氏归义军出使人员来看,其出使西

① 郑炳林:《唐五代敦煌的粟特人与归义军政权》,《敦煌研究》1996年第4期,第80页。

州者有令狐愿德(P.2737)、张修造(北图殷字41)、康员进(P.3501v)、吴保住(P.3579)、贾彦昌(P.3453)、索僧正(S.5937)、住儿(P.3156)、徐留通(P.3472)、僧法宝(P.3051V)、宋虫□(P.2652)、武达儿弟(P.4638)、僧善友(S.4504v)、龙弘子(S.4504v)等；出使伊州使者有王悉多敦(北图殷字41)、康幸全(P.2504v)、康员奴(P.3501v)、马报达(北图新1013)等；出使甘州使者有梁保德(S.4884)、贾荣实(P.2992v)、曹延定(P.2155v)、索仁安(S.0389)、□住(P.3156)、程住儿(S.1403)、阎物成(P.3272)等；出使于阗使者有润宁(P.4638)、富住(P.3416)等。[①]上述26人中，从其姓名观之，可能为粟特人或其后裔者至多4人(康员进、康幸全、康员奴、曹延定)，另有其他民族者2人(王悉多敦、龙弘子)，而汉族人员应在14人以上，远多于粟特人。

由上可见，尽管在出使西州、伊州、于阗等地时粟特人具有民族、语言等方面的独特优势，然而活跃在这一带的归义军使者大多仍为汉人，仅少数为粟特后裔和其他民族人员。

我们再来看敦煌下层社会的情况。池田温先生认为粟特人聚落从化乡在吐蕃占领敦煌后就基本消失了，一部分居民离散，残存下来的一部分居民则依附于汉人的寺院下生存。[②]笔者认为，从化乡消失后原来的聚落形式已不复存在，即使粟特人仍部分聚集在一起，也只可能限于少数，不会再有如从化乡那样千人的聚落，这可从敦煌文书中得到反映。兹举一例：约撰于晚唐的《沙州诸寺尼籍》(S.2669)记录了来自敦煌11个乡的尼名籍，共计268人，其中可能为粟特姓者仅16人，仅占总人数的5.97%。就这16人来看，其中有些人还未必就一定是粟特后裔，如慈惠乡的曹宠真、莫高乡的曹意气等。这些粟特居民分布在9个乡中，莫高乡最多，有5人，效谷、赤心二乡仅各1人，洪润乡和玉关乡没有。可见归义军时期粟特居民数量既少，而且分布相当分散。

①荣新江：《归义军史研究》，上海古籍出版社，1996年，第364页。
②[日]池田温著，辛德勇译：《八世纪中叶敦煌的粟特人聚落》，载《唐研究论文选集》，中国社会科学出版社，1999年，第49页。

事实上是,归义军时期粟特居民多分散在汉族居民聚落内,与汉族居民交错而居,互为邻里。如S.3827《天复九年(909年)安力子卖地契》记,粟特后裔安力子田地四至分别与汉族人唐荣德、氾温子等毗邻。又如S.3835《宋太平兴国九年(984年)马保定卖宅舍契》记,汉族人马保定宅舍四周分别与粟特后裔安信住、安针子和汉族人杨定住、王保富为邻。

故而,无论从曹氏归义军政权的社会上层还是下层来看,占绝大多数的还是汉族人,而非粟特人,因而很难据之得出曹氏统治者为粟特后裔,甚或曹氏归义军政权以粟特族人为主的结论。

冯文还认为,曹氏归义军时期"莫高窟藏经洞所体现的敦煌文化正是粟特族为主的各民族共同创造的"。这一看法亦有些偏颇。由上而知粟特族并非敦煌地区的主体民族,则敦煌文化的创造者也不可能以粟特族为主。诚然,敦煌作为丝绸之路上的重要交通枢纽和国际性都会,敦煌文化中确实融入不少中亚粟特以及其他民族的文化成分和营养,呈现出一种开放、多元、包容的特色。然而就敦煌文化的主体来看,包括敦煌文献、敦煌艺术等,诚如颜廷亮先生所论,是一种在中原传统文化主导下的多元开放文化,是以汉民族为主体的敦煌地区各个民族全体居民所创造的,是古代世界文化格局中汉文化圈的西陲硕果①。

四、曹议金相貌特征显系汉人

来自中亚地区的胡人,其族属为伊兰或东伊兰人,他们具有印欧人种的特征。《册府元龟》卷九六一《外臣部·土风三》记载昭武诸国"人皆深目高鼻,多须髯"。唐代大量粟特人东迁,在从索格底亚那(Sogdiana)到中国的这条丝绸之路上,可以找到许多粟特人遗迹或聚落遗址,于是粟特胡人往往成为这一时期诗人吟诵的对象。李白《上云乐》描绘康国人外貌:"碧玉炅炅双目瞳,黄金拳拳两鬓红。华盖垂下睫,

---

①颜廷亮:《敦煌文化》,光明日报出版社,2000年,第372页。

嵩岳临上唇。"①长期来往于西域的边塞诗人岑参的《胡笳歌送颜真卿使赴河陇》吟道:"君不闻胡笳声最悲,紫髯绿眼胡人吹。"②李端《胡腾儿》:"胡腾身是凉州儿,肌肤如玉鼻如锥。"③张说《苏摩遮》:"摩遮本出海西胡,琉璃宝服紫髯胡。"④李贺《龙夜吟》:"鬈发胡儿眼睛绿。"⑤对于胡人相貌的此类描述不胜枚举。

可见,高鼻、深目、绿眼、卷发、多虬髯等是中亚胡人外貌的一般特征,考古出土的中亚诸国胡俑形象通常也是如此。

以胡人为表现题材的壁画在莫高窟中也相当丰富。如初唐第220窟、盛唐第103窟"王子官属问疾图",中唐第158窟"帝王举哀图",中唐第159窟"吐蕃赞普问疾图"等所绘西域诸国王子和其他官员,以及盛唐第45窟"胡商遇盗图"中的胡商,均绘作深目高鼻、卷发虬髯的面貌,这为我们提供了中亚胡人样貌的第一手形象资料。

诚然,粟特人入华时间较久后,由于与汉族通婚等方面原因,其外貌特征亦可能逐渐"汉化",但这显然需要一个相当漫长的过程。张鷟《朝野金载》卷五记:"广平宋察娶同郡游昌女。察先胡人也,归汉三世矣。忽生一儿,深目高鼻,疑非其嗣,将不举。须臾赤草马生一白驹,察悟曰:'我家先有白马,种绝已二十五年,今又复生。吾曾祖貌胡,今此子复其先也。'遂养之。故曰'白马活胡儿',此其谓也。"这段史料充分说明胡人即使与汉族通婚数世后,其体貌特征仍会遗传给后代。宋察尽管已"汉化"三世,但其子仍有明显的胡人特征。

敦煌莫高窟第55、98、100、108、428、454等窟绘有曹议金及其家族一些成员的大幅供养像和题记。由此观之曹议金相貌为:脸圆面阔,额头平宽,浓眉大眼,鼻梁较平,颧骨较低,面部线条较平缓,丝毫没有胡人的形貌特征。不仅曹议金如此,其

①《全唐诗》卷一六二,中华书局,1960年。
②《全唐诗》卷一九九,中华书局,1960年。
③《全唐诗》卷二八四,中华书局,1960年。
④《全唐诗》卷二八,中华书局,1960年。
⑤《全唐诗》卷三九四,中华书局,1960年。

子元德、元深、元忠，其孙延恭、延禄等供养像亦无分毫胡人相貌特点。这应是曹议金确非粟特族属最为直观有力的证据。Дх.1451《癸酉至己卯（973—979年）曹赤胡等还便麻历》中"曹赤胡"，显然是根据其相貌特征取的名字，其须发呈红色。可见当时敦煌汉人与中亚粟特人在外貌上是迥然有别的，是很容易分辨的。冯文亦云："归义军时粟特曹氏与汉族曹氏之间仍有界线，至少在时人眼中较易区分，只不过今天已难以分辨了。"若曹议金果为粟特后裔，即便其几代与汉人通婚，也不可能消除其粟特人原有的相貌特征，其"冒充谯郡郡望"根本不可能掩人耳目。

　　通过以上分析，显而易见归义军曹氏统治者确为汉族，很可能为曹通后裔，而非粟特族属；唐五代时期敦煌社会无论是上层还是下层、俗界还是僧界，汉族人口始终占有绝大多数，是敦煌地区的主体民族；曹氏归义军政权应是以汉族为主，并联合包括粟特后裔等在内的其他少数民族建立的政权；敦煌文化的面貌亦是以汉文化为主体，并广泛融合粟特文化在内的其他民族文化的多元文化。

（本文与解梅合写，原载《敦煌研究》2006年第6期）

中晚唐五代宋初敦煌佛教的生命关怀考论

敦煌,古丝绸之路上的重镇,长期以来东西方文明在这里交融荟萃,西传东渐,佛教即是经由敦煌而传入中原地区。作为起源于印度的一种外来宗教,佛教在敦煌与中原文明率先进行了接触,在这里开始了其中国化的第一步,这也为敦煌成为一座佛教名城提供了得天独厚的条件。

本文拟对中晚唐、五代、宋初,即吐蕃占领时期(786—848)和归义军时期(848—1036年)敦煌佛教的生命关怀进行探讨,以揭示佛教对于敦煌社会和民众生活的重要影响。

中晚唐、五代、宋初,敦煌佛教的生命关怀主要表现在如下方面。

一、祛病医疾临终关怀

救度苦难众生,原本就是佛教倡导和宣扬的主旨思想之一,僧尼们在帮助受诸苦难的芸芸众生的同时,亦为自己营得一份善业,以便于最终能够修成正果。为了实现这一宏愿,他们总会力所能及地践行这一德目。自然,生活在佛教圣地敦煌的僧侣更不致例外。

疾病是人生的苦难之一,替病人解除病痛是佛徒们践行救苦救难福田的重要内容。"苦谛"是佛教基本教义"四谛"之一。《增壹阿含经·四谛品》云:"彼云何名为苦谛?所谓苦谛者,生苦、老苦、病苦、死苦、忧悲恼苦、怨憎会苦、恩爱别离苦、所欲不得苦,取要言之,五盛阴苦。是谓名为苦谛。"[1]可见,"病苦"是构成苦谛的一个方面。面对疾病对人的折磨,中晚唐五代宋初的敦煌僧侣通常以转经等方式为患者

---

[1]《大正藏》卷二,第631页,上栏。

从精神上和心理上进行安慰、疗治，以解除痛苦，重享人生乐趣。

P.2837v《辰年（836年?）支刚刚等施入疏》中14件文书，记载了支刚刚、李小胡、张意子、雷志德等14人为染患的母亲、父亲或苦疾缠身的自己在道场请僧侣念经祛病而布施的情况。如支刚刚"为慈母染患，未能痊减，今投道场，请为念诵。"女弟子无名"为己身染患，未能痊损，今投道场，请为念诵。"弟子无名"一为亡过慈母，愿得神生净土；二为见存慈父，今患两目，寝膳不安，日夜酸痛，无计医疗。今投道场，请为念诵。"其他几件内容亦大体相仿。①

又如P.2583《申年比丘尼修德等施捨疏》13件，为比丘尼修德、真意、明谦、智性、慈心等人为自己或亲人施物请僧转经祛病的记载。如明谦"患病九（久）在床枕，依迟不诠（痊）。今投清净道场，请为念诵。"慈心"近以火风不适，地水乖违，瘿疾数旬，缠疴累月。频投药食，敬（竟）未痊除。……今投道场，请为忏念。"P.3541《年代不明施舍疏》等文书亦有相关记载。

总之，当时敦煌僧侣通过转经念诵方式替病人消减痛楚的现象非常普遍，其对象有僧有俗，有庶民百姓，有官僚显贵，就连归义军节度使也不例外。如P.2704《后唐长兴四至五年（933—934）曹议金回向疏》第二件诵经祈祷曰："大王微疾，如风卷于秋林。宝体获安，愿团圆于春月。……励（疠）疾消散，障毒殄除；刁斗藏音，灾殃荡尽。今因大会，令就道场，渴仰慈门，希垂回向。"

转诵经文本是佛徒们日常修习的科目之一，中晚唐五代宋初敦煌僧团的转经活动非常频繁，有僧团集体转经，有某一寺院的转经，也有三五为伴的转经，还有僧人个人进行的转经。如S.1612《丙午年比丘愿荣转经历》所反映的就是僧人个人转经活动的一种形态。②有意义的是，当时的敦煌僧侣们就这样将日常修习转诵经文的活动与替患者禳灾祛病的目的结合了起来，给病患者以精神安慰，这在一定程度上满足了患者的心理需求，缓解了痛苦。而世俗信众在疾病缠身时也往往将摆脱

---

①唐耕耦、陆洪基编：《敦煌社会经济文献真迹释录》第3辑，全国图书馆文献缩微复制中心，1990年，第59—63页。依学界惯例，本文凡引自该书第1—5辑者只给出卷号，不再另行出注。

②方广锠：《敦煌佛教经录辑校》，江苏古籍出版社，1997年，第826—829页。

病痛的希望寄托于佛的佑护上，除了请僧念经祛病外，开窟造像、写经等活动在民间也非常盛行。如莫高窟第180窟西壁龛外南侧菩萨像旁供养人题记："清信佛弟子张承庆为身染患，发心造两菩萨，天宝七载五月十三日毕功"。①北图0878（收字52）《维摩诘经卷上比丘尼莲花心题记》（9世纪前）云："比丘尼莲花心为染患得痊，发愿写。"②北图8257（字45）《阎罗王授记劝修七斋功德经》题记曰："安国寺患尼弟子妙福发心敬写此经一七供养一心供养"③等。

面对严重的疾病灾害给人们生活带来的威胁，敦煌佛界有时还举行集体转经活动，齐心协力加入与疾病做斗争的行列中。P.3405《国有灾疠合城转经》文即反映了这一福田活动。该文诵曰：

天垂灾殄，则水旱相仍，疾疫流行，昏众生之共业。昨以城隍厉（疠）疾，百姓不安，不逢流水之医，何以济兹雕瘵，是以我皇轸虑，大阐法门，绕宝刹而香气氛氲，列胜幡而宝幢辉曜。想龙天而骤会，柳塞庐空，天皇梵天，震威光而必至。二部大众，经声洞晓于阖城；五部真言，去邪魔之疾厉。使灾风永卷，不害于生民；瘴气漂除，息千门之氛浸。然后人安乐业，帝祚唯祯。以（与）二曜而齐辉，并三光而洁朗。④

有时，佛教僧侣为病人转经祛病禳灾时还要自资饭食。S.4642（1—8v）《年代不明某寺诸色入破历算会牒残卷》记载："面壹硕叁斗伍胜，佰尺上转经僧料用。"P.3032v《后晋时代净土寺诸色入破历算会稿》："面八斗、油三升，张家小娘子患时，诸寺转经了日，众僧斋时用"等。

除通过转诵经文慰藉患者外，敦煌僧人们还积极从事医事活动，运用医术为患者治病疗疾，解除痛苦。《四分律删繁补阙行事钞》云："若和尚父母在寺疾病，弟子

---

①敦煌研究院编：《敦煌莫高窟供养人题记》，文物出版社，1986年，第81页。
②杨富学、李吉和编：《敦煌汉文吐蕃史料辑校》，甘肃人民出版社，1999年，第282页。
③转引自郜惠莉：《关于北图敦煌写经题记》，载《敦煌佛教文化研究》，甘肃敦煌学学会、社科纵横编辑部，1996年，第90页。
④转引自杨秀清：《金山国诸杂斋文范（11篇）札记》，《敦煌佛教文化研究》，甘肃敦煌学学会、社科纵横编辑部，1996年，第45页。

亦得为合药。又父母贫贱,在寺内供养;净人兄弟、姊妹、叔伯及叔伯母、姨舅,并得为合药。无(药)者,自有,亦得借用。不还者,勿责。"①可见,不管是在寺出家的僧人,还是其亲属患疾,寺院、僧侣会为其调药治病,甚至净人(在寺院从事勤杂劳务的非出家劳动者)的亲人染疾有恙,也不例外地受到寺院的救治、照料。这一切均体现了大乘佛教所倡导的"一切男子是我父,一切女子是我母"的慈善、博爱精神。唐宋时期敦煌地区的寺院、僧侣就是这种精神的积极实践者。于文书中见,当时敦煌有不少精通医术的高僧,如翟法荣、索崇恩、索法律、索智岳等,②这些位尊职显的高僧不但精通佛教义理,而且医术精湛,在当地享有盛誉,备受世人尊崇。

敦煌文书中僧人替病人疗医的直接记载较为稀见,不过仔细检阅探究,我们还是能够寻觅到相关的蛛丝马迹。在敦煌寺院会计文书中,经常会看到"迎""设""看""供""屈"等词,施萍婷先生早对这些词的意义和用法有过研究。③从文意判断,一般来说这些词均有招待、迎接之意。如P.3828(2)《唐光启二年(886年)安国寺上座胜净等诸色斛斗入破历算会牒》:"麦叁斗,油壹升,油壹升半,粟叁斗,看康僧政、张判官用。"S.1316《年代不明(9世纪后期?)某寺诸色斛斗破用历》:"面叁斗伍胜,油壹胜,粟壹硕,充修城东寺看行人用。"以上"看"字均有此方面的意思。诸如此类的例子比比皆是,这里不再赘举。以此视之,S.6981《年代不明诸色斛斗破历》中"面壹石壹斗、油捌升、麦捌斗、粟陆斗,看僧统去病用"的"看"字,无疑也为"招待"之意,所用面、油、麦、粟等物,即是招待这位僧统来寺院为病人治病的费用支出。从支出数额来看,当不止一次,而是多次诊病时的费用支出,其中可能包括给僧统的报酬。该文书还记载:"谷面壹斗、白面壹斗、油壹升,付愿子将病用。……油壹升,愿子精病发时用。"推测愿子就是僧统在该寺诊治的病人之一,但不幸的是愿子最终还是病故了,这于文书中"面壹斗、油壹升,愿子亡造祭盘用"的记载可得证实。至于文中这位行医治病的僧统是谁,目前还难以确定。职位尊显、僧务

①《大正藏》卷四〇,第148页,中栏。
②郑炳林:《唐五代敦煌的医事研究》,载《敦煌归义军史研究》,兰州大学出版社,1997年,第515—517页。
③施萍婷:《本所藏〈酒帐〉研究》,《敦煌研究》1983年创刊号,第151页。

丛脞的僧统尚且亲为患者诊疗,其他通晓医术的僧人行医治病自然更不会瞠乎其后。P.2481《副僧统和尚邈真赞并序》记载了另一位副僧统行医的事迹,称颂其"登狻猊之宝座,畅三教而应病良医;处菡萏之莲床,演五乘而随根闰益。"①称其为"应病良医"恐不免有美化之处,但这位副僧统"幼年而就业杏坛",披缁落发后仍发挥其医术特长为民众疗疾祛病当是实情。

敦煌寺院和僧人从事医事活动的情况也可于当时民众向寺院施舍药材的记载中得到印证。P.2837《辰年支刚刚施入疏》记载:"把豆三颗,龙骨少多,并诸杂药,施入修造。"P.3541《年代不明施舍疏》:"升麻、杓药共二两,槐子柒课(稞),入修造。"P.2583《申年比丘尼修德等施舍疏》:"□一匹二丈九尺,蒲桃一斗,解毒药五两,已上勿(物)充转经僧俦。解毒药二两,充正月一日夜燃灯法仕宋教授和上□□□□药。正月七日弟子节儿论莽热谨疏。"一些从西域传来的药材如诃黎勒等亦常常被施入或纳入寺院。②这些药材施舍于寺院,说明寺院当有僧人从事医疗活动,或者寺内设有配制药剂的剂室,否则施舍药物的意义就令人费解。其中前两件文书记载药材的施舍对象是"修造",可能是用于修造过程中人员的突然受伤或偶染病疾。

佛教医方是又一种能够反映当时寺院、僧人掌握医药知识并从事医疗活动的见证。敦煌佛教医方丛春雨、马继兴等进行过详细整理,③盖建民又在此基础上将这些医方大致归纳为《佛家医方》《佛家辟谷方》《佛家香浴方》《佛家养生方》《佛家语喻医方》《佛家疗病催产方》《佛家神妙补心丸》等7种。④这些医方不仅说明当时敦煌僧侣掌握了一定的病理及其对症治疗的医技,同时也印证了当时僧侣行医治病行为的普遍性。当然由于种种原因的限制,这些医方往往与咒术结合在一起。

①郑炳林:《敦煌碑铭赞辑释》,甘肃教育出版社,1992年,第512页。
②郑炳林:《唐五代敦煌的医事研究》,载《敦煌归义军史研究》,兰州大学出版社,1997年,第525—526页。
③丛春雨主编:《敦煌中医药全书》,中医古籍出版社,1994年。马继兴等编:《敦煌医药文献辑校》,江苏古籍出版社,1998年。
④盖建民:《从敦煌遗书看佛教医学思想及其影响——兼评李约瑟的佛教科学观》,载《佛学研究》,1999年,第265—266页。

如 P.2637、P.2703《佛家辟谷诸方》中记载了"观音菩萨最胜妙香丸法"等几种佛家药方,要求患者服药时或服药后必须念诵"天王护身真言""除饥真言""智积真言"等;"出蛊毒方"中也要求患者念"佛说咒蛊毒真言"等。①医事活动与念诵"真言"结合在一起,成为当时敦煌佛教医事的一大特点。虽然其中融入许多宗教色彩,但这并不影响佛教徒们替患者解除病痛的美好初衷和医治效果。

寺院、僧众不仅从事医事活动,同时还进行医学知识的传播。蕃占和归义军时期,敦煌寺学在教育方面扮演着重要角色,许多寺院办有寺学,如莲台寺、净土寺、金光明寺、乾元寺、三界寺、龙兴寺、永安寺、灵图寺、大云寺、显德寺等。②这些寺学向学生教授的内容中有相当一部分是医药知识,③而寺学授课对象有僧有俗。如Дx.277(1293)《地藏菩萨经》题记:"(岁次)己卯六月十六日龙兴寺学侍郎鉴惠。"④鉴惠可能是法名,故其应为僧人。P.2483杂字题记:"己卯年四月廿七日永安寺学侍郎僧丑延自手书记。"⑤这些僧人接受寺学教育,为他们掌握各种知识技能打下良好基础;而医学知识又是寺学教育的一个重要方面,这无疑为培养优秀的僧医创造了条件,进而可以更好地造福于社会。

寺院、僧侣在运用医术替病人治病的同时,有时还为受疾病折磨的病人提供治疗费用和饮食。《四分律删繁补阙行事钞》云:"若彼病者,慈心施食,随病所宜。若非随病食施得罪也。婴儿、狱囚、怀妊等,慈心施之,勿望后报。"⑥由此可见,这种关怀播面之广,即使狱囚也不例外,这一点于敦煌寺院的慈善活动中亦表现得淋漓尽

①马继兴等编:《敦煌佛教医药文献辑校》,江苏古籍出版社,1998年,第692—701页。

②李正宇:《唐宋时代的敦煌学校》,《敦煌研究》1986年第1期,第39—47页。姜伯勤:《敦煌社会文书导论》,新文丰出版公司,1992年,第87—94页。

③关于寺学讲授的医药文献,学界多有论述。见姜伯勤:《敦煌社会文书导论》,新文丰出版公司,1992年,第95—100页。郑炳林:《唐五代敦煌的医事研究》,载《敦煌归义军史研究》,兰州大学出版社,1997年,第519页,等等。

④《西亚民族研究所敦煌特藏满文写本目录》第一册,转引自姜伯勤《敦煌社会文书导论》,新文丰出版公司,1992年,第91页。

⑤《西亚民族研究所敦煌特藏满文写本目录》第一册,转引自姜伯勤《敦煌社会文书导论》,新文丰出版公司,1992年,第92页。

⑥《大正藏》卷四〇,第148页,中栏。

致。P.3234《净土寺破历》:"义员阿娘将病,油半升"。S.4642(1—8v)云:"油壹胜,员住将病用。"又"面五斗,员住妻将病用"。P.3875v《丙子年(976或916年)修造及诸处伐木油面粟等破历》记载:"油半升,与富子□□将疮用。"S.6981载:"谷面壹斗、白面壹斗、油壹升,付愿子将病用。……油壹升,愿子精病发时用。"P.3234v(2):"义员阿娘将病油二半升。"S.6330载:"油叁升,段老宿得病用。"同时,寺院还为分娩妇女提供食物。如P.3234v(9)《癸卯年(943年)正月一日已后净土寺直岁沙弥广进面破》载:"面叁斗支与义员妇产用。"又"面叁斗,油一升,义员妇产与用"。S.1519(2)《辛亥(891或951)十二月七日后某寺直岁法胜所破油面等历》载:"又面叁斗、油壹升,孔盈德新妇产与用。"P.2032v载:"面叁斗,粗[面]叁斗、油壹升,恩子产时与用。"恩子是净土寺奴仆,同件文书中又有"恩子儿亡用"的记载,故疑恩子之后漏一"妇"字,即上述支出当是净土寺在恩子妻生育时的救济支出。又S.1519(1):"油壹升、面叁斗,张破勿新妇平安将用。"这可能也是该寺为张破勿妻生育时提供的食品。

　　一旦病人死亡,寺院还通过助葬、劝孝形式为那些丧亲家属提供救济。S.4649+S.4657《庚午年(970)二月十日沿寺破历》:"粟贰斗伍升,金光明寺刘法律亡纳赠用。""显德寺吴法律亡纳赠粟贰斗伍升"。又S.6452(1)《某年(981—982年?)净土寺诸色斛斗破历》载:"十三日,灵图寺孔僧正亡,纳赠面伍斗,粟伍斗,油叁合。""十三日,云寺令狐法律亡,纳赠面壹斗叁升,粟壹斗,油两合"。P.2032v:"面肆斗伍升,保应亡时造祭槃及粥用"等。以上是寺院之间因僧官或普通僧人亡殁而进行的助葬活动。此外,寺院还对僧尼俗居亲人或其他世俗人员在去世后通过"吊孝"形式进行助葬。如P.2049v《沙州净土寺诸色入破历算会牒》:"布捌尺,张家阿婆亡时,吊都头及小娘子用。""布叁尺,康博士女亡吊孝用。布肆尺,吴法律弟亡吊用"。又P.2040v《后晋时期沙州净土寺诸色入破历算会稿》:"……布九尺,张乡官小娘子亡时,吊孝水官张郎君乡官等用。布壹丈伍尺,索乡官亡时,吊孝长史水官陈都头长史娘子等用。布贰丈,史军举发时,吊孝诸郎君及小娘子及郭僧正等用。布壹丈叁尺,阎家娘子亡时,吊尚书都衙及小娘子等用。布二尺五寸,善胜新妇亡时,吊孝用。布二尺五寸,康都料孙子亡吊孝用……"吊孝活动既是对丧亡者进行哀悼的礼仪,又是对死者亲属的救助活动。吊孝助葬不仅有布一类织物,还有粮食。如S.4642(1—8v)记载:"面壹硕叁胜,惠兴亡时劝孝用。"从吊孝对象来看,有僧官、俗官及其亲属,又有普通僧人、工匠、都料等人的亲属,甚至普通百姓。

这种为亡者亲属提供救济的活动也见诸僧侣的个人行为,通常僧侣多以"社员"的身份来行事。当时敦煌结社之风盛行,社邑名目多样,有亲情社、兄弟社、女人社、行人社、渠人社、义社、燃灯社、行像社等。这些社邑多与寺院有某种联系,①社邑成员遍及各个阶层,活动内容丰富,②其中丧葬互助就是其主要活动之一,③僧侣常常加入各种社邑中而成为"社员",甚或为"社官",这些僧侣在社内成员丧亡时经常纳赠助葬。S.4472v(1—3)《辛酉年(961)十一月廿日张友子新妇身故聚赠历》载:"李僧正粟油柴併(饼)。赵法律粟併(饼)柴白粗褐二丈。李法律柴粟面油白粗褐二丈。"④P.4991《壬申年(972)六月廿四日李达兄弟身亡转帖》即是社司通知该社社人纳物助葬的帖子,而该社社官就是"李僧正"。⑤P.4887《己卯年八月廿四日袁僧定弟亡纳赠历》载:"吴法律白斜褐贰丈八尺。""僧住千谈(淡)青褐壹丈九尺。淘(桃)花斜褐壹丈三尺。"⑥S.2472v(5—6)《辛巳年(981)十月廿八日荣指挥葬巷社纳赠历》载:"僧高继长粟併(饼)油柴生绢绯绵绫一丈五尺,当处分付主人。"⑦上述这些社俱为僧俗混组。此外敦煌还有一些纯由出家人结成的社,如S.5139v(3)《某年四月十三日春座局席转帖抄》、P.4960《甲辰年(944)五月廿一日窟头修佛堂社在请

---

①郝春文:《隋唐五代宋初佛社与寺院的关系》,《敦煌学辑刊》1990年第1期,第16—23页;《隋唐五代传统私社与寺院的关系》,《中国史研究》1991年第2期,第3—12页。

②郭锋:《敦煌的社及其活动》,载谢生保主编《敦煌民俗研究》,甘肃人民出版社,1995年,第64—84页;原载《敦煌学辑刊》1983年,总第4期。

③宁可、郝春文:《敦煌社邑的丧葬互助》,载谢生保主编《敦煌民俗研究》,甘肃人民出版社,1995年,第85—103页。

④宁可、郝春文:《敦煌社邑文书辑校》,江苏古籍出版社,1997年,第420页。

⑤宁可、郝春文:《敦煌社邑文书辑校》,江苏古籍出版社,1997年,第106页。

⑥宁可、郝春文:《敦煌社邑文书辑校》,江苏古籍出版社,1997年,第440页。

⑦宁可、郝春文:《敦煌社邑文书辑校》,江苏古籍出版社,1997年,第443页。

三官凭约》等所记各社皆如此。从文书中看这些社的活动主要为春、秋座局席以及与佛事有关的功德等,而不见助葬的记载,这可能是资料残缺所致。从当时的普遍情况看,丧葬互助应是其重要活动内容之一。

唐代厚葬之风盛行,不论是官宦富家,还是平民百姓均如此,敦煌亦不例外,因而丧葬费往往成为人们的一项沉重负担。寺院、僧侣的助葬和劝孝活动无疑为亡者亲属缓解急难起到了积极作用。

二、超度送葬终极关怀

大乘佛教的终极关怀是得道成佛,以求解脱生死轮回之苦。但对一般的世俗人来说,他们所关心的则是避免前世不良业缘造成的业报,即如何能够顺利转生得到善报。佛教在中国传播发展的过程中也适应了世俗民众的这种心理需求,对世俗人的终极关怀表现为超度亡灵,祈祷免除其生前种种罪孽。故在俗人亡殁之后,僧人往往加入葬行列,在墓地为亡者设斋发愿追福。

S.6417(9)《临圹文》曰:"[前略]遂以(乃)卜胜地以安坟,选吉晨(辰)而置墓。谨延请(清)众,就此家庭,奉为亡灵临旷(圹)追福。惟愿以斯舍施功德、回向念诵胜因尽用庄严亡灵所生魂路:惟愿八大菩萨,遥降日宫;三世如来,远乘莲坐。于是天神执盖,下接幽魂;地折(祇)捧花,上乘其足。破无明之固殼,卷生死之昏云;入智惠(慧)门,向菩提□(路)……"①除为亡者追福外,为亡者亲人祈福也是发愿的内容之一。该件文书又云:"又将功德,次用庄严持炉至孝、内外姻亲等:惟愿三宝重护,众善资持;灾障不侵,功德圆满。"葬毕,接着就是十斋忌,在十斋忌日期间也要请僧转经,超度亡灵,以期消除亡者生前种种罪孽,获得善报,顺利转生。

除上而外,中晚唐五代宋初敦煌僧侣对众生的终极关怀还有其特殊的一面,那就是对阵亡将士的安葬和超度。P.2040v记:"油肆升,吴僧统和尚收灰骨造顿用。"P.2032v载:"吴僧统和尚收灰骨人事用。""面壹硕叁斗伍升,吴僧统收骨灰造顿

①黄征、吴伟编校:《敦煌愿文集》,岳麓书社,1995年,第791页。

用”。这里的“骨灰”当是指被火化后的阵亡将士或其他人的尸体。中国人传统的葬法为土葬,因为国人一直信奉“入土为安”的观念,但佛教传入中国后,丧葬礼仪亦受其影响。佛教行火葬,即所谓的“荼毗”葬法,随着佛教的东传,最初它仅在僧人之间流行,僧人灭寂后都要火化,僧官高僧还要设塔供养。佛教这种葬俗对敦煌民众的风俗习惯产生了显著影响,火葬习俗遂在敦煌流行起来。①僧人行火葬自不言说,就是世俗人家也行火葬。②P.4974《神力状》云:“回鹘贼来之时,不幸家兄阵上身亡,缘是血腥之丧,其灰骨将入积代坟墓不得……出价买得半亩,安置亡兄灰骨。”神力兄是在与回鹘作战时不幸身亡的,故属“血腥之丧”。据此推测,上述吴僧统收灰骨一事也可能与战争有关。如P.2040v中第232—233行记载:“粟一石二斗,沽酒高都头南山去时送路用。”第245—246行云:“粟壹石二斗,沽酒司徒东行送路用。”相应的记载又见于第258行:“粟叁斗,沽酒高都头兵马回来日迎候用。”第259—260行:“粟壹硕贰斗,沽酒司徒兵马来迎顿用。”这里高都头、司徒皆是率领兵马出发的,其目的显然与军事有关,或在巡视时与敌人发生了冲突,部分兵士战死沙场,故才导致吴僧统收灰骨之事的发生。收灰骨造顿时一次用去“面壹硕叁斗伍升”,数目较大,可能有许多僧人在吴僧统带领下参加了火葬阵亡将士、安慰亡灵的活动。

寺院在军队出发前一般都要设酒饯行,祝愿他们平安归来。当征战将士班师归来时,又要为他们设宴接风洗软。除前引文书外,P.2049v等对此都有记载,这里不再一一罗列。对军队去送来迎也是当时敦煌佛教界的例行事务,当他们无力阻止战争爆发时,只能通过祈祷诸佛菩萨保佑出征将士得胜平安归来。如吐蕃统治时期S.2146(8)《行军转经文》曰:

[前略]则我东军国相论掣晴敬为西征将士保愿功德之修建也。伏惟

相公天降英灵,地资秀气;岳山作镇,谋略坐筹。每见北虏兴师,频犯边

---

① [意]马可·波罗著,陈开俊等译:《马可波罗游记》,福建科学技术出版社,1981年,第49—51页。

② 谭蝉雪:《三教融合的敦煌丧俗》,载谢生保编《敦煌民俗研究》,甘肃人民出版社,1995年,第40页。高国藩:《敦煌民间葬俗》,载《学林漫录》第10辑,第78—79页。

境,抄劫人畜,暴木毛(耗)田苗。使人色不安,峰(烽)飙数举。我国相悖(勃)然忿起,怒发冲冠。遂择良才,主兵西讨。虽料谋指掌,百无一遗;然必赖福资,保其清吉。是以远启三危之侣,遥祈八藏之文;冀仕(士)马平安,永宁家国。故使虔虔一志,讽诵《金刚》;济济僧尼,宣扬《般若》。想此殊胜,夫何以加?先用庄严护世四王、龙神八部:愿威光盛,福力增;使两阵齐威,北戎伏款。又用庄严行军将相:伏愿才智日新,福同山积;寿命遐远,镇坐台阶。诸将仕(士)等三宝抚护,万善庄严。然后[后缺]。①

从此转经文内容来看,吐蕃统治敦煌时常受到来自外部异族力量的攻击,"北虏兴师,频犯边境",吐蕃国相在出兵西讨前,敦煌僧尼通过转经祈求神灵保佑国相及出征将士,祝愿他们人马平安。佛教徒的这种美好初衷能否实现另当别论,但这种祝愿对于笃信佛教的征战将士在心理上无疑起到极大的慰藉作用,能安抚他们恐惧,甚至濒于绝望的心灵,激发将士们取得战争胜利的信心和勇气。又如归义军时期的P.2058(18)《发愿文》曰:

[前略]时有我河西节度使令公先奉为龙天八部,愿降临护莲府苍生;梵释四王,伏魔军而摧邪显正。遐澄迩肃,四方无燧火之虞;社泰稷安,八表有输琛之款。当今帝主,宝祚长隆;十道三边,竟(竞)来献贡。……伏惟我令公龙沙秀异,玉塞英奇;为文习七步之能,对敌善七擒之美。京西跪伏,澣(瀚)海来宾;六蕃跪膝于阶廷,五郡皆来而启(稽)颡。故得留心像教,虔欲(敬)释门;渴仰修崇,无不华丽。……②

如此这般祈求神灵保佑国泰民安、四方伏顺和赞美节度使功绩为归义军时期大多发愿文的一般内容。又如S.5957、P.2838、P.3084等转经文也多有诸如"为国泰民安,无闻征战之名""河清海晏,不闻刁斗之声;四寇降阶,永绝烟尘之战"之语。这既是节度使在心理上将自己的诸种愿望寄托于佛教僧侣法事活动的写照,又是

①黄征、吴伟校注:《敦煌愿文集》,岳麓书社,1995年,第497页。
②黄征、吴伟校注:《敦煌愿文集》,岳麓书社,1995年,第340页。

佛徒们追求清平世界心愿的体现。

在转经祈愿兵马平安归来的同时,寺院、僧侣还要对阵亡将士进行安葬,超度亡灵,这一切都体现了当时佛教界积极关注生命、救度众生的慈悲情怀。

三、恩泽于动植物等一切有情

佛教以慈悲为怀,以帮助他人解脱痛苦为旨归。中晚唐五代宋初敦煌佛教界慈悲行为的对象并不局限于人类,而是广播恩泽于一切有情。佛教主张众生平等,认为众生皆有佛性。《金刚经》曰:"我及众生皆有此性,故名佛性,其性遍造、遍变、遍摄,世人不了大教之体,为云无情不云有性,事故须云无情有性。"从根本上承认非人类生命的生存权利和存在价值,因此珍爱自然、尊重生命就成为佛教的基本精神。《古尊宿语录》卷九:"天地与我同根,万物与我一体。"认为人与天地自然万物同根所生,浑然一体,不可分离。佛教所云的大慈大悲,简言之就是:"大慈与一切众生乐,大悲拔一切众生苦。"[①]这里的"众生",遍指包括人类在内的自然万物中一切有生命的东西。上述这些思想在敦煌佛教界具体体现为保护动物、植物,保护水资源,爱护环境等方面。

"不杀生""素食主义""放生",是佛教保护动物的重要内容。P.2044v《释子文范》之19条《放生》:"乃见飞禽为食,惧践网罗;心怀啄粟之忧,身遇擒粘之难。长者乃起慈悲之惠,赎命放生。羸禽添刷羽之欢,迍鸟有腾空之跃。遥奔林木,电击飞空;远志高林,揩磨羽翼。"P.2940《斋琬文》之"祐诸畜"中含有放生、赎生、马死、牛死、驼死、驴死、羊死、犬死、猪死等内容,这表明在佛教行事中佛徒们对此类生灵的关注与祈福。关于敦煌《斋琬文》,国内外学者如那波利贞、梅弘理、陈祚龙、郝春文、黄征等先生都进行过研究,湛如先生对这些研究成果有过概述并做了进一步的探讨,[②]于此不赘。莫高窟第148窟(盛唐)、第12窟(晚唐)药师经变中亦绘有"放

①《大正藏》卷二五,新文丰出版公司,1983年,第256页。

②湛如:《敦煌佛教律仪制度研究》,中华书局,2003年,第335—341页。

生”的场面。此外不少洞窟中绘有“萨埵太子舍身饲虎图”“尸毗王割肉贸鸽图”“流水长者救鱼图”等，都生动地反映了佛教对动物的保护和珍爱之情。

草木皆有生命，佛教提倡植树种草，要求不得砍伐树木，也不得以秽物污染草木。如《四分律比丘戒本》曰：“不得生草叶上大小便、涕唾，除病。”①《律戒本疏》又云：“生草木等不得断，断者犯堕。枯作生想断者犯突，复次三戒守护佛法。”②砍伐生草木自会受到惩罚。莫高窟第428窟绘有“梵志夫妇摘花坠死缘”，所画故事为：梵志长者之子新婚，夫妇一同到后园赏花，但见园中百花争艳，姹紫嫣红，夫妇不胜欢喜。长者子遂为新妇上树摘花，正取一花欲再得一花，突然树枝折断，长者之子坠地身亡。佛祖告诉长者，这是因为长者父子前世恶业之故，遂有今之报应。这里虽然讲的是佛家的因果报应，实际上也是在向世人昭示，花草树木皆有生命，应倍加爱护，不得随意采摘，否则必受惩罚。

爱护水源，讲究公共卫生，严禁污染环境，为佛教生命关怀的又一突出表现。《四分僧戒本》中规定：“不得净水中大小便、涕唾。”《四分律比丘戒本》亦云：“不得水中大小便、涕唾”“不得立大小便，除病”“不得佛塔下大小便”“不得绕佛塔四边大小便使臭气来入”等。莫高窟隋代第302窟福田经变中，绘有植果园、修浴池的场景，两个裸体者在四周有树木的浴池中洗澡，池旁设有专排污水的沟道，以保持池水的洁净。榆林窟唐代第38窟弥勒下生经变中，绘有一位母亲怀抱婴儿撒尿，另有几个胖小孩在野外挺肚撒尿，所有尿水皆排入地裂缝中，地面则显得干净卫生。莫高窟第296、302、419等窟经变画中均绘有水井，井周均设围栏，这样不仅使汲水者安全，更重要的是可防止杂物、污物落入井中，以保持饮水清洁。莫高窟几十幅法华经变的院落、马厩画面中，均绘有清扫庭院、打扫马圈的图景，给人一种清净舒适、马肥牛壮的感觉。

（本文与王祥伟合写，原载《周绍良先生纪念文集》，北京图书馆出版社，2006年）

---

①《大正藏》卷二二，新文丰出版公司，1983年，第1021页。

②《大正藏》卷八五，新文丰出版公司，1983年，第627页。

唐代甘州"中府"钩沉

唐李吉甫《元和郡县图志》卷四〇《陇右道下》载："甘州，张掖。中府。"中府，即中都督府。《通典》卷一七二《州郡二》云："其边镇及襟带之地置总管府，以领军戎。至（武德）七年（624）改总管府为都督府。"征之都督之设，可上溯至曹魏。《唐六典》卷三十云："魏黄初二年（221），始置都督诸州军事，或领镇戎、总夷校尉。……自此之后，历代皆有。至隋，改为总管府。皇朝武德四年（621），又改为都督府。贞观中，始为上、中、下都督府。"此处武德四年当为武德七年之误。《唐会要》卷六八"都督府"条："武德七年二月十二日，改大总管府为大都督府。管十州以上，为上都督府；不满十州，只为都督府。至开元元年（713年）著令：户满二万以上，为中都督府，不满二万，为下都督府。"又云："令都督纠察所管州刺史以下官人善恶。"《新唐书》卷四九下《职官四下》："都督掌督诸州兵马、甲械、城隍、镇戍、粮廪，总判府事。武德初，边要之地置总管以统军，……七年，改总管曰都督，总十州者为大都督。贞观二年（628），去大字。"可见都督为地方高级军政长官，总一州或数州事务。

依上述规定，都督府设在边镇、襟带之地，并有一定人口数量的要求。甘州（今甘肃省张掖市）位于河西走廊中部，控扼通往西域的河西交通大动脉喉襟，且属边镇，具备设置都督府的条件，唯户口数量较少，远未达到中都督府的户数要求。《旧唐书·地理志》载："甘州，下。……旧领县二，户二千九百二十六，口一万一千六百八十。天宝，户六千二百八十四，口二万二千九十二。"《新唐书·地理志》亦记："甘州张掖郡，下。……户六千二百八十四，口二万二千九十二。"宋人乐史《太平寰宇记》卷一五二亦曰，甘州"唐天宝户六千二百八十四"。《元和郡县图志》卷四〇则记，甘州"开元户五千四百四十"，其数更少。即以天宝时的六千多户而言，也距设立中都督府"户满二万以上"的要求差之较远。

上引两唐书《地理志》均记甘州为下州,而并非都督府,更不是中都督府,这与唐代甘州的户口数量是相适应的。《资治通鉴》等其他有关史料也未有在甘州设置都督府的任何记载。那么《元和郡县图志》中甘州"中府"的这条记载似乎就成了孤证,可信否? 唐代甘州是否确实设过都督府甚或"中府"呢? 这不能不引起我们的关注和思考。事实上,《元和郡县图志》的这条记载,据笔者检索迄今尚未引起人们的足够注意,包括明万历《甘镇志》、清乾隆《甘州府志》、民国《新修张掖县志》,以及清代和民国所修的三部《甘肃省志》和近年新纂《张掖市志》等,均对其未置一词。一些学者的有关研究成果中亦未论及此事。如近年艾冲先生发表大作《唐代河西地区都督府建制的兴废》①,认为河西建有凉、瓜二都督府,凉州都督府的名称、治所无明显变更,瓜州都督府曾几度徙置为肃府、沙府。文中未提及甘州都督府事。

查河西走廊一带州(郡)设置的等第及有关都督府建制的记载,《旧唐书·地理志》载,凉州为中都督府,瓜州为下都督府,甘、肃、沙三州则同为下州(肃州一度设过都督府,贞观元年罢)。《新唐书·地理志》亦载凉州为中都督府,瓜州为下都督府,甘、肃二州为下州,但记沙州为下都督府。《元和郡县图志》卷四〇除记甘州为中府外,亦记凉州为中府,瓜州为下府,甘州和肃州为下州,又记沙州为中府。至于沙州设置中都督府的有关问题,业经池田温,特别是刘安志先生的精心研究,已得以摸清②。

那么我们要怎样看待《元和郡县图志》中甘州"中府"的这条记载呢? 怎样来对待这条"孤证"呢? 是简单地将其放弃、不做深究呢,还是就此追根究底,以发隐抉微、揭开千余年历史尘封的迷雾呢? 如果说唐代甘州确实设过都督府的话,那么它又是在一种怎样的历史条件和背景下所设的呢? 其中究竟隐藏着怎样的历史迷雾? 这正是需要我们加以钩沉和辨析澄清的。笔者对照以下唐代史料以及敦煌文书中所揭示的有关史实,发现这条"孤证"恰可得到较好的印证。笔者首先注意到

---

①艾冲:《唐代河西地区都督府建制的兴废》,《敦煌研究》2003年第3期,第50—54页。

②[日]池田温:《沙州图经略考》,载《榎博士还历纪念东洋史论丛》,山川出版社,1975年,第31—46页。刘安志:《关于唐代沙州升为都督府的时间问题》,《敦煌学辑刊》2004年第2期,第59—66页。

下面一些有关史实:唐天宝十四载(755)安史之乱爆发,河西、陇右及安西四镇驻防
的精兵大部东调平叛,早已垂涎这里的吐蕃自青藏高原乘虚而入,河陇等地相继沦
陷。据《元和郡县图志》载,廓州于肃宗乾元元年(758),岷州于上元二年(761),鄯
州、河州、临州、兰州于唐宝应元年(762),秦州、渭州于宝应二年(763),洮州于广德
元年(763),凉州于广德二年(764),甘州于永泰二年(765),肃州于大历元年(766),
瓜州于大历十一年(776),沙州于德宗建中二年(781)①先后"陷于西蕃"。《资治通
鉴》卷二二三"代宗广德二年十月"条详记凉州陷蕃的经过:时仆固怀恩南寇,威胁
京师,驻守武威的"河西节度使杨志烈发卒五千,谓监军柏文达曰:'河西锐卒,尽于
此矣。君将之以攻灵武,则怀恩有返顾之虑,此亦救京师之一奇也!'文达遂将其众
击摧砂堡、灵武县,皆下之,进攻灵州。怀恩闻之,自永寿遽归,使蕃、浑二千骑夜袭
文达,大破之,士卒死者殆半。文达将余众归凉州,哭而入。志烈迎之曰:'此行有
安京师之功,卒死何伤。'士卒怨其言。未几吐蕃围凉州,士卒不为用。志烈奔甘
州,为沙陀所杀,凉州遂陷。"

值得注意的是,上述史料言当凉州被吐蕃大军围困时,河西节度使杨志烈被迫
西"奔甘州",这就意味着杨志烈将河西节度移治甘州。但上述所记杨志烈奔甘州
后"为沙陀所杀",却并不在广德二年(764)十月。《新唐书》卷6《代宗纪》曰,永泰元
年(765)"十月,沙陀杀杨志烈。"即杨志烈被杀于西奔甘州的一年以后,其被杀的原
因和地点安家瑶先生已有专文论及②,此处不赘。《旧唐书》卷一九六上《吐蕃传上》
记:"广德二年,河西节度杨志烈被围,守数年,以孤城无援,乃跳身西投甘州,凉州
又陷于寇。"这一记载虽较为笼统,但也清楚无误地表明凉州被围时杨志烈确实"西
投甘州"。只是所记凉州"守数年"恐误,因从有关材料来看,凉州于广德二年被围,
当年就失陷了,并不存在"守数年"的问题。《新唐书》卷六《代宗纪》云"河西节度使

---

①关于沙州陷蕃的时间有多种说法,现一般采用唐贞元二年(786)说,参见陈国灿《唐朝吐蕃陷落沙州城的
时间问题》,《敦煌学辑刊》1985年第1期,第1—7页。

②安家瑶:《唐永泰元年(765)—大历元年(766)河西巡抚使判集(伯二九四二)研究》,载《敦煌吐鲁番文献
研究论集》,中华书局,1982年,第232—264页。

杨志烈及仆固怀恩战于灵州,败绩"是在广德二年十一月乙未,虽没有明确记载凉州失陷的时间,但正是由于灵州之败才导致了凉州的失陷。所谓"守数年"指的恐是甘州"守数年"。

河西节度徙镇甘州后,甘州遂成为统领整个河西军政的大本营,由此必然对甘州的等第提出新的要求,以适应移治的需要。考虑到河西节度原驻地凉州的等第为中都督府,那么移治后的甘州理应升格为与之相当的中都督府。这可能即是《元和郡县图志》所记甘州为"中府"的来由。同时依唐代惯例,节度使一般兼任所在都督府和都护府的都督和都护,河西节度使就曾兼任凉州都督府都督。甘州为下州,与凉州都督府的等第相差数级,河西节度使移驻甘州后,例兼甘州地方军政长官,但依《唐六典》卷三○、《旧唐书·职官志》《新唐书·百官志》等的记载,下州刺史的级别仅为"正四品下",这样的级别根本无法与河西节度使的身份相配,也根本无法行使统领整个河西军政的职权。因之作为新的河西节度使大本营所在地,甘州的等第势必要相应提高,升格为"中府"也就在所必然,顺理成章。

这里,我们还可再举沙州的例子加以佐证。《资治通鉴》卷二二四代宗大历元年(766)条载:"夏,五月,河西节度使杨休明徙镇沙州。"由于原河西节度使杨志烈早在永泰元年(765)就"为沙陀所杀",此时继任者为杨休明,其"徙镇"自然是从甘州徙往沙州。也就是说甘州作为河西节度的驻地前后仅有一年零七个月,即广德二年(764)十月至大历元年(766)五月。文渊阁《四库全书》本《唐会要》卷七○《州县分望道》陇右道条记:"新升都督府:沙州,永泰二年五月升。"①沙州也原为下州,所记永泰二年(765)五月,实即大历元年五月,因代宗永泰二年十一月才改元大历。沙州升为都督府的原因恰是由于此时河西节度使徙镇于此,此点在前引池田温和刘安志的大作中已有精彩论证,不赘。依《元和郡县图志》所记,沙州亦为"中府",与原河西节度使驻地凉州的等第相当。既然河西节度"徙镇"至沙州,沙州由"下

---

①有学者认为,文渊阁《四库全书》本《唐会要》并非该书最优的版本。因限于篇幅和本文的主题,这里不拟全面地比较《唐会要》各种不同版本的优劣,但仅就这条记载而言,业经池田温、刘安志先生上引论文的鉴别,是确切可靠的,笔者赞同。

州"相应升格为中都督府,同理,广德二年该节度由凉州徙至甘州,甘州当然亦应升格为中都督府。

甘州作为中都督府及河西节度使的治所,前后不足两年,为时较短。河西节度自甘州徙往沙州后的永泰二年(765)当年,甘州即陷于吐蕃,与中原王朝隔断,这可能即是两唐书《地理志》《资治通鉴》等史籍漏载甘州设置"中府"的原因吧。

(原载《中国历史地理论丛》2009年第4期)

释"平水"

　　"平水"一称,正史中仅可找到几条零星记载,其设置年代、沿革、职掌以及社会作用等,均不甚明了。但在敦煌遗书中却留下了不少相关资料,敦煌悬泉汉简、吐鲁番文书中亦有少许记载。本文拟对"平水"作一系统的考释,以就教于学界。

　　对于"平水"一名,前辈学者周一良、唐耕耦等先生均做过相应阐释。周先生在《〈三国志〉札记》一文中,据《三国志·魏书》卷一六注引《魏略》等相关记载,认为"曹魏之平水与督邮并列,当是郡守下掌水之属官,汉代督邮分数部,管理全郡各地,正始时之平水盖亦散在全郡各地"。①周先生大作中还引用日本学者西村元佑在《中国经济史研究》第三编第二章据《通典》卷三三对于汉代水官自注所作的解释:"谓平水即《汉书·召信臣传》为民均水之意,汉以后迄隋唐历代地方皆有水官。"唐耕耦先生在《敦煌学大辞典》中撰写的词条则谓:"平水,唐代色役之一,管掌用水的胥吏。"②

　　检索传世文献,对于"平水"一名最早的记载见于西晋司马彪著《续汉书·百官志五》(后编入范晔《后汉书》卷三八《百官五》):"郡有盐官、铁官、工官、都水官者,随事广狭置令、长及丞,秩次皆如县、道,无分士,给均本吏。本注曰:凡郡县出盐多者,置盐官,主盐税;出铁多者,置铁官,主鼓铸;有工多者,置工官,主工税物;有水池及渔利多者,置水官,主平水收渔税。"即视该郡、县所管具体事项的不同及其广狭程度,设置相应的官员,"有水池及渔利多者"置水官,职掌为"平水收渔税"。上云西村元佑先生所据唐代杜佑《通典》卷三三汉代水官自注的那条史料,其原始出

---

①周一良:《魏晋南北朝史札记》,中华书局,1985年,第19—20页。
②季羡林主编:《敦煌学大辞典》,上海辞书出版社,1998年,第409页。

处即在于此。冯培红先生撰文认为:"此时平水尚非官职,而是水官的具体职掌,为民均水,兼收渔税"①。所云平水的职掌与西村元佑先生的看法基本相同。然而敦煌悬泉汉简显示,汉代的平水并非"尚非官职",而确系郡守之下掌管用水的官员(详后)。所谓"平"应系公平之义;"平水收渔税"意即根据当地水池(水资源)及渔利状况,公平地分配用水和收取渔税。西村元佑先生还提到了《汉书·召信臣传》的一条记载,记召信臣任南阳太守时"为人勤力有方略,好为民兴利,……时行视郡中水泉,开通沟渎,起水门提关凡数十处,以广溉灌,岁岁增加,多至三万顷。民得其利,畜积有余。信臣为民作均水约束,刻石立于田畔,以防分争"。均水约束、以防纷争即是为了公平分配用水。

敦煌文献中保存了不少汉至唐五代时期有关"平水"的资料。敦煌悬泉汉简中记有"平水史"一职,属于当时"史"一级的官员。悬泉Ⅱ0114②:294简:"出东书四封,敦煌太守章……合檄一,鲍彭印,诣东道平水史杜卿……"②杜卿担任敦煌东道平水史,显然此时的"平水"属于汉代敦煌郡水利方面的官职,由此可知早在汉代,地方郡守确有属官"平水史"的设置。所谓东道平水史,应具体负责敦煌境内东道的公平配水用水事宜。同理,既有东道平水,亦可能有西道平水,甚或北道平水、南道平水等。敦煌地处极端干旱地区,当地并无多少"渔税"可取,敦煌平水史的主要职责显然在于公平分配用水。

敦煌一地年降水量仅约40毫米,为我国最干旱的区域之一,水资源遂成为当地最宝贵的自然资源。人们生活需水及从事农业灌溉等用水主要依靠祁连山脉流入的有限的河水,因而对于有限的水资源如何合理、适时地分配与使用,在敦煌这样的极端干旱地区就显得极端重要,"平水史"的设置在这些地区无疑尤有必要。S.5874《唐地志残页》:"本地,水是人血脉。□须在河口劳(牢)固……"③敦煌人民

①冯培红:《唐五代敦煌的河渠水利与水司管理机构初探》,《敦煌学辑刊》1997年第2期,第75页。

②胡平生、张德芳编撰:《敦煌悬泉汉简释粹》,上海古籍出版社,2001年,第92页。

③转引自胡同庆:《敦煌文献"水是人血脉"出处溯源》,《敦煌学辑刊》2016年第4期,第4页。卷名为笔者拟。

将水资源看得如同人的血脉一样宝贵,因之必须使河口牢固,通水顺畅,不可泄漏浪费,这无疑是平水史的职责所在,也是敦煌人民对于当地自然环境特点的深刻体认和切身利益所系。

周一良先生大著中所引《三国志》卷一六《杜恕传》注引《魏略》那条史料,记曹魏正始年间孟康为弘农太守,"事无宿诺,时出案行,皆豫敕督邮平水,不得令属官遣人探候,修设曲敬"。太守案行前豫诚各地督邮、平水不得迎候款待。由此可知当时地方郡一级设有平水官职,且有属官。周先生又谓:"梁代少府下犹有平水署,是后汉以后中央犹有主水之官。"所论出自《隋书》卷二六《百官志》,该志记南朝萧梁中央官制少府卿下有平水署,设令、丞。于中央机构中设置平水,史籍中所见仅此一例。

于吐鲁番出土文书中见,十六国时期西凉政权管辖的高昌地区(今吐鲁番)亦设有"平水"一职。《西凉建初二年(406)功曹书佐左谦奏为以散翟定□补西部平水事》(75TAM88:1a)记:"谨案严归忠传口令,以散翟定□□补西部平水。请奉令具刺板题授,奏诺纪职奉行。建初二年岁在庚午九月廿三日功曹佐左谦奏……"①知当时吐鲁番地区设有"西部平水",该职如有空缺须及时补任,不可或缺,平水上任时还要"具刺板题授,奏诺纪职",可见对该职的重视程度。同理,高昌既有西部平水,那么就很可能还有东部平水,乃至北部平水、南部平水。与敦煌地区类似,吐鲁番地区亦位于极端干旱气候区,且干旱程度较敦煌更甚,因而适时有效地对有限的水资源公平合理分配同样显得十分必要。西凉政权曾建都敦煌(400—405),并在吐鲁番地区设置高昌郡。②既然高昌郡设有平水一职,那么作为西凉都畿之地的敦煌此期间更应设"平水"之职。

除敦煌简牍外,敦煌遗书中亦留下了更多的有关"平水"的记载。撰于盛唐时期的《沙州敦煌县地方用水溉田施行细则》(P.3560v),为依照中央《水部式》的指导

①国家文物局古文献研究室、新疆维吾尔自治区博物馆、武汉大学历史系编:《吐鲁番出土文书》第1册,北京:文物出版社,1981年,第179页。

②参阅齐陈骏、陆庆夫、郭锋著:《五凉史略》,甘肃人民出版社,1988年,第78页。

原则,根据敦煌当地实际情况和传统习惯制定的具体的灌溉行水章程,为目前全国仅存的一份唐代地方农田灌水规则,弥足珍贵。该细则分干、支、子等各级渠道细列其行水次序、时限、日数、承水多少等,并详述有关浇春水、浇场苗、重浇水、更报重浇水、更报浇麻菜水、正秋水、准丁均给水等的具体规定,贯穿了以"均普""平水相量""适时"和优先保证主要产粮区用水为核心的灌溉原则,它在当地与政府的其他政令具有同等法律效应。该细则称:"承前已来,故老相传,用为法则。依问前代平水交(校)尉宋猪、前旅帅张诃、邓彦等行用水法,承前已来,递代相承用。"①可知唐之"前代"设有平水校尉,宋猪任之。与宋猪一并提到的邓彦,亦作邓季彦,北魏末任敦煌郡太守,约西魏大统七年(541)为瓜州(治敦煌)刺史。②据之,"前代"可能即指北魏、西魏之世。因知早在北朝时期敦煌就专设平水校尉。校尉一职,原属军职,两汉时地位颇高,略次于将军,以后其地位渐次降低,唐折冲府中的团仍设校尉。北朝时期以平水为校尉,可见对于"平水",即"平治水利",平均分配灌溉用水的重视程度。

迨及唐五代宋初,承前之制,敦煌仍设平水之职,且员额多人,仍专掌农田灌溉均水事宜,"务使均普",以免发生因用水不均而酿成的纠纷。P.3763v《年代不详(十世纪中期)净土寺诸色入破历算会稿》提到:"粟壹斗卧酒,罗平水园内折梁子时用。"③P.2040v《后晋时期净土寺诸色入破历算会稿》亦记有罗平水:"面一斗,罗平水园内折梁子僧食用……面一斗,罗平水园内(庄上)折梁子僧食用……豆肆硕伍斗,罗平水梁子价用……粟贰斗,于罗平水买地造文书日看用。"S.6981《申年酉年欠麦得麦历》亦提到:"罗平水大(?)富昌麦三斗四升半。"看来此位罗平水家资富有,拥有园子还要买地,其社会地位不低。P.3764v《公元十世纪初转帖抄两件》,其中一件为《某年十一月十五日秋座筵设转帖抄》,另一件为《某年十一月五日秋座筵

---

①刘俊文:《敦煌吐鲁番唐代法制文书考释》,中华书局,1989年,第326页。

②季羡林主编:《敦煌学大辞典》,上海辞书出版社,1998年,第343页。

③唐耕耦、陆宏基编:《敦煌社会经济文献真迹释录》第3辑,全国图书馆文献缩微复制中心,1990年,第517页。

设转帖抄》,两件转帖抄中均提到"罗水官"与"麹平水"。P.2032v《后晋时代净土寺诸色入破历算会稿》记有安平水:"麦肆斗,安平水患念诵入……粟四斗,安平水患念诵入……粟四斗,安平水患时念诵入……粟七斗卧酒,安平水举发人事用。"P.3231《癸酉年至丙子年平康乡官斋籍七件》提及"令狐平水"。P.4716《年代不详(十世纪后半叶)社人名单》提及"李平水""七郎子平水"。S.11353《年代不详(十世纪后半叶)八月十六日社司转帖》提及"程平水"。P.3372v《壬申年(973年)十二月廿二日常年建福转帖抄》提及"马平水"。P.2680v《年代不详(十世纪后半叶)纳赠历》提道"穆平水生绢两匹、白绵绫壹匹"。S.8448b《某年紫亭羊数名目》残卷提到"龙平水一口""杨平水一百二十五口"。

此外,在莫高窟供养人题记中亦保存了若干有关"平水"的条珍贵资料。五代第98窟北壁贤愚经变下端东向第12身题记:"节度押衙知南界平水银青光禄大夫检校国子祭酒兼史中丞上柱国王寿延供养。"第44身题:"节度押衙知南界平水银青光禄大夫检校太子宾客兼监察侍御史郭汉君一心供养。"该窟西壁贤愚经变下端南向第19身题:"节度押衙知四界道水渠银青光禄大夫检校太子宾客监察史阴弘政供养。"该窟西壁贤愚经变下端北向第2身题记:"节度押衙知北界平水银青光禄大夫检校太子宾客兼监察御史目员子供养。"①据冯培红先生研究,节度押衙在归义军政权中是节度使的亲信力量,经常被作为一种加官,派遣兼知它官,充斥在归义军政权中各个重要职能部门中,活跃于军政舞台上,有力地支撑着归义军政权。②由节度押衙且其散阶、勋衔等颇高者兼知平水,可见平水一职在敦煌经济社会中的重要地位。

又由上见,平水主持行水溉田按"南界""四界"等不同区域划分,而且一个界中可以不止1位平水,如南界中就有王寿延、郭汉君两位平水。笔者曾考得,由于敦煌绿洲的自然地势格局及水流走向所限,唐代敦煌城周绿洲的灌溉水系可分为东

①敦煌研究院编:《敦煌莫高窟供养人题记》,文物出版社,1986年,第35、36、45页。

②冯培红:《晚唐五代宋初归义军武职军将研究》,载郑炳林主编《敦煌归义军专题研究》,兰州大学出版社,1997年,第105—106页。

西南北四大片,即"四界",其中西部绿洲以宜秋渠、都乡渠、孟授渠、阴安渠4条干流为主干渠(大河母);南部绿洲以阳开渠、神农渠为主干渠,北部绿洲以北府渠为主干渠,东部绿洲以东河水(三丈渠等)为主干渠,它们组成整个城周绿洲的灌溉网系,哺育了举世闻名的敦煌文明。[1]因而于敦煌城周绿洲东西南北"四界道"区域,分别设置了多位平水,以利于灌区管理。

除敦煌城周围绿洲外,敦煌西南约70公里处还有一块面积约40平方公里的小绿洲,即今南湖绿洲,汉代这里设龙勒县,唐代改称寿昌县,著名的阳关、玉门关即设在该县境内。这片小绿洲上开有大渠、长支渠、令狐渠等多条灌溉渠道。[2] P.3559《唐天宝十载(751年)敦煌郡敦煌县悬泉乡、慈惠乡、从化乡差科簿》记有寿昌县的两位平水:"平怀逸,载五十九,上骑都尉,寿昌平水""王弘策,载五十六,飞骑尉,寿昌平水"。知寿昌绿洲亦设平水,则整个敦煌绿洲在西界、南界、北界、东界、寿昌灌区内均设有若干名平水,而且有些区域的平水还不止1名。寿昌县两位平水均带有勋衔,且年岁偏大,这应是出于平水所负责任重大,需选用具有一定资历、声望和经验者担任的考虑。《唐六典》卷二三"都水监"条中对渠长、斗门长的任职要求是"以庶人年五十已上并勋官及停家职资有干用者为之"。对平水的任职要求亦应与之类似。

前云唐耕耦先生认为:"平水,唐代色役之一,管掌用水的胥吏",所论依据即应是由 P.3559《唐天宝十载(751年)敦煌郡敦煌县悬泉乡、慈惠乡、从化乡差科簿》而来,平怀逸、王弘策两位寿昌县平水名列卷中,平水为他俩应服的色役。可见任职平水确为唐代色役的一种。

晚唐五代宋初归义军时期,敦煌专置水司,为其节度使府所设诸司之一,职掌有关农田灌溉、修渠造堰、祭祀水神诸事宜。冯培红先生考得,水司的长官称都渠泊使,或称应官内都渠泊使,都渠泊使下置水官,如曹水官、翟水官、阴水官、陈水

---

①李并成:《唐代敦煌绿洲水系考》,《中国史研究》1986年第1期,第159—168页。

②李并成:《唐代敦煌绿洲水系考》,《中国史研究》1986年第1期,第167页。

官、陆水官等。①此外还有杨水官。P.3131v《归义军曹氏算会群牧驼马羊欠历稿》记有："壹匹马在紫亭,杨水官。"笔者认为,平水应为直属于水官的吏员。其职级尽管不高,但由于其掌握着一方的分水配水大权,作用颇显重要。

　　从敦煌遗书中我们还可以对于平水的职掌得到更为清晰、明确的认识。P.2507《唐开元廿五年(737年)水部式残卷》,对当时农田水利、舟楫桥梁等的管理组织,渠道堰坝的设置维修,灌水用水的时间和方法,农业用水与其他用水矛盾的处理办法,以及相应各级管水人员的职责和奖惩等均制定有具体规定,以保证农田灌溉及其他水利事宜的顺利进行和发展。如规定:"凡浇田,皆仰预知顷亩,依次取用。水遍即令闭塞,务使均普,不得偏併。"②"务使均普,不得偏併",为当时农田灌溉的基本规则,自然也应是平水所负的主要职责。S.6123《戊寅年(978年)六月十四日宜秋西枝渠人转帖》:"今缘水次浇粟汤,准旧者平水相量。"即依照原有旧规,由平水"相量",以均平用水。因而平水的主要职掌应在于"平水相量""平治水利""务使均普",即对于有限的水资源均衡、普惠、适时地分配与使用,公平合理地分配灌溉用水,以防止和化解在水资源使用方面的纷争。

　　写到这里,不能不引起我们注意的是,吐鲁番所出唐代文书中却未发现"平水"之名。吐鲁番地区较敦煌更为干旱,水资源更趋紧缺,按理负责公平配水的人员更是不可或缺,但在大量的吐鲁番唐代文书中却找不到"平水"的记载。然而我们还注意到,唐代西州(吐鲁番)水利官员设置的类别和人员并不少,于出土文书中见,西州及其属县设"知水官""知水人""水子"等;州县以下又设"堰头""渠长""水利老人"等,很可能是"平水"的职责被这些人员分担了。笔者还注意到,"水利老人"可能更多地承担了平水的职责。所谓"水利老人",就是乡间推举的威望较高、谙熟溉田、处事公道的老人,他们具有检校取水及处理水务纠纷的责任,辅助、监督农田灌溉的顺利进行,以维护用水的公平。水利老人是西州基层水利官员的有益补充,其职责恰可在一定程度上代替平水。例如,吐鲁番出土文书《唐城南营小水田家牒稿

---

①冯培红:《唐五代敦煌的河渠水利与水司管理机构初探》,《敦煌学辑刊》1997年第2期,第76—78页。

②刘俊文:《敦煌吐鲁番唐代法制文书考释》,中华书局,1989年,第326页。

为举老人董思举检校取水事》(73TAM509:8/27):"城南小水营田家状上:○○老人董思举:右件人等所营小水田,皆用当城四面豪(壕)坑内水,中间亦有口分,亦有私种者,非是三家五家。每欲浇溉之晨,漏并无准。只如家有三人两人者,重浇三回。茕独之流,不蒙升合。富者因滋转赡,贫者转复更穷。总缘无检校人,致使有强欺弱。前件老人性直清平,谙识水利,望差检校,庶得无漏。□□立一牌榜,水次到转牌看名用水,庶得无漏。如有不依次第取水用者,请罚车牛一道远使。如无车牛家,罚单功一月驱使,即无漏并,长安稳,请处分。"[1]为了维护用水公平,就连那些非渠水、自然形成的坑内水的用水公平,也需要民众共同推举的谙识水务、秉性耿直的老人来主持公道。

综上可见,"平水"一职早在汉代即已设置,一直延及唐五代时期。敦煌悬泉汉简中记有"东道平水史"。十六国西凉所辖高昌(今吐鲁番)亦设有平水。北魏、西魏时期敦煌置平水校尉。唐五代宋初敦煌设平水多人,按"南界""四界"、寿昌灌区等不同区域划分主持行水溉田,而且一个界中可以有不止1位平水,以便于灌区的分片管理。平水对于极度干旱地区设置尤有必要。平水一般应设在郡或县一级(萧梁中央机构设平水署,为仅见的特例),为郡县级水官的胥吏,其职级本身尽管不高,甚至在唐代被作为百姓所服色役的一种,但其发挥的作用非常重要,社会地位引人注目。任职平水者职级高的由节度押衙亲自兼任,亦可由地方富户(如罗平水)出任,但似乎大多应由带有勋衔且年岁较大具有一定声望和经验的百姓任之。吐鲁番所出唐代文书中未发现"平水"之设,由于唐代西州(吐鲁番)水利官员设置的类别较多,很可能"平水"的职责被这些相关人员分担了,尤其是"水利老人",可能更多地分担了平水的职责。平水在我国古代基层社会(尤其是干旱地区社会)的水利管理中占有重要地位。

(原载《西北师大学报》(社)2020年第3期)

---

① 国家文物局古文献研究室、新疆博物馆、武汉大学历史系编:《吐鲁番出土文书》第9册,文物出版社,1990年,第146—147页。

敦煌资料中有关遵循自然节律保护环境的哲理

在卷帙浩博的敦煌资料中,蕴含了大量古代人们对于自然界,特别是对于与自己的生活和生产活动密切关联的周边自然环境的认识与看法,形成了若干相应的哲理思考,带有早期生态哲学的诸多显著特点。敦煌地处祖国西北内陆,四周被沙漠、戈壁所包围,属于典型的暖温带大陆性气候,干旱鲜雨,年均降水量不足40毫米,多风沙。敦煌悬泉汉简Ⅱ0211②:26简记载:"地势多风,涂立干操(燥),毋□其湿也。"①敦煌汉简2253简:"日不显目兮黑云多,月不可视兮风非(飞)沙。"②形象地描绘了该地干燥多风沙、沙尘暴肆虐的情形。生活在这种自然环境中的敦煌民众,切身感受到人与自然关系的重要性,认识到在利用自然资源、从事生产活动的同时,必须顺应自然节律,注重对自然环境的有效保护,由此引发了人们对于环境问题的诸多思考,形成、积累了此方面一系列有益的实践经验和思想成果。其中遵循自然节律保护环境方面的哲学理念就颇为突出。这主要体现在如下方面。

一、敦煌《四时月令诏条》中遵循自然节律"时禁"的理念

敦煌悬泉置遗址保存了一篇十分珍贵的汉平帝元始五年(5)颁布的保护自然资源的《四时月令诏条》(编号:272),题写在悬泉置泥墙上,昭示过往行人。内容相当丰富,逐月记载历象、物候,并依自然节律安排人们的生产生活等。③其核心是顺时而动,尊重自然规律,尤其是其"时禁"的内容,鲜明而具体,凸显了朴素的保护自然和资源持续利用的理念。

①胡平生、张德芳编撰:《敦煌悬泉汉简释粹》,上海古籍出版社,2001年,第65页。
②吴礽骧、李永良、马建华释校:《敦煌汉简释文》,甘肃人民出版社,1991年,第244页。
③胡平生、张德芳编撰:《敦煌悬泉汉简释粹》,上海古籍出版社,2001年,第192—199页。

对于林草植被资源的保护和持续利用来说，《四时月令诏条》中"孟春月令"第二条规定："禁止伐木。●谓大小之木皆不得伐也。尽八月。草木零落，乃得伐其当伐者。"《吕氏春秋·孟春纪》亦记："禁止伐木。"高诱注："春，木王，当长养也。"《礼记·月令》："禁止伐木。"郑注："盛德所在。"《四时月令诏条》即按照五行终始的原则以及林木生长的状况定宜忌，因春主木，且正是树木生叶、返青之时，故而强调"大小之木皆不得伐也"。这一规定比《孟春纪》与《月令》规定得更为明确、具体、严格。《吕氏春秋·仲秋纪》曰：八月"杀气浸盛，阳气日衰"。诏条所言"尽八月"，是从九月起，"乃得伐其当伐者"。

《四时月令诏条》之"孟夏月令"第四条规定："毋攻伐□□。●谓□……""攻伐"下残缺应为"大树"二字。《吕氏春秋·季夏纪》云："是月也，树木方盛，乃命虞人入山行木，无或斩伐。"《礼记·月令》："毋伐大树。"《淮南子·时则训》："毋伐大树。"孙希旦《礼记集解》卷十六："孟春禁伐木，此特禁伐其大者，亦为其伤盛大之气也。其小者则得伐之。"春夏时节是树木成长的黄金季节，此时"砍伐"，会违背树木的生长习性，没有做到"顺时生养"，以致"违逆时气""阴阳不调，风雨不时"。《孟子·梁惠王上》："斧斤以时入山林，材木不可胜用也。"

《天水放马滩秦简》中亦有类似的记载。放马滩一号秦墓属战国晚期墓，出土秦简461枚。简书内容分甲种《日书》、乙种《日书》和《志怪故事》三类。日书即日者所用工具书。《史记·日者列传》裴骃集解："古人占候卜筮，通谓之'日者'。"司马贞索隐："卜筮占候时日通名'日者'。"孙占宇认为，凡与百姓生活相关的占卜书、厌禳术、祝由术及其他术数内容者，皆可归入"日书"。[①]其相关内容移录如下："四月中不可伐木"（乙1002）[②]；"春三月甲乙不可伐大榆东方，父母死"（乙1092）；"夏三月丙丁不可伐大棘（棗）南[方]，长男死"（乙1302）；"戊己不可伐大桑中央，长女死之"（乙1312）；"丁未、癸亥、酉、甲寅、五月申不可之山谷帝〈辛〉（新）以材木及伐空

---

①孙占宇：《天水放马滩秦简集释》，甘肃文化出版社，2013年，第3页。
②孙占宇：《天水放马滩秦简集释》，甘肃文化出版社，2013年，第142、155、178页。

桑"（乙305）。

　　简文规定了不可伐木的具体时间、品种以及擅自伐木的禁忌，尽管属于迷信说教，也恰好说明当时人们对林木资源高度重视的理念。

二、居延汉简中"四时禁""四时言"的有关规定

　　除上而外，居延等地出土的大量汉代简牍，亦不乏有关林木等自然资源保护的记录，特别是有关"四时禁""四时言"的内容，体现了当时人们对遵从自然节律、寻求建立人与自然环境和谐关系的思考，弥足珍贵。

　　居延破城子22号房屋遗址出土EPF22：48A简："建武四年五月辛巳朔戊子，甲渠塞尉放行候事，敢言之，诏书曰，吏民毋得伐树木，有无四时言●谨案部吏，毋伐树木者敢言之。"[1]EPF22：48B简："掾谭。"[2]相关简文内容雷同且同样署名"掾谭"者尚有EPF22：53A简："建武六年七月戊戌朔乙卯，甲渠鄣候敢言之，府书曰，吏民毋得伐树木，有无四时言●谨案部吏毋伐树木。"EPF22：53B简："掾谭，令史嘉。"[3]以上两件文书内容大致相同，不同之处一是书写时间，分别为"建武四年（28年）五月辛巳朔戊子"和"建武六年（30年）七月戊戌朔乙卯"。二是文书所记述行为主体，一则为"甲渠塞尉放行候事"，二则为"甲渠鄣候"；甲渠为居延都尉所属五个候官之一，其所辖塞垣位于古居延绿洲（今内蒙古自治区额济纳旗境内）西部，长近100汉里（合今约40公里）。[4]三是所奉指令，一为"诏书"，二为"府书"。

　　同一遗址，又出土EPF22：50A简："建武四年五月辛巳朔戊子，甲渠塞尉放行候事，敢言之，府书曰，吏民毋犯四时禁，有无四时言●谨案部吏，毋犯四时禁者敢言之。"EPF22：50B简："掾谭。"[5]EPF22：51A简："建武六年七月戊戌朔乙卯，甲渠鄣

　　①甘肃文物考古研究所等编：《居延新简》，文物出版社，1990年，第479页。
　　②甘肃文物考古研究所等编：《居延新简》，文物出版社，1990年，第480页。
　　③甘肃文物考古研究所等编：《居延新简》，文物出版社，1990年，第480页。
　　④李并成：《河西走廊历史地理》，甘肃人民出版社，1995年，第207页。
　　⑤甘肃文物考古研究所等编：《居延新简》，文物出版社，1990年，第480页。

守候敢言之,府书曰,吏民毋犯四时禁,有无四时言●谨案部吏毋犯四。"与此简文字衔接的应为EPF22:52简:"时禁者敢言之。"EPF22:51B简:"掾谭令史嘉。"①这说明当时有逐级强调"吏民毋犯四时禁""吏民毋得伐树木"的制度,并严格核查,责任官吏必须定时上报"有无"的情形,并具名存档。可见对于"四时禁"有着严格的监督检查制度。这些均为窦融担任河西五郡大将军时颁布的禁止伐木的命令。

此外,与之相关的尚有如下一些简文。EPF22:46简:"甲渠言部吏毋犯四时禁者。"②EPF22:49简:"甲渠言部吏毋犯四时禁者。"③EPT59:161简:"以书言会月二日●谨案:部隧六所、吏七人、卒廿四人,犯四时禁者,谒报,敢言之。"④

居延汉简中关于"吏民毋犯四时禁"和"吏民毋得伐树木"的内容,体现出当时人们爱护森林植被的思想观念及由此形成的相应制度。而所谓"有无四时言",反映出对于执行这种制度的纪律检查机制。基层军事组织上报文书即"吏民毋犯四时禁""吏民毋得伐树木"的形成,说明这种机制的严肃性。

而就现今居延地方的生态条件而言,似乎可供砍伐的树木较少,那为什么还要制定严格的林木保护纪律呢?有学者认为,古代居延一带的生态环境远较今日为好,弱水沿岸有良好的森林植被。由于河岸边树林过于茂密,以至有些烽火台之间连信号都观察不到了,因而需要执行严格的制度保护这些植被,使其免于遭到破坏。诚然,古代居延及河西走廊一带的林草植被的确优于今日,笔者就此做过专题研究⑤。然而笔者认为,在植被良好的情况下固然需要有严格的制度加以保护,但越是在生态条件严酷的地区,越是"可供砍伐的树木较少",就越加需要妥善保护好这些有限的林草植被,就越有必要制定并严格执行相应的"生态纪律",这应是古代居延实行严格的林木保护的主要原因。

---

① 甘肃文物考古研究所等编:《居延新简》,文物出版社,1990年,第480页。
② 甘肃文物考古研究所等编:《居延新简》,文物出版社,1990年,第479页。
③ 甘肃文物考古研究所等编:《居延新简》,文物出版社,1990年,第480页。
④ 甘肃文物考古研究所等编:《居延新简》,文物出版社,1990年,第370页。
⑤ 李并成:《河西走廊历史时期绿洲边缘荒漠植被破坏考》,《中国历史地理论丛》2003年第4期,第124—133页。

古代尽管这一带植被好于今日,但其仍主要分布在河流两岸及居延绿洲上,主要树种为胡杨、柽柳、梭梭、沙枣等,均为耐干旱的植物。随着两汉时期居延绿洲大量屯垦军队及移民的进入、大规模的屯戍活动的展开及农牧业开发,由此所需的大量的建筑材料(修筑塞墙、烽燧、城障、住宅等)、燃料、饲料、肥料等,无疑需要砍伐大量林木,刈割大片草被,至今在许多城障(如破城子等)和烽燧中,仍可以发现木材的残存。因而为了维护边防军事设施、人们的日常生产生活及良好的生态环境,军政当局不得不重视对"四时禁"的执行。

居延汉简中还有其他涉及"四时"的文书,即有的学者举出的所谓《四时簿》《四时杂簿》《四时簿算》等①。在"吏民毋犯四时禁"及"吏民毋得伐树木"简册中,按照规定,"吏民毋犯四时禁,有无四时言""吏民毋得伐树木,有无四时言",为什么都要在"四时言"? 这是因为汉代礼俗制度对"四时"特别尊重,习惯以"四时"为确定时节的传统。《汉书·魏相传》颜师古注引应劭言:"四时各举所施行政事。"这种制度是以当时人们"敬四时"②"顺四时"③"奉四时之令"④"承天顺时,调序四时"⑤"顺乎天地,序乎四时"⑥的观念作为意识背景的。以四季运行的规律作为社会法纪和人文秩序,体现了遵从林木的季节演替规律作为保护山林资源根本的自然哲学观念。这些颇有见地的思想和做法,强调人类的生产活动要建立在维护自然资源再生能力的基础上,注重遵从生态节律从事活动,为人们提供了明确而详尽的行为规范,体现了重视自然资源的持续存在和永续利用、维护生态平衡的哲学思考,显示出文明成熟的农耕社会特定的自然观。诚如王子今先生所言,对于居延汉简"吏民毋犯四时禁"及"吏民毋得伐树木"的分析,除了可以帮助我们理解当时人们的生态意

①参看李均明、刘军:《简牍文书学》,广西教育出版社,第203—204页。

②[汉]班固:《汉书·李寻传》,中华书局,1962年,第3188页。

③[唐]李贤注,[宋]范晔撰:《后汉书》卷四四《张敏传》,中华书局,1965年,第1503页。

④[唐]李贤注,[宋]范晔撰:《后汉书》卷二六《侯霸传》,中华书局,1965年,第901页。

⑤[汉]班固:《汉书》卷八《宣帝纪》,中华书局,1962年,第253页。

⑥[汉]班固:《汉书》卷二一《律历志上》,中华书局,1962年,第828页。

识,也有助于深化我们对汉代社会自然主义观念的认识。①

三、敦煌岁时文化中体现的人们对于自然节律与社会生活关系哲思

迨及唐五代时期,讲究天人合一、遵从自然节律、维护生存环境的岁时文化在敦煌遗书中留下了颇多记载。岁时文化是与我们的文明相伴而生的,其历史之悠久,内涵之丰厚,生命力之强大,已成为与我们的日常生活、意识、情感紧密联系而又蓬勃律动的文化基因。狭义的"岁时"是指与我们的生活与文明相关,被赋予丰富文化内涵和感情寄托的节气、节日,而"岁时文化"也就是以"岁时"为中心,包含着情感、心理、历史和现实的各种活动与意识的总和,体现了人们对于自然节律与社会生活关系的哲思。

敦煌文书中岁时民俗的记载,反映了一年十二个月的社会活动概貌,渗透着十分丰富的自然生态环境意识。例如,元月祭风伯,二月祭马祖,三月祭川原、祭雨师,四月驼马入草赛神、马骑赛神、结葡萄赛神、赛青苗神,五月赛驼马神、仲夏零祀,六月赛马神,七月迎秋祈赛、水边赛神,八月马羊赛神、网鹰、赛青雷(秋季雷神),九月水则道场,十月水司盘灌,十一月咏九九诗,十二月年终建福、岁余节物等。②

元月祭风伯为例。风伯又名飞廉、风师、箕星。伯是尊称,所谓"长者伯之",故曰风伯。祭祀风伯乃稽古之制,在《周礼》中就有"以槱燎祀风师、雨师"之说。《诗·大雅·棫朴》:"芃芃棫朴,薪之槱之。"注曰:"槱。积木烧也。"③古代祭风伯用槱燎,即堆积木柴焚烧,使烟气上达于天。为什么要祭祀风伯?《风俗通义》卷八《祀典》曰:"(风伯)鼓之以雷霆,润之以风雨,养成万物,有功于人,王者祀之以报功也。"④风可以助万物之成长,但大风、狂风又可酿成灾害,正是由于人类对大自然这种"利害"关系两方面的思考,故而历代均有祭祀风伯的记载,以图兴利除害。秦始皇时

---

① 王子今:《汉代居延边塞生态保护纪律档案》,《历史档案》2005年第4期,第111—116页。

② 谭蝉雪:《敦煌岁时文化导论》,新文丰出版公司,1998年。

③ [南宋]朱熹注解,张帆等整理:《诗经》,三秦出版社,1996年,第217页。

④ [东汉]应劭:《风俗通义》卷八,中华书局,1985年,第196页。

雍有风伯庙,以岁时奉祠。东汉以丙戌日祀风师于戌地。隋于国城东北七里通化门外设风伯坛,祠以立春后丑日。唐制立春后丑日祀风师于国城东北。宋仍用唐制。

汉代祭祀风伯用丙戌日。在戌地,因为戌之神为风伯,故以丙戌日祠于西北。隋以来,改用立春后丑日,祠于国城东北,以少牢之礼,州县亦如之。敦煌遗书中的一批"具注历日",保存了有关祭祀风伯的内容,列表如下(表1)。

表1 唐宋时期敦煌具注历中有关祭祀风伯的记载

卷号	年代	日期
P.2765	唐大和八年(834)	正月一日癸丑,祭风伯
S.1439	唐大中十二年(858)	(正月十四日立春),廿日癸丑,祭风伯
P.3284	唐咸通五年(864)	正月二日己丑,祭风伯
S.2404	后唐同光二年(924)	正月一日辛丑,祭风伯
P.3247	后唐同光四年(926)	(正月十五日立春),廿五日癸丑,祭风伯
S.1473	宋太平兴国七年(982)	(正月五日立春),九日辛丑,祭风伯
S.3507	宋淳化四年(993)	(正月六日立春),十二日辛丑,祭风伯

由上表可见,从中唐至北宋敦煌均有祭祀风伯的记载,祭祀时间为每年立春后第一个丑日,这与隋以来的仪制是一致的。

敦煌还设有风伯神舍。P.2005《沙州都督府图经》:"风伯神,右在州西北五十步,立舍画神主,境内风不调,因即祈焉。不知起在何代。"敦煌文书中还保存有多篇祭风伯文牍。如S.1725《祭风伯文》:"敢昭告于风伯神:惟神德含元气,体运阴阳,鼓吹万物,百谷仰其结实,三农兹(资)以成功,苍生是依,莫不咸赖。谨以制弊(币)醴荠,粢盛庶品,祗奉旧章,式陈明荐,伏惟尚飨!"这与《大唐开元礼》卷二八《吉礼》中"祀风伯祝文"类似:"敢昭告于风师:含生开动,毕仵振发,功施造物,实彰祀典。谨以制币牺荠,粢盛庶品,明荐于神,尚飨!"①

S.5747为晚唐时期归义军节度使张承奉作为主祭官的《祭风伯文》残卷:"□

---

① 《景印文渊阁四库全书》646册《大唐开元礼》,商务印书馆,1989年,第222页。

(天)复五年岁次乙丑正月壬□(戌)朔四□□(日乙)丑,归义军节度沙瓜伊西管内观察处置押蕃□(落)等使金紫光禄大夫检校司空兼御史大夫南阳张□□(承奉):□(谨)以牲牢之奠,敢昭告于风伯□(之)神。伏惟神首出地户,迹遍天涯,……夏凉而草木闰(润)……四海与为……"

敦煌对风伯祭祀如此虔诚,无疑与当地的自然环境密切相关。据《敦煌市志》卷四记载,当地年平均大风和沙暴天数分别为15.4天和15.8天,尤以春季为甚。风沙灾害每每给人们的生产生活带来危害,于是人们按照自然节律,每年正月都要向风伯祈求护佑,体现出当地民众对于良好的自然环境的希冀。

强调不违农时,将"时禁"作为生态保护最基本的手段,按照自然万物的生长规律,对林草植被进行有效管护,以促使其休养生息,保持资源的再生能力,保障其不断满足人们的需求。

四、"钓而不网、弋不射宿",保护动物资源的自然哲学思想

《论语·述而》:"钓而不网,弋不射宿。"强调保护动物资源的持续存在和延续发展,使它们保持一定数量,只有这样人类才能永续利用。佛教亦倡导慈爱众生,众生平等,主张不杀生、素食、放生。中国佛教特别强调"众生皆有佛性"的思想,在终极意义上肯定了一切生命都平等地享有解脱成佛的机会和权利。动物和人一样都具有成就真佛的本性和觉悟佛法的智慧,这与现代自然哲学对"动物权利"的重视具有内在的一致性。道教主张"慈心爱物""和合共生",人与自然相生相养。这些生态智慧和哲学思想在敦煌对动植物资源的保护上有着生动的体现。

(一)悬泉《四时月令诏条》中有关保护动物资源的条目

前引敦煌悬泉汉简272号《四时月令诏条》,依据不同节令动物生长繁育特点,就如何对其实施有效保护作了细致规定。如"孟春月令"第11条规定:"瘗骼狸(埋)胔。骼谓鸟兽之□也,其有肉者为胔,尽夏。"仲春月令第4条规定:"毋□水泽,□陂池、□□。""季春月令"第4条云:"毋弹射蜚(飞)鸟及张罗,为它巧以捕取之。谓□鸟也……""孟夏月令"第6条云:"毋大田猎,尽八(?)月。"这些规定体现

了遵从动物生长的季节演替节律、注意资源的持续存在和永续利用的哲理。

《四时月令诏条》还尤为注重对幼小动物的保护。如"孟春月令"第3—8条规定:"毋摘剿(巢)。谓剿空实皆不得摘也。空剿(巢)尽夏,实者四时常禁";"毋杀□(幼)虫。谓幼少之虫,不为人害者也,尽九[月]""毋杀孡。谓禽兽、六畜怀任(妊)有胎者,尽十二月常禁""毋夭蜚鸟。谓夭蜚鸟不得使长大也,尽十二月常禁""毋麛。谓四足……及畜幼少未安者也,尽九月""毋卵。谓蜚鸟及鸡□卵之属也,尽九月。"对卵及幼小虫兽的保护,既可以保证它们正常繁衍、生长,又可以保障人类对动物资源的持续需求,维持生态系统的稳定性。

此外还强调对于冬眠动物的保护。"仲冬月令"第2条:"慎毋发盖。谓毋发所盖藏之物,以顺时气也,尽冬。"

《四时月令诏条》是目前我们见到的汉代保护动物资源最详细、最具体的诏令,反映了当时人们对于自身与自然环境关系的思虑,它的贯彻实施无疑对有效地保护动植物资源、维系良好的生态环境起到积极作用。

(二)敦煌文书、壁画中反映对动物"放生"、不杀生的理念

佛教主张"众生平等",倡导尊重动物的生命尊严,强调动物与人共同具有的生命感受和先天价值,应给予动物应有的道德关怀。佛教认为众生皆有佛性,所谓众生,指包括人类在内的自然万物中一切有生命的东西。《金刚经》曰:"所有一切众生之类,若卵生,若胎生,若湿生,若化生,若有色,若无色,若有想,若无想,若非有想非无想。"[①]非人类生命亦有其存在的价值和生存权利,因而尊重生命,珍爱自然是佛教的基本精神。《古尊宿语录》卷九:"天地与我同根,万物与我一体。"[②]认为人与天地自然万物是同根所生,浑然一体,不可分的。敦煌文书中《山僧歌》(S.5692a)吟道:"问曰居山何似好,起时日高睡时早。山中软草以为衣,斋餐松柏随时饱。卧崖寮、石枕脑,一把乱草为衣袄……面前若有狼藉生,一阵轻风自扫了……只向岩

①《金刚经·大乘正宗分第三》,《佛学十三经》,北方文艺出版社,2001年,第1页。
②[宋]赜藏主编集:《古尊宿语录》,中华书局,1994年,第140页。

前取性游,每看飞鸟作忙闹。念佛鸟,分明叫,啾啾卿卿撩人笑。豹鹿獐儿作队行,猿猴石上打觔斗。……粮木子、衣结草,鲁莽贼来无可盗。行住坐卧毫无影,随身转了。悟真如,没生老,人人尽得菩提道。"向世人描绘了一幅远离尘世,遁迹山林,与鸟兽为伍,自然见性,得证菩提的人与自然万物融合相处的美好画卷。

佛教主张以"慈悲"之心普度众生。"慈"是慈爱众生,给予快乐,"悲"是怜悯众生,拔除痛苦。即是说:"大慈与一切众生乐,大悲拔一切众生苦。"佛教对动物珍爱和尊重还体现在它的不杀生戒律、素食主义中及放生等行为中。放生是佛教的一个习俗,是为保护动物特别是保护野生动物资源的重要方式。南朝梁武帝奉佛戒杀,祭祀供献时都用面粉做牺牲,放生之俗由此兴起。唐宋时期每年的放生会大多在四月初八日佛诞日举行,人们将被捕捉的鱼鸟等各种禽兽买回,放归于山林、池沼,体现了好生之德,客观上起到了保护动物资源的良好作用。敦煌文书P.2044v《释子文范》之19条《放生》:"乃见飞禽为食,惧践网罗;心怀啄粟之忧,身遇擒粘之难。长者乃起慈悲之惠,赎命放生。羸禽添刷羽之欢,迍鸟有腾空之跃。遥奔林木,电击飞空;远志高林,揩磨羽翼。"P.2940《斋琬文》之"祐诸畜"中含有放生、赎生、马死、牛死、驼死、驴死、羊死、犬死、猪死等内容,表明在佛教行事中对此类生灵的关注与祈福。

敦煌邈真赞、碑铭赞等文献中,亦有人与动物和谐相处的相关内容。如P.4660《都僧统唐悟真邈真赞并序》称:"道树媚觉花之色,禅庭无乏训之悲。凑飞禽而恋就,萃走兽而群随。"P.2551《李君莫高窟佛龛碑并序》曰:"川原丽,物色新,仙禽瑞兽育其阿,班羽毛而百彩;珍木嘉卉生其谷,绚花叶而千光。"P.3608v《大唐陇西李氏莫高窟修功德记》亦云:"熊罴启行,鹣鸾陪乘。隐隐轸轸,荡谷摇川而至于斯窟也。"这都表达了古代人们愿意与野生动物友好相处的愿望。又如P.3979v《僧尼忏悔文》载:"为修屋舍,斫伐林材,伤犯生灵。"

莫高窟第148窟(盛唐)、第12窟(晚唐)药师经变等壁画中还绘有"放生"的场面。第12窟北壁药师经变中描绘:一个寺院正在举办放生法会,竖幢幡,立灯轮,设供台,僧人布置着供品。其中一位长者正在放生,一只小鸟展翅飞翔,另一只小鸟正准备从长者手上起飞,翅膀还没有完全展开,长者手上还有第三只小鸟。画面中长者的前面还有几个人,他们正在围观这一善行,其中一人手里牵着羊,羊正抬头仰望获得自由的飞鸟。

此外莫高窟不少洞窟中绘有"萨埵太子舍身饲虎图""尸毗王割肉贸鸽图""流水长者救鱼图""九色鹿本生故事画"等,都生动地反映了佛教对生命的保护和爱惜之情。佛教这种有情与无情之间、生命与非生命之间普遍平等的思想,着眼于人与自然环境的相关性和统一性,要求人们平等地看待一切存在物,这与现代西方自然哲学在尊重自然事物的平等价值、强调生命主体与生态系统的统一关联等方面具有一致性。

佛教思想还主张不杀生、不卖肉、不食肉,保护一切动物,敦煌壁画中即描绘有许多这方面的内容。如北周第296窟窟顶《善事太子入海品》的画面中,屋外持刀站立着为屠夫,上身赤裸,穿犊鼻裤,屋内宰杀了一头牛,身首分离,血流满地,一旁正用平底铛烧水。右侧乘马者为善事太子及随从。谭蝉雪认为:"在北周的壁画中已经出现屠户形象,其本意是宣扬佛教戒杀生,告诫人不要卖肉、食肉。"①

晚唐第85窟窟顶的楞伽经变中,坊内架子上挂满了待售的肉,桌子上下也摆满了肉。门前有两张肉案,一张肉案上放着一只被宰的整羊,另一张肉案上放着肉块,主人正操刀割肉。案下有一只狗,正在啃扔下的骨头,另一只狗则翘首仰望,希望得到肉块。旁边有一人,似在劝说屠夫不要杀生,不要卖肉。《贤愚经·善事太子入海品》中说,善事太子在骑马出行的过程中目睹了屠户杀猪宰牛,杀生害命的事,以此作为警示。第85窟楞伽经变中出现肉坊,画面上肉铺多绘有狗,这一方面是说狗食肉,以狗烘托肉坊的气氛;另一方面是为了将卖肉、食肉者与狗为伍来加以贬低。

《大乘入楞伽经·断食肉品》中对为什么不能杀生、不能食肉的解释是:"一切众生从无始来,在生死中轮回不息。靡不曾作父母兄弟男女眷属乃至朋友亲爱侍使,

---

① 谭蝉雪:《敦煌石窟全集·民俗画卷》,商务印书馆有限公司,1999年,第38—42页。

易生而不受鸟兽等身。云何于中取之而食？大慧,菩萨摩诃萨。观诸众生同于己身,念肉皆从有命中来,云何而食？……在生处观诸众生皆是亲属,乃至慈念如一子想,是故不应食一切肉。"①这段经文以轮回学说为基础,强调人类是众生中的一员,与其他所有生物都是绝对平等的,因为大家都在生死中轮回不息,所以"观诸众生同于己身、观诸众生皆是亲属",这是佛教重要的生物生态观。

五、保持生态平衡,维系林草植被永续利用的哲学理念和实践

(一)敦煌遗书中反映的人们重视林草植被保护的理念和实践

对于林草植被资源实施有效保护、维系其永续利用,是自然哲学的重要理念。早在秦汉时人们就有了"时禁"的理念。又如上引悬泉置泥墙所书《四时月令诏条》,强调不违农时,将"时禁"作为生态保护最基本的手段,按照自然万物的生长规律,对林草植被进行有效管护,以促使其休养生息,保持资源的再生能力,保障其不断满足人们的需求。

于敦煌遗书中见,唐五代时期人们仍然颇为重视对山林植被的保护。唐人杜正伦撰《百行章》(存S.1815、S.3491、P.2564等14件),为当时颁行天下的儿童通用教材。其中专列《护行章第七十七》,曰:"山泽不可非时焚烧,树木不可非理斫伐。若非时放火,煞害苍生;伐树理乖,绝其产业。"将爱惜、保护山泽树木的生态思想作为孩童今后立身处世的一个重要方面,从小就予以灌输,这不能不说是富有远见的。

敦煌民间素有多植园圃、广种树木的思想和传统。如P.3703v《释迦牟尼如来涅槃会功德赞》记:索公"青田数顷,世嗣丰年,绿树千株,负衣为业"。索家为敦煌显族,拥有树木达上千株,远远望去,整座园舍隐映在丛林绿树中,环境优美。P.4640《阴处士碑》记阴嘉政家:"饮渥水之分流,声添骥响;畎平河之溉济,蚕赋马鸣。……桑条小屈,敏事严君;棣萼相垂,高门庆及。""瓜田广亩,……李树长条,

---

①《大正藏》卷十六,新文丰出版公司,1983年,第623页。

……更有山庄四所,桑杏万株。瓠颗篱头,馈饮逍遥之客;葛萝樗木,因缘得道之人。"阴家也是敦煌显族,在当地仅山庄就有四座,所植桑杏上万株,还植有李子树、葛萝等。

一些普通民众也有自己的园囿,只是面积较小。P.2685《年代未详(公元828年?)沙州善护、遂恩兄弟分家契》记载:"南园,于李子树以西大郎,己东弟。"北园"树各取半"。知该兄弟家拥有南园、北园,植有李子等树。又S.11332《戊申年(公元828年)四月六日沙州善护、遂恩兄弟分家契》云:"城外庄田及舍园林。"可见善护、遂恩兄弟除南园、北园外,在城外还有庄田及园林。P.3744《年代未详(公元840年?)沙州僧月光兄弟分家书》曰:"平都渠庄园田地林木等""其树各依地界为主"。P.2040V《后晋时期净土寺诸色入破历算会稿》载:罗平水、张音声把自己庄园中的树木出卖给净土寺。P.2032V、P.3763V等文书中亦有类似记载。

宅院、路边、墓地、河堤等处植树亦广受民众青睐。P.3865《阴阳宅经》载:"宅以形势为骨体,以泉水为血脉,以土地为皮肉,以草木为毛发,以房舍为衣服,以门户为冠带。若得如斯是,俨雅乃为上吉。"意思是说屋宅应与其周围的自然环境融为一个和谐整体,建房时要选择有利的地势,周围要有泉水流过,以方便用水;还要有草木相映衬,使房舍隐于绿树翠草中,既可增添美感,改善庭院小环境,又给人以安全感。P.2615《□帝推五姓阴阳等宅经图》亦曰:"北有泽,亦南有高地及有林木茂盛,居其内,吉。南有泽,居之吉。"

除庭院外,人们亦很重视在田间地头的植树。P.3833《王梵志诗》吟:"吾有十亩田,种在南山坡。青松四五树,绿豆两三窠""世悠悠,不如山丘,青松蔽日,碧涧长秋"。河堤和水渠两侧也是植树的主要区域。如P.2819《游北山赋》:"菊花两岸,松声一丘。"两岸不但开满了野菊花,而且有大片的松林,风儿吹过花香飘荡,松涛阵阵。墓地植树的风俗在敦煌亦很盛行,人们认为墓地树木葱郁,既是为了表示对先人的孝道与怀念,以求能给后辈带来种种好处,又可美化墓地环境。S.525《搜神记一卷》:"忽不见瓦舍,唯见大坟巍巍,松柏参天。"

（二）敦煌解梦书等所反映的民众自然环境观念

民众对于与自然环境关系的思考，亦可反映在敦煌遗存的不少解梦书中。敦煌写本解梦书是我国古代占卜类文献中最重要的一种，对于研究中国古代梦的迷信、古代民俗及社会学都有很高的价值。P.3908《新集周公解梦书一卷》，专列"山林草木章""六畜禽兽章""地理章"等，阐释此方面的观念。如"山林草木章第三"曰："梦见头带山者，得财。梦见山林中行者，吉。梦见树木生者，有大吉。梦见树木死者，大衰丧。梦见树折，损兄弟。梦见上树者，有喜事。梦见斫竹者，主口舌。梦见草木茂盛，宅王（旺）。梦见柴木在堂，大凶。梦见花发者，身大贵。梦见花落者，妻拜，凶。梦见杂薰者，有孕。梦见竹笋者，忧事起。梦见树木忽枯死，主母病。……"解梦书中几乎凡是梦见山林草木、或山林草木生长茂盛者，均列入吉祥，反之（如砍伐柴木在堂、树木枯死、花落）则为凶兆，这显然与敦煌地处干旱缺水的沙漠戈壁环境、人们盼望林草植被蓬勃生长的心理状况密切相关。

又如，P.3281＋P.3685《解梦书残卷》："梦见墓林茂盛，富贵。中生果树，富贵。梦见土（上）树，长命。……梦见果树及舍，吉利。（梦见林中），大吉利。"S.2222《解梦书一卷》："梦见倚树立者，吉。梦见坐高楼山岩石，所求皆得。梦见墓林茂盛，富贵。梦见门中生果树，富贵。……梦见大树落阴盖屋，大富贵。梦见门中竹木鱼狗，吉。梦见果树及舍，吉利。梦见林中，大吉利。""梦见李入门，大吉。"凡梦见林木者，皆为"大吉"。这正是敦煌人民渴求植树造林、绿化家园、美化环境的心理反应，不能将其仅仅看作是"迷信"思想。S.0620《占梦书》："梦见冢墓上树折，凶。……梦见冢上生树，大富贵。……梦见作田植，大富贵。梦见种，得财。……梦见田中生草，得财。梦见教人作田，富贵。……梦见五谷苗盛，得财，吉。"这些解释虽然不免荒诞，但却同样真实地反映了身处干旱地区的敦煌民众在内心深处对于林草植被的珍视和对于美好生态环境的期望。

而梦见自己置身于林木中，也是吉利的征兆。如P.3105《解梦书残卷·草木部第五》："梦见门中生草树，富贵。梦见果树及食（舍），大吉。……梦见林中，大吉利。"前引P.3908《山林草木章第三》："梦见上树者，有喜事。"S.2222、P.3685《林木章》："梦见上树,长命";甚至于"梦见倚树立者,吉"。反之将是不吉的梦兆。如P.3105《草木部》、S.2222、P.3685《林木章》均载有:"梦见拔草,忧官事。"P.3908《山林草木章》:"梦见树木死者,大衰(丧)。……梦见冢墓树折,有诉。"以上这些梦的解析,看起来缺乏科学道理,然而正如人们所说,"日有所思,夜有所梦",这正是人们对生态环境意识强烈的心理反应。

P.2661《方技书》:"凡种树,东方种桃九根,西方种□九根,南方(种)枣九根,北方(种)榆九根。依此法,宜子孙,大吉利,富贵。"其中不管掺杂有什么迷信含义,在敦煌这样极端干旱的地区,鼓励植树都是十分有益的。为什么都种"九"株?"九"为数之极,这是取让人们多多植树之义。又"九"与"久"谐音,取幸福长久之义。为什么称它为"宜子孙"呢?"前人栽树。后人乘凉",这是我国为后代造福的传统美德,在干旱地区更是如此。P.3418五言白话诗:"努力勤心种,多留与后人。新人食甘菓,愧贺(荷)种花人。"

(三)唐五代时期敦煌佛寺对于林木种植与保护的理念与实践

除普通民众外,佛教寺院亦十分注重林木的种植和保护。佛教本身对理想的生态环境有一个设定,佛教徒心目中的极乐世界是空气清新、芳草繁盛、竹木鱼池、鸟语花香的西方净土。佛教对于与自然环境关系的思想主要体现在"依报"上,"依报"是召感得来的在环境方面的果报,即"心身依止之身外诸物,谓之依报。如世界国土,家屋,衣食等是。"在佛教教义中,"山林大地共有,名依报之土",故而提倡爱护山林草木,以求"依报"之果。正是这种基于佛教教义和禁忌,以及僧侣修行参禅所需的环境条件,佛教寺院对于林草植被的种植与保护无不身体力行。作为佛教圣地的敦煌,自然不免深受佛教这种思想的影响。

《后晋时代净土寺诸色入破历算会稿》(P.2032V)载:"面伍斗伍升,窟上大众栽树子食用。""窟"即莫高窟,窟前有宕泉流水,适宜种树。宋乾德四年(966)曹元忠夫妇重修北大像时,就是从宕泉谷中采伐可用作栋梁的木材的。《乾德四年(公元966年)归义军节度使曹元忠夫妇修莫高窟北大像功德记》载:"梁栋则谷中采取,总是早岁枯干;椽干为之从城斫来。"北大像即今第96窟,俗称九层楼,内塑高达

34.5米的大佛像,当时重修该窟的梁栋即采自宕泉谷中。经过僧众的努力,莫高窟一带变成了环境优美的风景区。P.2551《李君莫高窟佛龛碑并序》描绘其地:"川原丽,物色新,仙禽瑞兽育其阿,斑羽毛而百彩;珍木嘉卉生其谷,绚花叶而千光。尔其镌锷开基,植端桧而盖日。"P.3608《大唐陇西李氏莫高窟修功德纪》载:"尔其檐飞雁翅,砌盘龙鳞,云雾生于户牖,雷霆走于阶陛。左豁平陆,目极远山;前流长河,波映重阁。风鸣道树,每韵苦空之声;露滴禅池,更澄清净之趣。"P.4640《翟家碑》载:"阶阙藏春,朝度彩云之色;溪聚道树,遍金地而森林;涧澄河[泛],涟涊而流演。清凉圣境,僧宝住持。"又S.0530、P.4640《大唐沙州释门索法律义辩和尚修功德记碑》曰:"一带长河,泛惊波而派润;渥洼小海,献天骥之龙媒。瑞草秀七净之莲台,庆云呈五色之佳气……溪芳忍草,林秀觉花。贞松垂万岁之藤萝,桂树吐千春之媚色。"P.2991《报恩吉祥窟记》:"遂于莫高胜境,接飞檐而凿岭,架云阁而开岩……三危雪迹,众望所钦。岩高百尺,河阔千寻。岫吐异色,鸟卉奇音。"P.2762+S.6161+S.3329+S.11564《敕河西节度兵部尚书张公德政之碑》云:"碧涧清流,森林道树。榆杨庆设,斋会无遮。"莫高窟前呈现出一派溪水潺潺、芳草芬郁、丛林葱翠的美景。

除莫高窟外,敦煌净土寺、报恩寺、龙兴寺、安国寺等寺院周围及其园圃中也植有大量树木园林。如S.5448《敦煌录》载:"郡城西北一里有寺,古林荫森。"S.2113《唐沙州龙兴寺上座马德胜和尚宕泉创修功德记》:"奇哉宕谷,石化红莲。萨诃受记,引锡成泉。千佛净土,瑞气盘旋。尔后镌窟,数满百年。万株林薮,叆靆香烟。"P.4638《右卫军十将使孔公浮图功德铭并序》云:"树仙果百株,建浮图一所。……辉浮孟敏之津,影曜神农之水,门开慧日,窗豁慈云,清风鸣金铎之音,白鹤沐玉豪之舞,林花散地,茂林芬空。"林木繁茂葱郁,形成成片林区,促进了敦煌绿洲生态环境的改善,亦表明敦煌民众的生态意识在创造良好生存环境的过程中得到了提升。

佛教要求不得砍伐树木,也不得以秽物污染草木。如《四分律比丘戒本》曰:"不得生草叶上大小便、涕唾,除病。"又云:"生草木等不得断,断者犯堕。枯作生想断者犯突,复次三戒守护佛法。"砍伐草木自会受到惩罚。莫高窟第428窟绘有"梵志夫妇摘花坠死缘",所画故事为:梵志长者之子新婚,夫妇一同到后园赏花,但见园中百花争艳,姹紫嫣红,夫妇不胜欢喜。长者子遂为新妇上树摘花,正取一花欲再得一花,突然树枝折断,长者子坠地身亡。佛祖告诉长者,这是因为长者父子前世恶业之故,遂有今之报应。这里虽然讲的是佛家的因果报应,实际上也是在向世人昭示,花草树木皆有生命,应倍加爱护,不得随意采摘,否则必受惩罚。

寺院美化环境以求得清新安详之所的意识和要求,客观上有利于自然环境的保护。俗语云:“天下名山僧占多。”宋人亦有“可惜湖山天下好,十分风景属僧家”的诗句。①佛寺注重绿化,以至松竹拂檐,柳丝垂岸,香草护阶,菩提扶疏,环境十分幽美。P.3967有一组秦法师所作的诗钞,描绘了金光明寺的宜人美景,为我们展示了古时敦煌寺院文化景观与自然景观交相辉映的场景。其中一首《初夏登金光明寺钟楼有怀奉呈》(P.3967d):“律移当仲吕,攀陟庙兹楼。边树花开晚,危山状似秋。孤城新化理,月殿旧[□]游。三教兴千古,一乘今独流。初钟□万象,再□息冥幽。幂幂生乡思,涟涟泪不休。”又一首《同前寺齐树》(P.3967e):“琼树芳幽院,奇形异众林。花浓春日暖,叶茂夏成荫。风止香犹散,烟口绿风深。四时荣法宇,六部起归心。”第三首《题金光明寺钟楼》(P.3967f):“独立悲乡思,登临忘远天。树浓春色媚,山净野花鲜。檐下三光满,窗中万象悬。鸿钟吟掌内,楼观耸祇园。溪水流□□,孤峰戴夕烟。罕陪高此□,□□□□□。”这三首诗的作者秦法师是河西陷蕃后滞居在敦煌的中原士人,此为游览金光明寺时的即景之作,感悟人生,反思既往。诗人不但将自己的思维止泊在佛教这个精神王国中,而且多注目于山野林泉中的种种清新幽静之物象,将自己的身心与周围的环境融为一体,从而勾起了作者的思乡情怀。由此可见,寺院山水风景不仅是诗人止泊意念之处,也成了诗人观照外境与内心感受的对象。

(四)敦煌石窟壁画、诗歌中体现的对于美好环境的渴盼、珍爱之情

古代民众对自然环境的哲学思考以及对于草木的珍爱之情还体现在莫高窟等石窟的壁画中。莫高窟保存了大量绘有花草树木的壁画,如各种装饰图案中的忍

---

① [清]吴之振选编:《宋诗抄》第1册,中华书局,1986年,第204页。

冬纹、莲花纹、茶花纹、卷草纹、团花纹、葡萄纹、石榴卷草纹、百花蔓草纹、宝相花纹等。如初唐第329窟藻井中、方井外四周的莲叶边饰,在白色衬地上描绘着波状缠枝、葡萄、莲叶、莲花,缠枝上又绘有小枝叶藤萝。盛唐第45窟绘有与远山相衬的葱郁林木;第79窟西龛西壁上绘出依山而长的绿树;第217窟南壁法华经变绘有群山,山崖上山花如锦,又有流水淙淙,景色明媚。中唐第112窟南壁、隋初第303窟四壁下层等,也都绘有大量的林木、山水。此类例子不胜枚举。

不独敦煌如此,古代河西地区一些墓室墙壁上也留下了不少林木画卷。如酒泉丁家闸魏晋壁画五号墓前室30多平方米的壁面中,画有各种树木多达400余棵,足见当时人们对树木的珍爱。所画叶子较宽者可能为杨树,叶子较窄的似为柳树,还有桑树,树下有妇女采摘桑叶。嘉峪关魏晋壁画墓、高台地埂坡与骆驼城壁画墓等,亦绘有多幅采桑图、果园图。

壁画、墓画中花草树木的大量存在,反映了民众对美好生态环境的渴望和追求,他们厌倦了满眼漫无边际的黄沙戈壁,激发起对青山绿水的向往,因而把理想中的生态环境绘入画中,以寄托自己的愿望。

敦煌诗歌中还留存了大量咏赞山水树木的诗篇,充分表达了人们对美好的生态环境的赞美和追求之情。如P.3929《敦煌古迹二十咏·半壁树咏》:"半壁生奇木,盘根到水渥(涯),高柯宠宿雾,蜜(密)叶隐朝霞,二月含青翠,三秋带紫花,森森神树下,祇(祈)赛不应赊。"同卷《凿壁井咏》:"常(尝)闻凿壁井,兹水最为灵。色带三春渌(绿),芳传一味清。玄言称上善,图录著高名。德重胜竹雨,诸流量且轻。"《分流泉咏》:"地涌澄泉美,环城本自奇。一源分异派,两道入汤池。波上青苹合,洲前翠柳垂。况逢佳景处,从此遂忘疲。"

有关敦煌饮食文化中几个重要问题的探讨

敦煌饮食文化研究,作为敦煌学的重要领域之一,近年来成果颇丰,特别是高启安博士对之做出许多富有开创性的贡献。①然而此方面尚有一些问题值得进一步探讨。笔者不揣简陋,拟就敦煌饮食文化的渊源、定位、特点,以及今天敦煌饮食文化的弘扬和开发等几个问题,略陈管见,以就教于学界。

一、敦煌饮食文化的渊源

敦煌饮食文化的渊源,可以追溯到距今约四五千年前的新石器时代。考古资料表明,敦煌所在的河西走廊地区很早就有人类开展农牧业活动,以农牧产品为主要原料和物质基础的饮食及饮食文化亦起源久远且颇具特色。20世纪90年代,于兰州市区城西仅约100公里的青海省民和县喇家遗址,出土了一碗已略呈石化的面条,该遗址属于齐家文化类型,距今已有4000多年历史,这是目前我国也是世界上出土最早的面条实物,充分展示了当时人们的食品制作技艺,也由此证明面条这一普及全国乃至世界上许多地区的主食,很早就产生于兰州附近的黄河以西。笔者认为,今天国内外颇负盛名的兰州牛肉面的起源即可追溯于此,牛肉面发展演进的历史已有4000多年。以前有人认为兰州牛肉面的起源仅有100多年的历史,这实在是一种误解。

1985—1986年,河西地区民乐县东灰山四坝文化遗址发现距今约4000年的小

---

① 高启安:《敦煌饮食探秘》,民族出版社,2004年;《唐五代敦煌饮食文化研究》,民族出版社,2004年;《旨酒羔羊——敦煌的饮食文化》,甘肃教育出版社,2007年。

麦、高粱、粟、大麦、稷等作物籽粒,[①]这些作物无疑是当时人们食物来源的重要组成部分,可见当时人们的饮食品类已趋丰富。1988年于敦煌南湖乡新石器晚期的西土沟遗址等出土多具加工粮食作物的石磨盘和磨棒,笔者所见陈列在敦煌市博物馆内的一具磨盘,尺寸36厘米×19厘米×12.5厘米、磨棒长21厘米。此外在敦煌研究院和敦煌阳关博物馆也有多件石磨具收藏。

敦煌的许多汉代遗址、城址中,更是出土了数量丰富的农作物籽粒,食物加工器具、炊具、食具等。如敦煌马圈湾汉代烽燧遗址出土不少大麦、小麦、谷子、青稞、糜子、豌豆等籽粒,保存完好。[②]悬泉置遗址出土大麦、粟、糜、豆、苜蓿、大蒜、核桃、胡桃、杏核等,以及石磨、犁、耛、铧、削、镰、铲、刀等农具和耳杯、盘、勺、匕、筷子等。[③]此外,敦煌所出的大量汉简中,各种农作物的种植、家畜饲养、食物制作等有关饮食文化的内容不胜枚举,由此展示了汉代敦煌饮食文化丰富多彩的面貌。

二、敦煌饮食文化的定位

敦煌饮食文化在博大精深的敦煌学、敦煌文化、丝绸之路文化,以及中华饮食文化中居于何种重要地位,其学术及文化定位如何？ 这是我们从事敦煌饮食文化研究首先应该明确和解决的重要问题。笔者认为,敦煌饮食文化的定位可以用以下几句话来概括:敦煌饮食文化是敦煌学、敦煌文化中不可或缺的组成部分,是我国源远流长的传统饮食文化中具有权威性的历史标本和杰出代表,是丝绸之路上留存的一笔丰厚的历史遗珍,是我们今天弘扬、开发敦煌文化、丝路文化、让古代文化成果造福于今天社会的最有可为且富有成果的领域之一。

---

①甘肃省文物考古研究所等:《民乐东灰山考古——四坝文化墓地的揭示与研究》,科学出版社,1998年,第187—198页。

②甘肃省博物馆、敦煌县文化馆:《敦煌马圈湾汉代烽燧遗址发掘简报》,《文物》1981年第10期,第1—8页。

③甘肃省文物考古研究所:《甘肃敦煌汉代悬泉置遗址发掘简报》,《文物》2000年第5期,第4—20页。

三、敦煌饮食文化的特点

就敦煌饮食文化的特点,高启安先生曾做过许多深入的探讨和揭示,对笔者启益良多。在充分吸收学者们研究成果的基础上,笔者对敦煌饮食文化的特点拟作如下提炼和概括:

(一)洋洋大观,美味俱全

作为我国传统饮食文化的杰出代表,敦煌饮食不仅美味佳肴罗列班班,而且饮食方式、饮食礼仪,乃至饮食器具、坐具、坐姿,等等,均文化特色浓厚,且绚烂多姿。如就食物制作材料来说,主食类有小麦、青稞、大麦、罗麦、荞麦、粟、黍、粳米、豌豆、荜豆、黑豆、绿豆、大豆等;蔬菜类有萝卜、莴苣、芜菁、葱、姜、蒜、胡根、韭菜、芥菜、苜蓿、葫芦、茄子等;油料、香料类有胡麻、麻子、花椒、红蓝、芥头油等,瓜果类有西瓜、葡萄、梨、奈、桃、杏、枣、胡枣、苹果、安石榴、大食瓜、诃黎勒等;山珍野味类有草豉、沙米、荠菜、马芹子等和一些菌类;肉食类有羊、猪、牛、鸡、马、骆驼、鱼以及黄羊、野兔、沙鸡、野鸭等。

就主食品种而言,仅饼类就有胡饼、烧饼、白饼、蒸饼、煎饼、水饼、饦饼、炉饼、菜饼、薄饼、索饼、馅饼、环饼、馓饼、笼饼、乳饼、渣饼、油胡饼、梧桐饼、黏米饼、龙虎蛇饼等20余种和各种花色的小食子。其他主食尚有馒头、𪌘𪌘、饆饦、馓子、糕糜、捻头、菜模子、胡食、饼饦、水面、炒面、凉面、挂面、须面、煮菜面、煮油面、灌肠面、馄饨、粽子、糌粑、白粥、酹粥、豆粥、麦粥、浆水粥、米浆粥、羹饦、黍臄、臛等。就酒类等饮品来说,有麦酒、粟酒、青稞酒、白酒、蒲桃(葡萄)酒、药酒、胡酒、清酒、春酒、九酝酒、玉酒、菊花酒、竹叶酒、鹅儿黄、鸭头绿、白醪、醴酒、混合酒、桑落酒、黄花酒等,以及各种茶品、乳品。就烹饪手法来看,煎、炒、蒸、煮、烤、烙、炸、熏、焖、烫、泡、洗、涮、泼、炝、榨、磨、碾、晒、筛、笋、捶、脱、吹、蘸、灌、腌、切、剁、刮、割、削、剥、绞、剪、贴、串、揉、和、拉、擀、搓、揪、捏、拽、压、搅、抟、弹、丢、揣、捻、粘、沤、卧、酿、包、蒸馏、勾兑等,应有尽有。

就饮食方式而言,既有普通家庭的一日三餐,也有各种名堂的招待宴会、节日团坐、社人聚餐、春秋局席、接风洗软、节庆赠食、祈赛造食、婚姻喜宴、丧葬饮食、小食、中食、官斋、僧斋等,还有供给工匠的"解火""解劳"。就饮食礼仪来讲,包括进食时的坐姿、座次、坐向、服饰、坐具、食案、铺设、饮食器具、食物放置的位置、进食程序、递食方式、握拿方式、劝酒、巡酒、酒令、餐制,以及一些重要宴饮时的歌舞伴奏、表演、游戏等,不一而足。敦煌可谓我国饮食文化的洋洋大观园,琳琅满目,色彩斑斓,美不胜收。

(二)中西饮食习俗交融

汉唐时期的敦煌作为一座国际性都市,饮食习俗具有浓郁的汉食胡风特色,来自中亚、西亚、中国西域的饮食习惯融入敦煌当地传统饮食风俗中,成为敦煌饮食文化的重要组成部分。据不完全检索,仅敦煌遗书中出现的食物品种名称就达60多种,其中来源于"胡食"的就有很多,如以上所举的胡饼、炉饼、馓饼、饦饼、饸饼、餢飳、饆饠、馎饦、胡麻、胡桃、胡枣、安石榴、大食瓜、诃黎勒、胡酒等,不一而足。胡饼早自汉代就传入中原,东汉宫廷中还一度兴起过"胡饼热"。胡饼本身易于制作,口感良好,便于携带,久存不坏,适合旅途食用,使其成为商旅行人旅行时最好的食物,也是唐五代时期敦煌居民最重要的主食之一,无论是百姓、官员、僧人、归义军衙内工匠的供应,还是招待过往客商,在各种饮食活动都少不了胡饼。饆饠是由波斯传入的食物,为一种发面油炸饼,《一切经音义》明确记载"此油饼本是胡食,中国效之。"餢飳亦是一种发面油饼,馎饦为一种带汤的面食。至于饮食炊具、餐具,亦有不少是从"胡地"传入的,如鍮石盏、金叵罗、注瓶、垒子、犀角杯、珊瑚勺、食刀、胡铁镂子等。饮食礼仪中的胡跪、垂腿坐、列坐而食等,亦深受胡风影响。

(三)多民族饮食习俗交融

敦煌地处河西走廊与青藏高原、内蒙古高原和西域的交界之地,自古以来周边少数民族众多,可谓"四面六蕃围",少数民族的饮食习俗对敦煌饮食文化产生了重要影响。除上述提到来自我国西域一些民族的饮食习俗外,敦煌饮食文化中还吸纳融合了来自北方草原匈奴、突厥、回纥、蒙古等民族,来自青藏高原的羌、吐蕃、吐谷浑等民族,以及党项等民族的许多饮食习俗。如游牧民族喜食肉食和奶酪的生活习惯就对于敦煌饮食影响显著,敦煌饮食中一些令人称道的肉食和乳制品的制作,像富有特色的烤肉、炒面、加入酥油的餲饳、加入奶酪的乳饼、用青麦(青稞)酿造的美酒等,无不体现着各民族习俗交融的特色。又如敦煌的灌肠面,将面粉调成糊状,加上佐料装入羊或牛的肠子内蒸熟或煮熟,就是典型的游牧民族的吃法。来自吐蕃的糌粑,亦为敦煌餐桌上的美食。

(四)僧俗饮食习俗交融

敦煌自古为佛教圣地,佛教的饮食习俗,甚或道教、袄教等的饮食习俗已深深融入敦煌饮食文化中,成为其不可分割的重要组成部分。由敦煌文书见,唐宋时期敦煌世俗社会斋僧活动频繁,既有地方政府出面举办的官斋,亦有大量普通百姓向寺院和僧人布施的斋饭,更有重大节日期间,如佛诞日、盂兰盆节、佛成道日等大规模的集中斋僧活动。这些活动中由世俗社会供给的斋食,无疑是将符合佛教教义的饮食要求融入世俗美食中制作的。除佛教、道教外,敦煌社会还有许多民间信仰,祈赛造食颇为兴盛。为求得神的欢娱和护佑,进献精美的神食、细供等必不可少。

(五)饮食与医疗卫生、保健养生有机结合

我国传统医学提倡食疗,讲究饮食对医疗和保健养生的重要作用,这在敦煌饮食文化中亦有许多生动的反映。如敦煌遗书 S.0076 号为唐代道士孟诜原著、张鼎补充的《食疗本草》残卷,全书共收药物207种,专讲各类食物的营养和药用医疗价值,敦煌残卷仅存26种药物,虽很不完整,但仍可借之一窥全书面貌,了解到当时人们对食物疗效认识的水平和敦煌饮食中的食疗状况。又如 P.3810 全卷分作前后两部分,前一部分是《呼吸静功妙诀》,后一部分为《神仙粥》。卷中云:"此粥善补虚劳,益气强志,壮元阳,止泄,精神妙。"

(六)饮食与岁时文化密切结合

"岁时"指人类社会所形成的常规性的定时、定制的习俗和群体性活动及自然界四季中规律性的变化。古代敦煌岁时文化发达,谭蝉雪先生对之做过细致研究。①岁时节庆无一能离开饮食的参与。如每年的寒食、清明节,均要席座宴饮。敦煌研究院藏北宋乾德二年(964)一份归义军府衙的《酒破历》(敦001号)记:"寒食座设酒叁瓮。"S.6452C《壬午年(982)酒破历》:"三月四日寒食酒壹瓮"。节日期间不光大量饮酒,其他各种饮食亦备置丰盛。S.1366北宋初年《归义军衙内面油破用历》:"廿七日寒食坐设用细供一阡五百八分,胡饼二千九百一十四枚,胡饆饳八百八十六枚,截饼二百五十枚,小食子面七斗,油五升,帖蒸饼面四石,馕饼面四斗,僧家馎饦面五斗,油一升,灌肠面八斗。赏散酒户胡饼一百四十枚、细供一分,赏设司女人汉七人各中次一分,十乡老面二斗、油一升。计用面五十三石三斗九升七合,油一石七斗三升四合四勺。"所谓"细供",应为上等精美的饮食,归义军官衙常用此招待贵客和使节;"中次"为中下等的饮食;小食子为一种形状较小的花色饼类,类似于今天的小点心。由上可见此次归义军官府举办的寒食节宴饮甚为隆重,仅邀请到的贵宾就有1500多人,并要赏给做食的女子、酒户和乡老食物,耗用面粉超过53石、食油1.7石之多。除这种大型宴会外,节日期间还有各类不同人员的专门聚宴。Дx.2149《戊戌年(958)四月廿五日寒食座设付酒历》,记载了十几队兵马使辖下的军士在寒食节的宴饮,参加者至少210人,规模亦不小。

(七)饮食与歌舞艺术相结合

敦煌一些重要的宴饮活动,往往有歌舞伴奏和表演,以烘托气氛,抒发喜悦之情。如P.2641《宴设司呈报设宴帐目》载,归义军宴设司一次招待于阗使者的宴会,除供给细供、胡饼、灌肠面等美食外,还请了音声、作语于席间演唱,并有熟悉宴席礼仪的"知客"作陪。音声即专事表演音乐歌舞的艺人,作语可能为"语言类"节目的表演者。又如莫高窟第61窟(五代)东壁北侧维摩诘变中,七八人坐在小酒亭里,一边宴饮,一边观赏一汉装男子挥袖舞蹈,反映了当时民间酒肆歌舞的助兴活动。再如第360窟(中唐)东壁南侧维摩诘变下屏风画"方便品"中,小酒馆内七人坐饮观看,一人拿拍板伴奏,一男子在桌前舞蹈,双袖挽起,两手握拳,右腿抬升,左

---

①谭蝉雪:《敦煌岁时文化导论》,新文丰出版公司,1998年。

足踏地,动作雄健。至于在婚礼宴会上的乐舞,敦煌壁画中更为多见,如第445窟(盛唐)、榆林窟第38窟(五代)等所绘。

四、敦煌饮食文化的开发建议

(一)顶层设计,政府推动

敦煌餐饮是有着悠久历史传统和盛誉、足以代表丝绸之路饮食文化的具有国际意义的品牌,也是甘肃历史文化走向世界的又一张亮丽的名片,对此我们应有充分的认识。为之建议,省政府以及商务厅和省内有关餐饮协会,将敦煌饮食文化的研发作为共建"一带一路"和华夏文明传承创新区建设中的一项重大事项,列入重要的议事日程,做好顶层设计和应有的研发规划,采取有力措施,组织有关专家及餐饮企业,积极开发敦煌菜系,大力弘扬敦煌饮食文化。

(二)扩大规模,辐射带动

建议在一年一度举办的"丝绸之路(敦煌)国际文化博览会",以及敦煌国际旅游文化名城的建设中,把敦煌饮食文化作为一个重要项目和方面,予以大力推介和宣传,把敦煌菜、敦煌宴作为活动中的重要项目和菜品之一,展示给国内外宾客。

还可考虑在以后的发展中,设立敦煌饮食文化博物馆,通过征集大量相关史料及出土文物,充分展示敦煌饮食文化的悠久历史、丰富的内涵、发展前景等。

(三)举全省餐饮业之力,全力打造丝路美食之都

不独敦煌饮食文化如此,我省富有特色的美食品类还有很多,特别是享誉全球的兰州牛肉面,不仅仅是一种美味佳肴,是人们舌尖上的享受,而且在其长期的历史发展中已经形成了一种独特的文化景观,更是一场文化盛宴,可将其称之为牛肉面文化。

除牛肉面外,我省各地的面食品种可谓洋洋大观,精彩纷呈。如臊子面、浆水面、扁豆面、打卤面、炸酱面、肥肠面、泡涨子、漏鱼子、荞面搅团、兰州高担酿皮、水晶饼、空心果、八宝蜜食、百合桃、炸丝糕、千层牛肉饼、天水呱呱、鸡丝碎面、静宁锅盔、泾川罐罐馍、环县豌豆粥粉、临夏尕面片、油香、炸馓子、泡儿油糕、甘南藏包子、

民勤沙米凉粉、古浪栀子面、张掖搓鱼面、小面、高台面筋、敦煌驴肉黄面、丢面等。

这仅仅是就面食品种来说，至于其他方面的饮食品类更是丰姿丰色，美不胜收。建议我省应举全省餐饮业之力，并进一步吸收、整合、创新开发丝路沿线有代表性的各类美食，全力将甘肃打造成为丝绸之路美食之都。

不独饮食文化如此，与一些纯"经院型"的学术门类相比，敦煌学的显著特点之一是除学术研究外，还有着广泛的开发、应用领域，如饮食、医疗、保健、养生、护肤、美容、体育、健身、歌舞、美术、创意、酿造，等等。近几十年来，一些学者在敦煌文化的开发上不断探索，并取得一批令人瞩目的重要成果，如舞剧《丝路花雨》《大梦敦煌》《西出阳关》等的成功创作和演出即是此方面的范例。因而深入挖掘、大力弘扬敦煌文化这笔宝贵财富，使之在新时代里依然绽放出绚烂的光彩，继续造福于今天的社会大众，这是摆在我们敦煌学工作者面前又一项义不容辞的光荣职责，为之我们应进行不懈的努力。

（原载樊锦诗等主编：《丝绸之路民族文献与文化研究》，甘肃教育出版社，

2015年，收录本书时有删减）

敦煌文献再现上元节场景

上元节,即农历正月十五日,今称元宵节。这一节日既是春节的延续,又是春节的高潮,民间早就有"小初一、大十五"之说。有学者认为,"上元"一语源于道教,由于道教在民间的重要影响,其节俗活动遂在民间广为流行。除上元节而外,传统上还有"中元"(农历七月十五)、"下元"(农历十月十五)节日。

上元节活动的中心是张灯和观灯,因而上元节也称作灯节。相传从汉代以来即有正月十五燃灯之俗,迨及唐宋盛极一时。正月为一年中的第一个月,即元月,十五日恰逢满月之时,千灯万盏燃起,天上人间共放光明,相映成趣,人们以之期盼照亮前景,破除黑暗,五谷丰登,国泰民安。唐人崔液《上元夜》诗曰:"玉漏银壶且莫催,铁关金锁彻明开。谁家见月能闲坐? 何处闻灯不看来?"

于敦煌文献中见,唐宋时期上元节燃灯热闹非凡,不仅有民间燃灯,千门九陌,火树银花,全民同乐;更有以莫高窟为中心的佛寺燃灯,辉煌空前。撰于晚唐的《时文规范》(S.2832a、P.2631)记载:"初入三春,新逢十五。灯笼火树,争燃九陌;舞席歌筵,大启千灯之夜。"可见上元之夜千灯万盏,辉耀夜空,还有歌舞助兴,筵席作乐。撰于10世纪初的《诸色入破历算会稿》(P.3234):"油叁胜,正月十五日夜燃灯用。""叁胜"即三升,专备上元节燃灯之用。

《显德六年(959年)正月三日女人社再立社条》(S.0527):"社内正月建福一日,人各税粟壹斗,灯油壹盏。"《太平兴国七年(982年)二月某社社条》(P.4525):"又有新年建福一日,人各炉饼一双、粟一斗、然(燃)灯壹盏,团座设食。"当时敦煌民间结社兴盛,见于文献中记载的就有龙沙社、兄弟社、女人社、修佛堂社等,社内亦要举行上元燃灯活动。

上元节日当天,上自敦煌地方最高行政官员,下至僧道信众,都要上莫高窟参与燃灯活动,设供焚香、礼佛诵经,振钟设乐,同庆佳节。写于9世纪初的《节儿论莽热施舍疏》(P.2583vc)曰:"解毒药二两,充正月元夜燃灯……正月七日弟子节儿论莽热谨疏。"论莽热为吐蕃宰相,亦是沙州节儿,为吐蕃占领敦煌时期当地的最高长官,论莽热直接参与上元燃灯的佛事活动,可见对其的重视。

《沙州净土寺直岁保护手下诸色入破历算会牒》(P.2049v)中多笔账目记载了上元节燃灯等活动。净土寺即莫高窟。如庚寅年至辛卯年(930—931):"麦壹斗卧酒,正月十五窟上燃灯顿定用。"卧酒,即通过粮食发酵酿酒。顿定指停留、止息及为此而预备的饮食。《隋书·炀帝纪》下:"每至一所,辄数道置顿。"同卷又记:"粟贰斗,正月十五日卧酒,窟上燃灯、看和尚顿用。"顿用,即顿定用。又记:"面贰斗伍升,正月十五日上窟燃灯僧食用。"同卷长兴二年(931)的账目亦记:"粟肆斗,正月十五日路上迎上窟僧官顿用""粟壹斗,正月十五日上窟寺主纳官用。"纳官,指接纳衙府官员。

《庚戌、辛亥、壬子年直岁法胜等所破油面历》(S.1519)记:"壬子年(892)正月,又面肆斗伍升、油壹升壹抄、酒半瓮,十五日东窟上燃灯及赛天王用。"直岁为职掌全寺常住什物和财务收支的寺职,须定期向寺众公布财产变动状况和财务收支结算账目。所谓"赛天王",即以祈赛的方式酬答天王的护佑恩德。据《佛祖统纪》,唐代以来流行毗沙门天王助太宗定乱及平番有功、解凉州城围的故事,天王信仰遂在民间兴盛起来。又如前引P.2049v卷记:"面三斗,善发西窟正月十五日赛天王法事,斋时众僧食用。"

赛天王活动一般在天王堂或寺院的天王像前举行,晚唐时莫高窟"南北两头有天王堂",至今北区窟顶仍存有北宋曹延禄和于阗公主修建的天王堂遗迹。莫高窟南区492个洞窟中今存天王壁画及塑像超过200身。祈赛时须焚香设供,还伴有乐舞,"上香华食馔、动歌舞,谓之乐天王也"。除正月十五的祈赛外,通常敦煌赛天王每月两次,在朔望日举行。《国忌日行香文及其他释子文》中的《四天王文》(P.2854)曰:"远托神明,用清邦国,故一月两祭……我都督刺史,一承纶旨,竭意增修,每月两时,躬临祭奠。"同卷又云:"一月两祭,奠香乳兮动笙歌;三心重陈,焚海香而奏鱼梵。"其中尤以上元节的祈赛最为隆重。

寺院燃灯的盛况,于晚唐张承奉时的《正月十五日窟上供养》(P.3405)中可窥见一斑:"三元之首,必燃灯以求恩;正旦三长,盖缘幡之佳节。宕泉千窟,是罗汉之指踪;危岭三峰,实圣人之遗迹。所以敦煌归敬,道俗倾心,年驰妙供于仙岩,大设馨香于万室。振虹(洪)钟于笋簴,声彻三天。灯广车轮,照谷中之万树;佛声接晓,梵响以箫管同音。宝铎弦歌,唯谈佛德。观音妙旨,荐我皇之徽猷。独煞将军化天兵于有道。""三长"指三长斋月,正月是其中之一月。"宕泉"即流经莫高窟前的河流,今名大泉河。"危岭"即莫高窟东面的三危山。"仙岩"指仙岩寺,为莫高窟之异名。可见每年正月十五日佛寺的燃灯中心地点就在莫高窟。

《斋文一篇》(P.3461)记载了五代曹氏执政时期节度使亲抵莫高窟参与燃灯的盛况:"厥今青阳上朔,官僚钦仗于仙岩;太簇中旬,士庶崇投于圣谷。燃灯千树,食献银盘,供万佛于幽龛,奉千尊于杏窟。八音清亮,遍□□以旋行。六铢馨香,望能人而注□。……倾城趋赴于仙岩;注想虔诚,合郡燃灯于灵谷。于是丝竹济济,上通二十八天;铃钹轰轰,傍遍三千世界。供陈千味,不别香积之宫;炉热百和,岂殊昆(?)耶世界。其灯乃良宵发焰,若宝树之花开;静夜流辉,似天边之布月。故得铁围山内赖此灯明,黑暗城中蒙斯光照。是时也,初元顺节,青阳膺时……"卷中言及"太簇中旬""初元顺节",应为上元节燃灯佛事。

节日中灯具的造型别致多样,除百姓院中张挂的各式灯笼、街面上装扮的花灯和灯树、寺院中精心制作的灯轮及长明灯等外,上元节期间敦煌还有影灯,即俗称的走马灯,所谓"若沙戏影灯,马骑人物旋转如飞"。《辛巳年(921年)某寺诸色斛斗破历》(P.3490v):"油三升,付愿真燃长明灯及正月十五日影灯等用。"《某寺诸色斛斗破用历》(S.1316):"油贰胜半,充十五日夜点影灯用。"

踏舞设乐,亦是唐宋时期敦煌上元节及整个春节期间必不可少的活动。如前引斋文中提及的"丝竹济济""铃钹轰轰""八音清亮""声彻三天""宝铎弦歌""梵响以箫管同音",其热闹场景不难想象。《丙寅年牧羊人状三件》(P.3272):"伏以今月一日……定与郎君踏舞来,白羊羯壹口,未蒙判凭,伏请处分。丙寅年正月。"踏舞即踏歌,"相与连臂,踏地为节"。《某寺粟麦斗入破历》(P.4542):"……十五日出粟肆斗,充音声。廿三日出麦贰斗、粟叁斗,充音声……廿九日出粟壹斗,充音声。三十日,出粟伍斗,充音声……二月一日出麦伍斗、粟伍斗,充音声。"所谓"音声",即晚唐至宋初敦煌归义军政权所设乐营中的专业人员,专司在有关场合中的音乐演奏和咏唱。

节日期间的相聚筵席活动亦相当火热,如上引文书中言及的"舞席歌筵""团座设食""食献银盘""供陈千味""炉热百和"等,盛况空前。然而敦煌文书中未有食用元宵的记载,其主要原因在于敦煌本地当时缺少制作元宵的食材,且当地的饮食习惯也主要以麦面和粟米为主食。

(原载《中国社会科学报》2019年3月4日第5版)

敦煌遗书中所见的寒食、清明节习俗

寒食与清明,是我国传统的两大节日,历史悠久。南朝梁宗懔《荆楚岁时记》:"去冬节一百五日,即有疾风甚雨,谓之寒食。禁火三日。"意即冬至节过后105天为寒食节,过节3天禁止用火。寒食节后1日或2日,即春分后15日为清明节。《淮南子·天文训》:"春分后十五日,斗指乙为清明",万物至此皆"洁霁而清明"。

寒食节的起源,据载为纪念春秋时晋国忠臣介子推被焚而设。子推曾陪同重耳流亡列国,忠心耿耿,割股奉君,备尝艰辛;16年后重耳回国为晋文公,遍封群臣,子推却不慕名利,背母隐居绵山(位于今山西省介休市);文公焚山以求之,子推不愿出山受封,抱树烧死。文公遂下令子推亡日禁火寒食,以示纪念。此后寒食禁火以及卜吉祭墓的风俗由山西而遍及全国。敦煌遗书《寒食篇》(P.3608V):"天运四时成一年,八节相迎尽可怜。秋贵重阳冬贵腊,不如寒食在春前。禁火初从太原起,风俗流传几千祀。算取去冬至时,一百五日今朝是。"《通典》卷五二《礼·上陵》记:唐"开元二十年(732年)四月制曰:寒食上墓,礼经无文,近代相传,浸已成俗,士庶有不合庙享,何以用展孝思!宜许上墓,同拜扫礼。……仍编入五礼,永为恒式。"《旧唐书·玄宗纪》亦记,开元廿年五月癸卯,"寒食上墓,宜编入五礼,永为恒式"。迨及宋代,扫墓日期渐由寒食节向清明节过渡,清明节渐渐成为祭墓的主要日期,寒食与清明逐渐融为同一个节日。

于敦煌遗书中见,唐五代宋初寒食、清明节期间的主要民俗活动有:

一、上坟祭祀

《乙卯年(955)二、三月押衙知柴场司安祐成状并判凭》(S.3728)记,三月三日"墓头造食桎五束"。敦煌归义军柴场司于寒食、清明期间专门拨付桎柳以供官府祭墓造食之用。《新集书仪》(S.5636)中有一篇《大寒食相迎屈上坟书》,"屈"乃屈驾之意,友人相邀,至郊外"同餐先灵"。不仅官府和民间要上坟祭拜,而且祭墓之俗在敦煌寺院中同样流行。晚唐《某寺粟麦破用历及布施帐》(P.3763V)记:"粟叁斗伍升卧酒,寒食祭拜用""粟壹斗,寒食买纸用"。所谓"卧酒",即酿酒,此酒并非供僧人饮用,而是用以祭墓。《后唐同光三年(925)净土寺诸色入破历算会牒》(P.2049V)、《后晋时期净土寺诸色入破历算会稿》(P.2032V)均记,支出粟、油、面等物,用以"卧酒、寒食祭拜及众僧修园用"。可见寒食节期间寺院须备好面、油等物品,并需支出粟用以卧酒和购买纸张(用作楮钱),祭拜的对象为已故的高僧大德。寒食第二天即清明节,还要"修园",即清理、修整墓园,类似于俗家的扫墓。

二、踏青郊游

《青(清)明日登张女郎神[庙]》(P.3619、P.3885):"汧水北,陇山东,汉家神女庙其中。寒食尽,青(清)明旦,远近香车来不断。飞泉直注淙道间,大岫横遮隐天半。花正新,草复绿,黄莺现见千(迁)桥(乔)木。汧流括,古树攒,陇返(坂)高高布云族(簇)。水清灵,竹朦密,无匣仙谭(潭)难延碧。谈(淡)楼阁,人画成,翠岭山花天绣出。尘冥寞,马盘桓,争奔陌上声散散。公子王孙一队队,管弦歌舞几般般。酌醇醑,捕(铺)锦筵,罗帏翠幕奄(掩)灵泉。是日淹留不觉寐(昧),归来明月满秦川。"好一幅王孙贵族清明郊游的盛况图景。诗中汧水北、陇山东的张女郎神庙应在今陕西省千阳县境内。不仅秦川如此,敦煌、河西一带的清明郊游习俗亦很风行。如唐代敦煌人张敖《新集诸家九族尊卑书仪一卷》中之《寒食相仰书》(P.3502):"时候新春,[青]阳满路,节令寒食,冷饭三晨。为古人之绝烟,除盛夏之温气。空贵禄□□,野外散烦,伏惟同窭(餐)先灵。"邀请友人,野外散心郊游,并一同祭祀先祖之墓。《新集书仪》(S.5636)中的寒食节《答书》:"喜逢嘉节,得遇芳春。路听莺啼,花开似锦。林间百鸟,啭弄新声。渌水游鱼,跃鳞腾鬐(尾)。千般媚景,万种芳菲,蕊绽红娇,百花竞发。欲拟游赏,独步栖之。忽奉来书,喜当难述,更不推延,条当面睹。"友人欣然应诺,相偕游春。寒食、清明期间正值春光明媚之际,踏青郊游恰逢其时。

三、席座宴饮

敦煌研究院藏北宋乾德二年(964)一份归义军府衙的《酒破历》(敦001号)记："寒食座设酒叁瓮"。《壬午年(982)酒破历》(S.6452C)："三月四日寒食酒壹瓮。"节日期间不光大量饮酒,其他各种饮食亦备置丰盛。北宋初年《归义军衙内面油破用历》(S.1366)："廿七日寒食坐设用细供一千五百八分,胡饼二千九百一十四枚,胡饽饦八百八十六枚,截饼二百五十枚,小食子面七斗,油五升,帖蒸饼面四石,馃饼面四斗,僧家馎饦面五斗,油一升,灌肠面八斗。赏散酒户胡饼一百四十枚、细供一分,赏设司女人汉七人各中次一分,十乡老面二斗、油一升。计用面五十三石三斗九升七合,油一石七斗三升四合四勺。"所谓"细供",为上等精美饮食,归义军政权常用此招待贵客和使节;"中次"为中下等饮食;至于胡饼、胡饽饦、蒸饼、馃饼等均为敦煌当时风行的主食;小食子为一种形状较小的花色饼类,类似于今天的小点心。由上可见此次归义军官府举办的寒食节宴饮甚为隆重,仅邀请到的贵宾就有1500多人,并要赏给做食的女子、酒户和乡老食物,耗用面粉超过53石、食油1.7石之多。除这种大型宴会外,节日期间还有各类不同人员的专门聚宴。如《戊戌年(958)四月廿五日寒食座设付酒历》(Дх.2149),记载了十几队兵马使辖下人员在寒食节期间的宴饮活动,参加者至少有210人,规模亦不小。

四、设乐踏歌

《龙兴寺毗沙门天王灵验记》(S.0381C)："大蕃岁次辛巳(801)润(闰)二月十五日,因寒食在城官僚百姓,就龙兴寺设乐。"设乐即举办音乐歌舞表演,本次设乐在寺院中举行,官民、僧俗同乐。《某寺诸色斛斗入破历》(S.4705)："寒食踏歌羊价麦九斗、麻四斗……又音声粟二斗。"音声即专事表演音乐歌舞之人;踏歌,为盛行于唐五代时期的一种歌唱形式,唱者手拉手,两脚踏地打着节拍。李白《赠汪伦》:"李白乘舟将欲行,忽闻岸上踏歌声。"敦煌某寺院寒食节踏歌须支出麦9斗、麻4升等物作为羊价及麦粟2斗,应是专门邀请了一支有一定规模的踏歌、音声队伍。而这仅是一所寺院的寒食歌舞活动,至于当时整个敦煌的此类活动无疑规模更大。

五、游戏玩赏

前引《寒食篇》(P.3608V)描述了唐东都洛阳一带寒食节游乐盛况:"……金闺待看红粧早,先过陌上垂杨好。花场共斗汝南鸡,春游遍在东郊道。千金宝帐缀流苏,簸环还座锦筵铺。莫愁光景重窗暗,自有金瓶照乘珠。心移向者游遨处,乘舟欲骋凌波步。池中弄水白鹇飞,树下抛球彩莺去。别殿前临走马台,金鞍更送彩毬来。毬落画楼攀柳取,枝摇香径踏花回。良辰更重宜三月,能成昼夜芳菲节。今夜无明月作灯,街衢游赏何曾歇。南有龙门对洛城,车马倾都满路行。纵使遨游今日罢,明朝上(尚)自有清明。"花场斗鸡、东郊春游、簸环博彩、乘舟弄水、池中戏鸟、树下抛球、走马击毬、街衢玩赏、车水马龙、纵情遨游,各种游乐活动应有尽有,通宵达旦,乐不思归。

由上可见,唐宋时期寒食、清明节颇受社会各界重视,各种民俗活动举办得有声有色,丰富多彩。这一系列活动有助于在古人与今人、前人与后人之间建立和谐的代际关系,进而促进人与人、人与自然之间的和谐共处。节日期间无论是纪念介子推还是祭祀先祖,究其精神实质皆在于彰显前人伟绩、延续先人的精神生命,它所表达的是对过去的怀念、生命的珍重,并且象征着新季节、新生命、新希望的开始,因而这一节日发展成了我国传统的重大节日之一。祭祖扫墓、追念先人功德的活动与我国传统文化中深层次的祖先崇拜、重视孝道、慎终追远的精神有着血肉联系。清明节俗体现了中国人感恩、不忘祖根的道德意识,而这种文化正是中国社会几千年来得以和谐稳定发展的重要精神支柱之一。

时至今日,唐宋时期的清明节俗活动不仅其精神内涵,就连许多活动形式,如祭奠扫墓、踏青游赏、亲近自然等,都被继承了下来,并且呈现出一派无限的蓬勃发展生机。传统节日是我国优秀传统文化的重要组成部分,清明节俗活动联结着历史与现代,传递着永恒的精神和信念,保存着传统文化的基因,融入了我们美好的期盼。在我们全面建成小康社会、实现中华民族伟大复兴的今天,仍然需要传承弘扬,需要创新发展。2006年5月,清明习俗列入首批国家级非物质文化遗产名录。

(原载《中国社会科学报》2013年4月3日第A05版)

敦煌文书中所见的唐五代时期端午节习俗

农历五月初五,为我国传统的端午节,又名端阳节、重午节、天中节等,是两千多年来汉族与满、蒙、藏、苗等许多少数民族防疫祛病、避瘟驱毒、祈求健康长寿的民俗大节。

端午节萌芽于先秦,当时就有"恶五月"之谓。《礼记·月令》:"是月也,日长至,阴阳争,死生分。"东汉崔寔著、缪启愉辑释的《四民月令辑释·五月》亦称:"阴阳争,气血散""暖气始盛,虫蠹并兴"。从自然气候上看,农历五月酷热将至,蜈蚣、蚰蜓、蛇、蝎、蚊、蝇之类肆虐,传染病也趋于流行,威胁人们的健康,故而是月被视为"恶月"。端午处于五月之初,自然也被视为"恶日"。为之人们通过举办一系列民俗活动,以求达到祛病驱瘟、禳灾除害的目的。后来端午节渐渐加入了纪念历史名人的内容,如纪念楚国三闾大夫屈原于公元前278年是日投汨罗江而死,长江下游一些地方还流行于此日纪念伍子胥及越王勾践及孝女曹娥。

见于敦煌文书记载,唐五代时期对于端午这样一个大节,社会各界颇为重视,有关活动丰富多彩,一些习俗一直沿袭至今日。其主要活动有:

团粽宴请。敦煌文书《民俗杂抄》(S.4663)、《杂抄》(P.3671)记:"五月五日何谓? 高辛子姓耆(嗜)粽,以其因之。又说昔屈原投汨罗江水而死,后人作粽祭也。"可见吃粽之俗早在帝喾高辛时即已有之,后又以粽祭祀屈原。《时文轨范》(S.2832):"五月五日,节名端午,事出三闾,既称长命之辰,亦为角黍之日。"三闾即屈原,角黍即粽子。杜友晋《新定书仪镜》(S.0361V)中有《屈宴书》一道,云:"五月五日长丝节,角黍奉屈,降趾为幸。"端午节邀请朋友屈尊光临,品尝粽子。撰于唐大中十年(856)的张敖《新集吉凶书仪》(S.2200)中有《端午相迎书》:"喜逢嘉节,端午良辰,献续同欢,传自荆楚。但惭羁泊,何可申怀,空备团粽,幸请光临。"《新集书仪》(S.5636)亦有《端午相迎书》,内容与上大体相同。端午佳节同僚、亲朋之间相互邀请,品尝团粽。团粽,为具有敦煌当地特色式样的粽子,不同于内地用菰叶包裹起来的角黍,敦煌虽不产菰叶,但可以将粽子做成团状,不必包裹,而供人食用。今天在敦煌当地亦多见此种形状的粽子。

登鸣沙山。撰于晚唐时期的《敦煌录一本》(S.5448):"鸣沙山,去州十里,其山东西八十里,南北四十里,高处五百尺,悉纯沙聚起。此山神异,峰如削成。其间有井,沙不能蔽。盛夏自鸣,人马践之,声震数十里。风俗:端午日城中士女,皆跻高峰,一齐蹙下,其沙声吼如雷,至晓看之,峭崿如旧,古号鸣沙,神沙而祠焉。"鸣沙山位于敦煌城南约十里;"其间有井",即月牙泉,今为国家5A级旅游景区。"鸣沙"属于一种物理现象,近些年来敦煌民俗学会于端午当日组织了几次规模较大的登山活动,数百人一齐从山头滑下,沙粒摩擦,空谷传音,隆隆作响,颇为壮观。

悬枝避害。《方技书》(P.2661V):"常五月上卯,取东南桃支(枝)悬户上,鬼不敢入舍。"相传桃枝具有驱鬼避害的神异功能。《风俗通义·祀典》:"桃弧棘矢,以除其灾也。"因五月系"恶月",故取桃枝悬挂于门户上以避邪驱鬼。不仅桃枝,柳枝、菖蒲、艾蒿等物亦可悬于户首避害。《东京梦华录》卷八记载:"自五月一日及端午前一日,卖桃、柳、葵花、蒲叶、佛道艾,次日家家铺陈于门首。"佛道艾即艾蒿,为菊科多年生草本植物,可入药,能祛寒湿,干艾点燃后可驱蚊蝇。《荆楚岁时记》曰,端午"采艾以为人,悬门户上,以禳毒气"。蒲叶即菖蒲叶,菖蒲为天南星科多年生草本植物,含挥发性芳香油,可提神、通窍、杀菌。端午悬挂艾蒿、蒲叶,可以驱虫菌,除病害,成为民间流行的一种防病方式。这一习俗至今沿而不辍。甘肃民谣:"五月初五过端午,天师尊神骑艾虎,蒲剑利刃斩百邪,鬼魅瘟神入虎口。"

佩符驱毒。编号为P.3835V与S.2615V两件敦煌文书皆绘有端午避虫毒之符,要求于端午日出前按照一定的仪轨书写此符,并且"药涂磨(抹)身,虫毒自除"。S.0799V还记有一句咒语:"五月五日天中节,一切恶事尽消灭,急急如律令。"这一风俗在今天河西地区民间已演变为端午日佩荷包"送五毒"之俗。五毒即指蛇、蝎、蜈蚣、蟾蜍、壁虎。端午一大早,大人们给小孩佩上装有香草的荷包,并在其手腕、脚踝缠上五彩丝线,在耳、鼻、口等处涂上雄黄酒,以送"五毒"。老人们则喜欢在这一天饮少许雄黄酒,并在正午时分从井里打上新鲜的水煎艾,然后用艾蒿水擦洗全身,认为午时之水性阳,可除阴毒,并防蚊虫叮咬。

献礼拜贺。前引张敖《新集吉凶书仪》(S.2200)中还有一道《贺端午献物状》,记身处远方的下属专门置办节日礼物献给长官示贺:"某色目物。右伏以端午良辰,礼当续寿,顾惟远役,拜贺无由。前件物诚非珍异,辄敢献上,用表野芹,尘黩尊严,伏增战惧。伏惟俯赐处分,谨状。"《书仪·端午》(P.3100V)亦记:"右伏以端午令辰,节当南午,臣子之礼,合申庆贺。"《后唐天成三年(928年)都头知悬泉镇遏使安进通状》(P.2814)中亦有一件《贺端午献物状》:"酒五瓮,麨叁硕。右伏以蕤宾令节,端午良晨,辄申续寿之仪,用贺延长之庆。前件微鲜,谨充献贺之礼,尘渎威严,伏增战惧,伏乞特赐容纳,俯听处分。"麨即炒面,为当地的一种特色食品。《龙辩、惠云、绍宗等端午节献物状》(P.4638V),记敦煌当地僧官向节度使端午献"酒贰瓮",以"聊表释仪",可见当时敦煌释门亦兴端午之贺。除献贺酒、特色食品等外,敦煌还流行端午送扇、赐扇习俗。《书仪两则》(P.4984)中有《端午送□扇》,曰:"右伏以嘉辰令节,合献微诚,前件物等,谨充续寿。冒触旌麾,无任战越,屏营之至,伏请处分。"除下属给上司送扇外,上司亦给下属赐扇。《杂相贺语》(S.3399)中即有一则《端午日贺赐扇》:"蕤宾膺候,端午令晨,伏蒙鸿恩,各赐团扇,愿扬仁风。某某等无任惶悚。"端午临近夏季,气候炎热,扇子也是应时适用之物。

(原载《中国社会科学报》2010年6月17日第7版)

敦煌文书中所见的乞巧节习俗

农历七月七日为乞巧节，又称作七夕节、女儿节。分隔天河两边的牛郎、织女于每年这一天晚上鹊桥相会的神话故事，千古流传，家喻户晓。敦煌文书《大唐新定吉凶书仪一部》(S.6537)："七月七日，牵牛、织女以此日会于河汉之间。"其实，牛郎、织女本是星宿之名，牛郎星为天鹰座α星，织女星为天琴座α星，二星隔银河相望，在七月夜空中显得分外明亮夺目，每每引起人们浮想遐思，七夕鹊桥相会的故事也就应运而生。考之史籍，早在《诗经·小雅·大东》中即吟咏此二星。《古诗十九首》"迢迢牵牛星，皎皎河汉女"，更是以其真挚的情感、平直生动的语言，牵动了人们的几多情思，寄托着人们对美的追求和向往。乞巧节风俗约自秦代成型，迨及唐宋其风更甚。

卷帙浩博的敦煌文书中留下了不少有关乞巧节习俗的记载，显现了唐宋时期丰富多彩的乞巧民俗活动盛况，弥足珍贵。其主要节日习俗有：

一、庭院设供

每逢乞巧来临，人们都要将庭院洒扫干净，院中张挂锦彩，陈设香案，献供花果饮食。唐代陈鸿《长恨歌传》："秋七月，牵牛织女相见之夕，秦人风俗。是夜张锦绣，陈饮食，树瓜花，焚香于庭，号为乞巧。宫掖间尤尚之。"《文苑英华》卷794附《丽情集》："七月，牵牛织女相见之夕，秦人风俗。是夜张锦绣缯绮，树瓜花，陈饮食，焚香于庭，谓之乞巧。三拜毕，缕针于月，衽线于裳。"敦煌《七夕乞巧诗》(S.2104)中的一首："七月佳人喜夜情（晴），各将花果到中庭。为求织女专心座（坐），七巧楼前直到明。"

二、穿针乞巧

早在南朝梁宗懔《荆楚岁时记》即记此俗：“七夕妇人结彩缕，穿七孔针，或以金、银、鍮石为针，陈瓜果于庭中以乞巧。”《天宝遗事》：七夕“妃嫔各执九孔针、五色线，向月穿之，过者为得巧”。敦煌《杂抄一卷》(P.2721)：“七月七日何谓？看牵牛织女，女人穿针乞巧。”《七夕乞巧诗》中另一首：“乞巧望天河，双双并绮罗，不犹（忧）针眼小，只要月明多。”七夕之夜，妇女们对着新月穿针，展示技艺，乞巧求福，顺利穿过者为得巧。当然所穿之针并非通常的缝纫用针，而是专门制作的多孔之针，或用名贵的金、银、鍮石(黄铜)等材料制成。魏晋以前多为五孔针和七孔针，盛唐以来皆用九孔针。有些人家还专设针楼，或曰乞巧楼、七巧楼，庭院中设乞巧台，专供穿针乞巧之用。《时文规范》(S.2832)：“七月七日，属以蝉方噪树，鹊正填河，牵牛渡银汉之辰，织女上针楼之夜。”上引S.6537文书“节候赏物”一节记载：“七月七日赏金针、织女台、巧等果花、炉饼。”织女台即乞巧台。

三、拜月祈愿

七夕之夜，人们均可在月下祀拜祈愿。相传是牛郎织女银河相会时天门开启，于此时祈愿是最为灵验的。七夕祈愿最有名的例子应是唐明皇与杨贵妃之事。《长恨歌》：“七月七日长生殿，夜半无人私语时。在天愿作比翼鸟，在地愿为连理枝。”不仅皇室如此，民间七夕祈愿亦盛，人们所祈之愿当然并不限于爱情，凡与切身利益相关者均可拜求。敦煌《云谣杂曲子共三十首》(P.2838)中专有一首《拜新月》：“况当秋景，霡叶初敷卉，向登新楼上，仰望蟾色光迟回，愿玉兔影媚明镜匣，参差斜坠橙波美。犹怯怕衔半钩耳，万家向月下，祝告深深跪……”秋日霡叶初敷、半钩新月之时，正是七夕之夜，千家万户仰望蟾色，跪拜新月，祈求未来的美好。

四、求赐良缘

未婚男女每逢七夕总要设案祈祷，祈求天赐良缘。《五更转》(S.1497)通篇以诗文的形式,分为五个时辰(五更),描述了七夕之夜唐代少女盼望与牛郎相会的心境。诗云:"每年七月七,此时受夫日。在处敷尘结交伴,献供数千般。今晨连天暮,一心待织女,忽若今夜降凡间,乞取一教言。"在七夕"受夫"之夜,首先希望织女出现,能给予教诲,而萦绕在少女心头的是与牛郎的会晤。看着流星不时地划过夜空,总能激起少女们怦然心动,"奔逐向前迎",以为真的是牛郎降临了,可总是一次次落空,"不知牵牛在哪边,望作眼睛穿"。在焦灼不安的等待中,从一更天一直等到五更天,"哪件见牵牛? 看看东方动,来把秦筝弄"。在东方欲晓时分,只好借助秦筝来倾诉自己的满腔幽怨。"看看到来秋",期盼着来年今夕能如愿以偿。少女心中盼牛郎,儿郎所求的自然是像织女那样的女子,故而后世将七月七日又称作"情人节"。

五、宴饮赋诗

除牛郎织女相会外,七月七日还是魁星老爷的生日。魁星俗称文曲星,主文章、文运,尤为读书人景仰崇拜。为之七夕之夜读书人还要祈拜魁星,其中宴饮赋诗为不可或缺的内容。节日赋诗,既可娱乐身心,沟通感情,又可展示才华,切磋交流,遂成风气。《全唐诗》中即辑录大量文人的七夕诗作,如唐高宗时陆敬、沈叔安、何仲宣等就曾应制各做《七夕赋咏成篇》,唐高宗本人亦有《七夕宴悬圃二首》。上引《七夕乞巧诗》即是敦煌七夕宴饮仪式上的一组赋诗,该件文书的序言中即说得清楚:"是千门求富之辰,乃巧女七夕之夜。辄奉诸贤,宁无谁思,遂述七言。"当夜"诸贤"在座,一起饮酒赋诗,共度良宵,情趣盎然。

上述习俗有些一直流传至今。如今天甘肃东南部西和县等地,仍流行着七夕之夜设香案、陈瓜果、拜织女、即兴作诗,以及"迎巧""占影测巧""送巧"、供奉纸糊的"巧娘娘"等活动。

(原载《中国社会科学报》2011年8月4日第8版)

敦煌遗书中所见的重阳节习俗

我国传统节日文化,是中华民族在长期的历史发展中所创造的活态文化遗产,是优质民族文化的重要组成部分。农历九月九日重阳节就是重要的传统节日之一。据有关史料,重阳节俗始于汉代,成于魏晋,两千多年来一直颇受人们重视。唐五代时期的敦煌遗书中留下了许多相关重阳习俗的珍贵记载。

农历九月九日已是深秋,临近秋冬之交,处于气候的转折点。从数字和阴阳来说,九是最大的阳数,且两九相逢,故称重九、重阳,阳气达到极点。而阳极必衰,在阴阳转化之际,需要人们警惕灾祸趁机入侵,因而重阳节俗起源于人们驱灾避邪的祈愿。南朝梁吴均《续齐谐记》载,东汉时方士费长房告知桓景,九月九日有灾,须家人臂上佩戴盛有茱萸的绛囊,登高饮菊花酒可免祸,桓景照办;晚上回来后果然见家中鸡犬牛羊全都暴死。敦煌遗书《大唐新定吉凶书仪一部并序》(S.6537V14)亦有相似记载:"九月九日,昔费长房携酒将家口鸡犬,登高山避火灾,佩茱萸,饮菊花酒以穰(禳)厄也。至晚还家,屋宅悉被火烧尽也。"所记故事的具体情节与《续齐谐记》虽略有不同,但禳灾驱邪的本义与具体做法基本一致。

于敦煌遗书中见,唐五代时期重阳节重要的民俗活动有:

友人相邀、登高聚会。唐杜友晋《书仪镜》(S.0329):"九月九日,菊酒一樽,欲登高饮,不惜马蹄,即同往幸也。"登高不仅可以"避灾",而且秋高气爽,登高眺远,既可观景畅志,又能锻炼身体,因而"不惜马蹄",相邀友人亲朋一同前往,由此重阳节又叫作登高会。《说郛》卷六〇上《风土记》:"以重阳相会,登高饮菊花酒,谓之登高会,又云茱萸会。"李白《九月十日即事》:"昨日登高罢,今朝更举觞。菊花何太苦,遭此两重阳。"王维《九月九日忆山东兄弟》:"遥知兄弟登高处,遍插茱萸少一人。"

佩茱萸、饮茱萸酒。唐代张敖《新集吉凶书仪上下两卷并序》(P.2646等8个写本)中列有《重阳相迎书》一则："重阳之节,玩菊倾思,悬珠一抔,倍加渴慕。亦云茱萸之酒,不可独斟,思忆朋寮,何以言述！谨令奉屈,幸速降临,不宜谨状。""悬珠"应即"玄珠",道家以其喻大道,此处比喻珍贵美好之事物。重阳之节邀请友朋前来,共饮茱萸之酒,玩菊倾思。茱萸为茴香科落叶小乔木,香气浓郁,可入药,有驱虫除湿、逐风邪、治寒热、消积食、利五脏之功效。其气味辛烈,又于九月成熟,故而人们不仅将其制成香囊佩戴,成为重阳节的吉祥物之一,而且用其入酒,以驱邪避灾、抵御初寒。前引《大唐新定吉凶书仪一部并序》之《节候赏物第二》亦曰："九月九日,赏茱萸树、菊花酒。"《岁时广记》卷三四《茱萸酒》亦云："男摘(茱萸籽粒)二九粒,女一九粒,以酒嚥者,大能辟恶。"

赏菊、饮菊花酒。菊花为多年生草本植物,亦可入药,有明目解毒、清热祛风的医用价值,被视为长寿吉祥花,称为"延龄客"。重阳节前后百花凋落,却正是菊花盛开之际,清香袭人,很自然成为重阳节的节花。《时文轨范》(S.2832a)："九月九日,将菊初繁,香英正嫩。桓景登高之日,潜篱下鞠(菊)之辰。"饮菊花酒之俗,恐汉时已有。东晋干宝《搜神记》卷二《贾佩兰》记："九月佩茱萸,食蓬饵,饮菊花酒,令人长寿。菊花舒时,并采茎叶杂黍米酿之,至来年九月九日始熟,就饮焉,故谓之菊花酒。"可见菊花酒以其茎叶杂以黍类,经长达一年时间的酿制,至来年重阳节饮用,其味必定醇美。

吃糕饼。关于重阳节的缘起及习俗敦煌文献中另有一种说法。《珠玉抄》(P.3671等卷)："九月九日何谓？昔帝喾子名尧,八岁封为唐侯,十六升天登位。克九月九日大会诸侯,用面米拟造酒曲。米未到之间,其九日帝喾崩,扶尧登位。百官总集,不得用酒,即用米糒吹(炊)之,团作番饼。用胡麻米糒,大会诸侯。自尔以来,不令断绝。"因九月九日帝喾驾崩,尧继位,故不得饮酒,遂用米糒制成番饼大会百官。这一说法不见于它书记载,但重阳吃糕饼的习俗久已有之。《太平御览》卷三二《时序部·九月九日》："重阳之日,必以糕酒登高眺迥。"《玉烛宝典》卷九："9日食饵者,其时黍稌并收,以黏米加味,触类尝新,遂成积习。"饵,即指用黍米等做成的糕饼。重阳期间正当秋收之际,新粮登场,恰是谷物"尝新"之时,遂有吃糕饼之俗。《丁卯、戊辰年某寺诸色入破历》(S.1053v):"粟陆斗,麦壹斗换黑豆,登高日用。"登高日即重阳节,该寺院以麦换取黑豆正是为了制作饵糕之用。可见当时僧俗各界均尚吃糕饼习俗。

宴设、乐舞表演。节日期间官府还组织乐舞表演,以欢娱助兴。《归义军军资库己未、庚申、辛酉年(899—901)布、纸破用历》(P.4640v):"九月七日,支与帐设王文胜补大幕粗布壹疋,同日支与音声张保昇造胡藤(腾)衣布贰丈肆尺,九日支与设司吹丹粗布壹丈肆尺。"九月七日补大幕,应是为九月九日的演出或是野外活动设帐做准备,帐设乃敦煌归义军官府专门负责有关活动"设帐"的人员。音声即从事演奏、表演乐舞的人员,归义军专设乐营,每逢重要节庆活动均有乐舞表演,胡藤(腾)衣即为表演胡腾舞时所用,该舞当时十分盛行。设司即宴设司,专司归义军府衙设宴、招待、食料供给等事宜。可知重阳节日官员们还要在野外设帐饮宴,歌舞娱乐。

水边赛神。上引《归义军军资库己未、庚申、辛酉年(899—901)布、纸破用历》载,己未年(899)"九月九日支水司都乡口赛神钱财纸壹帖。"水司为归义军掌管水利灌溉等事宜的部门,都乡口为敦煌绿洲重要的灌溉分水堰堤,赛神即以祈赛的方式酬答、感谢神灵的护佑之恩。重阳节于都乡口赛神,其含义显然在于秋收后人们报答、酬谢神灵的供水灌溉之功。

重阳节又含有惜老、敬老的意蕴。重阳时节冬令将至,犹如人的一生已近老年,珍惜时间,关爱生命,也就自然成为人们的普遍意愿。"莫道桑榆晚,为霞正满天",期盼垂暮前再度绽放生命的华彩。1989年,国务院决定以重阳节为中国敬老节(老人节),赋予这一传统佳节以新的内涵,使我国尊老敬老的优秀传统得以在新时代里发扬光大。

(原载《中国社会科学报》2018年10月18日第8版)

敦煌遗书中的民法文卷考

我国法律制度起源悠远,曾在人类法治史上写下过辉煌篇章。据《唐律疏议》等典籍,早在唐代法律就已有了刑法、民法、经济法、土地法、诉讼法等较细致的区分。笔者近检敦煌遗书中唐宋时期有关史料,看到作为调整一定范围的财产关系和人身关系的民事法律,在当时已得到相当程度的发展。研究这些法律法规,对于我们今天弘扬民族优秀传统文化,坚持依法治国建设社会主义法治国家,有着积极的借鉴意义。

恩格斯曾指出:"民法不过是所有制发展的一定阶段,即生产发展的一定阶段的表现。"唐宋时期是我国封建社会得到高度发展的时期,社会经济日趋活跃,各种封建关系益愈复杂,统治者为维护其根本利益,必然进一步运用法律手段对于社会纷繁的财产关系和人身关系进行调整和保护,因而民事法律法规也和其他法律法规一样,较之前大为丰富和完善。这在敦煌遗书中得到生动的反映。

敦煌遗书中保存的民事法律写卷,既有当时国家颁布的律、令、格、式有关法典,又有敦煌地方政权制定的法规,更有大量当地留存下来的民事诉讼、执法等案卷。①笔者统计,其总数约在200卷以上。这是一批极为珍贵的我国古代民法方面的文献,它们生动地展现了我国唐宋时期民法建设方面的成就,有着十分重要的学术价值。笔者不揣简陋,拟对其人权法、亲属法、继承法等写卷做一较系统的梳理考略,以就教于学界。

---

① 刘俊文:《敦煌吐鲁番唐代法制文书考释》,中华书局,1989年。[日]山本达郎、[日]池田温、[日]冈野诚编:《敦煌吐鲁番社会经济文书集》第1卷《法制文献》,东洋文库,1978年、1980年。[日]仁井田陞:《唐宋法律文书の研究》,东京大学出版会,1983年。王震亚、赵莹:《敦煌残卷争讼文牒集释》,甘肃人民出版社,1993年。

一、人权法文卷

唐宋法律中的民法内容,主要包括人权法、亲属法、继承法、债权法、物权法诸项。所谓人权法,即为保护、调整封建社会的人身等级、人身依附等方面关系而制定的相关法规。我国古代曾有严格的身份等级制度,不同身份的人其社会法律地位是完全不同的。皇帝享有至高无上的特权,皇亲国戚、官宦贵族、巨商大贾、地方豪吏等亦特权炙手,均属于"贵"的等级;一般百姓属于所谓家庭"清白"的"良民";而许多隶属于国家、私家和寺观的奴隶,即部曲、奴婢、客女、杂户、工乐等则被列入"贱民"之等,他们是没有人权和人格的。所谓"奴婢部曲身系于主""奴婢同于资财""奴婢合由主处分"等,指的就是此种状况。不同等级的人在法律地位上是不平等的,这主要体现在同罪异罚、良贱不得通婚等项。

迨及唐代,随着社会生产的发展,人身依附关系的减轻,这种身份等级法律制度虽沿而未辍,但已在很大程度上有所变革,出现了放免贱人为良的趋势。

敦煌文书 P.2518《二十五等人图》,将人分作二十五等,说明当时身份等级制度还在延续。四川大学藏敦煌所出《唐某市时价簿口马行时沽》,所见当时仍有贩卖奴婢的"口马行"。敦煌研究院藏《市券》,记载了唐天宝三载(744)至乾元元年(758)间,敦煌市面上尚有"胡奴"的买卖。敦煌 S.1946《宋淳化二年(公元991年)韩愿定卖妮子契》,表明直到 10 世纪末敦煌奴婢买卖亦存。尽管如此,奴婢放良的大趋势却愈益看涨。敦煌所出 P.3608 唐垂拱年间《户婚律》残卷,反映出修订后律文加重了对放免部曲压良为贱的惩处规定:修订前,部曲放为良人后又压为部曲者,判徒刑一年;修订后同样罪名改判一年半;修订前没有部曲放良后不仅压为部曲,还更压为奴婢的处罚条文,而修订后则有了,且判刑两年。由此体现了旧有良贱制格局的动摇,部曲解放的潮流不容阻挡。

敦煌遗书中留存放良文书多卷,如 S.4374《从良书》、S.5706《放良书》、S.0343《放良文范》、S.6537《家童再宜放书一道》、S.5700《放家童青衣女文范》(后唐清泰三年写卷)、S.6537《阿郎放奴婢书一道》、Дx.3002《亲情社给放书一件》等。由这些文书可以得知,在当时社会的变动中"放良"已蔚成新潮,混融有儒家礼学、佛教果报说的"人者为贵"的思想成为社会意识形态的显流。

如S.4374云:"奴某甲、婢某甲,男女几人:吾闻从良放人,福山峭峻,压良为贱,地狱深怨。奴某等身为贱隶,久服勤劳,且起肃恭,夜无安处。吾亦长兴叹息,克念在心。飨告先灵,放从良族,枯鳞见海,必遂腾波;卧柳逢春,超然再起,任从所适,更不该论。后辈子孙,亦无阑,官有正法,人从私断,若违此书,任呈官府。"文后还有亲保、亲见、村邻、长老、官人等的画押。

二、亲属法文卷

亲属法是依据封建伦理道德及所谓"五常"顺序规定而建立的有关法规,以保护封建家庭及婚姻制度。祖父母、父母对子女有强制教育、命令、惩罚的权力,若子女不孝当按律惩处。婚姻关系上重亲婚、不当色为婚、娶逃亡妇女为婚等,均属非法,一经发现即判离之。尊长可以为卑幼包办婚姻,妻子要绝对顺从丈夫,"七出""义绝"者亦属判离对象。所谓"七出",即不顺父母、无子、淫溢、嫉妒、恶疾、口舌、盗窃。无论结婚还是离婚,均须履行一定的法定手续,否则不被社会承认。

敦煌P.3608唐垂拱《职制户婚厩库律》残卷载:"诸闻父母若夫之丧,匿不举哀者,流二千里。丧制未终,释服从吉,若妄哀作乐(自作、遣人等),徒三年;杂戏,徒一年。即遇乐而听及参予吉席者,各杖一百。……若祖父母、父母及夫犯死罪,被囚禁,而作乐者,徒一年半。……诸养子,所养父母无子而舍去,徒二年。若自生子,及本生无子欲还者,听之。"又云:"诸许嫁女,已报婚书及有私约,而辄悔者,杖六十。虽无许婚之书,但受娉财,亦是。若更许他人者,杖一百;已成者,徒一年半。诸为婚,而女家妄冒者,徒一年;男家妄冒,加一等。若欺妄而娶者,徒一年半;女家不坐。各离之。……诸居父母及夫丧而嫁娶者,徒三年;妾减三等。各等离之。知而共为婚姻者,各减五等;不知情者,不坐。……诸违律为婚,虽有媒娉,而恐喝娶者,加本罪一等;强娶者,又加一等。被强者,止依未成法。即应为婚,虽已纳娉,期要未至而强娶,及期要至而女家故违者,各杖一百。诸违律为婚,当条称离之、之者,虽会赦,犹离之。定而未成,亦是。娉财不追。女家妄冒者,追还。诸嫁娶违律,祖父母、父母主婚者,独坐主婚。若期亲尊长主婚者,主婚为首,男女为从。事由男女,主婚为从。其男女被逼,若男年十八以下及在室之女,亦主婚独坐。未成者,各减已成五等。媒人,各减首罪二等。……"其条分缕细,对于各种违法行为的处罚规定得甚为详明。也由此可见唐代民法建设所取得的成就。

敦煌文书中还存有不少具有法律意义的"放妻书",即休书,或曰离婚书。据之我们不仅能够得知唐宋时期有关此方面法律制度及其实施的详情实况,而且还可觇见当时社风民情的若干侧面,弥足珍贵。此类文书计有S.6537、S.5578、P.3212、P.4525、S.0342、P.4001等卷。如S.6537云:"盖闻夫妇之礼,是宿世之因,累劫共修,今得缘会。一从结契,要尽百年,如鱼如水,同欢终日。生男满十,并受公卿;生女柔容温和,内外六亲欢美,远近似夫子之恩。九族邕怡,四时而不曾更改。奉上有谦恭之道,恤下无傲无偏。家饶不尽之财,妯娌称长延之乐。何乃结为夫妇,不悦数年,六亲聚而成怨,邻里见而含恨。若苏乳之和,尚恐异流;猫鼠同窠,安能得久!二人意悖,大小不安,更若连流(留),家业破散。……所要活业,任意扒将,奴婢驱驰,几□不勤。两共取稳,各自分离。更会无期,一言致定。请两家父母、六亲眷属,故勒手书,千万永别。忽有不照验约,倚巷曲街,点眼弄眉,思寻旧事,便招解脱之罪。为留后凭,谨立。"

敦煌亲属法写卷中还有若干继嗣方面的文书,含求子、难月、生日报愿、收养等。如P.3765《难月文》、P.2587《难月、满月文》、P.3491《孩子满月文》、P.2497《满月、生日报愿文》等。而最具法律意义的则为一组有关子嗣收养的文契,计有:P.3443壬戌年(962)《沙州龙勒乡百姓胡再成养男契》、S.5647后唐清泰三年(公元936年)《吴再昌养男契》、宋乾德二年(964)《史汜三养儿契》、P.4525宋太平兴国八年(983)《康愿昌养女契》等。

依唐《户令》:"无子者,听养同宗于昭穆相当者。"敦煌文契为我们提供了此方面活生生的第一手资料。文契中记,收养的法定程序首先为当事人双方洽谈,"二情和会"后,再召集有关亲属聚议,"五亲商量""请屈叔侄亲枝、姊妹兄弟,团座商量停腾",把欲过继、收养的子或女公之于众,征取众亲友意见,求得家族认可;然后当众立契,"两共对面,平章为定",就有关收养的具体问题,诸如对养子的待遇、养子应尽的义务、收养的代价、违约的处理,等等,作出明文规定;最后,"恐后无信,遂对诸亲勒字",即请诸位亲属亲笔签名,"用为后验"。

如《史汜三养儿契》记:"乾德二年甲子岁九月廿七日,弟史汜三,前因不备,今无亲生之子,请屈叔侄亲枝、姊妹兄弟,团座商量停腾,欲议养兄史粉追亲男愿寿,便作汜三覆(腹)生亲子。自今已后,其叔汜三切不得二意三心,好须勾当,收新妇荣聘。所有□(家)资地水活□(业)什物等,便共汜三子息、并及阿尕准亭(停),愿寿各取壹分,不令偏并。若或汜三后有男女,并及阿尕长成人,欺屈愿寿,倚大猥情,作私别容,小□□故,非理打棒,押良为贱者,见在地水活业□□壹分、前件兄弟例愿寿所得麦粟债伍拾硕,便任叔汜三自折升合,不得论算,其□(业)壹分,愿寿自收,任便荣活。其男愿寿,后收□(新)妇,渐渐长大,或不孝顺父娘并及姊妹兄弟,□且取妻亲之言,不肯作于活之计,猬情是他愿寿亲生阿耶,并及兄弟姊妹,招换不□上下,贪酒看肉,结般盗贼他人,更乃作□者,空身趁出,家中针草,一无□(得)数;其□债麦粟伍拾硕,升合不得欠少,当便□(还)付汜三。将此文书,呈告官中,倍加五(忤)逆之罪。今对亲枝众座,再三商议,世世代代,子孙□(男)女,同为一活。押字证见为凭。……"

三、继承法文卷

所谓继承法,指对有关身份爵位、财产等的继承事宜所颁定的律法。唐宋时代在政治上对于贵族身份的继承权只属嫡长子孙,但在经济上对于财产的继承则一般采用诸子平分制。敦煌遗书中保存下来的多为财产继承文卷,笔者检得有如下卷帙:S.1132、P.2685《戊申年(公元828年)沙州善护、遂恩兄弟分家契》、P.3711《大顺四年瓜州营田使武安君牒》(附判)、P.3257《开运二年(公元945年)归义军左马步都押衙王文通勘寻寡妇阿龙还田陈状牒》、S.2174《天复九年(公元909年)沙州神沙乡百姓董加盈兄弟三人分家契》、P.6417《孔员信三子为遗产纠纷上司徒状》(10世纪前期）、S.4489《雍熙二年（公元985年）沙州慈惠乡百姓张再通牒》、S.4654《丙午年（公元946年）前后沙州慈惠乡百姓王盈子兄弟四人状》、P.4992十世纪后期《马军范再晟状》、S.4577《癸酉年（公元973年）杨将头遗物分配凭据》等。此外，敦煌还存有一些遗产分书文样，以用作撰写分书的范文，如S.4374、S.5647等。一些判集，如P.2942《唐永泰元年至大历二年（公元765—767年）河西节度使判集》、P.3813《唐判集》等，亦涉及若干财产继承方面的案由。

依唐《户令》，"应分田宅财产者，兄弟均分，兄弟亡者，子承父分"；"诸子均分，老人共十孙，为十一份，留一份与老人"。至于妇女，则只有在"无男绝户"和"寡居无男"的状况下才可继承财产。这种家庭遗产均分的原则亦在敦煌普遍施行。如S.1132与P.2685为同一件分家文契的两份抄本，载善护、遂恩兄弟二人对所有房宅土地遗产完全均平分割：房产"城内舍，兄西分叁口，（弟）东分叁口；院落西头小牛庑舍，合舍外空地各取壹分；南园，于李子树已西大郎，已东弟；北园，渠子已西大郎，已北弟，树各取半"；田产，大郎善护分得渠北地、多农地等52.5亩，弟遂恩则分得舍东舍西地、寻渠地等53亩；另有北头长地子壹畦贰亩，各分壹亩，兄东弟西。兄弟二人分得的耕地数量仅差半亩，这可能与地之土质、肥瘠有关。

又如，S.2174载，董家盈、怀子、怀盈兄弟三人，"伏缘小失父母，无主作活，家受贫寒，诸道客作。兄弟三人久□不谧。今对姻亲行巷，所有些些贫资、田水家业，各自别居，分割如后……"亦是均分。S.4374亦云："家资产业，对面分张，地舍园林，人收半分，分枝各别，具执文凭。""右件家产，并以平量，更无偏党丝发差殊。"

继承遗产的均分原则，受当时的法律保护。《唐律疏议·户婚》："同居应分不均平者，计所侵，坐赃论减三等。""准户令，应分田宅及财物者，兄弟均分，妻家所得之财，不在分限；兄弟亡者，子承父份。违此令文者，是为不均平"。

除此而外，敦煌还遗存一些有关僧尼遗产分配的文书。如P.3774《吐蕃丑年（公元821年）僧龙藏牒》、P.3730《吐蕃寅年（公元846年）沙州尼惠性牒》、P.3410《吐蕃年次未详沙州僧崇恩析产遗嘱》、P.3744《吐蕃年次未详沙州僧张月光兄弟分遗产书》、S.2199《咸通六年（公元865年）沙州尼灵惠遗书》等。僧尼系出家之人，自然无子嗣,故其个人遗产继承不同于世俗百姓,而是按其所立遗嘱死后处理。如上云崇恩其人,出自敦煌豪族索氏,吐蕃统治敦煌时期(786—848)曾任教团高级僧官,个人拥有数量可观的田产、牲畜、农具及其他财物,并有养女、婢女;由 P.3410 其所立遗嘱知,其部分田庄、牲畜和耕地四突半(45亩)施入净土寺,另有牛五头、耕地二十亩给优婆姨清净意,牛一头、冬粮麦三硕给僧文信,婢女留给其养女娲柴"一任驱驰,莫令为贱""车乘牛驴农具依当寺文籍,随事支给""五岁草驴壹头、四岁父驴□□"施给合成大众,其他财物如铧、镰、铛、耧犁、拾伍两金银间腰带、银碗、大床、七两银盏以及绫罗绸缎衣物、织品,等等,亦分给有关人众。

敦煌民法文书中尚有债权法、物权法等方面写卷,限于篇幅,允当另文专论。

敦煌唐五代时期"物权"文献研究

2020年5月28日，备受全国人民关注的《中华人民共和国民法典》，于全国人大十三届三次会议审议通过，于2021年1月1日正式施行。这是我国第一部以法典命名的法律，是推进全面依法治国、完善中国特色社会主义法律体系的重要标志性立法。这部法典中的第二编为："物权编"，其开宗明义（第205条）："本编调整因物的归属和利用产生的民事关系。"它的施行必将对我国社会主义市场经济的健康发展和各类市场主体的平等法律地位和发展权利的保障发挥巨大作用。

顾名思义，"物权"即物的权利主体直接支配特定财产（主要是有体物）的权利，也就是权利人支配物、享有物的利益，以及排除他人干涉的权利。物权包括所有权、用益物权和担保物权。纵观我国民事法规的发展历史，在古代法律体系中，虽然亦有对财产私有的确认和保护的有关规定，但由于历史的局限，不可能制定出专门的"物权"法规，其关于物权的内容散见于历朝律典的有关篇章中。就拿唐代来说，法律对物权的保护主要采取不得侵占、禁止妄认，返还非法所得、赔偿等方式。《唐律》中保护动产的规定，如《唐律·贼盗》记载，凡移徙他人财物而支配之，皆构成盗罪，皆要受到惩罚；保护不动产的规定，如禁止"盗耕种公私田""妄认盗卖公私田""在官侵夺私田""盗耕人墓田"等。为防止官吏挟势侵夺百姓土地，激化社会矛盾，规定"诸在官侵夺私田者，一亩以下杖六十，三亩加一等；过杖一百，五亩加一等，罪止徒二年半。园圃，加一等"①。对于侵犯他人土地私有权的行为，要分别治以"妄认罪""盗卖罪"等。

敦煌远处唐朝西北边地，浩博的敦煌遗书为我们展现了当时人们丰富的生产、

---

① 岳纯之点校：《唐律疏议》，上海古籍出版社，2013年，第206页。

生活面貌。在社会生活领域中涉及物权层面的诸如所有权、用益物权、担保物权，以及用法律手段维护物权等内容在文书中比比可见。本文拟以敦煌遗书为史据，对于其所反映出的唐五代时期我国物权方面的法制状况和人们的物权观念作一探讨，以就教于学界。

一、有关所有权方面

所有权是物权法大厦的基石，它是所有人在法律规定的范围内独立支配其所有物，并排除他人干涉的权利。"物权编"第240条规定："所有权人对自己的不动产或者动产，依法享有占有、使用、收益和处分的权利。"古代敦煌地区物权所有人涉及社会各个阶层，既有官、商、百姓，又有寺院僧尼，但凡拥有土地、房产、牲畜、奴婢等财产（古代奴婢往往被当作主人的资财）和其他生产生活资料者都是物权所有人，都对物有直接管理和支配的权利。通常以物能否移动为标准，可分为动产（如牲畜、奴婢等）和不动产（如土地、房舍等）。唐五代时期经济生活的活跃，使契约文书在社会上普遍存在，动产的买卖、借贷，不动产所有权的转让，田产租赁等，多以契约缔结方式确定当事人之间的权利和义务。从敦煌契约文书中的物权所有人对动产、不动产的处分和转移的情形，可以得晓当时日常活动中人们对物权的认可程度和物权观念的状况。

以下所列契约文书中的买卖双方即是在买卖活动中实现和转移了对物的占有权和处分权的物权所有人。

（一）动产

敦煌动产买卖契约涉及的标的物主要有牛、奴婢等，之所以如此主要原因在于当时生产力不发达，畜力、人力在生产中占有重要地位，因而也就成为动产买卖中的主要标的物。此外也有车具等日常用具被作为标的物者。

1.卖牛

如《寅年(822?)令狐宠宠卖牛契》(S.1475v)：①

　　紫犍牛壹头,陆岁,并无印记。寅年正月廿日,令狐宠宠为无年粮种
子,今将前件牛出买(卖)与同部落武光晖。断作麦汉斗壹拾玖硕。其牛
及麦,当日交相付了,并无悬欠。如后牛若有人识认,称是寒盗,一仰主保
知当,不忓卖(买)人之事。如立契后在三日内牛有宿疹,不食水草,一任
却还本主。三日已外,依契为定,不许休悔。如先悔者,罚麦伍硕,入不悔人。
恐人无信,故立私契。两共平章,书指为记。其壹拾玖硕麦内粟三硕和。

　　　　　　　　　　　　　　牛主令狐宠宠年廿九

　　　　　　　　　　　　　　兄和和年卅四

　　　　　　　　　　　　　　保人宗广年五十二

　　　　　　　　　　　　　　保人赵日进年卅

　　　　　　　　　　　　　　保人令狐小郎年卅九

　　此件文书中买卖双方(令狐宠宠与武光晖)通过紫犍牛的买卖活动实现和转移
了对动产(紫犍牛)的占有权和处分权。文书起头直截了当写明标的物的特征,"紫
犍牛壹头,陆岁,并无印记"。随后写出订立契约的理由及买卖双方当事人,牛主
"令狐宠宠为无年粮种子,今将前件牛出买(卖)与同部落武光晖",价金"断作麦汉
斗壹拾玖硕",履行方式为实时履行,"其牛及麦,当日交相付了,并无悬欠"。为了
保证契约所涉标的物的完整可靠和不致被人侵夺,明确规定了标的物所有权转移
的风险承担,载明了当事人的违约责任。如果契约生效后有人指认此牛是偷盗(寒
盗)来的,其所有权不是出卖人令狐宠宠的,则"一仰主、保知当",即牛主令狐宠宠

----

①本文所引敦煌遗书,均可见于沙知辑校:《敦煌契约文书辑校》,江苏古籍出版社,1998年。又见于唐耕
耦、陆宏基编:《敦煌社会经济文献真迹释录》(第2辑),全国图书馆文献缩微复制中心,1990年。又分别见于
《英藏敦煌文献》,四川人民出版社,1990—1995年;《法藏敦煌西域文献》,上海古籍出版社,1994—2005年;
《俄藏敦煌文献》,上海古籍出版社,1992—2001年;《国家图书馆藏敦煌遗书》,北京图书馆出版社,2005年。
依学界惯例,以下所引文献只给出敦煌遗书卷号,不再一一细注。

和保人要承担由此引发的一切责任;若在立契后三日内发现该牛"有宿疹,不食水草",则一任退还牛主。为保证契约的顺利履行,实现动产所有权的安全转移,除买卖当事人签押外,另设保人4人(含令狐宠宠之兄和和),亦须签押。敦煌文书中类似的例子还有不少,如《未年(803?)尼明相卖牛契》(S.5820+5826)、《清泰四年(937)洪闰乡百姓泛富川卖牛契》(S.2710)、《丁巳年(957年?)通颊百姓唐清奴买牛契》(P.4083)等。

2.卖奴

如《后梁贞明九年(923)索留住卖奴仆契》(P.3573):

贞明九年癸未闰四月十□□乡□□□一人,年拾岁,字三奴,出□]慈惠乡百姓段□□。断作人价生绢壹匹半,一匹长三丈八尺,幅阔壹尺九寸,堪署大练。贰齿羊一口,麦粟□□,准折绢半匹。其人及价当日交相分付,并无玄(悬)欠。中间若□别饰(识)认称为主记者,仰留住觅于年岁人充替□□买了,世世代代永为段家奴仆。两共面对平章□□,法不悔。如若先悔者,罚麦拾驮充入不悔人。恐□□故勒此契,用为后凭。

出卖人索留住[后缺]

《唐律疏议》卷一四《户婚》第一九二条疏议:"奴婢既同资财,即合由主处分。"[1]此件文书中的三奴作为主人的私有财产以卖出的形式被处分,买方通过支付约定数量和质量的丝织品、羊、粮食,获得对该奴仆的所有权。履行方式亦为实时履行,即载明双方当事人的违约责任。为保障买卖双方对该奴仆所有权转移的有效性,订立契约,用为后凭。类似的文书尚有《唐天宝年间(742—756)行客王修智卖胡奴市券公验》(敦298+敦299)、《宋淳化二年(991)押衙韩愿定卖妮子契》(S.1946)等。

3.买卖农具、用具等

如《丙辰年(956?)神沙乡百姓兵马使泛流□卖铛契》(北图周字14):

丙辰年十二月十八日,神沙乡百姓兵马使泛流□□斗五升铛壹口,出

---

[1]岳纯之点校:《唐律疏议》,上海古籍出版社,2013年,第226页。

买(卖)与赤心乡百姓吕员囗囗,作锴价麦粟三拾硕。其锴沽鲁客囗□□□
锴价,还三岁牸牛一头。其牸□□员住麦两硕。两共对□先悔者罚□□
[后缺]

泛流□把自己的一(?)斗五升锴壹口出卖于吕员□,吕员□因而获得了这件用
具的所有权,并支付给出卖者麦粟三十硕以作锴价。通过此次买卖实现了对这件
动产所有权的转移。类似的相关文书还有《唐大中五年(851)僧光镜负儭布买钏契
约》(S.1350)、《丁酉年(937?)莫高乡百姓阴贤子买车具契》(P.4638v)等。

(二)不动产

不动产买卖涉及标的物主要为土地和宅舍。

1.卖地

如《后周显德四年(957)敦煌乡百姓吴盈顺卖地契》(P.3649v):

> 南沙灌进渠中界有地柒畦共三拾亩,东至官园,西至吴盈住,南至沙,
> 北至大河。于时显德肆年丁巳岁正月廿五日立契。敦煌乡百姓吴盈顺,
> 伏缘上件地水佃种,往来施功不便,出卖与神沙乡百姓琛义深。断作地价
> 每尺两硕,干湿中亭;生绢伍匹,麦粟伍拾贰硕。当日交相分付讫,并无升
> 合玄(悬)欠。自卖已后,永世琛家子孙男女称为主记。为唯有吴家兄弟
> 及别人侵射此地来者,一仰地主面上并畔觅好地充替。中间或有恩赦流
> 行,亦不在论理之限。两共对面平[章]为定,准法不许休悔。如若先悔
> 者,罚上马壹匹,充入不悔人。恐人无信,故立斯契,用为后验。

敦煌不动产买卖契约开头亦要首先写明标的物的名称、数量、位置。土地所有
人吴盈顺将30亩地卖给琛义深,处分他的私产,享有对土地完全的处分权。琛义
深支付足额的布帛和粮食后获得对此块土地的所有权。契约后半部约定了追夺担
保与恩赦担保两种担保条款。所言"侵射"即"请射",亦称"请田""请地",唐前期均
田制施行时为官、民占地未达到规定"应授田"限额者而向官府申请土地之谓,唐后
期和五代时期为民户请占无主土地之意。契约中约定的"请射"条款,显然是买主
为防止所买之地的所有权被人追夺而设立的。敦煌此类契约尚有《未年(827?)上

部落百姓安环清卖地契》(S.1475v)、《唐乾符二年(875)慈惠乡陈都知卖地契》
(P.2595)、《天复九年(909)洪闰乡百姓安力子卖地契》(S.3877v)、《宋太平兴国七年
(982)赤心乡百姓吕住盈吕阿鸾兄弟卖地契》(S.1398)等。

2.卖房舍

如《甲辰年(944)洪池乡百姓安员进卖舍契》(北图乃字76):

> 渌水坊北城下有堂壹口并屋木,南□,东□。时甲辰年十一月十
> 二日立契。洪池乡百姓安员进父安紧子,伏缘家中贫乏,责(债)负深广,
> 无物填还,有将前件口分舍出卖与庄客杜义全。断作贾(价)直每壹尺壹
> 硕,壹尺玖斗。堂内屋木每尺肆斗。干湿众(中)亭,合过物叁拾玖硕玖斗
> 三升。其舍及物,当日交相分付讫。自与后,一任义全子孙男女永世为
> 主。或有恩赦流行,不在论说诸限。两共面对平章,准法不悔。如有悔
> 者,罚青麦拾硕,充入不悔人。恐人无信,故立契,用为后凭。

洪池乡百姓安员进因"家中贫乏,债负深广",出卖自家房舍填还债务,放弃了
对祖辈口分舍的所有权,庄客杜义全支付给卖方粮食获得了对房舍的所有权。买
卖双方交易的实质,是不同的财产所有权人相互交换其财产所有权。从卖方来说,
其参加市场交易的前提是拥有财产所有权;从买方来说,其交易的结果是获得财产
所有权。此类文书还有《唐乾宁四年(897)平康乡百姓张义全卖舍契》(S.3877v)、
《后唐清泰三年(936)百姓杨忽律哺卖舍契》(S.1285)、《后汉乾佑三年(950)卖舍院
契》(Дx.3863)、《后周显德三年(956)兵马使张骨子买舍契》(P.3331)、《宋太平兴国
九年(984)莫高乡百姓马保定卖舍契》(S.3835v)、《洛晟晟卖园舍契》(Дx.1355+
3130)、《年代不详张来儿卖舍契》(S.2092v)、《某人卖舍契》(Дx.6051)、《癸未年
(863)十一月史喜酥买马契》(羽027)等。

除物权所有者个人对动产、不动产可以自由处置外,多个物权所有人还可共同
行使对物的所有权,对共同所有的财产共同拥有处置权。如《宋太平兴国七年
(982)赤心乡百姓吕住盈吕阿鸾兄弟卖舍契》(S.1398):

> 临地(池)防(坊)拴巷子东壁上有舍壹院,内舍南防(房)壹□□□南

至宋盈盈,北至自院落。于时太平兴国柒年岁次□赤心乡百姓吕住盈及弟阿鸾二人,家内□今祖(租)与卖都头令狐崇清。东西并基壹□仗(丈)贰尺,每尺两硕,都计算着麦粟□[即]日交相分付讫,并无升合玄(悬)欠。自卖已后,□若中闲(间)有兄弟及别人诤论此舍来者,一仰口承□二人面上取并邻舍充替。或有恩[赦]流行,若不在论理,不许□黄麻玖驮,充入不悔人。恐后无信,故立此契,用为后凭。[后缺]

此契约标的物房舍,属于吕住盈、吕阿鸾兄弟二人的共同财产,他们共同拥有该房舍的所有权,因而可以共同行使对房舍的处置权。

又如《年代不详孔员信三子为遗产纠纷上司徒状》(S.6417v)记,孔员信临终时,"三子幼小,不识东西",立下遗嘱,所留财产暂由孔氏二娘子收掌,等三子成人后"好与安置"。然而三子长大后孔氏二娘子对这些财产"全不分配",于是三子上书司徒索要他们的共同财产。唐代法律在继承制度方面规定,一般财产诸子平分。三子合法继承其父遗产,对遗产拥有共同所有权。

(三)动产、不动产博易

敦煌文书中另有一类博易契约,又可称为互易契约,或以物易物契约。博,即交易、换易、博取之意。博易契约所涉及的标物既有动产,又有不动产,通过博易双方当事人实现了互易物品所有权的转移。

如《唐大中六年(852)僧张月光博地契》(P.3394)记,是年十月廿七日,在官府主持下,僧张月光子父将分散在三处的宜秋平都南枝渠园舍、地、道、池、井水计二十五亩,博易与僧吕智通孟授总同渠地五畦,计十一亩两段,又一段,共三段。"壹博已后,各自收地,入官措案为定,永为主己"。又月光园内的大小树木、园墙、井、道卖给吕智通,折合六岁青草驴一头、麦两硕一斗、布三丈三尺,"当日郊(交)相分付,一无玄(悬)欠"。立契后若有第三人称是园林、舍宅、田地主人者,则张月光子父承担责任,并觅上好地充替,并将折充园林、舍宅、井、道的"斛斗、驴、布"即日退还智通。"一定已后,不许休悔。如先悔者,罚麦贰拾驮入军粮,仍决丈(杖)卅。如身东西不在,一仰口承人知当。恐人无信,故立此契,用作后凭"。契尾为当事人僧张月光及保人5人(均为张月光弟、侄等亲属)签押及手印,并有见7人署名。该件博地契属于补价金互易契约,除博换田地外,因张月光园内尚有树木、园墙、水井等,为保证博易的公平,由吕智通给张月光补偿差价"斛斗、驴、布"。如果违约,其责任包括财产责任(罚先悔者麦贰拾驮入军粮)和刑事责任(决杖三十)。所谓"身东西不在",为唐人俗语,敦煌契约文书中多见,亦作"身东西不平善"或"身东西不来";"东西"意为逃避、逃亡;"不在"为死的讳词。若当事人逃避或死亡,一仰口承人(保人)等"知当",意即代为偿还。

此类契约尚有《寅年(822)报恩寺寺主博换牛驴契》(S.6233v)、《后唐天复二年(902)赤心乡百姓曹大行回换舍地契》(S.3877)、《后唐天复六年(906)押衙刘存庆换舍契》(Дx.1414)、《丁卯年(907?)张氏换舍契》(P.2161)等。

二、有关用益物权方面

以上所列出卖土地、宅舍和牲畜等卖方都是"物"的完全所有人,他们可以完全充分地处置自己的财产。还有一类人自己并不拥有财产,但通过约定的形式可以占有、处分他人的财产,他们享有的就是他物权,即对物的用益物权。

用益物权是"利用"他人财产的"使用价值",对他人的所有物在一定范围内进行占有、使用、收益的权利,它具有实现"物尽其用"的功能和作用,所有权人通过设立用益物权,将自己的财物交给能够发挥物的效用的"他人"利用。《物权编》第323条:"用益物权人对他人所有的不动产或者动产,依法享有占有、使用和收益的权利。"用益物权是他物权、限制物权和有期限物权,其标的物主要是土地及其定着物(主要是房屋)。租地是我国古代常见的一种用益物权——佃权形式,即土地所有权与土地使用权分离的形式,租佃人支付地租,占有出租人土地,进行耕种收益。敦煌文书中的一大批租佃契约对这种他物所有权及其具体实施、保护的情形均有生动的反映。

如《乙亥年(915?)敦煌乡百姓索黑奴等租地契》(S.6063):

> 乙亥年二月十六日,敦煌乡百姓索黑奴、程悦子二人,伏缘欠阙田地,

遂于侄男索□护面上,于城东忧渠中界地柒亩,遂粗(租)种茈。其地断作价直,每亩壹硕二斗,不谏(拣)诸杂色目,并总收纳。两共 面 对 平章,立契已后,更不许休悔。若[先][悔][者][罚]麦四(?)馱,充入不悔人。恐人无信,故立此 契 ,□□

粗(租)地人程悦子

粗(租)地人索黑奴(押)

见人氾海保

土地主人索□护将地租给索黑奴、程悦子二人种瓜,租赁标的为七亩地,索黑奴、程悦子遂拥有对这块土地的用益物权,可以耕种获益,同时要履行每亩交租粮壹硕二斗给土地主人的义务。索□护是土地的所有人,索黑奴、程悦子是土地的使用人,他们通过签订契约,取得对此块土地的使用权与收益权。此类契约尚有《吐蕃酉年(829?)索海朝租地帖》(P.2858v)、《唐咸通二年(861)斋像奴出租地契》(P.3643)、《唐天复二年(902)慈惠乡百姓刘加兴出租地契》(S.5927v)、《唐天复四年(904)神沙乡百姓僧令狐法性出租土地契》(P.3155v)、《唐天复七年(907)洪池乡百姓高加盈等典地契》(P.3214v)、《甲午年(934)索义成付与兄怀义佃种凭》(P.3257)、《后周广顺三年(953)莫高乡百姓龙章祐兄弟出典地契》(S.0466)等。

三、有关担保物权方面

担保物权,是债权人"利用"债务人(或第三人)财产的"交换价值"设定的权利,以确保其债权的实现。《物权编》第386条:"担保物权人在债务人不履行到期债务或者发生当事人约定的实现担保物权的情形,依法享有就担保财产优先受偿的权利,但是法律另有规定的除外"。担保物权包括抵押权、质权、留置权等。古代典与质无明确区分,不论动产、不动产甚或人身(但禁止以良民为抵押),如果被交付他人占有以作担保,均可称之为质。《宋刑统》卷二六《杂律受寄财物辄费用门》引唐《杂令》:"收质者,非对物主不得辄卖。若计利过本不赎,听告市司对卖,有剩还之。"当债务人无法清偿债务,累计利息已超过原本时,债权人有权处分抵押品,但在出卖时须当债务人的面,并在市司监督下进行,卖价抵充债务本利后的余额要当面交还债务人。这是有关质权的规定。唐代商品交换活跃,质权得以较快发展,于敦煌文书所见既有动产质典、土地质典,又有人质。

(一)动产质典

敦煌文书中既有以铧、铛、钏、车、驴等农具或牲畜质典者,也有以紫罗裙、银盏、玉石等生活用品或贵重物品为质者。如《卯年(835?)曷骨萨部落百姓武光儿便麦契》(P.3422v)记,是年正月十九日,百姓武光儿"为少年粮种子,于灵图寺便佛帐麦壹拾伍硕,其车壹乘为典。限至秋八月十五日以前送纳足。如违限不纳,其车请不着领(令)六(律),住寺收将。"债务人武光儿将"车壹乘"设定抵押权,成立契约时并不立即转移其占有权,而当武光儿无法清偿债务时,债权人灵图寺则将该车"收将",取得该项财产的所有权。

又如《巳年(837?)普光寺人户李和和便麦契》(P.2686)记,是年二月六日,李和和"为种子及粮用,遂于灵图寺常住处便麦肆汉硕、粟捌汉硕,典贰斗铁铛壹口"。再如P.3666v抄录八件年代不详的同年月日便麦契,其中三件就明确提到质典物品。如第六件记:"张他没赞为少粮便粟肆硕",为之典驴壹头,若所借麦粟至秋八月内不能归还,则"其典物没,其麦粟请倍(陪)。仍任掣夺家资等物,用充麦粟直"。

(二)不动产(土地)质典

如《唐天复七年(907)洪池乡百姓高加盈等典地契》(P.3214v):

天复柒年丁卯岁三月十一日,洪池乡百姓高加盈光寅欠僧愿济麦两硕、粟壹硕,填还不办。今将宋渠下界地伍亩,与僧愿济贰年佃种,充为物价。其地内所着官布、地子、柴草等仰地主祇当,不忏种地人之事。中间或有识认称为地主者,一仰加盈觅好地伍亩充地替。两共对[后缺]

洪池乡百姓高加盈等因欠僧人愿济粮食,未能填还,遂将自己的五亩土地质典给愿济以作债务担保。愿济可佃种两年,两年内享有对土地的使用与收益权,其收益用来抵偿债务人(地主高加盈等)所欠债务及利息,但该地应交纳的赋税(官布、地子、柴草等)则仍由债务人负担,与佃种人愿济无关。

又如《后周广顺三年(953)莫高乡百姓龙章祐兄弟出典地契》(S.0466)记,龙章祐、祐定兄弟"伏缘家内窘阙,无物用度",遂将父祖口分地两畦子共二亩中半,质典与押衙罗思朝,断作地价麦壹拾伍硕;罗思朝可佃种四年,四年内享有对土地的使用与收益权,不许地主收赎。年限满日"便仰地主办还本麦",即还清债务后方可收地。"两共对面平章为定,更不喜(许)休悔。如若先悔者,罚青麦拾驮,充入不悔人。恐后无信,故勒次(此)契,用为后凭",其后列有地主、质典人和知见人的签押。

(三)人质(典儿、典身)

古代典权中不仅不动产、动产,甚至妻、子、当事人自身都在可出典之列,其所涉标的物比现代担保物权标的物宽泛。借贷者将自己的亲人作为质典物典给债权人,按照类似于抵押品收益归债权人所有的形式为债权人劳作,直到债务还清为止。据《唐律疏议》卷二六,唐代禁止以良人进行人质借贷,尤其禁止"以亲戚年幼妄质债者"。①《宋刑统》卷二六亦有类似规定。S.1344《唐户部格》载有一通长安二年(702)的禁令:"诸州百姓乃有将男女质买,托称佣力,无钱可赎,遂入财主。宜严加禁断。"但在实际上此类事情并未能彻底禁断。

如《癸卯年(943?)慈惠乡百姓吴庆顺典身契》(P.3150):

> 癸卯年十月廿八日,慈惠乡百姓吴庆顺兄弟三人商拟(议),为缘家中贫乏,欠负广深,今将庆顺己身典在龙兴寺索僧政家。见取麦壹拾硕、黄麻壹硕陆斗,准麦三硕贰斗。又取粟玖硕,更无交加。自取物后,人无雇价,物无利头,便任索家驱驰。比至还得物日,不许左右。若或到家被恶人拘卷,盗切(窃)他人牛羊园菜麦粟,一仰庆顺祇当,不忓主人之事。或若兄弟相争,延引抛功,便同雇人逐日加物三斗。如若主人不在,所有农[具]遗失,亦仰庆顺填倍(赔)。或若疮出病死,其物本在,仰二弟填还。两共面对,商量为定。恐人无信,故立此契,用为后凭。
>
> 又麦壹硕、粟贰斗。恐人不信,押字为凭。

①岳纯之点校:《唐律疏议》,上海古籍出版社,2013年,第415页。

只(质)典兄吴庆顺(押)

叔吴佛婢(押)吴

同取物口承弟吴万升(押)

同取物口承兄吴庆信(押)

口承见人房叔吴佛婢吴

见人安寺主(押)

百姓吴庆顺兄弟三人，因"家中贫乏，欠负广深"，经商议，遂将吴庆顺自身像财产那样典在索僧政家，以人质作为担保，典得麦、黄麻、粟等物。在所典之物归还前，典权人索僧政拥有对吴庆顺的使用权，"自取物后，人无雇价，物无利头，便任索家驱驰"。

又如《乙末年(935?)塑匠赵僧子典男契》(P.3964)载，是年十一月三日塑匠都料赵僧子，"伏缘家中户内有地水出来，缺少手上工物，无地方觅"，不得已将自己的腹生男(亲儿子)苟子质典与亲家翁贤者李千定，期限是六年，苟子被当作父亲私有财产中的动产典给典权人，断作典价麦、粟各二十硕。典权人李千定可驱使苟子六年，六年后都料赵僧子可将儿子收赎，苟子未被收赎前李千定拥有对他的使用权。典权是一种有期限的权利。

又如《唐天祐六年(909)敦煌洪池乡人典男契》(Дx.0529)记，洪池乡福昀(?)父子，由于家内负债深广，只好将男儿出典他人。《后梁贞明六年(920年)辛奴子典腹生男胡儿契》(Дx.1409)记，是年十一月二十四日，辛奴子因"家中缺少极多，无处方始"，遂将腹生男胡儿典给押衙康富子，典得生绢若干匹。胡儿自典以后，"不令东西南北，同主人意佣力"，不算雇价，直到辛奴子全部偿还绢价后，胡儿方可归家。辛奴子以胡儿典身给康家的无偿辛勤劳作，来作为借绢的担保和利息。《壬午年(982)慈惠乡百姓郭定成典身契》(S.1398)记，郭定成"伏缘家内欠□，今租自身于押衙王永继家内只(质)典，断作典价壹□仗(丈)捌尺，福(幅)贰尺，土布壹尺"。郭定成将自身质典，供王押衙驱使，并且约定若质典人"身东西不平善者"，即逃避或死亡，则由其长兄郭定昌还债。此类文书尚有《辛巳年(921?)洪池乡百姓何通子典男契》(北余81v)等。

(四)违约责任与担保方式

敦煌契约中,无论便贷、买卖、雇佣、租佃质典等,均列有违约责任、担保责任等条款,以确保权利人的权益不受非法侵夺。违约责任主要有财产责任和刑事责任,财产责任除要求违约"先悔者"返还或赔偿标的物的损失外,还要予以处罚,各类契约均列有诸如"如先悔者罚麦伍硕入不悔人"(S.1475v)、"若先悔者罚青麦拾驮充入不悔人"(S.0466)、"如若先悔者罚上马壹匹充入不悔人"(P.3649v)、"如先悔者罚黄金三两充入官家"(P.3331)、"如先悔者罚楼机绫壹匹充入不悔人"(北图生字25v)、"如若先悔者罚上耕牛一头充入不悔人"(S.3877v)等条款,以保证所立契约的法律效力和不悔者当事人的权益。有些契约除约定财产责任外,还约有刑事责任,如前引P.3394除约定先悔者"罚麦贰拾驮入军粮"外,还要对其"决丈(杖)卅"。

敦煌契约中担保方式多样,既有"财物抵押""保人代偿""追夺担保""恩赦担保",又有"乡原生利""牵掣家资"等。而且我们还注意到,契约与契约之间的担保条款差异较大,有的仅有悔约处罚,有的则多种担保方式并举,这可能也是依"乡原",即本乡惯例办理。"财物抵押"可见于前文所举动产质典、土地质典等例。除以物作保外,契尾均有保人附署,约定以担保人作保,两种保证制度并行,成为一种惯例。当时十分重视保人的地位和作用,为保证契约的顺利履行,实现不动产、动产所有权的安全转移,一般契尾往往开具多位保人、见人(知见人)等。当事人、保人、见人均须在契文上"署名为信"或"画指为验"。如《后唐清泰三年(936)百姓杨忽律哺卖舍契》(S.1285)末尾开具当事人、见人、同院人、邻见人总共多达11位,并一一画押。同院人应是与杨忽律哺所卖宅舍同一院落居住的人,邻见人应是该院落的邻居,他们亦可起到见证人的作用。同时该契约提到"井道四家停支出入,不许隔截",这当与邻见人有关,以免买卖后邻里发生纠纷,故要求他们一同签字画押,以示认可同意。保人大多为债务人的亲属子女,如前引P.3964塑匠都料赵僧子典男契中的口承人(保人)为其兄佛奴及亲属米愿昌、米愿盈,开元寺僧愿通等,P.2858v索海朝租地帖中的见人及保人为其弟晟子和其兄海如,S.6829v张和子便麦契中的保人为其弟张贾子,S.1475v翟米老便麦契中的保人为其弟突厥,同卷僧义英便麦契中的保人为其父田广德,P.4686孙清便麦契中的保人为其兄孙昌奴,P.2686李和和便麦契中的保人为其子屯屯,S.4445何愿德贷褐契中的口承人(保人)为其弟定德、丑子,等。若债务人"身东西不在,一仰保人代偿"(P.2858v、P.3394、S.1475v、S.6829v、P.4686、P.3444+P.3491、P.2502v、P.3422v、P.2686、P.2964v、S.4192v、S.1291、P.3192v、北殷41、S.10607、P.3603v、P.3458、P.3472、P.2504、S.5632等),以确保债权人的财物不受损失。可见债务并不因债务人的逃亡或去世而终结,"父债子还""家属代偿"成为民间惯例。

"追夺担保"指契约中约定一方当事人违约的情况下,另一方当事人有权追回其财物,不致受损。如前引P.3649v吴盈顺卖地契约定,若"有吴家兄弟及别人侵射此地来者,一仰地主面上并畔觅好地充替",买主以防所买之地的所有权被人侵夺。又如S.1475v令狐宠宠卖牛契约定,"如后牛若有人识认,称是寒盗,一仰主保知当,不忓卖(买)人之事。如立契后在三日内牛有宿疹,不食水草,一任却还本主。三日已外,依契为定,不许休悔",以确保买主所买之物的完善可靠。又如P.3394僧张月光博地契约定,立契后若有第三人称是园林、舍宅、田地主人者,则张月光子父承担责任,并觅上好地充替,并将折充园林、舍宅、井、道的"斛斗、驴、布"即日退还另一方当事人智通。又如P.3573索留住卖奴仆契约定,所卖奴仆若有别人识认称为其主人者,则出卖人索留住必须"觅于年岁人充替"。再如P.3150吴庆顺典身契约定,质典人吴庆顺"若或到家被恶人拘卷,盗切(窃)他人牛羊园菜麦粟,一仰庆顺祇当,不忓主人之事。或若兄弟相争,延引抛功,便同雇人逐日加物三斗。如若主人不在,所有农[具]遗失,亦仰庆顺填倍(赔)。或若疮出病死,其物本在,仰二弟填还",以此保证典权人索僧政的权益不受损害。再如S.1398吕住盈、吕阿鸾兄弟卖舍契约定:"若中闲(间)有兄弟及别人净论此舍来者,一仰口承□□二人面上取并邻舍充替。"P.3214v高加盈等典地契约定:"中间或有识认称为地主者,一仰加盈觅好地伍亩充地替。"S.6341某人雇牛契约定:"若是自牛并(病)死者,不关雇人之是(事);若驮畜走煞(散),不关牛主诸事",当事人双方各自分清责任。S.1403程住儿雇驴契约定："其驴走失，及非用损"，仰雇驴人赔偿。

"恩赦担保"，意即保证契约达成后，即使遇有帝王恩赦，契约内容仍不得更改，仍具有法律效力。如前引P.3649v吴盈顺卖地契约定："中间或有恩赦流行，亦不在论理之限。"S.1398吕住盈、吕阿鸾兄弟卖舍契约定："或有恩[赦]流行，若不在论理。"S.1745v曹茂晟便豆契约定："中间或有恩赦，不在免限。"S.1285杨忽律哺卖舍契约定："中间如遇恩救大赦流行，亦不许论理。"S.1946韩愿定卖妮子契约定："或遇恩赦流行，亦不在再来论理之限。"等。

所谓"乡原生利"，指到期未能归还借贷财物者按本乡惯例计利生息。"乡原"敦煌文书中亦作"乡愿""乡元""乡源"，唐时惯用语，谓本乡惯例。如《辛巳年(921)敦煌乡百姓郝猎丹贷生绢契》(P.2817v)："若于限不还者，便着乡原生利。"《癸未年(923?)平康乡百姓沈延庆贷布契》(北图殷字41)："于月不还者，每月于乡元生利。"《乙未年(935?)龙勒乡百姓张定住贷绢契》(P.3603v)："若不还者，看乡元生利。"

"掣夺家资"，指由债权人扣押不能清偿的债务人的家产。如前引P.3666v第六件文书载明，所借"麦粟自限至秋八月内纳，如若不者，其典物没，其麦粟请倍(赔)，仍任掣夺家资等物，用充麦直"。又如《年代不详中元部落百姓曹清奴便麦豆契》(S.1291)："如违限不还，其典铛壹口没，□□请倍(赔)，仍任掣夺家资杂物，用充物直。"再如《辛酉年(961)陈宝山贷绢契》(S.5632)："身东西不在者，一仰口承人男富长祇当，于尺数还本绢者，劫夺家资，充为绢主(直)。"《唐律疏议》卷二六《杂律》："诸负债不告官司，而强牵财物过本契者，坐赃论。"疏议曰："谓公私债负违契不偿，应牵掣者，皆告官司听断。若不告官司而强牵掣财物，若奴婢、畜产，过本契者，坐赃论。"①依此"牵掣"须经官府批准后才可进行，但敦煌文书中往往可见"官有政法，人从私契"(P.4053v、P.3331、S.3877v、S.1475v等)；如违限不还，"一任牵掣家资杂物牛畜等"(如P.2964v、S.1475v、Дх.1374、S.1403、P.2502v、P.3444＋P.3941、P.4686等)，似乎并不一定"告官司听断"。如若"家资尽者，役身折酬"，即债务人须以劳役

①岳纯之点校：《唐律疏议》，上海古籍出版社，2013年，第415页。

抵偿债务。

四、关于维护物权

《物权编》第207条：“国家、集体、私人的物权和其他权利人的物权受法律平等保护，任何组织或者个人不得侵犯。”《物权编》第233条：“物权受到侵害的，权利人可以通过和解、调解、仲裁、诉讼等途径解决。”许多唐五代时期的敦煌状牒文书中，反映有当权利人的物权被侵犯时通过诉讼程序、以法律手段保障自己权利的情形。

如《后晋开运二年(945)十二月寡妇阿龙地产诉讼案卷》(P.3257)，由完整的6件案卷按照案件的逻辑顺序依次粘贴起来，长达百余行。案件大意为，寡妇阿龙，夫主早丧，有男儿索义成，犯法遣往瓜州，家中原有口分地32亩，义成去时卖掉10亩，剩下的22亩交给义成伯父索怀义佃种，并于甲午年(934)立契约定，“比至义成到沙州得来日，所著官司诸杂烽子、官柴草大小税役，并总兄怀义应料，一任施工佃种。若收得麦粟任自兄收，颗粒也不论说。义成若得沙州来者，却收本地。渠河口作税役不干，自兄之事”。契尾有佃地人索怀义、见人索流柱、见人张盈润等的签押。后来索怀义弟弟索进君从“贼”中回来，并偷得贼马两匹，交给官府，受到恩赐奖励，“又请得索义成口分地二十二亩，进君作户主名”。然而进君因久居部落，“不乐苦地，却向南山为活”，从此这块土地便由索怀义子佛奴承种，已有11年。寡妇阿龙在儿子义成死后，与孙子幸通生活困难，因而向敦煌归义军衙门诉讼，要求收回这块土地，“恳求得处，安存贫命”。此案节度使曹元忠批示，“付都押衙王文通细与寻问”。王文通勘问了当事人索佛奴、阿龙、索怀义等的口供，并附有书证——甲午年所立契约，再提交给节度使，最后判决：“其地便任阿龙及义成男女为主者。”曹元忠签字。这组案卷展现了当时敦煌官府办理民事诉讼案件的具体步骤和整个过程，反映了民众以法律手段维护物权的真情实况，以及当时办理案件中比较完善的证据制度，也由此说明，尽管索进君已将这22亩土地请射，由其侄索佛奴耕种，但因原有所立契约，最终土地所有权还是归属阿龙及义成男女，体现了官府尊重民间私契，私契具有法律效力的原则。同时我们也看到，从开运二年十二月十七日阿龙上状到该月廿二日办结,似这样复杂地牵扯到土地所有权的案件前后仅用5天即已结案,其办案速度之快、效率之高令人称奇。

又如《唐景福二年(893)卢忠达状》(P.2825v),案意为卢忠达的20亩土地被"押衙高再晟侵劫将,不放取近",因而告上官府,请判归还。说明百姓对自己的土地享有占有、使用和拒绝他人侵占的权利。

又如《唐天复年间(901—904)神力为兄坟田被侵诉状并判》(P.4974),案意为神力因家兄在与回鹘交战中身亡,"缘是血腥之丧,其灰骨将入积代坟墓不得",于是从曹僧宜处买了半亩地埋葬亡兄,20年过后官府再制户状时,曹僧宜承户地被押衙朗神达请射,但对于这半亩坟地"亦无言语"。然而当"曹僧宜死后,其朗神达便论前件半亩坟地",企图占为己有,经官府判决朗神达败诉,不许其搅扰。但是后来此墓地被"朗神达放水滥浇、连根耕却。堂子灰骨,本末不残,如此欺死劫生,至甚受屈。凡为破坟坏墓,亦有明条。况此不遵判凭",因而神力上状司空(张承奉),要为亡兄讨还公道。由此说明死者所属的坟田是私有财产,对坟田的所有权由家族继承,法律对其加以保护。《唐律疏议》卷13《户婚》:"诸盗耕人墓田,杖一百;伤坟者,徒一年。"①

五、结束语

通过以上对于敦煌遗书中有关物权内容文书的解读,使我们认识到唐五代时期人们对私有财产的重视和为保护它所作出的努力。以往对于中国古代法制的研究者大多着眼于历代颁布的正史典章中的内容,并多侧重于刑律,至于民间社会广大普通民众是如何运用法律规范其生活,调整其社会经济生活中的财产关系和人身关系,则往往关注不多。这主要由于一是具体史料的缺乏;二是可能受某种既成观念的框定,认为在中国古代这样一个典型的封建专制统治下的社会,不可能存在活跃的民间社会经济生活中之相适应的民事、经济方面的法规。而于大量的敦煌

---

①岳纯之点校:《唐律疏议》,上海古籍出版社,2013年,第206页。

文书中见,随着唐五代时期封建社会经济的发展,各种社会关系日趋复杂,人们对于保护私有财产和发展私有经济颇为重视,无论日常生活中的买卖、借贷、租赁等活动,还是处理各种民事纠纷,都能生动地反映出当时保护物权的具体状况以及物权观念在人们心目中的重要地位。物权观念反映了当时社会经济生活的现实及百姓的切身利益,在自给自足、自然经济占主导地位的农耕社会,土地、田产、牲畜是极为重要的生产资料,对于它们的有效拥有是生存的需要。唐五代时期对于所有权的保护和对所有权关系的调整,表明人身依附关系相对削弱,人格权被日益认可,这对于古代经济的发展和社会进步有着积极的作用。敦煌文献为我们研究我国古代民间社会如何调整普通民众间纷繁的经济关系及其法治方面的情况,对于纠正我们以往的某些偏见,正确认识我国古代社会民间经济生活及其法律调整,提供了丰富且重要的史料。也由此表明,今天我国颁布实施的《中华人民共和国民法典》,不仅是基于现实的需要,有着深厚的法理基础,而且也深深地植根于历史的土壤中,有着深厚的历史基础。

敦煌吐鲁番契约文书中的担保方式再议

　　敦煌吐鲁番出土契约文书，是卷帙浩博的敦煌吐鲁番文书中的重要组成部分，包括便贷、买卖、互易、雇佣、租佃、质典、分书、放书、遗书等类别。这批契约文书的时代从东晋十六国延及宋初，即公元4世纪至11世纪初叶，长达约7个世纪。敦煌契约主要为盛唐至宋初的写本，总数约300件。吐鲁番契约的时间则上起前凉、西凉，迄至唐大历、贞元年间，总数亦约300件。除汉文契约外，敦煌吐鲁番及其周边一带地区留存的诸多民族文字，如吐蕃文、回鹘文、佉卢文、于阗文、粟特文、西夏文、蒙古文等文书，亦有不少契约文献，如敦煌出土的吐蕃文献中我们所能见到的契约文书就有30余件。这些契约文书对于研究我国古代的契约制度以及由此所反映出的社会经济活动、法律生活等方面，具有弥足珍贵的学术价值。

　　几年前，笔者曾就敦煌契约文书中的担保方式做过初步探讨，[①]今拟在此基础上从整体上对敦煌吐鲁番契约文书的担保方式做进一步剖析，以就教于学界。

　　敦煌吐鲁番契约文书中大多列有违约责任、担保责任等条款，以确保权利人的应有权益不受非法侵夺。违约责任主要有财产责任和刑事责任，除要求违约"先悔者"返还或赔偿标的物的损失外，还要予以处罚。诸如"如先悔者罚麦伍硕入不悔人"（S.1475v）[②]，"若先悔者罚青麦拾驮充入不悔人"（S.0466），"如若先悔者罚上马壹匹充入不悔人"（P.3649v），"如先悔者罚黄金三两充入官家"（P.3331），"如先悔者罚楼机绫壹匹充入不悔人"（北图生字25v），"如若先悔者罚上耕牛一头充入不悔

　　①李并成：《敦煌契约文书中的担保方式浅识》，载《庆贺饶宗颐先生九十五华诞敦煌学国际学术研讨会文集》，中华书局，2012年，第430—433页。

　　②沙知：《敦煌契约文书辑校》，江苏古籍出版社，1998年。本文所引敦煌汉文契约文书均可见于此书，以下不再一一出注。

人"（S.3877v），"若还悔者，罚毯十张供献"（65TAM39:20《前凉升平十一年〈367〉王念卖驼券》①），"如限未满，改租别人者，罚钱叁阡（仟）入孙"（73TAM506:04/5a《唐孙玄参租菜园契》②），"悔者罚行緤贰百柒拾肆疋，入不悔者"（97TSYM1:5《麴氏高昌永康十二年（477年）闰月十四日张祖买奴券》③）等约定，以保证所立契约的法律效力和不悔者当事人的权益。有些契约除约定财产责任外，还列有刑事责任，如P.3394约定先悔者"罚麦贰拾驮入军粮"，并要对其"决丈（杖）卅"。

敦煌吐蕃文契与吐鲁番契书中对于反悔者的处罚一般为"悔者一罚二"。如《亥年阿骨萨部落王阳准借布契》："假定借人到期不还，将罚两倍。"④《悉宁宗部落曹玛赞借麦契》："如不能按时归还或图谋不还，将被罚还两倍。"⑤《高昌曹、张二人夏果园券》（72TAM153:38a）："卷（券）成之后，各不得反悔，悔者壹罚贰，入□□□。"⑥《高昌赵阿头六举钱券》（72TAM153:35a）："……不得反悔，悔者一罚二，入不悔者。民有私要，要行二主。"⑦《高昌某人夏镇家麦田券》（67TAM364:5）："二主先和后卷（券），卷（券）成之后，各不得□□，悔者壹罚贰，入不悔者。民有私要，要行二主，各自署□。"⑧类似的例子还有《高昌延和元年（602）张寺主元祐举钱券》（64TAM34:12，14）、《高昌延和元年（602）隗某举麦残券》（64TAM34:10/1）、《高昌延和五年（606）某人举钱残券》（60TAM321:10/3）、《高昌某人举钱残券》（72TAM153:42）、《唐天宝十三载（754）杨晏租田契》（73TAM506:04/7）、《唐天宝十三载（754）张元举男方晖租田契》（73TAM506:04/10—2）、《唐至德二载（757）杨晏租田契》（73TAM506:04/6）、《唐某人夏南渠田券》（69TAM137:1/2，1/4—1）等。

---

①《吐鲁番出土文书》第一册，文物出版社，1981年，第5页。

②《吐鲁番出土文书》第十册，文物出版社，1991年，第301页。

③荣新江、李肖、孟宪实主编：《新获吐鲁番出土文书》，中华书局，2008年，第125页。

④《吐鲁番出土文书》第三册，文物出版社，1981年，第191页。

⑤杨铭：《吐蕃统治敦煌与吐蕃文书研究》，中国藏学出版社，2008年，第226—227页。

⑥《吐鲁番出土文书》第二册，文物出版社，1981年，第338页。

⑦《吐鲁番出土文书》第二册，文物出版社，1981年，第339页。

⑧《吐鲁番出土文书》第三册，文物出版社，1981年，第191页。

敦煌吐鲁番契约中担保方式多样,既有"财物抵押""保人代偿""追夺担保""恩赦担保",又有"乡原生利""掣夺家资",更有"诅咒惩罚"等。我们还注意到,契约与契约之间的担保条款差异较大,有的仅有悔约处罚,有的则多种担保方式并举,这可能也是依"乡原",即依本乡惯例办理的结果。

一、财物抵押

财物抵押的方式主要为动产质典,土地质典则较少见,此种方式亦可称作"质典担保"。如P.3422v《卯年(835?)曷骨萨部落百姓武光儿便麦契》记,是年正月十九日武光儿"为少年粮种子,于灵图寺便佛帐麦壹拾伍硕",将其动产"车壹乘"作为质典物,抵押给债权人灵图寺;若债务人武光儿不按期履约,债权人将车"收将"。又如P.3666v6《年代不详张他没赞便粟麦契》记:"张他没赞为少粮便粟肆硕、便麦伍硕,典驴壹[头]",作为抵押;若不按期履约,不仅"其典物没",而且"其麦粟请倍,仍应掣夺家资等物,用充麦粟直"。充当质典的物品还有裙(P.3666v7)、紫罗裙(北殷41v)、大头钏(S.5811)、大铧(P.3192v)、锅(P.2482)、铛(S.1291)、铁铛(P.2686)等。然而就整个敦煌吐鲁番贷便契约文书来看,大多并无财物抵押款项,而主要以担保人作保,且一些契约中也缺失违约条款。究其原因,主要在于当时敦煌吐鲁番一带民风淳朴,民间讲究诚信,少有欺诈、违约行为的发生,百姓订立契约在相当程度上依凭个人信义、道德准则和约定俗成的惯例,特别是对于一些标的物数额较小的借贷事项,似乎并无必要约定财物抵押。

二、保人代偿

保人代偿,即约定以担保人作保。如《唐道士梁玄忠便钱契》(72TAM184:8b):"如身东□□在,一仰保人代还。"[1]《唐至德二载(757)杨晏租田契》(73TAM506:04/

---

①《吐鲁番出土文书》第八册,文物出版社,1987年,第295页。

6)："若身□西不在，一仰保等知当。"①巴达木 237 号墓所出契约残片
（2004TBM237：1—3）："若相祐身东西无，仰□□□"②所谓"身东西不在"或"身东西
无"，于敦煌吐鲁番契书中常见，为债务人逃走或死亡之意。"东西"意即逃避、逃亡；
"不在"为死亡的讳词。当时十分重视保人的重要地位和作用，敦煌吐鲁番契尾均
有保人附署。为保证契约的顺利履行，实现不动产、动产所有权的安全转移，一般
契尾往往开具多位保人、见人（知见人）等。当事人、保人、见人均须在契文上"署名
为信"，或"画指为验"。如《唐赵□熹举麦契》（67TAM78：39）契尾列有保人赵奴恶、
□人左海明等 5 位③。《唐杜定欢赁舍契》（65TAM42：92）契尾除舍主、赁舍人署名
外，尚有保人郭白白、知见人周海愿等 2 人署名。④《唐西州高昌县赵怀愿买舍契》
（59TAM301：15/4—3）契尾署有倩书张武□、时见刘德□、临坐□□□等人姓名。⑤
倩书即替别人起草契文者，时见即见证人，临坐也应是见证者。《后唐清泰三年
（936）百姓杨忽律哺卖舍契》（S.1285）末尾开具当事人、见人、同院人、邻见人总共
多达 11 位，并一一画押。同院人应是与杨忽律哺所卖宅舍同一院落居住的人，邻
见人应是该院落的邻居，他们亦可起到见证人的作用。同时该契约提到"井道四家
停支出入，不许隔截"，这当与邻见人有关，以免买卖后邻里发生纠纷，故要求他们
一同签字画押，以示认可同意。又如 P.T.2127《吐蕃某年沙弥海恩借青稞契》尾，附
有保人赵和诺、臧海秋、张呷旬 3 人的签字并按指印，并云："如沙弥海恩到时不在，
此粮找保人按上述讨论，立即由赵和诺（等）三人偿还。"⑥《唐垂拱元年（685）十一月
十一日酒泉城吕某租取田尾仁等常田契》（2001SYMX1：3—7）契尾署有"同城"1
人、"知见"3 人姓名。⑦《唐吕致德租葡萄园契》（2001SYMX1：1—5）契尾除"陶主"

①《吐鲁番出土文书》第十册，文物出版社，1991 年，第 284 页。
②荣新江、李肖、孟宪实主编：《新获吐鲁番出土文书》，中华书局，2008 年，第 99 页。
③《吐鲁番出土文书》第四册，文物出版社，1983 年，第 119 页。
④《吐鲁番出土文书》第六册，文物出版社，1985 年，第 273 页。
⑤《吐鲁番出土文书》第四册，文物出版社，1983 年，第 145 页。
⑥王尧、陈践：《敦煌古藏文文献探索集》，上海古籍出版社，2008 年，第 264 页。
⑦荣新江、李肖、孟宪实主编：《新获吐鲁番出土文书》，中华书局，2008 年，第 364 页。

"租陶人"署名外,还有"保人左阿猫"以及知见人 2 人署名。①

有些保人为债务人的亲属子女。如 P.3964 塑匠都料赵僧子典男契中的口承人(保人)为其兄佛奴及亲属米愿昌、米愿盈、开元寺僧愿通等,P.2858v 索海朝租地帖中的见人及保人为其弟晟子和其兄海如,S.6829v 张和子便麦契中的保人为其弟张贾子,S.1475v 翟米老便麦契中的保人为其弟突厥,同卷僧义英便麦契中的保人为其父田广德,P.4686 孙清便麦契中的保人为其兄孙昌奴,P.2686 李和和便麦契中的保人为其子屯屯,S.4445 何愿德贷褐契中的口承人(保人)为其弟定德、丑子等。可见当时充当保人的条件,注重保人与债务人的亲疏关系,在自给自足的小农经济占主导地位的封建社会,家庭往往承担着主要的经济保障。若债务人"身东西不在,一仰保人代偿(或知当)"(如 P.2858v、P.3394、S.1475v、S.6829v、P.4686、P.2502v、P.3422v、P.2686、P.2964v、S.4192v、S.1291、P.3192v、北殷 41、S.10607、P.3603v、P.3458、P.3472、P.2504、S.5632、73TAM506:04/6、73TAM506:04/19 等),或直接写明"身有东西不在,一仰保人妻弟(或妻儿)代还"(P.3444+P.3491、73TAM506:04/9),或"如东西逃避,一仰妻翁代纳"(73TAM506:4/34),或"身东西不在,一仰妻儿酬还"(64TAM4:37)②,以确保债权人的财物不受损失。可见债务并不因债务人的逃亡或去世而终结,"父债子还""家属代偿"成为民间惯例。从保人的身份来看,既有官员、普通百姓、健儿,又有僧、尼、道出家人,还有妇女,当时敦煌吐鲁番的妇女具有一定的支配经济的权利和民事责任能力,可以作担保人。从保人的年龄特点来看,不仅有成年人,而且有 15 岁以下的未成年人,甚至还有 8 岁的孩童。如前引P.3422v《卯年(835?)羯骨萨部落百姓武光儿便麦契》中附署的两位保人为"保人男五娘年十三,保人男张三年八岁"。又如 S.1475v《酉年(829?)行人部落百姓张七奴便麦契》中附署的两位保人为"保人男黑奴十三,保人张□飒年十一"。通常情况下,孩童并无支配经济的权利和民事责任能力,那么我们何以理解这种"幼童作保"

---

① 荣新江、李肖、孟宪实主编:《新获吐鲁番出土文书》,中华书局,2008 年,第 372 页。

② 《吐鲁番出土文书》第六册,文物出版社,1985 年,第 432 页。

的现象呢？其中可能性之一是这些债务人的直系亲属中没有成年人，因此不得不以未成年人作保。同时从这几件契约本身约定的内容中还可发现，以未成年人甚或儿童作保的契约均为无息借贷契约，所借者均为"佛麦"，贷方都是灵图寺；既为"佛麦"，应含有救济之意，因而为无息借贷。保人的年龄虽小，但在这种无息借贷中，他们的作用就显得不是特别重要。况且P.3422v中的武光儿还以"车壹乘"作为抵押，债权人并不太担心自己的权益受损。除"幼童作保"外，敦煌文书中还有"亦保亦见""重保轻见"等情况，于此不赘。另外值得注意的是，敦煌契约中还发现一处保人藏文签押。P.3394《唐大中六年（852）僧张月光博地契》尾署保人5位，其中"保人弟张日兴"姓名后为藏文押，而其余4位姓名后均按手印。考虑到该件文书签约于敦煌恢复唐朝统治后仅4年，蕃占时期遗留的痕迹自然不会很快消失，有可能署名者张日兴蕃占时曾担任公职，习惯性以藏文签押。由此也可看出当时汉族与少数民族之间日常生活联系的频繁和广泛。

敦煌吐蕃文契尾一般列有3到4位保人，亦签名画押。如P.T.12974《收割青稞雇工契》契尾列有担保人阴拉赉等4人姓名并按指印签字。《唐保人石杯娑等残契》（72TAM228：14）契尾残留4位保人署名及年龄。[①]有的契约还有保人连保，即"一个保一个"的约定。如P.T.1104《吐蕃某年借米粟契》载："论嘘律卜藏从庙产粮库中借粟十硕，于今年秋季九月十五日还与寺庙之粮库（功德库）。保人：安腊都、张金达、康牛牛、蕃索子等。到时不还，加倍。可从其家中夺掣什物。保人连保（一个保一个）按指印（下又康牛牛、王参真具名）。"[②]所谓"一个保一个"，实际上是由最后一位保人负总责。又如《龙年李六通借麻纸契》："沙振兴贷出：汉麻一束（或译大绳一条）和短纸十卷（Yug），借与李六通（Livu—klu—rton），归还时间定在龙年冬腊月二十之前。届时如未归还，纸张和汉麻将翻为两倍。无须三个保人负责，根据旧有规定，由最后一位保人承担责任。届时六通的（由最后一个保人薛金〈Shivu—kin〉

①《吐鲁番出土文书》第八册，文物出版社，1987年，第417页。
②王尧、陈践：《敦煌古藏文文献探索集》，上海古籍出版社，2008年，第264页。

的财产担保)财产,不论置于何处,一任取走,不得抗辩。"各位保人均在契约上盖章,六通按指印。"①

三、追夺担保

追夺担保,指契约中约定当一方当事人违约的情况下,另一方当事人有权追回其财物,不致受损。如P.3649v吴盈顺卖地契约定,若"有吴家兄弟及别人侵射此地来者,一仰地主面上并畔觅好地充替",买主以防所买之地的所有权被人侵夺。又如S.1475v令狐宠宠卖牛契约定,"如后牛若有人识认,称是寒盗,一仰主保知当,不忏卖(买)人之事。如立契后在三日内牛有宿疹,不食水草,一任却还本主。三日已外,依契为定,不许休悔",将交易风险提前进行了防范,以确保买主所买之物的完善可靠。此种担保也类似于现代契约制度中的瑕疵担保,本件契约中一是涉及权利瑕疵担保,即防止出卖人出卖的标的物所有权存在瑕疵、取得所有权的途径不合法。"如后牛若有人识认,称是寒盗,一仰主保知当,不忏卖(买)人之事",以确保所买之牛所有权的转移合法有效,此即权利瑕疵担保的约定;二是标的物质量瑕疵担保约定,"如立契后在三日内牛有宿疹,不食水草,一任却还本主",以保证所买之牛质量无有瑕疵。不同的瑕疵担保约定了不同的责任方式,对于权利瑕疵担保而言,主要是主保承担责任,而对于标的物质量瑕疵担保而言,主要采取物保方式,"三日之外,以契为定,不许休悔;如先悔者,罚麦伍硕,入不悔人"。又如《唐乾元二年(759)康奴子卖牛契》(73TAM506:4/33):"如立契已后,在路有人寒盗认识者,一仰牛主康奴子知。"②《唐上元二年(761)马寺尼法□买牛契》(73TAM506:04/17)约定:"若后有寒盗及有人识□□主保知□,不关买人之事。"③以上均为权利瑕疵担保。《唐赵荫子博牛契》(60TAM317:30/6〈a〉,30/10a)约定:"□后有人寒盗识□□内不

①[英]F·W托玛斯编著,刘忠、杨铭译注:《敦煌西域古藏文社会历史文献》,民族出版社,2003年,第51页。
②《吐鲁番出土文书》第十册,文物出版社,1991年,第241页。
③《吐鲁番出土文书》第十册,文物出版社,1991年,第290页。

食水草,任还本▢▢。"①与上引 S.1475v 相同,既涉及权利瑕疵担保,又有标的物质量瑕疵担保。《高昌延寿八年(631)孙阿父师买舍契》(64TAM10:37):"若后有人河(呵)盗偲(认)佲(名)者,仰本主了。"②即所买之舍如今后有指认者,则由原舍主了断理赔,以防止其所有权瑕疵。《高昌延寿四年(627)赵明儿买作人券》(60TAM338:14/2a):"后▢(有)人何(呵)道(盗)忍(认)名者,仰本▢承了。"③作人又名作儿、入作人、受雇人,即替人造作营种的雇工,敦煌文书中亦有此名称(如 S.1897、S.3877等)。此句意为以后若有人呵斥所买作人系盗窃而来,并非原主者,则由原主负全责,买者利益不受损失。《唐开元十九年(731)唐荣买婢市券》(73TAM509:8/12—1a,8/12—2a)记,双方交易后,还须"准状勘责",首先查问口承人,此婢女"贱"之身份不虚;又责得保人石曹主等5人,确保此婢女不是"寒良诱等色者""勘责状同",这样才能"依给买人市券"。契尾婢主兴胡米禄山、婢女失满儿、5位保人及勘责官员"丞上柱国玄亮"等均一一署名,并且"用西州都督府印"。④《唐开元二十年(732)薛十五娘买婢市券》(73TAM509:8/4—3a)亦有类似约定,并强调"如后虚妄,主、保当罪",契尾署名及用印与上件同。⑤

敦煌吐鲁番许多契约中的担保责任,都采用了人保和物保相结合的方式。如 P.3394 僧张月光博地契约定,立契后若有第三人称是园林、舍宅、田地主人者,则张月光子父承担责任,并觅上好地充替,将折充园林、舍宅、井、道的"斛斗、驴、布"即日退还另一方当事人智通。又如 P.3573 索留住卖奴仆契约定,所卖奴仆若有别人识认称为其主人者,则出卖人索留住必须"觅于年岁人充替"。再如 P.3150 吴庆顺典身契约定,质典人吴庆顺"若或到家被恶人拘卷,盗切(窃)他人牛羊园菜麦粟,一仰庆顺祗当,不忓主人之事。或若兄弟相争,延引抛功,便同雇人逐日加物三斗。

---

①《吐鲁番出土文书》第六册,文物出版社,1991年,第241页。
②《吐鲁番出土文书》第五册,文物出版社,1983年,第74页。
③《吐鲁番出土文书》第五册,文物出版社,1983年,第74页。
④《吐鲁番出土文书》第五册,文物出版社,1983年,第134页。
⑤《吐鲁番出土文书》第九册,文物出版社,1990年,第27—28页。

如若主人不在,所有农[具]遗失,亦仰庆顺填倍(赔)。或若疮出病死,其物本在,仰二弟填还",以此保证典权人索僧政的权益不受损害。再如 S.1398 吕住盈、吕阿鸾兄弟卖舍契约定:"若中闲(间)有兄弟及别人净论此舍来者,一仰口承二人面上取并邻舍充替。"P.3214v 高加盈等典地契约定:"中间或有识认称为地主者,一仰加盈觅好地伍亩充地替。"S.6341 某人雇牛契约定:"若是自牛并(病)死者,不关雇人之是(事);若驮畜走煞(散),不关牛主诸事",当事人双方各自分清责任。S.1403 程住儿雇驴契约定:"其驴走失,及非用损",仰雇驴人赔偿。《高昌良愿相左舍子互贷麦布券》(64TAM34:11)约定,所贷之麦"要麦使净好"[①],以保证标的物的质量。《唐贞观十七年(643)西州高昌县赵怀满夏田契》(59TAM301:15/4—1,15/4—2)约定,所获小麦"依高昌斛斗中取,使干净好。若不好,听向风常取"。[②]即朝刮风的方向吹去秕子,留下饱满的籽粒收取,以保证出租者的利益不受损失。《唐某人夏南渠田残券》(69TAM137:1/2,1/4—1)亦记"若不净,听向风□□"。[③]这些契约除约定标的物的质量无瑕疵外,契尾均有多位保人署名。

《唐贞观二十三年(649)傅阿欢夏田契》(64TAM10:34)约定:"田中租殊(输)佰役,仰田主承了;渠□(破)□(水)谪,仰傅自认了。两和立卷(券),画指为信。"[④]即此块田地中原有的租税差役仍有田主负担,但承租期间渠破水损则要由承租人傅阿欢修茸打理。另一件《唐傅阿欢夏田契》(64TAM10:35)亦记:"租殊(输)佰□,仰田主承了;渠□(破)水[谪],仰佃□人承了。田要□□年中佃种。两和立契,获指为信。"[⑤]另两件《唐永徽四年(653)四月傅阿欢夏田契》(64TAM10:36)、《唐永徽四年(653)傅阿欢从冯庆□边夏田契》(64TAM10:33),以及《高昌延寿六年(629)赵明儿夏田券》(69TAM338:14/1)、《高昌延昌二十四年(584)道人智贾夏田契》

①《吐鲁番出土文书》第三册,文物出版社,1983年,第6页。
②《吐鲁番出土文书》第四册,文物出版社,1983年,第142—143页。
③《吐鲁番出土文书》第六册,文物出版社,1985年,第170页。
④《吐鲁番出土文书》第五册,文物出版社,1983年,第76页。
⑤《吐鲁番出土文书》第五册,文物出版社,1983年,第78页。

（60TAM326：01/6）、《高昌重光元年（620）夏田残券》（73TAM116：58、59）、《高昌延昌三十六年（596）宋某夏田券》（72TAM153：39、40a）、《唐□□柱出佃田亩契》（60TAM332：9/4）、《唐乾封元年（666）左幢憙夏田契》（64TAM4：43）、《唐总章三年（670）左幢憙夏菜园契》（64TAM4：33）、《唐某人佃菜园契》（65TAM40：35）、《唐赵拂昏租田契》（73TAM506：04/15a）、《唐天宝七载（748）杨雅俗与某寺互佃田地契》（73TAM506：04/2）等亦有类似约定。《高昌道人真明夏麋券》（66TAM48：22）规定得更为细致："□□役，仰田主了；渠破水㳠，仰耕田人了。若风虫贼破，水□□苗本主。二主先知，后为卷（券）要……"①《唐龙朔元年（661）左幢憙夏菜园契》（64TAM4：42）亦记："园中渠破水㳠，仰治园人了；祖（租）殊（输）伯（百）役，仰园主了。榆树一具付左。两和立契。画指为□。"②新疆和田地区征集的出土文书《唐垂拱三年（687）正月十九日酒泉城吕某从焦伏护边租田契》（2001SYMX1：3—3）亦载："□□仰田主，渠破水㳠，仰佃人□□。"③

四、恩赦担保

恩赦担保，即保证契约达成后，即使遇有帝王恩赦，契约内容仍不得更改，仍具有法律效力。如P.3649v吴盈顺卖地契约定："中间或有恩赦流行，亦不在论理之限"，S.1398吕住盈、吕阿鸾兄弟卖舍契约定："或有恩[赦]流行，若不在论理"，S.1745v曹茂晟便豆契约定："中间或有恩赦，不在免限"；S.1285杨忽律哺卖舍契约定："中间如遇恩敕大赦流行，亦不许论理"，S.1946韩愿定产卖妮子契约定："或遇恩赦流行，亦不在再来论理之限"等。

五、乡原生利

乡原生利，指到期未能归还借贷财物者按本乡惯例计利生息。"乡原"敦煌文书

---

①《吐鲁番出土文书》第三册，文物出版社，1981年，第108页。

②《吐鲁番出土文书》第六册，文物出版社，1985年，第406页。

③荣新江、李肖、孟宪实主编：《新获吐鲁番出土文书》，中华书局，2008年，第365页。

中亦作"乡愿""乡元""乡源",吐鲁番文书中作"乡法",均系唐时惯用语,谓本乡惯例。如《辛巳年(921)敦煌乡百姓郝猎丹贷生绢契》(P.2817v):"若于限不还者,便着乡原生利";《癸未年(923?)平康乡百姓沈延庆贷布契》(北图殷字41):"于月不还者,每月于乡元生利",《乙未年(935?)龙勒乡百姓张定住贷绢契》(P.3603v):"若不还者,看乡元生利",《唐麟德二年(665)赵醜胡贷练契》(64TAM4:36):"麟德二年八月十五日,西域道征人赵醜胡与同行人左幢憙,边贷取帛练叁疋。其练回还到西州拾日内,还练使了。到过其月不还,月别依乡法酬生利。延引不还,听拽家财杂物平为本练直。若身东西不在,一仰妻儿还偿本练……"①

六、掣夺家资

掣夺家资,指由债权人扣押不能清偿的债务人的家产。如前引P.3666v第六件文书载明,所借"麦粟自限至秋八月内纳,如若不者,其典物没,其麦粟请倍(赔),仍任掣夺家资等物,用充麦直"。又如S.1291《年代不详中元部落百姓曹清奴便麦豆契》:"如违限不还,其典铛壹口没,□□请倍(赔),仍任掣夺家资杂物,用充物直。"再如S.5632《辛酉年(961)陈宝山贷绢契》:"身东西不在者,一仰口承人男富长祇当,于尺数还本绢者,劫夺家资,充为绢主(直)。"《唐律疏议》卷26《杂律》:"诸负债不告官司,而强牵财物过本契者,坐赃论。"疏议曰:"谓公私债负违契不偿,应牵掣者,皆告官司听断。若不告官司而强牵掣财物,若奴婢、畜产,过本契者,坐赃论。"据此"牵掣"须经官府批准后才可进行,但敦煌文书中往往可见"官有政法,人从私契"(P.4053v、P.3331、S.3877v、S.1475v等);吐鲁番文书中亦多见"民有私要,要行二主"(60TAM321:1/5、72TAM155:32、72TAM153:40a、72TAM153:39,35、60TAM338:14/5、60TAM326:01/9、97TSYM1:5、2006TZJ1:30a等)之语,二者虽表述有异,但含义相同,"私契""私要"在民间当广为通行。从上述文书来看,财物等纷争并不一定要"告官司听断",如违限不还,"一任牵掣家资杂物牛畜等"(P.2964v、S.1475v、

---

① 《吐鲁番出土文书》第六册,文物出版社,1985年,第412页。

Дx.1374、S.1403、P.2502v、P.3444＋P.3941、P.4686等）。有的契文还约定,若"家资
尽者,役身折酬",即债务人须以劳役抵偿债务。

吐鲁番契书中还约定,掣夺的家资除一般财物外,还包括口分田、葡萄园等不
动产。《唐麟德二年(665)张海欢、白怀洛贷银钱契》(64TAM4:53):"如违限不偿钱,
任左牵掣张家资杂物、口分田、桃(萄),用充钱直取。若张身东西没洛(落)者,一仰
妻儿及收后保人替偿。两和立契,画指为信。"①《唐总章三年(670)白怀洛举钱契》
(64TAM4:37):"若延引不还,听牵取白家财及口分平为钱直。仍将口分蒲(葡)桃
(萄)用作钱质。身东西不在,一仰妻儿酬还钱直。"②《高昌赵阿头六举钱券》
(72TAM153:35a):"若前却不偿,听捵家财,平为钱直……不得反悔,悔者一罚二入
不悔者。民有私要,要行二主。"③《唐总章元年(668)左幢憙买草契》(64TAM4:32)
规定得更为具体:"总章元年六月三日,崇化乡人左幢憙交用银钱肆拾,[于]顺义乡
张潘堆边取草玖拾束(?)。如到高昌之日不得草玖[拾]束(?)者,还银钱陆拾文。
如身东西不到高昌者,仰收后者别还。若草好恶之中,任为左意。如身东西不在
者,一仰妻儿及保人知当。"④分别举出4种可能发生的不同情况,预作设定,以确保
买者的利益不受损害。他如《高昌延和五年(606)隗簸箕等五人分举大麦合券》
(60TAM321:01/1、01/2)、《高昌曹、张二人夏果园券》(72TAM153:38a)《唐显庆五年
(660)张利富举钱契》(64TAM4:38)、《唐乾封元年(666)郑海石举银钱契》
(64TAM4:39)、《唐乾封三年(668)张善憙举钱契》(64TAM4:40)、《唐开元八年
(720)麴怀让举青麦契》(72TAM184:6)等,均有"掣夺家资"的约定。

敦煌吐蕃文契约中"掣夺家资"的约定,其内容大多较汉文契约更为细致具体。
如P.T.1101《府库赋税逋欠册》载:"如到时不还,或借故抵赖,加倍偿还,从其家中
不管牵走任何牲畜,不必向头人说理;即或从头人手中抢走(牲畜),也不能起诉。"

①《吐鲁番出土文书》第六册,文物出版社,1985年,第414页。
②《吐鲁番出土文书》第六册,文物出版社,1985年,第432页。
③《吐鲁番出土文书》第二册,文物出版社,1981年,第339页。
④《吐鲁番出土文书》第六册,文物出版社,1985年,第424页。

契尾有多位保人、证人的盖印并加盖指印和具名。①可见部落头人也必须遵守约定，不得徇私和例外。又如，P.T.12971《宁宗部落夏孜孜永寿寺便麦契》："到时不还，或单独出走，借一还二，即或从孜孜家中牵走牲畜，抄去衣物用具，还直从团头手中夺走也无辩解，更无讼词。若孜孜不在，着其子夏冲赍照前项所述交来。"再如《鼠年阿骨萨部落索·格勒借小麦青稞契》："如未按时归还，或图谋欺骗，所欠将加倍。在其房内的财物，连同其所欠的增值，即房外的耕牛及什物、工具、衣服，无论置于何处，皆可依成规占有，不得有半句话抗议。另外，如格勒不在家，或管事的上司（Rje—blas）商议后另作批示，那么契约的见证人和债务的担保人（在其住处）将根据所定契约的要求，代纳上述应交之物。"②又如《鸡年春宋三娘借杂物契》约定："如届时不还，偿还将加倍。无论大麦、铜炊具或杯子等，凡属她所有者悉数取走，不得抗拒。"③和田麻扎塔克所出吐蕃文借钱契0509+0510，亦有类似约定："在最后一刻变为铜钱一两，安排在不迟于鸡年的……一两铜钱必须交还。若届时未能支付，一两将变为二两；甚至从李梅金等的房内取走什物，应当毫无怨言，表示服从。"契尾署有多位见证人姓名。④若无家什等物可供掣夺，债务仍旧存在，不能消弭。如《猪年通颊成员卡甲桑笃笃租田契》记："……牲畜受病、农具毁坏，笃笃负责赔偿。如收入不立即分配，或施用诡计，则加倍偿还，其家门内外的任何财产、什具，无论放置何处'以及所附新物'均被占有，不得争议半点。无论遭受何种损失，如收成为按全（或农民工钱）数和好坏平分，则应立行偿还相应债务。如此约定，每有灾祸或事端发生，他（笃笃）应出面解决。如果分成未按时进行，则根据惯例执行，（其）房屋、土地和工具直到布匹，无论放置何处，均可占有，不得争议，不得对没收物行使权利。他签名（Mchid）表示承认此约。如无任何家什或（其他）东西，或者他

①王尧、陈践译著：《敦煌吐蕃文献选》，四川民族出版社，1983年，第55页。
②[英]F·W托玛斯编著，刘忠、杨铭译注：《敦煌西域古藏文社会历史文献》，民族出版社，2003年，第46页。
③[英]F·W托玛斯编著，刘忠、杨铭译注：《敦煌西域古藏文社会历史文献》，民族出版社，2003年，第35页。
④[英]F·W托玛斯编著，刘忠、杨铭译注：《敦煌西域古藏文社会历史文献》，民族出版社，2003年，第48页。

留下空屋潜逃,债务仍在,直至其归。"①

七、"诅咒惩罚"

除上而外,敦煌文书中还有一种较为特殊的"诅咒惩罚"的方式,借助人们对诅咒的恐惧心理,迫使签订契约双方遵守约定,以作担保。敦煌民众深受儒家思想熏陶,作为"佛国善乡"佛教的因果轮回报应等理念在民间有着广泛的影响,由此一些契约文书中往往借用儒家思想观念和佛教因果报应之说来约束当事人恪守约定。"诅咒惩罚"方式大多出现在"分家文书"与"遗书"中。如 P.3744《年代不详(9世纪中期)僧张月光张日兴兄弟分书》记:"若是师兄违逆,世世堕于六趣。"S.5647《分书样文》:"一依分书为凭,各为居产。更若后生加谤,再说偏波,遍受五(忤)逆之罪,世代莫逢善事。"又如 S.0343《析产遗书样文》:"右件分配,并以周讫,已后更不许论偏说剩。如若违吾语者,吾作死鬼,掣汝门鐍,来共汝语。一堕地白骨,万劫是其怨家。二不取吾之语,生生莫见佛面。谨立遗书,限吾嘱矣。"S.6537v《慈父遗书样文》:"吾若死后,不许相净。如若不听母言教,愿三十三天贤圣不与善道,春(眷)属不合当恶,坏增百却(劫),他生莫见佛面,长在地狱,兼受畜生。若不听知,于此为报。""分家文书"与"遗书"这两种契约形式都是发生在家族内部成员之间,订立此类契约所遵循的是传统的伦理道德观念,以此来维系家族内部的等级与和谐。因而契约中不免借用儒家的伦理道德和佛家"因果报应""来世"观念,诅咒那些见利忘义、忤逆不孝的子孙,以此对悔约者形成一种无形的心理约束,迫使他们信守承诺。自然这种"诅咒惩罚"方式只是一种心理上的威慑,并无多少实际约束效力。此种担保方式的出现也体现了我国法律传统中"以礼入法""礼法并用"的特色,道德伦理成分不仅体现在国家律典中,而且在民间私契中均占有很大比重,很多法律实际上是道德的另一种规范。

①[英]F·W托玛斯编著,刘忠、杨铭译注:《敦煌西域古藏文社会历史文献》,民族出版社,2003年,第145页。

敦煌资料等所见人们对于马的喜爱与管护

马匹,既是重要的军事装备与战略物资,也是人们日常生产、运输、骑乘等的主要役畜和生产工具,在人类社会中发挥着重要作用,人们对马匹也由此产生了浓浓的珍爱之情。敦煌汉简、居延汉简以及敦煌文书显示,汉至唐宋时期人们对于马匹等家畜颇为珍爱,精心喂养,倍加用心管护,禁止随便屠杀,以便使其健康成长、持续利用。

一、敦煌、居延汉简中所见对于马匹的精心管护

敦煌、居延汉简中对于马、牛、驼、羊等家畜的管护留有大量记载,包括对于各种家畜管理机构的设置及其职责的制定、家畜的毛色、身高、齿龄、性别、饲料供给、使用情况、患病及其医治措施、死亡后的处理等规定,颇为详尽。由此生动地反映了当时家畜资源的重要性以及人们对于马牛驼羊等的珍爱之情。

据学者们的考证,汉简中记录的马,就其毛色而言就有十数种之多。有骊,毛浅黑色的马;駮,毛色不纯的马,同"駁";骝(駵),黑鬃、黑尾巴的红马;骠,黄色有白色斑或黄身白鬃尾的马;骍,赤色的马;骆,鬃尾黑色的白马;馰,额白色的马;驹,少壮的马;駣,三四岁的马;騧,黑嘴的黄马;雅,毛色黑白相间的马;駹,面、额白色的黑马;駐,桃花马;騜,毛色黄白相杂的马等。可见当时人们对于马匹毛色观察的细致及重视的程度。如肩水金关73EJT21:209简记:"马一匹,駣莱,牡齿,八岁,高六尺☐。"73EJT21:216简:"☐☐☐乘马一匹,骍牡,齿八岁☐。"73EJT23:53简:"南阳阴乡啬夫曲阳里大夫冯均,年廿四,大奴,田兵,二辎车一乘,骍駣牝马一匹丿。"73EJT23:106简:"乘駣牝马,齿四岁,以为☐。"73EJT23:611简:"守左尉王顺,马一

匹,骟牝,齿十二岁,高☐。"73EJT8:63:"☐柳峯,牡马一匹,齿十二岁,高☐"①,
73EJT3:20简:"☐用马一匹,骝驳,齿七岁,高五尺八寸六尺。"②,等等。

又如,汉简中留下了不少有关马匹生病的症状、治疗配方、用药剂量等的记录,
也有马匹因病死亡后的处理程序和责任的记载,亦体现出当时人们对马匹的重视
和爱惜状况。《敦煌汉简释文》2000简:"●治马伤水方,姜桂、细辛、皂荚、付子,各
三分,远志五分,桔梗五分,☐子十五枚☐。"③记载了治疗马喝水中毒的配方以及用
药的量。1996简:"●治马胺方石方☐。"④2004简:"●治马胺方,石南草五分
☐。"⑤⑥以上两简为治疗马受伤后伤口感染的方子。360(B)简:"马病今愈,食。"⑦
2030简:"☐☐为十二丸,宿毋☐马以一丸吞之。"⑧《居延汉简释文合校》155·8简:
"治马欬涕出方,取戎盐三指,撮三☐☐。"⑨此为治疗马匹咳嗽、流鼻涕的配方。又
如:《居延新简》EPT59:601简:"☐☐☐马所病苦,谨遣隧长。"EPT43:2简:"马病,至
戊辰旦,遣卒之廿三仓,取廪,彭诚闭亭户持马☐陷,陈辟左子务舍,治马其日日
中。"⑩等。

马匹因病死亡后必须要对其死亡情况详细登记,区分相关责任,以爰书上报。
如:《敦煌悬泉汉简释粹》Ⅱ0115③:98简:"五凤四年(前54年)九月己巳朔己卯,县
(悬)泉置丞可置敢言之:廷禾移府书曰,效谷传马病死爰书:县(悬)泉传马一匹,
骝,乘,齿十八岁,高五尺九寸,送渠犁军司[马]令史……"⑪《居延汉简释文合校》

---

① 以上所引几条肩水金关汉简,均见于甘肃简牍保护研究中心等编:《肩水金关汉简(贰)》下册,中西书局,
2012年。

② 甘肃简牍保护研究中心等编:《肩水金关汉简(壹)》下册,中西书局,2011年,第30页。

③ 吴礽骧、李永良、马建华释校:《敦煌汉简释文》,甘肃人民出版社,1991年,第214页。

④ 吴礽骧、李永良、马建华释校:《敦煌汉简释文》,甘肃人民出版社,1991年,第214页。

⑤ 吴礽骧、李永良、马建华释校:《敦煌汉简释文》,甘肃人民出版社,1991年,第215页。

⑥ 吴礽骧、李永良、马建华释校:《敦煌汉简释文》,甘肃人民出版社,1991年,第214页。

⑦ 吴礽骧、李永良、马建华释校:《敦煌汉简释文》,甘肃人民出版社,1991年,第37页。

⑧ 吴礽骧、李永良、马建华释校:《敦煌汉简释文》,甘肃人民出版社,1991年,第217页。

⑨ 谢桂华、李均明、朱国炤:《居延汉简释文合校》,文物出版社,1987年,第254页。

⑩ 甘肃文物考古研究所等编:《居延新简》,文物出版社,1990年,第397、100页。

⑪ 胡平生、张德芳编撰:《敦煌悬泉汉简释粹》,上海古籍出版社,2001年,第116页。

96·1简："●始建国四年(公元12年)正月,驿马病死爰书。"491·11A简："元凤四年
(前77年),骑士死马爰书。"①记载马匹患病、死亡的爰书,先要送交上级有关部门,
再由上级官员核对爰书所记录的内容,并进行现场勘验,最后确定马匹死亡的真正
原因。如敦煌悬泉Ⅱ0314②:301简："建昭元年(前38年)八月丙寅朔戊辰,县(悬)
泉厩佐欣敢言之:爰书:传马一匹马者駮,牡,左剽,齿九岁,高五尺九寸,名曰马者
鸿。病中肺,欬涕出睪,饮食不尽度,即与啬夫遂成、建杂诊:马病中肺,欬涕出睪,
审证之。它如爰书,敢言之。"②《敦煌汉简释文》1301简："神爵二年(前60年)十一
月癸卯朔乙丑,县泉啬夫□□敢言之,爰书,厩御千乘里畸利课告曰,所葆养传马一
匹,雅牡,□□□□□□二□为六尺一寸,□□□□送□匹五乘至冥安病死,即与
御张乃始=治定药期,马死□定毋病□□索□病死,审澄之,它如爰书敢言之。"③以
上二简为传马因病患、死亡的验证报告,录有传马的身高、病情、颜色、年龄、性别、
症状、徽记等信息。其中现场勘验须由两个管马的官员同时进行,确认无误后才能
登记。④

马匹死亡后,如有使用、管护方面的过失,则要追究相关人员的责任,并对处理
结果进行记录。如悬泉Ⅰ0205②:8简："传马死二匹,负一匹,直(值)万五千,长、
丞、掾、啬夫负二,佐负一。"⑤传马即驿马,亦即悬泉置中所配乘骑、驾车之马。传马
无故死亡,相关人员须负赔偿责任。死亡二匹,要赔偿一匹,价值一万五千钱,悬泉
置中的长、丞、掾、啬夫各承担二成,佐承担一成。Ⅰ0111②:2简："传马一匹,騩
驿,乘,左剽,齿九岁,高五尺六寸,名曰蒙华。建昭二年十二月丙申病死,卖骨肉,
受钱二百一十。"⑥Ⅰ0116②:69简："效谷移建昭二年十月传马薄(簿),出县(悬)泉

①谢桂华、李均明、朱国炤:《居延汉简释文合校》,文物出版社,1987年,第163、591页。
②胡平生、张德芳编撰:《敦煌悬泉汉简释粹》,上海古籍出版社,2001年,第24页。
③吴礽骧、李永良、马建华释校:《敦煌汉简释文》,甘肃人民出版社,1991年,第135页。
④吕志峰:《敦煌悬泉置考论——以敦煌悬泉汉简为中心》,《敦煌研究》2013年第4期,第67—72页。
⑤胡平生、张德芳编撰:《敦煌悬泉汉简释粹》,上海古籍出版社,2001年,第18页。
⑥胡平生、张德芳编撰:《敦煌悬泉汉简释粹》,上海古籍出版社,2001年,第84—85页。

马五匹,病死,卖骨肉,直钱二千七百卌,校钱薄(簿)不入,解……"①Ⅱ0114③:
468A、468B简:"……骊,乘,齿十八岁,送渠犁军司马令史勋,承明到遮要,病柳张,
立死,卖骨肉临乐里孙安所,贾(价)千四百,时啬夫忠服治爰书,误脱千,以为四百。
谒它爰书,敢言之。守啬夫富"。②以上三枚简记载了马匹死亡后,可以卖骨肉,但
卖出去的价钱必须准确,并及时地登记在簿,以便查验。

二、敦煌文书中所见对于马匹的精心管护

于敦煌文书中见,对于马、牛、驼、羊等家畜的爱惜、养护仍然十分重视,反映出
唐宋时期人们对于家畜的重视与有效保护家畜资源、以利长久利用的理念和做法。

就拿晚唐五代宋初归义军时期来说,官府设有专门管理马匹牧养的机构——
官马院。P.4199《年代不明(十世纪)某寺交割常住什物点检历》记载了当时归义军
官马院的情况:"六枕一在官马院擎猎。"P.2641《丁未年(947年)六月都头知宴设使
宋国清等诸色破用历状并判凭四件》载:"马院皮条匠胡饼四枚。"③马院内设有专门
的皮条匠。P.4525lv《宋太平兴国某年内亲从都头给瓜州牒》:"其于官马院内猎草
输纳,亦乃之次。"官马院的长官为知马官,一般由押衙兼任,如P.2484a《戊辰年十
月十八日就东园祆会小印子群牧驼马牛羊见行籍》记有:"押衙兼知马官索怀定"
"知马官张全子"等。押衙兼任知马官可以反映出归义军政权对于马政的重视和对
马匹的有效控制。

归义军时期官马院对于马匹的管理主要是从实行簿籍制度、征收马皮、祆会马
群等几个方面进行的。P.2484a《戊辰年十月十八日就东园祆会小印子群牧驼马牛
羊见行籍》载:"戊辰年十月十八日就东园祆会小印子群牧驼马牛羊现行籍。押衙
兼知马官索怀定群,见行大父马三十匹,三岁父马六匹,二岁父马四匹,当年父马驹

---

①胡平生、张德芳编撰:《敦煌悬泉汉简释粹》,上海古籍出版社,2001年,第85页。

②胡平生、张德芳编撰:《敦煌悬泉汉简释粹》,上海古籍出版社,2001年,第112页。

③唐耕耦、陆宏基编:《敦煌社会经济文献真迹释录》第3辑,全国图书馆文献缩微复制中心,1990年,第610页。

四匹,大骒马四十七匹,三岁骒马一十一匹,二岁骒马三匹,当年骒马驹一十一匹。知马官张全子群,见行大父马九十六匹,三岁父马二匹,二岁父马六匹,当年父马驹九匹,大骒马六十匹,三岁骒马九匹,二岁骒马一十一匹,当年骒马驹一十二匹。"这份马籍记载了知马官索怀定管理的马群中有不同年龄段的雄马44匹、母马72匹,知马官张全子管理的马群中有不同年龄段的雄马113匹、母马92匹,其数量均不少。上述马群均为归义军政权的官马群,其马匹需要定期或不定期地加以查验祘会,以免丢失或无故受损。

P.3131v《曹氏归义军时期(十世纪后期)祘会群牧驼马羊欠历稿》,即是对官马群等进行祘会的记载:"知马官索善儿群欠大父马三匹。华再德群欠大父马四匹,内二匹在再德,一匹在都头张曹午,一匹在紫亭杨水官。索二群欠大父马一匹、三岁骒马二匹、二岁骒马二匹。张全子群欠三岁父马三匹、大骒马七匹、三岁骒马四匹。……盈德群欠大父马一匹在与都头,大骒马一匹在放狗安阿朵,三岁骒马二匹、二岁骒马一匹。康清奴群欠二岁父马三匹、二岁骒马二匹。"从文书中知,祘会的目的是对牧马人所牧马群中马匹数量的检查核实,特别是对其所欠只数的记录。祘会结束后,知马官对所放牧的马匹的情况要以"状"的形式上报,得到批复后,留存下来作为下次"祘会"的对比资料。

归义军政权对于马匹的管理还表现在对于死亡的马马皮的征收上。如P.2155v《归义军曹元忠时期(945—974年)驼马牛羊皮等领得历》记载:"华再德群马皮四十一张。"据上引文书P.3131V的记载,华再德是负责管理马群的知马官,他要向归义军政权交纳死亡马匹的马皮。张亚萍认为,从文书P.2641《丁未年(947年)六月都头知宴设使宋国清等诸色破用历状并判凭四件》记载"马院皮条匠胡饼四枚"来看,官马院中应设有皮革加工的部门和专门的皮条匠人从事马皮的加工。

三、敦煌赛神风俗中体现的对马匹等家畜的珍爱之情

对于家畜的珍爱之情还特别体现在当时颇为盛行的赛神风俗上。古人认为万物皆有神灵保佑,为保证牲畜健壮成长,人们往往以祭拜各种神灵的方式祈求对家

畜的庇佑,此即为赛神,包括赛驼马神、赛马神和马羊赛神等。

《周礼·夏官·校人》便已有"春祭马祖"之说。《诗经·小雅·吉日》:"吉日惟戊,既伯既祷。"①《尔雅·释天》云:"既伯既祷,马祭也。"②吴闿生在《诗义会通》注曰:"伯,马祖也。将用马刀,必为之先祷其祖。"马祖的具体对象是谁?《周礼·夏官·校人》郑注曰:"马祖,天驷也。"贾疏:"马与人异,无先祖可寻,而言祭祖者,则天驷也。"天驷即天马,也就是房星。《史记·天官书》:"房为府曰天驷。"索隐云:"房为天马,主车驾。"房星又别名天府、天驷。正义曰:"王者恒祠之,是马祖也。"③房星亦即二十八宿之一的房宿,即天蝎座 π、ρ、α、β 四星。以天上的房星为马祖神。

马祖之祭在隋唐以来于每年仲春举行,隋制:"常以仲春用少牢之礼祭马祖于大泽,诸预祭官皆于祭所致茅一日,积柴于燎坛,礼毕就燎,皆以刚日。"唐制:"仲春祭马祖……并于大泽,用刚日,牲各用羊一、笾豆各二、簠簋各一。"马祭有两个特点,一是地点在大泽,这是与马的主要活动地点有关;二是必须选用刚日,这是与柔日相对而言。《礼记·曲礼》上:"外事以刚日,内事以柔日。"注曰:"出郊为外事。"以天干为凭,十日中五刚五柔,甲、丙、戊、庚、壬为刚日。

敦煌乃天马的故乡,初唐时便设马坊(P.3714V),盛唐有马社(P.3899),晚唐五代归义军有马院(S.3728),当地的交通、运输、军事、生产都离不开马匹,对马神当然是虔诚供奉。不光是仲春,整个春夏秋三季都要祭拜驼马神,这是敦煌不同于其他地方的做法,由此也更体现出马匹在敦煌一带所受到的高度重视,显示了人们对动物资源有效保护的意念。如 S.3728《柴场司判凭》:"伏以今月二十三日马群赛神,付设司柽刺三束;二十四日……马院看工匠,付设司柴一束。"末署:"乙卯年二月日押衙知柴场司安祐成。"此乙卯年即后周显德二年(955年),二月仲春是祭马祖的时间。据陈垣《廿史朔闰表》推算,乙卯年二月二十三日为壬戌,正是刚日。马群赛神由衙府柴场司支付柽刺,柽指柽柳,即红柳;刺指沙漠中丛生的旱生灌木、半

---

①[南宋]朱熹注解,张帆、锋焘整理:《诗经》,三秦出版社,1996年,第178页。
②[晋]郭璞注:《尔雅》,中华书局,1985年,第76页。
③谭蝉雪:《敦煌岁时文化导论》,新文丰出版公司,1998年,第108—109页。

灌木,如骆驼刺、白刺等。到了冬季,柽柳的干枝可作燃料用,这符合燎坛之仪,在郊外设燎坛,祭奠完毕后,即点燃积于燎坛的柴草,在熊熊烈火中,结束马祖之祭。因为马祖乃天上的房星,通过燎柴,使烟气升腾于上天。

四月中、下旬,官驼马群开始到绿洲外围沼泽草甸一带放牧,又需进行一次祈赛。敦煌研究院001号《酒帐》:四月"廿二日马群入泽神酒壹角"。一角合当时十五升。S.2474a《庚申年(960年)归义军驼官张憨儿判凭三通》、S.2474b《己卯年(979年)归义军驼官邓富通给凭》记,四月廿五日以后"准旧马群入草泽,赛神细供七分,胡饼二十枚,用面贰斗叁升叁合,油五合六勺""准旧驼官邓富通等三群驼儿入草[泽],赛神用神食七分,胡饼二十枚,用面叁斗壹升,油壹升肆合"。所谓"细供",即制作精美的食物,用以祭拜驼马神灵。

五、六月夏季,又需拜祭先牧、马神。P.4640《归义军军资库布纸破用历》记:已未年(899年)五月十五日,"赛驼马神用画纸肆拾张";庚申年(900年)五月十四日"赛驼马神用钱财粗纸壹帖(伍拾张)"。P.2641《丁未年(947年)六月都头知宴设使宋国清等诸色破用历状并判辞》:"(六月)七日,使出赛马神设用细供叁佰伍拾分……"P.2667五代前期《都头知宴设使梁辛德状》:"右本月(六月)七日赛马神,押衙周文建传处分细供叁佰分,次了(料)壹佰分……。"八、九、十月秋季,还要在马院祭祀马社。P.2629《归义军衙内酒破历》:八月三日,"马院发愿酒壹斗,赛神酒伍升""九月一日,马院神酒伍升";十月十四日,"马院祭拜酒伍升"。此时赛神应是出于保佑厩内马群安全过冬、勿有损伤的目的。

四、敦煌《祭马文》等所见人马之情

综上可见,从二月至十月,月月均需祈赛驼马神,以祈求神祇的护佑。若驼马不幸死亡,也要设祭。如S.5637《祭马文》:

> 其马乃神踪骏骊,性本最良。色类桃花,目如悬镜……骋高原以纵辔,状浮云之扬天;驰丰草以飞鞭,等流星之入雾。陵东道而借响,望北风以长嘶。恋主比于贤良,识恩同于义士。忽以驱驰失候,检驭乖常,魂蹑

电而不还,影逐风而莫返;已绝如龙之迹,空留似鹿之形。裔其致远之功,念以代劳之效;不谓浮云灭影,吾门无曳练之征;流水停车,魏花绝寻香之智。既而代劳以速,便生念惜之情;怆悼愈深,遂发坛那之会。

此篇祭文写得形象生动,先是静态描写,简要勾勒出马的音容色貌;接着着重从马的动态方面着笔,对其奔腾驰骋之状,同浮云、流星作比,使马的矫健迅捷之态历历如在眼前。最后突出了马与人的情义,读之不免令人感动。

此外,敦煌文书中还有祭牛文、祭驴文、祭犬文等,人们对各种家畜的珍爱、护佑的思想由此可见一斑。如《祭驴文一首》:

> 呜呼!道路茫茫,赖汝相将。疲赢若此,行李交妨(放),肋底气胁胁,眼□(中)泪汪汪。草虽嫩而不食,豆虽多而不尝。小童子凌晨报来,道汝昨夜身亡!汝虽殒毙,吾亦悲伤。数年南北,同受恓惶。筋疲力尽,冒雪冲霜。今则长辞木凳,永别麻缰。破笼头抛在墙边,任从风雨;鞦鞍子弃于槽下,更不形相。念汝畜类之中,实堪惊讶。生不逢时,来于吾舍。在家时,则小刨小刷;趁程时,则连明至夜。胡不生于王武子之时,必爱能鸣;胡不生于汉灵帝之时,定将充驾;胡不如卫懿公之鹤,犹得乘轩;胡不如曹不兴之蝇,尚蒙图写!……教汝托生之处,凡有数般:莫生官人家,轭驮入长安;莫生军将家,打毬力虽(须)摊;莫生陆脚家,终日受皮鞭;莫生和尚家,道汝罪弥天。愿汝生于田舍汝家,且得共男女一般看![1]

此篇祭文形象刻画栩栩如生,心情描述跌宕起伏,音韵铿锵,朗朗上口,将人驴之间的情感写得十分真挚、生动;于萦回中见深挚,于呜咽处见沉痛,读之不禁令人伤感落泪。由此可见当时人们对于家畜的珍爱之情。

五、敦煌马骑赛神活动所反映的人们对马匹的喜爱

马骑古代称马戏。《盐铁论·散不足》:"戏弄蒲人杂妇,百兽马戏斗虎。"[2]把马骑

---

①谭蝉雪:《祭文》,载《敦煌文学》,甘肃人民出版社,1989年,第129页。
②[汉]桓宽著:《盐铁论·散不足》,上海人民出版社,1974年,第66页。

作为一种驯兽之戏。《三国志·后妃纪》："年八岁,外有立骑马戏者,家人诸姊皆上阁观之。"①马骑又称猿骑,陆翙《邺中记》描述石虎于元正之会在殿前作乐,"又衣伎儿作猕猴之形,走马上,或在肋、或在马头、或往马尾,马走如故,名为猿骑"。这是从形象的角度来命名,并把马骑列入百戏、杂技之类。马骑是一种马术绝技,表演时可供观赏娱乐,但随着骑兵在战斗中发挥出来的优势,马术作为激励骑兵素质的一种手段,又被诸军作为习武之艺。如《东京梦华录》卷七记载,每年三月《驾登宝津楼诸军呈百戏》,其中就有马骑项目:"诸班直常人祇候子弟所呈马骑,先一人空手出马,'引马'。次一人磨旗出马,谓之'开道旗'。"接下来就是形式各异的马术表演,其名目有仰手射、合手射、拖绣球、旋风旗、立马、骗马、跳马、弃鬃背坐、倒立、飞仙脯马、镫里藏身、赶马、绰尘、豹子马,等等,真可谓乘骑精熟、驰骤如神,反映出我国北宋时期马骑的水平。

敦煌重视骑兵,每年均举行马骑表演,从文书中见从三月底开始,敦煌就进行马骑表演的集中训练。P.4906《某寺诸色入破历》记载:"粟一硕二斗沾酒,调马骑看阿郎用。"调者调驯也,寺院的僧管以粟换酒去探望慰问马骑的调驯手。这反映出马骑活动乃敦煌社会生活中的大事,从衙府到寺院都很关注,马骑手亦得到当地人们的敬重。S.1366撰于北宋太平兴国时的《归义军府衙破历》记载了供马骑赛神活动的面、油支出:"(四月)准旧,马骑赛神细供七分,胡饼六十枚,用面四斗三升三合,油伍合陆勺。有偿(赏)细供拾分、胡饼六十枚,用面四斗九升,油捌合。"

对参加表演者给予奖赏。此次马骑表演共支出面九斗二升三合,若以六十枚胡饼的量分析,当时重体力劳动是每餐人均三枚,六十枚则是二十人的定量,如以一天三餐计算,则此次马骑活动应有骑手十人。

为什么马骑表演有赛神之俗?这一方面是和当时当地的宗教信仰有关,另一方面马骑都是些高难度的动作,有一定的危险性,通过赛神,亦寓保愿平安之意。

莫高窟第61窟西壁、北壁佛传屏风画中,在"太子学艺""后宫娱乐"等处就绘

---

①[西晋]陈寿著:《三国志》,中州古籍出版社,1996年,第67页。

有马骑的精彩场面：骑手立于马背，做探海（即燕式平衡）之势；或双手举铁排，或持双弓，奔驰前进；亦有四匹并排奔腾的马，一人在马鞍上来回跳跃旋转，最后左手扶鞍，全身凭空侧力，右手高扬，顺马飞驰，还有马肚藏身、地下捡绳等各种动作，可见敦煌当年马骑的水平高超。[1]

敦煌壁画中还反映出人们对战马的喜爱。如莫高窟晚唐等12窟法华经变中有一幅《作战图》，描绘旌旗飘扬、战马奔腾的场景。西魏第285窟中有一幅《五百强盗成佛图》，描绘的是强盗们与官兵进行战斗的激烈场面，画面中的强盗们徒步而战，官兵们却身披铠甲，手握长枪，骑着骏马，明显占据优势。骑马对取得战争的胜利是至关重要的，人们将胜利的希望寄予战马，形成了崇尚战马的观念，也促进了人们对马匹的珍惜与爱护。

六、敦煌解梦书中体现的人马之情

人们对于马的喜爱，还反映在敦煌写本解梦书中。敦煌解梦书是敦煌占卜类文献中最重要的一种，对于研究中国古代关于梦的迷信、敦煌古代民俗及社会学都有很高的价值。其中一些内容并非纯属迷信的说教，也包含着若干合理的积极因素，有着人们朴素的对自然环境方面的积极思考，涉及马的一些梦兆即是如此。

如 P.3908《新集周公解梦书一卷·六畜禽兽章第十一》："梦见牛马者，有大吉。……梦见骑马者，远信来。"S.620《占梦书残卷·六畜篇第卅一》："梦见走马，有急事。梦见乘赤马，王文书，大吉。……梦见乘青马，有庆事。……梦见乘紫马，大吉。……梦见乘马走，大富贵，或远行。……梦见牛马产者，吉，或有客，亦得财。梦见马出行，家神不安。……"P.3990《占梦书残卷》，亦有类似记载。可见，凡是梦见马者，无论是骑马、走马、赤马、青马、紫马，皆为大吉或大富贵的征兆；反之，梦见马离家出行则不吉利，生动地反映了浓浓的人马之情。

---

①谭蝉雪：《敦煌岁时文化导论》，新文丰出版公司，1998年，第173—175页。

二

西北历史文化研究

甘肃历史文化在华夏文明中的地位论略

甘肃历史文化,或可称之为河陇文化,是一支具有鲜明特色的地域文化,同时又是中华文化中不可或缺的有机组成部分之一,在华夏文明中占有极其重要的地位。深入研究和挖掘甘肃历史文化的内涵及其特色和优势,不仅是我国地域文化研究的重要内容,而且对于丰富中华文化的内涵,增强中华民族的向心力和凝聚力;对于打造华夏文明传承创新区,建设幸福美丽新甘肃,都具有十分重要的意义。

甘肃建设华夏文明传承创新区的优势在哪里? 甘肃文化资源富集程度如何,在全国可排第几位? 如何依靠得天独厚的条件,打造西部文化创新发展高地? 如何深入挖掘、盘活厚重的历史文化资源,使传统文化成为融入现代化进程的"活的文化",为今天甘肃经济社会发展服务? 这些问题都需要我们认真思考,传承创新区的建设更需要我们去努力践行和勇敢担当。

一、甘肃历史文化是中华文化的核心组成部分之一

甘肃位处祖国西北内陆,与东中部发达地区相比,经济发展相对滞后,然而在历史文化的积淀上却十分丰厚,曾写下过灿烂的篇章,为我们民族和国家的发展建树过不朽的丰碑,曾为丝绸之路的畅通和繁荣做出过杰出的贡献。甘肃历史文化品位高雅,价值非凡,魅力永恒,不仅在全国占有极重要的地位,而且许多方面在世界上都享有盛誉。

·甘肃是中华远古文明的重要发祥地;

·甘肃是中华民族重要的文化资源宝库;

·甘肃是古丝绸之路所经的黄金路段和枢纽地带;

·甘肃是我国历史上率先对外开放的地区,河西走廊为我国走向世界的第一条

通道；

　　·甘肃是世界上四大文化体系汇流之区；

　　·甘肃是众多民族繁衍生息、融合的历史舞台；

　　·甘肃是中原王朝经营西北的战略要地；

　　·甘肃是享誉遐迩的文物大省；

　　总之，甘肃历史文化是中华文化的核心组成部分之一。

二、甘肃历史文化的内涵及其比较优势

　　甘肃历史文化的内涵如何，其比较优势主要体现在哪里？我们可从以下几个方面做具体分析。

　　甘肃为黄河流域文化的渊薮之一，是中国文明的重要起源地之一。我们勤劳、智慧、勇敢的祖先，在这块广袤的土地上生息、繁衍，创造了灿烂的文明，留存下丰富的遗迹遗物。甘肃境内发现的距今20万年至2万年的旧石器遗址多处，新石器遗址则遍布全省各地，达数千处之多，构成了完整的发展序列。于秦安县发现的大地湾新石器遗址，埋藏极为丰富，文化内涵齐全，一期文化年代距今远达8200年，为仰韶文化先驱。庆阳南佐遗址与张家川圪垯遗址，2021年12月入选国家文物局发布的"考古中国"重大项目，两处遗址均为仰韶文化类型，为中华5000年文明史再添新证，再次印证陇东地区在研究中华文明起源中的重要地位。

　　甘肃为羲皇故里。古史传说中的三皇之首、中华民族敬仰的人文初祖伏羲的诞生地就在今天水一带。至今天水市境内及其周边一带仍保留了一大批与伏羲、女娲相关的遗迹遗物以及许多优美的故事和传说。同时，甘肃也是中医鼻祖岐伯的故里。

　　甘肃是大禹文化的富集之地。有关大禹的记载和传说不绝于册，大禹遗迹遍布省内许多地方，尤其是在黄河上游的大夏河、洮河流域更是如此。甚至有人认为大禹真正的出生地即应在今临夏一带的河湟地区。

　　甘肃是周人、秦人发迹、崛起之地。周人、秦人都以陇右为根据地，雄长一隅，

最终定鼎中原。周人在陇东的泾河和中部的渭河流域创造了我国的早期农业,以农耕兴。建立我国历史上第一个多民族大一统封建专制主义中央集权国家的秦人亦祖居甘肃东部,也是从渭河上游和西汉水上游一带兴起,而东进中原,成就其霸业的。今礼县遗存有规模宏大、出土物极丰的秦先祖陵墓群。

甘肃是闻名于世的丝绸之路所经的黄金路段和枢纽地带,是世界上四大文化体系的汇流之区。从甘肃的地理位置来看,位居东亚与中亚的接合部,是我国东中部腹地通往西北地区乃至西方各国的天然走廊和必经孔道。国学大师季羡林先生有一段名言:"世界上历史悠久、地域广阔、自成体系、影响深远的文化体系只有四个:中国、印度、希腊、伊斯兰,再没有第五个。而这四个文化体系汇流的地方只有一个,那就是中国的敦煌和新疆地区,再没有第二个。"这里的敦煌是兼指整个河西走廊。丝绸之路是古代沟通旧大陆三大洲最重要的通道,数千年来曾为整个人类世界的物质文明和精神文明做出过巨大贡献,被誉为"世界文化的大运河""推动古代世界历史车轮前进的主轴"。丝绸之路贯穿甘肃全境,其主干线在甘肃东西绵延长达1600多公里,约占其全程总长度的1/5,甘肃遂成为东西方经济文化交流不可替代的桥梁,东西方文明在这里交融汇聚,西传东渐。丝绸之路极其丰富的文化遗存成为甘肃历史文化资源中最有优势、光彩和魅力的品牌。

甘肃是我国历史上率先对外开放的地区,河西走廊堪称我国走向世界的第一条通道。我国历史上的对外开放,可追溯至2100多年前汉武帝时期的张骞出使西域。随着丝绸之路的开拓,促进了东西方经济文化的交流,使汉族和西北边疆各族、使中国和西方许多国家和民族建立了友好关系,因而史家称这一壮举为"凿空"。位于西域门户的河陇得对外开放的风气之先,往来于河西、陇右通道上的商旅、使者"相望于道",不绝于途。

甘肃是享誉遐迩的文物大省。在漫长的历史发展中,陇原大地上留存下来了许多价值极高、饮誉全球的文物古迹和遗址名胜。如武威雷台东汉墓葬出土的铜奔马,完美地塑造出了一个天马腾空的形象,轰动海内外,一时间"四海盛赞铜奔马,五洲争说金缕衣",最终被确定为中国旅游图形标志。又如清乾隆时编纂的《四库全书》文溯阁本今藏兰州。再如甘肃是我国彩陶保存最为集中、品级最高的地区,被誉为"彩陶之乡"。他如,长城、石窟、碑铭、古代文书、简牍、古城址、古建筑、古墓葬等文物遗存,争奇斗胜,不胜枚举。

甘肃有世界上独一无二、规模壮观的石窟走廊和艺术长廊。莫高窟、麦积山、炳灵寺、榆林窟、马蹄寺、北石窟、南石窟、天梯山、云崖寺等50多处石窟群、2500多座洞窟、16000余身造像、56000余平方米壁画,灿若繁星,辉耀于陇原大地。无论从石窟群和石窟的数量,所存造像、壁画的规模,还是从其艺术、历史价值来看,不仅在国内无有及者,在世界上也难有其匹。

甘肃是世界文化遗产万里长城所经的重要路段和现存长城长度最长、保存遗迹最多、形态结构最复杂、最具代表"长城文化"的地区。秦、汉、明三代长城如游龙走凤,至今仍绵延于陇原大地,总长度超过4000公里,长城沿线许多烽燧、城障、关隘遗迹今仍历历可见,气势磅礴。如敦煌玉门关及其附近的长城塞垣为我国汉长城中遗存最完好、气势最雄伟的段落。明长城西端点嘉峪关,为万里长城全线中保存最完整、规模最宏大的关城,享有"天下第一雄关""边陲锁钥,长城主宰"的美誉。

甘肃保存了一批造型精美、艺术和历史价值极高的寺院庙宇,在全国占有重要地位。我国藏传佛教格鲁派六大寺院之一的拉卜楞寺,金碧辉煌,美轮美奂,是甘、青、川三省交界地区的宗教文化中心。始建于公元11世纪末的西夏皇家寺院张掖大佛寺,保存有目前中国最大的卧佛殿、亚洲最大的室内木胎泥塑卧佛。武威白塔寺遗址为元代阔端太子为西藏佛教领袖萨班所建,是祖国统一西藏的历史见证。他如,武威文庙、天水南郭寺、静宁清真寺、卓尼禅定寺、贡巴寺、碌曲郎木寺等皆名闻遐迩。

平凉崆峒山号称"道家第一名山""南来第一山"。据记载,早在秦汉时就为西北名胜,以后各代该山佛、道寺观多有修建。今崆峒绝顶之北的皇城保存完整,真武殿、老君殿,以及传说黄帝问道于广成子的问道宫等凝重典雅、巍峨堂皇,山下凌空塔耸拔庄严。省内其他道教圣地如泾川王母宫、天水玉泉观等亦很有名。

甘肃是西王母文化的发祥地。在中国灿烂的历史文化遗珍中,西王母是一位与黄帝有着同样重要传说的领袖人物,又是一位仙界显赫尊神,也是中华民族的远古先祖。中国古代哲学思想认为,西王母是化生中华的神灵之一,她与东王公分别主理造化万物的阴、阳二气。西王母手中掌有"不死之草"和"长寿之桃",是中国人期望生命永恒的美好化身,因而西王母受到广泛持久的崇拜信仰。然而,西王母的降生处以及西王母文化的发祥地在哪里?经考证,普遍认为今甘肃省泾川县回山即是西王母的降生处和发祥地。

甘肃是我国近代四大文献考古发现的两大奇观——敦煌遗书和汉代简牍的出土地,有举世瞩目的国际性显学——敦煌学、简牍学、西夏学等。1900年,随着莫高窟藏经洞中珍藏的5万余件古代文书和其他一批珍贵文物的发现,敦煌的名字震动了全球,国际上遂兴起了敦煌学,至今仍方兴未艾。目前全国出土汉简70多批次、73600余枚,而甘肃出土汉简30多批次、6万余枚,占全国所出汉简总数的82%,此外还有天水放马滩秦简及河西地区出土的一些魏晋简和唐代吐蕃简。这些简牍的出土形成了甘肃古代文化的又一大特色和优势。

甘肃境内现存的许多古建筑不仅在西北,乃至在全国都是罕见的精品佳构。佛塔、钟楼、桥梁、宅院、牌坊、台基,等等,应有尽有,异彩纷呈。如永登鲁土司衙门是西北地区现存最完整的一组宫殿式土司古建筑群,兰州黄河铁桥始建于1907年,为黄河上最早的铁桥,结构美观,气势夺人。

甘肃历史上向为兵家必争之地,又是屏蔽关中、中原的门户和中央王朝势力强盛之时向西发展的重要根据地,或名之曰中原王朝向西伸出的右臂。汉、魏、隋、唐、宋、元、明、清各代都把河陇作为整个西北地区的战略支撑点。因之历代中央王朝大都十分重视对河陇的经营开拓:修长城,列亭障,筑关塞,屯兵戍守,徙民实边,广置屯田,大兴农牧业生产,发展对外贸易和茶马贸易,以致唐代出现了"天下称富庶者无如陇右"的盛况。甘肃大地上因之留下了许多古战场遗迹和著名的边防关塞遗址。如天水、陇南一带仅三国争雄时期遗址就留存不少。

甘肃是我国也是世界上古城遗址保存数量最多、类型最复杂、时代序列最齐全、出土物相当丰富的地区。据不完全统计,省境现存各类古城址不下800座,其中仅河西遗存的汉唐时期古城址就有300余座。它们是我国古代文明具有权威性的历史标本和实物载体,是古丝绸路上留存的一笔丰厚的历史遗珍。

甘肃境内的古墓葬、墓群也很多,有的品级颇高,为全国所仅见。礼县大堡子山秦公墓地是秦始皇先祖庄公、襄公、文公的墓葬群,距今已有2700余年,规模宏大,规格同于帝王,出土了大批珍贵的文物,为我国商周考古上罕见的重大发现。张家川马家塬战国戎王墓,发现多处大型车马坑,出土大量珍贵文物。武威雷台汉墓为著名的铜奔马和铜车马仪仗的出土地。嘉峪关、酒泉、高台等地的魏晋壁画墓群,保存彩绘砖墓画千余幅,成为轰动中外的地下画廊。近年发现的武威唐代吐谷浑王族墓葬群,包括吐谷浑喜王慕容智墓等23座墓,出土罕见的六曲屏风、列戟屋模型等文物,显示了古丝绸路上各民族交往交流交融的历史进程,是中华民族多元一体格局的重要实证。

甘肃境内岩画、碑石、摩崖石刻等不少,在全国同样具有重要意义。甘肃岩画是我国北方岩画的重要组成部分,被称为留在石头上的史诗长卷。又如,成县西峡颂摩崖碑刻,为汉代三大颂碑中保存最完整的一处,其碑文和书法均有很高的考古研究和临摹鉴赏价值。

甘肃大地孕育的姓氏文化在全国亦有重要影响。如陇西被公认为是李氏祖根的所在地。李氏文化资源对于联络海内外亿万李氏同胞的亲情,吸引全世界李氏华人来甘肃寻根祭祖,投资兴业,促进旅游业发展等方面均有重要价值。

甘肃的古代文化曾几何时还能独领风骚,为祖国的历史发展做出特殊的重要贡献。如十六国时期,天下大乱,而河西因地处偏僻、山河阻隔,未受或少受中原战乱的波及,一时间"中原避乱来者日月相继",其中有不少来自内地的著名学者。他们在河西著书立说、收徒授业,发达的中原文化和大批珍贵学术典籍得以在河西保存、发展。中原学术文化成果在河西炽成郁郁葱葱之势,史家称此为"五凉文化"。北魏统一北方后,侨寓河西的中原学者和河西本土学者大部东迁,中原大地遂激荡起河西文化的波澜。

甘肃历史上是多民族繁衍生息之地和民族大迁徙、大融合的舞台,曾为中华民族各个民族间的交往、团结和发展作出过历史性贡献。多民族的共同开发建设,赋予甘肃历史文化多元的内涵和斑斓色彩。

甘肃在古代科技上占有重要地位,保存了许多极为重要的文献和图像史料,不少方面在当时居于世界领先水平。如敦煌出土的科技方面的资料就很丰富,含医学、数学、天文学、历法、印刷、酿造、农作、建筑、冶炼、交通、纺织、服饰、饲养、园艺、护肤、颜料、工艺、洞窟开凿、彩塑彩绘、化学化工、军事兵器、交通工具、水利灌溉、玻璃制品、农林牧业生产、体育健身等,不一而足。除文献记载外,敦煌石窟亦是一座中国古代科技史的画廊。如敦煌文书S.3326《全天星图》,是世界上现存记载星数最多(1359颗)、绘制最科学的一幅中古时代星图;敦煌发现的(梁)陶弘景《本草集注》,收药730种,是目前所知最早的本草类著作,被医家奉为圭臬,有本草正典之称;唐显庆四年(659)李勣、苏敬《新修本草》卷二〇(S.4534等),收药9类844种,图文并茂,为我国第一部官颁药典;敦煌马圈湾、悬泉置出土西汉纸,将我国造纸史提前了170多年,敦煌文书本身就构成了一部完整的长达千余年的纸谱;敦煌所出唐咸通九年(868)刻本《金刚经》,为迄今所见世界上第一件标有确切年份的雕版印刷品;榆林窟第3窟西夏壁画烧酒蒸馏图,证明西夏时期就已经发明了蒸馏技术,这是酿造技术史上划时代的进步。

甘肃为我国口头与非物质文化遗存十分丰富且颇具特色的地区。甘肃境内现已公布68项国家级和333项省级非物质文化遗产代表性项目,已确认41名国家级和617名省级非遗代表性传承人。花儿、洮砚、兰州太平鼓、庆阳香包与刺绣、陇东皮影、道情、天水雕漆、兰州刻葫芦、羊皮筏子、临夏砖雕、保安腰刀、酒泉夜光杯、拉卜楞寺酥油花、甘南藏戏、白马藏族服饰与习俗、西和乞巧节俗、裕固族民歌与服饰、敦煌古乐、敦煌舞谱,以及古典诗词、书画、地方餐饮等,多姿多彩,美不胜收。这批遗产文化、学术价值颇高。如甘宁青一带广泛传唱的花儿和流行于环县的道情皮影戏、格萨(斯)尔、藏戏(南木特藏戏),已被联合国教科文组织公布为人类非物质文化遗产代表作。

悠久辉煌的历史,必然造就一代代英才俊杰,陇右自古多名流,江山代有才人出。远的暂且不说,仅汉代以来甘肃就涌现出了如李广、霍去病、吴玠那样忠心耿耿、驰骋沙场的战将;如王符、皇甫谧、牛弘、邢澍、张澍那样学识广博、著述丰硕的学者;如窦融、张议潮等维护祖国统一和民族团结、反对分裂的功臣;如李白、李益、李贺、李梦阳等杰出的诗家,犹有治世惠民之能吏,廉洁直言之净士,反抗压迫的起义者,还有许多少数民族的英雄豪杰,众彩纷呈,各具千秋。在他们身上凝聚和体现了中华民族的崇高品德和精神风貌,光耀史册,风流千古。

甘肃拥有的红色文化旅游资源也十分丰富,且颇具特色。甘肃被誉为红军长征途中的"加油站"和转折点,以南梁为中心的陕甘革命根据地"一存两点",是中央和中央红军长征的落脚点,也是八路军奔赴抗日前线的出发点,在中国革命史上做出过重大贡献。

三、甘肃历史文化的突出特色——源头性、开放性、多元性、浑融性与创新性

综观数千年的河陇文明史,无不使人强烈地感受到源头性、开放性、多元性、浑融性与创新性,为甘肃历史文化中最具特色、最为闪光的亮点,也是甘肃历史文化在华夏文明中最为突出的特征。

源头性主要表现在,地处黄河上游的甘肃是中国文明的重要起源地之一,曾对华夏文明的孕育和发展作出过重要贡献。如以上所举秦安大地湾新石器遗址,是我国目前发现的内涵最为丰富的新石器早期遗址,不仅发掘规模之大在全国罕见,而且对于研究中国古代人类活动,特别是对研究中国古代文明的形成和发展,提供了十分丰富的科学资料。其一期文化年代距今远达8000年,比仰韶文化早约1000年。所出人头形器口彩陶瓶、圜底鱼纹彩陶盆等大量精美的彩陶器,是中国以至世界上最古老的彩陶器,也由此证明黄河流域亦是世界上彩陶文化的发源地。大地湾保存了我国最早形成系列的原始建筑群,其中原始礼仪性建筑F901房址,其主室室内居住面积131平方米,为当时我国面积最大、工艺水平最高的房屋,是中国宫殿式建筑的雏形和先驱;一期出土的彩陶上发现十多种彩绘符号,被认为是中国文字最早的雏形;一期出土的7000多年前的碳化黍、油菜籽等标本,证明甘肃东部

是我国北方旱作农业的发祥地,亦是中国农业文化的起源地之一。

又如,庆阳市西峰区后官寨镇南佐遗址为目前所见的巨型史前遗址,距今5000年左右,初步调查其面积约600万平方米,比石峁遗址大200万平方米,其核心区面积约30万平方米,由9座大型夯土台围合,外围有三重环壕,核心区有一座630平方米的宫殿式建筑F1,其体量规模同时期遗址无出其右。遗址中出土白色堆纹陶、白衣陶、黑陶、大型彩陶罐等遗物,还有大量水稻遗存,显示了较高的社会发展水平。该遗址为仰韶文化晚期最大的聚落遗址之一,体现出其强大的社会公共权力,显示出当时陇东地区已进入早期国家或文明社会。

又如,张家川回族自治县大阳镇的圪垯川遗址,其仰韶时期遗存面积约16万平方米,年代距今6100年至5600年,发现仰韶早期史家类型大型环壕聚落,中心区为一处广场,周边有向心分布的3组房屋,计百余座,中心广场还发现大型粮仓一座,容积近60立方米,底部有炭化粟黍遗存。该遗址还出土陶、石、玉、骨、蚌壳、动物骨骼等遗物,并发现玉权杖头1件。圪垯川遗址是黄河流域目前发现保存最完整、内涵最丰富的仰韶文化早期聚落之一,是陇西黄土高原上继大地湾遗址之后又一重要考古发现,证明该区域与关中和中原地区一样是仰韶文化的又一中心,在中华文明起源过程中具有极为重要的地位。

专家认为,南佐遗址与圪垯川遗址的发现,有助于改变仰韶文化属于中原地区文化的传统,有助于以多元的新视角解读中华文明形成的宏大进程。

再如,华夏人文始祖伏羲,是由蒙昧时代走向文明前夜的文化先驱者,其发祥地即在以天水为轴心的渭河中上游一带。史载伏羲生于成纪的雷泽,并在此长大。古成纪的地域应指今天水、静宁、甘谷等地的渭河及葫芦河等支流一带。伏羲织网罟、创书契、画八卦、制嫁娶、立九部、设六佐、作历度、定节气、尝百药、造琴瑟、钻木取火,对人类文化的贡献至伟至巨。至今天水市内仍保留全国最大的伏羲庙——明代重修的太昊宫。市区西北的三阳川又有伏羲卦台,俗称卦台山,传为伏羲画卦处。其他与伏羲、女娲相关的遗迹遗物,如风台、风谷、风茔、女娲祠、"羲皇故里"石碑,以及麦积山石窟中的伏羲女娲交尾雕塑、卦爻衣着人物塑像和壁画等,应有尽有。

再如,甘肃也是轩辕黄帝的诞生地和陵冢所在地。《水经注》卷一七记载,渭水流经天水一带时轩辕谷水注之,水出轩辕溪,东汉时有学者认为"黄帝生于天水,在上邽城东七十里轩辕谷"。今天水北面的清水县东仍留有轩辕谷之名,俗称三皇沟,这里曾建三皇庙,曾立有"轩辕故里"石碑,清水县北又有轩口窑,这一带还留下了大量与黄帝有关的传说。据《括地志》《元和郡县图志》等史书记载,黄帝衣冠陵冢所在的桥山在宁州真宁县东80里的子午山,即今甘肃正宁县五顷原乡的子午岭南端,陵冢犹存。因此追寻龙族血脉,探访华夏渊源,是甘肃历史文化研究中的一大课题。

再如,中医鼻祖岐伯的故里就在甘肃的庆阳。岐黄文化博大精深、内涵丰富,为中华民族乃至世界文明进步作出了重要贡献,被联合国教科文卫组织列入世界记忆名录。中华中医药学会授予庆阳市为"岐黄文化传承基地"。

再如,甘肃为大禹文化富集之地。被尊为"五经之首"的《尚书》中有一篇很有名的《禹贡》,记大禹导山浚川、敷土作贡之功。其中多处涉及我省境内山川。如:"导河积石,至于龙门……入于海。"导山"西倾、朱圉、鸟鼠……"我省甘南一带为西倾山东段,朱圉山位于今甘谷县西南,这里留有清代摩崖石刻"禹奠朱圉"。《水经注》卷二引《晋书地道记》曰,大夏(今广河县境内)"县西有禹庙,禹所出也"。《史记》亦记:"禹兴于西羌。"《集解》引皇甫谧曰:"禹生自西羌。"羌族分布于今甘、青、川的广大地域,原中心居地应在河湟一带,包括黄河上游及湟水、大夏河、洮河等地。因而我们有理由认为,大禹的故乡在大夏川,洮河、大夏河流域是其重要的发祥地。

以上几方面足以说明,甘肃的确是中华文明的重要起源地之一。除上述之外,周先祖和秦先祖也是在甘肃东部一带生息繁衍而兴旺发达起来的。周朝八百年的业基就是从陇东开始创建的。周始祖后稷善稼穑,被人们尊为神农,其子不窋因夏朝太康时政乱,率领族人来到今庆阳一带,又经过鞠、公刘几代,"修后稷之业,务耕种,行地宜",苦心经营,创造了灿烂的农耕文化,并凭借其在陇东奠定的雄厚实力,东进中原,翦灭殷商,建立了强大的周王朝。今庆阳仍留存周祖遗陵、不窋故城、周旧帮木坊、公刘殿等遗迹。春秋时期,秦人在今天水一带奋发图强,逐步由弱小走向强大,进而建立霸业,入主中原,横扫六国一统天下,建立了秦王朝。周秦的典章制度,或者说周秦文化,是中华文化的重要组成部分,对后世的影响至深且巨。

甘肃历史文化的开放性主要表现在,河陇位处世界上几大文化体系的汇流之区,汉唐中国盛世以其恢宏的气魄、灿烂的文化向世界展开胸怀,随着丝绸之路的畅通,位处文化体系汇流之区的甘肃,每每得风气之先,敞开大门,广接八方来客,海纳外来营养,表现出对外来文化强大的融合力。众所周知,世界上古老的几大文明中唯独中华文明从未间断,绵延至今。辽阔的中国大西北处在世界四大文化体系的中间,一直是东西方政治、经济、文化的过渡地带,成为唯一从陆上将四大文化体系联结起来的地区,在世界文化地图上占据着举足轻重的地位。中国文化西传波斯、阿拉伯、希腊、罗马及其以远,欧洲和西亚、中亚文化的东渐,甘肃都是必经之地;中国文化南传印度和南亚,印度文化传入中国,甘肃亦是主要通道。甘肃自古以来就是世界四大文化区域交流的枢纽。

正是由于这种区位优势,陇原各地得以长时间地吸收、汲取丝绸路上的各种文明成果来滋养自己,促进自身经济文化的发展和繁荣。如佛教和佛教艺术自两汉之际经河西、陇右传入我国内地,十六国时众多的西域佛僧来到河西,译经授徒,蔚成风气,凉州、敦煌等地成了我国佛经翻译的中心。蜚声中外的莫高窟等众多的佛教石窟群似明珠般地闪烁在丝路古道上,光艳夺目,让世人惊叹。它们是中外文化友好交流的结晶,是丝绸路上留下的光辉历史足迹。

甘肃历史文化的多元性特色,主要表现在多民族的聚住杂居,多种文化体系的交错融合,多种宗教的并存和互相渗透,多种风俗习尚的交互熏染等方面。习近平总书记指出,多样性是人类发展的魅力所在,更是世界发展的活力和动力之源。由于开放性,河陇历史文化必然表现为多元融合的格局而不会只有单一成分。从总体上看它既有中国文化,又有域外文化。进一步说,在中国文化中既有中原传统文化,又有西域文化、吐蕃文化等;在域外文化中则有印度文化、波斯文化、拜占庭文化等。

就国内方面来看,甘肃位于黄土高原、青藏高原、内蒙古高原三大高原的结合带,历史上一直是生活在这些地域以至更大区域范围内的各民族往来、迁徙、交流、争斗、融合非常频繁的地域。农耕民族和诸多游牧民族在本区的进退及其政治、军事、经济等方面的活动,不仅对于甘肃历史的发展,而且在全国历史上都产生过不容忽视的重要影响。在陇原这个各民族活动的历史大舞台上,汉族以及回族、党项族、满族等,北方蒙古高原来的匈奴、鲜卑、突厥、回鹘、蒙古等族,南方青藏高原来的羌、吐谷浑、吐蕃(藏)等族,西方来的昭武九姓和其他胡人、哈萨克族等,以及从这里西出的塞种、乌孙、月氏等族,东去的沙陀等族,南迁的羌族等,都曾同台或轮番演出过一幕幕有声有色的历史活剧。

著名学者费孝通先生根据民族学界多年来的研究成果,提出了"民族走廊"的概念,指一定的民族或族群长期沿着一定的自然环境,如河谷或山麓地带向外迁徙或流动的路线。在这些走廊中必然保留着该民族或族群众多的历史与文化沉淀,几条大的民族走廊即是一条条古代交通路线。河西走廊正是我国一条路线最长、历时最久、规模最宏大、文化沉淀最丰厚的民族走廊。

兹举一例。公元1247年,代表西藏僧俗各界的政教领袖萨班与蒙古汗国皇子阔端,在凉州(今武威市)就西藏的归属问题举行了著名的"凉州会谈"。会谈的成功使西藏正式纳入伟大祖国的怀抱,成为中国神圣领土永远不可分割的一部分,藏族成为中华民族大家庭中永远不可或缺的成员。河西走廊为促进统一的多民族国家的巩固与发展建树了永不磨灭的功勋。

以上是就国内民族的多元文化来说,再拿来自中亚、西亚的胡文化来说,早自西汉张骞"凿空"不久,粟特等中亚、西亚民族就大量涌入河陇,及至唐五代时期达到高潮,粟特等民族胡文化亦随之传入,遂为河陇当地的社会文化注入了新的血液和营养,使这里的文化面貌呈现出新气象。如当时敦煌辖有13乡,其中从化乡为粟特人的聚居之区,散居他乡的胡人亦不少,敦煌当地的民风习俗诸如赛祆、婚丧、服饰、饮食、乐舞、体育等等,无不受其浸染。又如,隋唐时期的九部乐中,西凉乐、龟兹乐、天竺乐、康国乐、疏勒乐、安国乐都是经由河陇地区传入中原,而盛行于宫廷的。至于西域百戏、胡旋舞、胡腾舞、柘枝舞等,也是在河陇流行并风靡于内地的。河陇文化的多元性是古代丝绸路上东西方文化交流的生动缩影和典型范例。

甘肃历史文化的浑融性特征则主要表现在,河陇文化在其长期的历史演进中"海纳百川,有容乃大",形成了极强的包容性,它并不排斥外来的同质或异质文化,这方面的有关例证不胜枚举。浑融不是混合,也不是取消差异,取消民族特色,文化的认同并不等于文化的同化,而是你中有我,我中有你,是在更高层次上和更广范围内的优势互补和发展进步。著名学者姜亮夫先生评论敦煌艺术:"包罗了中国传统的艺术精神,也包罗了中西艺术接触后所发的光辉,表现了高度的技术及吸收类化的精沉的方式方法,成为人类思想领域中的一种最高表现。它总结了中国自先史以来的艺术创造意识,也吸收了印度艺术的精金美玉,类化之,发挥之,成为中国伟大传统的最高标准,它是人类精神的最高发扬。"不独敦煌艺术如此,整个河陇文化亦鲜明地表现出这种特征。本土文化与外来文化的自由交流,东方文明与西方文明的交融汇合,使得甘肃历史文化不但是本乡本土的产物,而且成为东西方文化交流融合的范例。

甘肃历史文化的创新性主要表现在,甘肃作为丝绸之路的主通道,对于世界历史的作用和贡献却不仅仅体现在"通道"上,如果只是将其看作"通道"的话,那就会大大低估和矮化其应有的历史意义和价值;更重要的作用和贡献在于甘肃还是东西方文化交流、整合、交融及其创生衍化和发展嬗变的加工场、孵化器和大舞台,是文化创新的高地。就拿最具有代表性的敦煌文化来说,其交融创新的特点就十分突出。西方文化传入中国后,大多要通过敦煌、河西等地进行中国本土化过程,或与中国传统文化碰撞、交流、整合后再继续东传。同样中原文化向西传播亦是经过河西、敦煌发生文化的交流交融。敦煌在整合文化资源、创新文化智慧方面有着独具特色的优势。例如敦煌石窟(包括莫高窟、榆林窟、西千佛洞、东千佛洞、五个庙石窟、昌马石窟等)的营造者们从一开始就是进行再创造,他们适应中国人的审美情趣和艺术追求,按照中国人自己的观念来理解佛教教义,描绘天国的理想境界,创作佛教的神祇;以中国人喜见乐闻的形式宣传佛教思想,表达佛教内容。他们在创作中发挥出极大的聪明才智,体现出卓越的创造精神。

就拿敦煌壁画中的飞天来说,其艺术形象源自印度,又名乾闼婆、紧那罗,是佛教天国中的香神和音神,即专施香花和音乐的佛教专职神灵,莫高窟中的飞天多达6000余身。飞天形象传入敦煌后,经不断地交融发展、艺术创新,完全摆脱了印度石雕飞天原有的样式,以全新面貌展现于世人面前,美不胜收,与印度的石雕飞天已非同日而语。著名学者段文杰先生说:"敦煌飞天不是印度飞天的翻版,也不是中国羽人的完全继承。以歌伎为蓝本,大胆吸收外来艺术营养,促进传统艺术的改变,创造出的表达中国思想意识、风土人情和审美思想的中国飞天,充分展现了新的民族风格。"

再拿西域传入的胡旋舞来说,其源于康国,故而又名康国舞,约北周时传入我国,隋唐时大盛。白居易长诗《胡旋女》描绘其舞蹈场景:"胡旋女,胡旋女,心应弦,手应鼓。弦歌一声双袖举,回雪飘摇转蓬舞。左旋右转不知疲,千匝万周无已时。人间物类无可比,奔车轮缓旋风迟。曲终再拜谢天子,天子为之微启齿。胡旋女,出康居,徒劳东来万里余……"胡旋舞的场景在莫高窟壁画中比比可见。例如第220窟北壁药师经变中的两对伎乐天所跳胡旋舞姿十分优美。第一对舞伎均头戴珠冠,上身着短袄,下身穿裤裙,裸臂着钏,跣足,手舞长巾,一腿立于圆毯上,一腿弯曲抬起,一手举过头顶,一手弯曲下垂,给人以飞速旋转的视觉冲击;第二对舞伎展臂旋转,所着长巾、佩饰卷扬飘绕,动感极强,似乎是同一舞伎两个连续旋转动作的绘制。其舞蹈动势,颇有"蓬断霜根羊角疾,竿戴朱盘火轮炫,骊珠迸珥逐飞星,虹晕轻巾掣流电……万过其谁辩始终,四座安能分背面"的胡旋舞飞旋优雅的姿态。[①]在第12窟、146窟、108窟等窟壁画中还有男性表演的着长袖衣、旋转踏跃的胡腾舞。

又如,著名的《西凉乐》就是以龟兹为主的各族乐舞与流行河西一带的"中原旧乐"(包括清商乐)融合而成的,为西域音乐传入之后融合西方少数民族音乐的代

---

①柴剑虹:《胡旋舞散论》,载《敦煌吐鲁番学论稿》,浙江教育出版社,2000年5月,第288—297页。

表,是古代敦煌、河西(凉州)各族人民共同创造的乐舞艺术。唯庆善乐"独用西凉乐,最为娴雅"。乐舞表演离不开乐器伴奏,于敦煌壁画中见,主要乐器有琵琶、曲项琵琶、五弦、胡琴、葫芦琴、弯颈琴、阮、花边阮、答腊鼓、腰鼓、羯鼓、毛员鼓、都昙鼓、鸡娄鼓、节鼓、齐鼓、担鼓、军鼓、手鼓、鼗鼓、扁鼓、竖笛、横笛、凤笛、异型笛、筚篥、笙、竽、筝、角、画角、铜角、箜篌、凤首箜篌、方响、排箫、串铃、金刚铃、拍板、钟、钹、铙、海螺等,它们大多出自西域。①如《隋书·音乐志》:"今曲项琵琶、竖箜篌之徒,并出自西域,非华夏旧器。"《破阵乐》《大定乐》等,"皆擂大鼓,杂以龟兹之乐"。长寿乐、天授乐等也"皆用龟兹乐"。

著名舞蹈艺术家王克芬研究员认为,唐代频繁的乐舞交流为创作新的舞蹈作品提供了取之不竭的素材。唐舞以传统舞蹈为基础,广泛吸纳许多国家、地区民族的舞蹈艺术,广采博纳,撷取精华,融化再创,成为当时舞蹈发展的主流,开创中国古代舞蹈艺术的一代新风,取得辉煌成就。其中许多舞蹈就是以中原乐舞为基础,广泛吸取中外各民族民间乐舞的精华创作而成的。②

综上可见,丝绸路上的敦煌文化在其长期历史演进中海纳百川、有容乃大,形成了极强的包容性。本土文化与外来文化自由交流,东方文明与西方文明交融汇合,使得敦煌文化绝非仅仅是本乡本土的产物,而成为整个丝绸路上东西方文化交流融合、创新转化的典型代表。

甘肃历史文化以其深邃的底蕴、丰厚的内涵和鲜明的比较优势,在中华文化的百花园中独具异彩,争奇斗艳。

---

①郑汝中:《壁画乐器》,载季羡林主编《敦煌学大辞典》,上海辞书出版社,1998年,第250—261页。
②王克芬:《天上人间舞蹁跹》,上海人民出版社,2007年,第75—83页。

河西走廊历史时期人地关系的演变论略

人地关系问题,不仅是地理学、环境科学等学科的核心的问题和根本的问题,而且也是历史学、民族学、社会学等学科所关注的重大问题之一。我们认为所谓人地关系,就是指在一定历史时期内一定生产方式作用下一定区域空间中生活的人群与自然环境之间的相互联系、相互作用、相互影响和相互制约的关系。人类为了自身的生存繁衍和社会发展,不可能不去利用自然环境,不可能不开发自然资源,由此必然对自然环境施加诸多方面的作用和影响。而自然环境在人类活动的作用和影响下,也必然会发生一定程度的变化或某些方面的改变,加之其本身的承载能力是有一定限度的,这些变化和改变又会反过来作用于人类社会,对人类社会的发展造成或许有益、抑或有害的不同影响。因而尊重自然规律、趋利避害、因势利导地利用和改造自然环境也就成为人地关系的正确选择。

毋庸置疑,现代人地关系是植根于历史时期人地关系基础上的,是历史时期人地关系的延续和发展,因而要科学地认识和解决今天人地关系中出现的一系列问题,离不开对于历史上人地关系的考察和探讨。不了解历史上人地关系的形成演变过程及其机制,也就无从透析和揭示今天人地关系的现状和特点,更不可能预测和把握其未来的发展和变化。河西走廊就是历史时期人地关系发展演变的一处颇具典型意义、颇有代表性的地区,很值得深入探讨。

河西走廊南与青藏高原毗连,北与蒙古高原接壤,东与黄土高原邻境,西与塔里木盆地交界,成为我国唯一同时衔接起中原腹地、北部草原、天山南北与青藏高原四大亚区域的过渡地带。河西走廊地处东亚与中亚的接合部,是我国中东部腹地通往西北地区的走廊过渡地带,历史上曾是闻名于世的丝绸之路最重要的干线路段之一;从世界历史上看,又是古老的华夏文明与两河流域文明、印度文明、地中海文明等的汇流之区。河西走廊由于其发源于祁连山脉三大内陆河系的滋润,沿程发育了连绵的片片绿洲,其自然和交通通行条件较之其北部的茫茫荒漠和南部的青藏高原无疑要优越得多,因而始终是丝绸之路这条国际交通大动脉最重要的"黄金路段"。

除丝绸之路东西方向上的主通道外,河西走廊还是连通南北方向上青藏、蒙古两大高原的重要通道。沿黑河、石羊河河谷,向北可通往蒙古高原腹地;沿祁连山脉的一些隘口向南可通往青藏高原腹地。因而河西走廊可谓中国西部西出东进、南来北往的"十字路口",从而也为多民族的交流交融、共生演化提供了便利条件。我曾撰文认为,由于丝绸之路的开拓,使得河西成为中国历史上率先对外开放的地区,成为我国走向世界的第一条通道;河西又是规模宏大、影响深远的"民族走廊",为中华民族各个民族间的交往、交流、交融,为中华民族共同体意识的形成和发展做出过历史性贡献;河西历史上向为关中、中原的门户和中原王朝势力强盛之时向西发展的重要根据地,或名之曰中原王朝向西伸出的"右臂"。不仅如此,河西走廊对于我国和世界历史的作用和贡献并还不仅仅体现在"通道"上,如果只是将其看作"通道"的话,那就会大大低估和矮化其应有的历史意义和价值,而其更重要的作用和贡献在于河西走廊还是中西文化交流、整合、交融及其创生衍化和发展嬗变的加工场、孵化器和大舞台,是文化创新的高地。

河西走廊这种特殊的区位特征、重要的历史职能与贡献,深刻地影响到了本区历史上数千年来的土地开发及农牧业发展过程,以及生态环境变迁和人地关系的演变。

一、河西地区历史上的土地开发及农牧业发展简析

河西走廊地域辽阔,总面积达40万平方公里(含黑河下游一带),由于远离海洋,大部分地区属于温带大陆性干旱气候。源于其南部祁连山脉的石羊河、黑河和疏勒河三大内陆河系,滋育着河西的大片土地。"本地,水是人血脉"(敦煌唐代文书《地志残页》),水资源是维系河西文明的命脉。河西地区戈壁、沙漠、寒漠等的面积

占大部分,宜农土地不足总面积的5%。绿洲、草场、荒漠、湖沼等相间分布的空间形态,为不同民族、不同生产方式的展布提供了广阔的地理空间。在河西这方热土上,数千年来各族人民利用其特有的自然资源,开发绿洲,建设家园,生存繁衍,为社会发展创造着文明和财富,同时也给自然环境带来了深刻影响,并且直接影响到今天的经济建设及其生态环境状况。

据考古发掘,早在距今约5000年前的新石器时代马家窑文化时期,河西走廊就有人类的农牧业生产等活动。马家窑文化遗址主要分布在河西走廊东、中部地区,其内涵丰富,房址多为半地下建筑,群聚而居,其附近多有储藏粮食和杂物的窖穴和墓葬。出土器物中多为各种陶器,尚有大量的石斧、石刀、石铲、石锛、石磨盘、磨棒、纺轮等生产工具,民乐县东灰山等遗址还出土约4000年前的碳化小麦、大麦、粟、高粱、稷等粮食品种。由此表明这一时期河西先民们所从事的是以定居农业为主的生产活动,并有一定比重的畜牧和渔猎经济存在。马家窑文化之后,齐家文化、四坝文化、沙井文化等相继出现在走廊大地上,显现出新时期时代晚期至青铜时代河西走廊丰富多彩的文化面貌。当时由于生产力低下,人们对自然条件优劣的依赖性很大,对自然生态环境的改造很有限,人与自然界维系着近乎自然状态的脆弱平衡。还有学者认为,这一时期的河西文化遗存既有鲜明的自身地域特色,又吸收了周边民族的文化因素,在族源、族属上表现出多元化的结构。

春秋战国以至秦汉之际,河西地区主要为游牧民族所居,曾有羌戎、月氏、乌孙、匈奴等民族,利用河西丰美的水草资源从事牧业生产。"所居无常,依随水草,地少五谷,以产牧为业"。匈奴还在石羊河流域建有休屠王城、盖臧城,在黑河流域建有觻得城等,以加强对河西地区的统治,其在河西的总人口估计约有10万,使得河西成为其重要的经济发达地区和军事基地。当西汉元狩二年(前121年)匈奴退出河西后,乃歌曰:"亡我祁连山,使我六畜不蕃息;失我焉支山,使我妇女无颜色"。焉支山即祁连山支脉大黄山,可见河西走廊的得失对于匈奴的经济生活具有相当重要的意义。这一时期由于土地利用以游牧为主要生产方式,人口、牲畜的数量也比较有限,人们对绿洲自然生态系统还是处于"适应"环境的弱相关状况,其影响和破坏是比较有限的,天然植被未遭大面积砍伐,牧场亦可靠自然过程恢复生机,绿洲的自然面貌仍应基本上保持其原始状态。

元狩二年(前121年)河西正式归属中央王朝版图。汉室为了充实边防,建立制匈奴、通西域的强大根据地,随即在河西筑长城、列亭障,设置酒泉、张掖、武威、敦煌4郡及其所辖35个县,移民实边,屯田积谷,由国家有组织、有计划地实施大规模的开发经营。由此变匈奴奴隶制的以游牧为主的土地利用方式而为封建制的以农业为主的土地利用方式,使封建制的生产关系在河西得以确立,大大改变了本区昔日社会经济远远落后于中原的面貌,河西因而一跃崛为我国西北的富庶之域。《汉书·地理志》称,武威以西"风雨时节谷籴常贱,少盗贼,有和气之应,贤于内郡"。汉代大规模的土地开发也大大改变了游牧业时期较原始的自然生态面貌,农田栽培作物大量取代了原生植被,大片的绿洲原野被辟为田畴,由自然力起主导作用的自然生态系统已在很大程度上被人工建立的以灌溉农业为中心并与草场畜牧业相结合的生态系统所代替,标志着人们已从比较消极地适应环境的阶段转变为比较积极地改造环境的阶段,自然界已经强烈地打上了人为作用的烙印。

魏晋南北朝时期战乱较多,尤其是东晋十六国"五胡乱华",大批北方少数民族移居中原,政权更迭频繁。河西地区虽不免受其影响,然而由于位置偏僻,山河阻隔,被战乱波及较少,并且有不少"中州避难来者"流入河西地区;这一时期河西的农业经济总体上虽处于萎缩状态,但仍保持了一定规模,畜牧业则得到了较显著的发展,河西生态环境亦应有某种程度的恢复。

及至隋唐时期,特别是唐代前期河西地区的土地开发进入了又一次大规模发展时期。唐初重视边政,于边郡推行足兵足食的政策,对于"境控三边冲要"的河西地区更是实施了大规模的屯防、屯粮、屯牧之举。干旱地区发展农业必以水利举先,盛唐时期大规模的农业开发同样离不开相应规模的水利建设和完善的水利管理设置。笔者曾根据敦煌遗书考出有唐一代仅敦煌一地就开有大小灌溉渠道达百余条之多,它们构成完整的灌溉网系,滋育着绿洲的大片良田;其工程建设的规模之宏大,渠道堰坝的配套之完备,管水配水的制度之严密,实在是令人赞叹的。①盛唐时期河西地区拥有的耕地总亩数合今约三百二三十万亩,这一数字已相当于今天河西地区耕地面积约1/3,这已很为可观了,突出地反映了盛唐时期河西农业开发的成就。当时粮食亩产量折合今亩今量约153市斤/市亩(以粟、麦面积各占一半计),河西粮食总产量可达45400万市斤(今量),即22.7万吨,约相当于1992年河西粮食年总产量的9.5%。盛唐时期河西走廊的农业开发已发展成为国家所依赖的重要的粮食基地之一②。河西的产粮不仅可满足区内军需民食,而且余粮还能源源东运,以实皇廪。《太平广记》卷四五八《东城老父传》记:"河州、敦煌道,岁屯田,实边食,余粟转输灵州,漕下黄河,入太原仓,备关中凶年。"时人沈亚子云:"昔户部其在开元,最为治平。当时西有甘、凉六府之饶,东有两河之赋。"《唐语林》卷三《夙慧》亦曰,开元时"入河湟之赋税,满右藏;东纳河北诸道租庸,充实左藏。财宝山积,不可胜计"。生动地反映出当时河西地区经济在全国所占有的重要地位。

然而,在唐代大规模开发的同时,对自然环境的干预和影响亦远超前代。例如石羊河流域,唐代农业开发的地域主要集中在中游绿洲平原,而下游平原的土地则趋于荒芜,自然条件恶化;汉代以来在下游所设的武威(今民勤县连城古址)、宣威(今民勤县文一古城)二县也被迫废弃。可以说这一时期中游地区土地大规模开发所带来的经济繁荣在一定程度上是以下游地区的土地荒芜作为代价的。由于绿洲的水资源是有限的,因而中游开发愈烈,下游的来水就愈少,土地荒芜就愈甚。绿洲南北的土地开发和生产发展出现了此消彼长相互制约的严重环境恶果。

自中唐"安史之乱"后,河西地区被吐蕃占据,后又有归义军以及甘州回鹘、西凉六谷族等政权的建立,又经西夏和元朝的统治。在这段长达600多年的时间里,河西地区主要被少数民族政权管辖,从总体上看,农业开发处于衰退状态,土地利用以游牧民族的畜牧业为主,在西夏和元朝时期农业有一定程度的恢复,土地利用

---

①李并成:《唐代敦煌绿洲水系考》,《中国式研究》1986年第1期,第159—168页。
②李并成:《唐代前期河西走廊的农业开发》,《中国农史》1990年第1期,第12—19页。

结构上呈现为农牧兼营的格局。这一时期因人类活动规模和程度的减少,且土地利用的内容以牧为主或半农半牧,因而对自然环境的干预和影响也较小,生态系统处于有所恢复的较稳定状态。

迨至明清时期,河西地区进入了又一次大规模土地开发时期。明代再筑长城,充实边防,又一次向河西地区大举移民,大兴水利建设,卫、所领导的军民屯田成为河西土地开发的重要组织形式。清代河西地区作为经略新疆"军需总汇"的大本营与"压舱石",实行了"宽租招垦"、徙民实边、改编戍军为屯丁、"行蠲免,薄赋敛"等一系列有利于土地开发和生产发展的政策,并进行了土地关系的调整,加速了绿洲开发的进程。清代开发的地域进一步扩大,以前的一些牧地、荒滩、"湖区"亦被辟为农田;然而因水资源所限,对于一些新垦之地(如镇番柳林湖区)每年只能配给一次冬春农闲时的余水,称之"安种水",实行的是一种冬春大定额饱灌安种水,结合洗盐,作物生长期基本不灌溉的半旱农耕制。这是在总水量有限的情况下为充分利用水源,扩大耕作面积,河西人民所创造的灌溉、耕作方式。①

清代以来,尽管河西地区的耕地面积有了较大扩展,但随着人口不断增加,人地关系的矛盾日趋紧张,由此带来的环境问题(如土地沙漠化等)愈演愈烈。清代后期由于政治的腐败,统治者加重了对各族人民剥削和镇压,加之生态环境破坏的恶果所带来的危害,致使倾家荡产、举家逃亡的农户不在少数,一些垦熟的土地又复抛荒。

二、河西地区人地关系发展演变历史的经验教训及启示

纵贯河西数千年来的发展历程,经历代各族人民的辛勤开发,特别是自汉武帝河西建郡设县后大规模农业开发和土地利用以来,打破了绿洲原有的自然生态平衡,改变了某些不适宜人类生存发展的自然条件,在一定程度上变自然绿洲为人类

①李并成:《石羊河下游绿洲明清时期的土地开发及其沙漠化过程》,《西北师范大学学报》(自)1989年第4期,第56—61、第67页。

活动所干预和控制的人工绿洲,创造了绿洲的物质文明和精神文明。曾几何时,河西的水利灌溉和农业开发的成就可夸誉于天下,河西畜牧业的发展亦令世人称羡,河西的历史文化精彩纷呈、美不胜收,河西的人地关系在一定时期内呈现出积极健康、和谐发展的状况。

然而,河西人民在建树辉煌的同时,也曾走过曲折的道路,有过深刻的教训,付出过惨痛的代价,河西的人地关系也曾出现过诸多的不和谐、不相适应的局面。由于历史上的滥垦、滥牧、滥伐、对水资源不合理的利用等,每每造成风沙肆虐、土地沙化、自然灾害加剧,昔日一些美好的家园、秀丽的山川,或变成濯濯童山、浊流恶水,或被流沙所吞噬……

河西地区人地关系不协调、不和谐的状况,尤以历史时期发生的土地沙漠化最为典型。本人曾通过实地考察研究,发现河西走廊历史上古绿洲演变为荒漠的土地就有十几块,如古居延绿洲、民勤西沙窝、金塔东沙窝、张掖"黑水国"、马营河摆浪河下游古绿洲、芦草沟下游古绿洲、古花海绿洲、古瓜州绿洲、古阳关绿洲等,其沙漠化土地总面积达4700多平方公里[①]。同时摸清了上述沙漠化土地的分布范围,所存不同时期的百余座古遗址、城址,以及废弃的农田渠道遗迹等状况,复原了古绿洲自然和人文景观概貌,对于在人类开发活动影响下祁连山区林草植被和绿洲边缘植被、河湖水系的历史变迁,也做了系统探讨,对于河西地区绿洲历史时期沙漠化的形成起因、发展阶段、发生机制和规律等做了相应研究。

河西走廊历史时期沙漠化发生的主要原因,在于人们对土地资源的开发利用不当之故。历史上的滥垦、滥牧、滥伐、滥用水资源,以及战争的破坏等,致使河西原本就脆弱的生态系统遭到严重的冲击和破坏,甚至形成恶性循环,从而诱发沙漠化的发生发展,使绿洲向荒漠演替。此外亦不可忽视自然因素(主要是气候变迁)的影响。然而河西地区因气候变化所引起的水量增减的幅度并不大,它只能在一定程度上逆转或加速沙漠化过程,而人类活动的影响才是招致沙漠化的主因。

---

①李并成:《河西走廊历史时期沙漠化研究》,科学出版社,2003年。

　　现实是历史发展的结果，今天的河西是由历史的河西一步步演进而来的。在其漫长的人地关系演进过程中，无论是成功的经验，抑或失败的教训，都是古人留给我们丰富而珍贵的遗产。其之所以珍贵，就在于它们不仅为我们显现了昔日开发的艰辛历程，展示了先辈们努力奋斗的业绩，而且还留给我们诸多的历史教训和启迪。对于这些遗产在今天，都很有必要运用历史唯物主义的观点去加以发掘，加以审视，加以汲取，以供今天社会经济可持续的绿色发展之镜鉴。

武威王杖简与汉代尊老扶弱制度

中华民族历来就有尊老养老、扶弱助残的优良传统,早在西汉时即已形成较完备的制度。甘肃武威先后几次发现的汉代"王杖"简对其有真实记载。

甘肃省武威市,两汉于此设武威郡,又置凉州刺史部,为当时我国西北地区的政治文化中心之一。1959 年,武威磨咀子 13 号墓出土木鸠杖 1 根,18 号墓出土木鸠杖 2 根和王杖诏令简 10 枚,史学界称其为"王杖十简"[①];1971 年,武威旱滩坡汉墓出土木鸠杖 1 根;1981 年,又在磨咀子发现王杖诏书令册简 26 枚,被称为"新出王杖诏令册"[②]。这些王杖简的发现,对于我们研究汉代有关尊老扶弱的法律制度提供了十分重要的资料。

所出两批王杖简,记载了西汉宣帝本始二年(前 72)、成帝建始元年(前 32)、二年(前 31)、元延三年(前 10)的有关诏令。王杖简所载诏令规定,70 岁以上的老人授予王杖,受到社会的尊重,享受诸种优待;鳏寡孤独和残疾者,亦不得歧视,受到社会的保护。

王杖十简云:自高祖以来至本始二年(前 72),皇帝甚为哀怜老小,于是给高龄者授予王杖。王杖上端饰以木鸠,使百姓望之,如同天子使者的持节,因之敬重。有胆敢辱骂、殴打持王杖者,按大逆不道论罪。持王杖者可出入官府,行走驰道,在市上买卖不收租税,有如山东免除赋税那样。如有旁人经常扶持赡养老人者,亦免其租税。上述条令明文收藏在兰台金匮石室中。对于王杖有损坏而形状不鲜明

---

①甘肃省博物馆:《甘肃武威磨咀子汉墓发掘》,《考古》1960 年第 9 期。考古研究所编辑室:《武威磨咀子汉墓出土王杖十简释文》,《考古》1960 年第 9 期。

②武威县博物馆:《武威新出王杖诏令册》,载甘肃省文物工作队、甘肃省博物馆:《汉简研究文集》,甘肃人民出版社,1984 年,第 34—61 页。

者,须以更换或修缮。河平元年(前28),汝南郡西陵县昌里有一位名叫"先"的老人,70岁,受王杖,被游徼吴赏指使从者殴打,由此上诉太守,吴赏即被按律治罪。建始二年(前31)九月再次下诏:70岁以上的老人授予王杖,其社会地位相当于俸禄六百石的官员,可出入官廷,除非犯有"耐"以上的大罪,否则不得"告劾";如有征召、侵辱老人者,按大逆不道治罪。该诏令载入兰台令第43篇、御史令第43篇,亦藏入兰台金匮石室。①

新出王杖诏令册,除与王杖十简部分内容相同外,如追述了王杖制度的起因、特点、作用、王杖主享有的特权以及殴辱王杖主者应得的罪名等,还记载了成帝建始元年(前32)九月颁布的诏令:70岁以上的老人受人尊敬,如非首恶、杀伤人者,不予起诉,如有其他罪则不再论报。80岁以上的老人,难道还能活很久吗?因此应把享受权利的年限放宽到70岁。男60岁以上无子男者为鳏,女60岁以上无子男者为寡,对于鳏寡老人贾市买卖不收租税,如同山东免除赋税那样。凡能谨善扶养老人和鳏寡者,也给予免税的待遇。该诏令编入"兰台令"第42篇。凡是孤、独、盲、侏儒者,不属"律人",官府不得对他们擅自征调、传召,如有狱讼不得缚绑、拘执。"夫妻俱毋子男为独寡",对其种田免租,市卖免税,与边塞内附的少数民族一样,享受优待,并破格允许他们在市中开店卖酒。汝南郡太守上报廷尉(最高司法官),问官吏有殴辱王杖主者该当何罪?请示决断。廷尉又奏闻皇帝,皇帝批复,殴辱王杖主的官吏应该论"弃市"罪。云阳白水亭长张熬,坐殴王杖主,遂被告发,张熬即被弃市。长安敬上里公乘臣广(人名)上书皇帝,言其未曾犯有"耐"以上之罪,但被乡吏殴辱并被收回王杖。皇帝批复,此乡吏应论弃市罪,当即执行,公乘广仍与以前一样授给王杖。

该诏令册又录入元延三年(前10)诏令:年70岁以上授予王杖,其地位相当于六百石的官吏,入官府不趋俯;吏民敢有殴辱者,即是大逆不道,应论罪"弃市"。此令载入兰台令第43篇。汝南郡男子王安世、陇西男子张汤,皆桀黠不驯,殴击鸠杖主,并折伤其杖,均论罪弃市。南郡亭长司马护,擅自传召、拘系鸠杖主,被弃市。

---

① 甘肃省考古研究所编辑室:《武威磨咀子汉墓出土王杖十简释文》,《考古》1960年第9期。

长安东乡啬父田宣,缚执鸠杖主,被人告发,弃市。亭长二人、乡啬二人、白衣民三人,均因动手殴打王杖主,罪证明确,皆被弃市。

由上可见,两汉时期十分重视尊老养老,重视抚恤鳏寡孤独废疾,为此颁布了一系列诏令,并予以严格施行,这对于形成一种"强毋攘弱,众毋暴寡,老耆以寿终,孤幼得遂长"①的良好的社会风气,无疑会起到积极作用。正史中有关此方面记载每多语焉不详,以致人们长期以来对其若明若暗,不甚了了。《后汉书·礼仪志》虽有"仲秋之月,县、道皆案户比民,年始七十者,授之以王杖,铺之糜粥。八十、九十,礼有加赐。王杖长尺,端以鸠饰。鸠者,不噎之鸟也,欲老人不噎"的记载,但受王杖之制起于何时,其详情如何?这一直是困扰史学界的难题。武威所出鸠杖及王杖简的发现,恰可为之补遗填阙,弥足珍贵。

曾有学者怀疑,汉代是否真的实行过尊老养老、关怀孤寡的制度,认为很可能是一纸空文。还有人认为得到优待的并非一般平民,而是官僚与地主。然而从王杖简中我们看到,王杖主的居地有汝南郡西陵县、云阳白水亭、长安敬上里、长安东乡,还有陇西郡、南郡等,遍及全国南北许多地方,王杖制度应在全国各地普遍实行过。简中共记有16位受王杖者,他们大多遭受过郡太守、亭长,甚至乡啬夫、白衣民以及地方"桀黠"的殴辱,则其身份显然并非都是有权有势的官僚与地主,王杖制度并非仅仅面向少数官绅,而应是惠及广大高年老人。由简中所记严肃处理殴辱王杖主的案例来看,被处以弃市(斩首)的除5人是庶民百姓外,其余11人皆为官吏,此类案件甚至可以上诉中央,皇帝亲自过问,可见对其重视的程度。毋庸置疑,王杖制度曾被相当坚决地执行过,它并非粉饰性的空文。

考之史册,早在汉高祖刘邦时即重视尊老养老,设有"三老"制。高祖二年(前205年)二月令:"举民年五十以上,有修行,能率众为善,置以为三老,乡一人。择乡三老一人为县三老,与县令承尉以事相交,复勿繇戍,以十月赐酒肉。"②惠帝时,对所有犯罪的老幼不加肉刑,规定"民年七十以上,若不满十岁,有罪当刑者,皆

---

①《汉书》卷五《景帝纪》。
②《汉书》卷一《高祖纪》。

完之"①。

迨至宣帝,进一步完善了有关制度,于本始二年(前72年)颁布了上述高年受王杖的诏令,肯定了高年的"特权",正式实施王杖制度。高年老人持杖首饰有木鸠的王杖(又称鸠杖),如同天子使者所持的节旄,可不用趋俯出入官府,可行走驰道,在市上买卖不收租税;殴辱王杖主者按大逆不道论罪。受王杖者虽然并未加官封爵,但诏令明确规定其地位相当于六百石官吏,这样就不仅仅限于某些方面的优待,而是从整体上大大提高了高年老人的社会地位。

降及成帝,进一步放宽了授王杖的年龄限制,把宣帝80岁以上授王杖的规定降低到70岁以上,以便使更多的老年人享受这种权力。《汉书·宣帝纪》记元康四年(前62年)春正月诏:"自今以后,诸年八十以上,非诬告、杀伤人,佗皆勿坐。"师古注云:"诬告人及杀伤人,皆如旧法,其余则不论。"而前引诏令册所载成帝建始元年(前32年)诏令则云:"年八十以上,生日久乎?"即是说80岁以上的老人还能活得很久吗? 因此把享受权利的年限放宽到70岁。元延三年(前10年)正月诏令进一步肯定:"年七十以上受王杖。"

除高年老人外,对于鳏寡孤独老人和残疾人,也多有照顾和优抚。景帝时优待仅限于禁止狱讼时系逮,后三年(前141年)诏曰:"鳏寡不属逮者,人所哀怜也。"而王杖简所载成帝时的新制,则对其作了许多新的增补,使其更加完善,对于60岁以上无子男的鳏寡老者,对于孤、独、盲、侏儒等残疾者,对于独寡者,甚至对于谨善抚养老人和鳏寡者,均给予诸多优待。成帝时颁发的这些诏令,是汉初以来尊老抚弱诏令的集中体现,此后直到东汉,其令仍袭而不废。

历史的经验值得借鉴,优秀的传统需要弘扬。在我国已步入老龄社会的今天,在21世纪这个长寿的世纪里,我们更加需要百倍地尊敬老人,爱护老人,需要更好地扶助残疾,关怀孤寡。

(本文原载《人民政协报》2000年10月13日第4版"学术家园")

---

①《汉书》卷二《惠帝纪》。

汉晋时期楼兰绿洲屯垦开发再议

古楼兰绿洲,是楼兰(鄯善)古国历史上发生演变的主要舞台,也是早期丝绸路上的交通枢纽,在我国汉晋时代对西域的经营和开发上起过重要作用。

一、交通地位的变化对于楼兰绿洲屯垦开发的重大影响

楼兰之所以能发展成为西域地区的大国,除了因其自身自然地理等方面条件外,很大程度上还得利于丝绸之路的通畅。楼兰是汉初进入西域的第一门户,最初在匈奴的控制之下,楼兰介于汉、匈两大势力之间,特殊的地理位置使其举足轻重,故而汉初与匈奴争夺西域首先必须控制楼兰。

其实,早在张骞出使西域之前,楼兰一地已经发挥着东西方经济文化交流通道的作用。例如,早在上古时代和田玉就已通过河西走廊输往中原,1976年在河南安阳殷墟妇好墓(距今约3200年)中出土的756件随葬玉器,其玉料大部分就是和田玉,紧邻楼兰的敦煌、玉门关即因其为西域美玉输入内地的门户而得名,则楼兰必当西玉东输的孔道。可见东西文明的交流早已选择楼兰作为重要通道,这一时期可称之为"前丝绸之路"时期。

张骞"凿空"西域,开辟了一条经由河西走廊等地到达西域及其更远的交通路线。即从长安出发,越过陇山,跨过黄河,经由河西走廊,再沿疏勒河向西,进入罗布泊地区的楼兰;然后从这里分成南北两道:南道从楼兰西南行,经海头、米兰、若羌到达古且末国,然后再向西,经古精绝国、于阗国,翻过葱岭,通往西方各国;北道,则从楼兰出发西行、西北行,溯孔雀河而上可到古焉耆国和古龟兹国,由此向西北越过天山,可抵达伊犁河流域;向西沿天山南麓行,可抵达古疏勒国,向西翻过葱岭,可通往中亚、西亚及其更远。同时从楼兰城北行,翻越库鲁克塔格山脉垭口,可

抵达车师交河城(吐鲁番)及更远。

　　而且由于罗布泊地区位于天山以南,横贯新疆全境的天山山脉就成为北面一道天然屏障,罗布泊东北面、北面分布着连绵的雅丹地貌,周围又有大面积的沙漠、戈壁,自成天然屏蔽,匈奴骑兵难以到达这里。而楼兰正位于连接中原与西域丝路南北两道的咽喉枢纽上,成为这条交通线上极为重要的中继站和后勤补给地。《汉书·西域传》曰:"楼兰国最在东垂,近汉,当白龙堆,乏水草,常主发导,负水儋粮,送迎汉使。"汉室自然对楼兰倍加重视。

　　汉代之所以选择经由楼兰的通道,除楼兰在西域东端、近汉而外,还在于由楼兰向西可沿孔雀河—塔里木河下游水草地带之绿色走廊,与当时西域屯田要地轮台、渠犁等地相联系,通行方便。

　　古代罗布泊地区不仅是黄河流域与塔里木盆地及其以远交往的通道,同时也是青藏高原与蒙古高原之间南北往来的孔道。《汉书·赵充国传》记,赵充国论及北方的匈奴与青海高原上羌人之间的联系:"疑匈奴更遣使至羌中,道从沙阴地,出盐泽,过长阬,入穷水塞,南抵属国与先零相直……后月余,羌侯狼何果遣使至匈奴借兵,欲击鄯善、敦煌以绝汉道。"盐泽即罗布泊,经此可将漠南与羌中联结起来。罗布泊一带可谓地处东西和南北方向交通的十字路口。

　　由敦煌悬泉置所出汉简知,汉通西域后,特别是汉宣帝神爵三年(前59年)西域都护府建立后,中西交通畅达,西域各绿洲城国,如楼兰、且末、小宛、精绝、扜弥、渠勒、于阗、皮山、莎车、疏勒、故墨、温宿、龟兹、仑头、乌垒、尉犁、危须、焉耆、车师、山国、大宛、康居、月氏等,曾有大量人员(包括国王、使者、贵人、商贾等)途经敦煌前往中原。如Ⅱ0115②:47简:"楼兰王以下二百六十人,当东,传车马皆当柱,敦……"Ⅱ0115①:114简:"送精绝王诸国客凡四百七十人";[1] Ⅰ0309③:134简记,送于阗王以下更是多达"千七十四人"。[2]这些包括王公贵族在内的使团浩浩荡荡进

---

①胡平生、张德芳编撰:《敦煌悬泉汉简释粹》,上海古籍出版社,2001年,第114页。

②胡平生、张德芳编撰:《敦煌悬泉汉简释粹》,上海古籍出版社,2001年,第110页。

入中原,也必然是经由楼兰前往敦煌及其更远的。

《后汉书·西域传》:"自敦煌西出玉门、阳关,涉鄯善,北通伊吾千余里;自伊吾北通车师前部高昌壁千二百里;自高昌壁北通后部金满城五百里。此其西域之门户也,故戊己校尉更互屯焉。伊吾地宜五谷、桑麻、蒲萄。其北又有柳中,皆膏腴之地。故汉常与匈奴争车师、伊吾,以制西域焉。"这表明伊吾、车师在东汉时期已成为交通西域的重要门户,经伊吾而到车师、高昌的路线此时已成为又一条重要的交通道路,此即《魏略·西戎传》中的北新道:"从玉门关西北出,经横坑,辟三陇沙及龙堆,出五船北,到车师界戊己校尉所治高昌,转西与中道合龟兹,为新道。"即出敦煌玉门关,往五船北(今哈密一带),抵高昌,然后西至龟兹,继续西行。

其实这条道路早在西汉末期的平帝元始年间就已开辟。《汉书·西域传》车师条载:"元始中,车师后王国有新道,出五船北,通玉门关,往来差近,戊己校尉徐普欲开以省道里半,避白龙堆之厄。"该道可将敦煌与哈密、吐鲁番连接起来,较绕经楼兰以趋高昌的道路减少了约半数里程,且可避开白龙堆的险恶。

由此可见,东汉时期楼兰道因北新道的开辟而丧失了唯一孔道的地位。北新道上有伊吾、高昌两处膏腴之地,可直接将敦煌绿洲与伊吾(哈密)绿洲、高昌(吐鲁番)绿洲连接起来,不仅路途较为顺直,而且还可避开白龙堆的险恶,自然就成为东汉中西交通的首选之路,从而使楼兰古绿洲在中西交通中的重要地位有所降低。史料表明,在东汉楼兰道通畅的前后40多年中,仅永平末年在楼兰有过屯田。当然从总体上看,东汉中西交通"绝"的时期长于"通"的时期,因此北新道的作用并未得到充分发挥。而楼兰道作为传统交通路线自然不会被放弃,只是它的政治军事和交通地位已不如从前了。

曹魏黄初年间,自东汉末期以来的叛乱始被平定。《三国志》卷一八载:"黄初二年(221年),下诏褒扬,赐(张)恭爵关内侯,拜西域戊己校尉。"同书卷二载,黄初三年二月"鄯善、龟兹、于阗王各遣使奉献……是后西域遂通,置戊己校尉"。戊己校尉始设于西汉元帝初元元年(前48年),主要掌管西域屯田等事务,至东汉后期与西域长史同为西域最高长官。随此曹魏政权在西域的影响逐渐扩大。公元1世纪末,北方鲜卑族逐渐发展起来,取代了匈奴而占据漠北地区。到东汉后期,鲜卑族政权空前强大,河西及西域地区处在西部鲜卑部落的威胁之下,这样使得北新道变得危险重重。在此种情况下,楼兰道再次被频繁使用,楼兰绿洲的交通地位得以重新上升。如楼兰出土的第143文书:"得心安大伴,乃还晋昌道。□□□□莫安至敦煌。"[1]161号:"……溺之患,从此以西道□。"[2]所谓晋昌道,即晋代由楼兰向东通往敦煌、晋昌(今甘肃省瓜州县锁阳城遗址[3])的道路。

除楼兰道和北新道等外,十六国时期还有一条出敦煌玉门关无须经由哈密而直接抵达高昌的道路,即大海道。该道在前凉时即已通行,北凉时期更加兴盛,直到唐代该道仍见诸史籍。因其直接穿越敦煌与吐鲁番之间广阔的沙漠、戈壁,故名大海道。[4]吐鲁番出土北凉时期文书《兵曹下高昌、横截、田地三县发骑守海符》与《兵曹条次往守海人名》等文书,均记有高昌府兵曹派兵守护大海道安全之事。敦煌文书 P.2009《唐西州图经》记:"大海道,右道出柳中县界,东南向沙州一千三百六十里,常流沙,人行迷误,有泉水碱苦,无草,行旅负水担粮,履践沙石,往来困弊。"唐西州柳中县,即北凉田地县,即今吐鲁番鲁克沁古城。

西晋末年,前凉张氏占据凉州,接管西域并派西域长史屯驻楼兰。前凉政权通过积极努力并采取军事行动,将其势力扩展至西域大部分地区。此时东部天山一带鲜卑势力渐弱,前凉重新重视北新道,并开通了大海道。北魏崔鸿《十六国春秋》卷七二《前凉录》载:"晋咸和二年(327年)置高昌郡,立田地县。"前凉正式将北新道、大海道上的重镇高昌(今吐鲁番)纳入版图,隶沙州管辖,使高昌地区与敦煌等地直接联系起来,确保了河西通往高昌道路的安全,且使取道高昌控制北道焉耆、龟兹等国更为便利。这样,中西交通的中心便逐渐由楼兰古绿洲转至土地肥沃的高昌,而楼兰则逐渐沉寂。

---

①林梅村编:《楼兰尼雅出土文书》,文物出版社,1985年,第46页。
②林梅村编:《楼兰尼雅出土文书》,文物出版社,1985年,第47页。
③李并成:《唐代瓜州(晋昌郡)治所及其有关城址的调查与考证》,《敦煌研究》1990年第3期,第24—31页。
④李并成:《古丝绸路上的大海道》,《光明日报》2000年2月18日C版"历史周刊"。

楼兰出土3号文书："……□白东道绝久,实乏牢物,意多□。"①可证此时楼兰绿洲向东的道路断绝已久。125号文书"绝域之地,遐旷险无崖";②156号文书"……道路险□"③,反映的正是这种情况。楼兰文书的最后纪年为建兴十八年(330年),其后再无相关记载。因而交通地位的丧失亦无疑是楼兰屯垦荒废,进而导致绿洲沙漠化的重要原因之一。

二、楼兰屯垦的重要区域——伊循绿洲屯垦

西汉王室向西域推进采取的策略是由点到线、由线及面。即先从一个重要的点开始,作为根据地驻军屯田,然后沿着主要交通线路逐步布点发展,再由交通线控制整个西域。楼兰就是西汉王室最先在西域布设的屯田点、驻军大本营和经营西域的重要根据地。

汉晋时期的楼兰屯垦,除过楼兰古城周围的绿洲地区外,其南部的伊循绿洲亦是其重要地域之一。笔者曾考得,古楼兰绿洲沿罗布泊西岸的塔里木河与孔雀河尾间三角洲冲积平原南北向展布,包含4大块区域。其中以楼兰古城(LA)为中心,包括佛寺(LB)、古城(LE)、古城(LF)等遗址在内的绿洲屯垦区为北部区,其南北斜长约45公里,东西宽17公里~22公里,面积约900平方公里,为古绿洲中面积最大的一块。而以米兰古城为中心,包括佛寺等遗存在内的绿洲屯垦区为南部区,面积约210平方公里。另外还有中部区和西部区。4大块古绿洲总面积约1530平方公里,它们互不相连,中间被荒原、碱滩、盐沼等隔断。④

以米兰城址为中心的南部区,位于若羌县城东偏北约73公里、米兰农场团部3公里处,地处源自阿尔金山北麓的米兰河洪积冲积扇东部,在这块古绿洲上,残存

---

①林梅村编:《楼兰尼雅出土文书》,文物出版社,1985年,第29页。
②林梅村编:《楼兰尼雅出土文书》,文物出版社,1985年,第44页。
③林梅村编:《楼兰尼雅出土文书》,文物出版社,1985年,第47页。
④李并成:《塔克拉玛干沙漠边缘地带的沙漠化·古楼兰绿洲》,载邹逸麟、张修桂主编《中国历史自然谈地理》,科学出版社,2013年,第688—691页。

米兰古城、城外民居遗址、城周屯田区、8座佛塔、3所佛寺、2座烽燧等遗迹。米兰古城位于干涸的米兰河古道北侧,残垣犹存,南北56米,东西70米许,残宽2米,新疆博物馆考古队曾在城内清理出房址43间,多为半地穴式建筑。学者公认米兰古城即西汉楼兰国所管辖的伊循城,汉室曾派遣司马、设置都尉,在这一带屯田。该城内遗物样品测得年代约公元370年至777±65年,证明米兰古城从汉代一直延续到唐代。

据考古工作者的勘察清理,①米兰古城东南不到2公里处发现占地近10万平方米的汉代居住遗址,遗址内陶片遍地,还出露玉料、铁镞、残破石磨盘、五铢钱和大量铁器残片等。佛寺遗址有东大寺、西大寺和米兰大寺,残存须弥座台基、院墙、僧房、残佛像、浮塑菩萨、壁画等。壁画风格侧重于犍陀罗式样,为西域早期佛教文化的典型代表。1907年,斯坦因从西大寺盗走轰动世界的"有翼天使"和"须达拿太子本生故事"等题材壁画和高达90厘米的大佛头。遗址区东部还有一座寺院俗称"米兰大寺",这些佛寺大约建于公元2—3世纪,公元4世纪初高僧法显西行取经时曾路过这里。

《汉书·西域传》载,昭帝元凤四年(前77年)新立尉屠耆为楼兰王,其国更名为鄯善,该王"自请天子曰:'身在汉久,今归,单弱,而前王有子在,恐为所杀。国中有伊循城,其地肥美,愿汉遣将屯田积谷,令臣得依其威重。'于是汉遣司马一人、吏士四十人,田伊循以填抚之。其后更置都尉。伊循官置始此矣。"伊循都尉是在鄯善伊循屯田司马的基础上发展来的,应主要负责管理屯田事务。

黄文弼当年在土垠遗址(汉居卢訾仓)获西汉简牍71枚,后收入《疏勒河流域出土汉简》等书,亦言及"伊循都尉左"(10号简),并记有"永光五年(前39年)七月癸卯朔壬子左部左曲侯"(2号简),以及"右部后曲侯"(3号简)、"后曲侯"(4号简)、"左部后曲侯"(5号简)、"部右曲侯"(6号简)等名称。据《后汉书·百官志》,曲侯和

①黄小江:《若羌县文物调查简况》,载穆舜英、张平主编《楼兰文化研究论集》,新疆人民出版社,1996年,第213—223页。陈戈:《米兰古灌溉渠道及其相关的一些问题》,《考古与文物》1984年第6期,第91—94页。

屯长是军队中较为底层的官员。楼兰屯田分为左部左、左部后、右部后、部右等几部分,均设曲候,他们在管理汉代具体屯田事务中起着重要作用,由此也反映出伊循一地屯田管理机构的健全,屯田规模亦当不断扩大,当时伊循成了汉王朝经营西域的桥头堡和中继站。

居延、敦煌出土汉简中亦多处提及伊循都尉及有关屯田事宜。如敦煌悬泉置所出Ⅱ90DXT0215S:38简记有"伊循农"。ⅡDXT0216③:111简:"□敦煌伊循都尉臣大仓上书一封……甘露四年(前50年)六月庚子上……。"[①]ⅡDXT0111②:73简:"□敦煌伊循都尉大仓谓,过所县……传舍,从者如律令……"[②]"敦煌伊循都尉"连称,或可证明当时伊循都尉受敦煌太守节制。简中还提到"伊循城都尉",如ⅡDXT0114④:349简:"伊循城都尉大仓上书……"[③]可见伊循城都尉即伊循都尉。他如1312③:6、ⅤDXT1312③:44等简皆提及伊循城都尉。Ⅴ1310③:67简还提到"车师己校、伊循田臣疆。"[④]这位名"疆"的官员,应是直接负责伊循屯田者。都尉之下还有候官。如ⅡDXT0215③:267简:"四月庚辰,以食伊循候傀君从者二人……"[⑤]居延303.8简亦提到"伊循候章"[⑥]。

又由简牍资料知,前往伊循屯田者,多数为中原发派而来的施刑罪人。如居延118.17简:"元康四年(前62年)二月己未朔乙亥,使护鄯善以西校尉吉、副尉司马富昌、丞庆、都尉宣建、都□乃元康二年(前64年)五月癸未,以使都护檄书遣尉丞,赦将施刑士五十人送致将车□发。"[⑦]此简为时任护鄯善以西校尉的郑吉与其下属联名签署的文件,言及赦免施刑罪人50名送来鄯善等地(屯田)。

悬泉ⅡDXT0114④:338简:"甘露三年(前51年)四月甲寅朔庚辰,金城太守

①胡平生、张德芳编撰:《敦煌悬泉汉简释粹》,上海古籍出版社,2001年,第125页。
②胡平生、张德芳编撰:《敦煌悬泉汉简释粹》,上海古籍出版社,2001年,第125页。
③胡平生、张德芳编撰:《敦煌悬泉汉简释粹》,上海古籍出版社,2001年,第125页。
④胡平生、张德芳编撰:《敦煌悬泉汉简释粹》,上海古籍出版社,2001年,第124页。
⑤胡平生、张德芳编撰:《敦煌悬泉汉简释粹》,上海古籍出版社,2001年,第126页。
⑥谢桂华、李均明、朱国炤:《居延汉简释文合校》,文物出版社,1987年,第496页。
⑦谢桂华、李均明、朱国炤:《居延汉简释文合校》,文物出版社,1987年,第192页。

贤、丞文,谓过所县、道官,遣浩亹亭长桼贺,以诏书送施刑伊循。当舍传舍,从者如律令。"此为金城郡太守贤签署的一封文件,言派一位名叫桼贺的浩亹亭长,送一批施刑徒到伊循,要求所经过的县、道等提供食宿方便。此次行动为奉诏而行,可见派送施刑徒前往伊循屯田,为汉室直接关注委派,当为常事。

米兰古城所在的南部区这块面积约210平方公里的古绿洲,其中古城周围的集中屯田区范围东西长约7公里、南北宽5公里许,面积超过30平方公里。今天这一带分布有大面积的风蚀弃耕地,其间还散布较多的柽柳、白刺灌丛沙堆。古城东南沿着一条宽10米~20米、深3米~10米、长达8.5公里的已干涸的引水干渠,分布着16处屯田戍卒居住群落和一处炼铁炉遗址。此干渠于米兰河引水,沿线可依此分出7条支渠和多条斗渠、农渠、毛渠。总干渠今仍然显得高大、笔直、整齐,长约8公里,宽约10米~20米,高10米左右。其上端开口于古米兰河东支故道,渠首已被今米兰河冲毁,下端接支渠。7条支渠屈曲蜿蜒,各宽约3米~5米,高约2米~4米,支渠加干渠总长度超过30公里,建有多处总闸和分水闸,可以很方便地开关引水放水。斗、农、毛渠多呈低槽式,低于风蚀弃耕地地面,纵横有序,贯穿于整个灌区。

所有各级渠道均沿地面最大坡降布设,灌区总面积达45000亩,呈扇形由南向北展开。由此可见这一灌溉系统无疑是经过有组织、有计划地精心布局、仔细勘测、精心修筑而成的,显示了相当高的水利建设水平和成就。除渠道外,有些地段还显见犁沟、阡陌遗迹,并散落汉唐时期的夹砂陶片等物。似这样一处规模宏大、系统完整、水平先进、遗存丰富、延续约千年之久的古代灌区遗迹,不仅在新疆,即使在整个西北地区也是少见的。

有学者认为,整个米兰古灌区,其灌溉和生产需要1000名劳动力劳动8~10年方可完成,充分反映出这一地区屯垦的发达。即从这片极具水平的古代灌区来看,西汉元凤四年(前77年)应鄯善王所请屯田的伊循城也应是米兰古城。笔者考得,米兰古城在唐代前期名为屯城,或名七屯城,或名小鄯善城,驻军屯田仍在进行,由米兰古城所出大量吐蕃文木简的年代推之,直到唐代后期这里仍有频繁的人类活动,其被废弃沙漠化应是在吐蕃人撤离后的唐末宋初,即公元9世纪中叶前后。

分布于古楼兰—米兰绿洲上这些众多的古城址、遗址,为我们研究汉至魏晋时期中原王朝对西域的经营、军事部署、军事制度、边防体系、农业开发,以及古绿洲环境变迁等提供了弥足珍贵的实物载体。米兰古城等所出吐蕃文木简,也为唐代后期吐蕃人占领西域时古绿洲南部一带有关史迹的研究提供了资料。

(本文为作者在2015年6月25日《新疆通史》编辑委员会于乌鲁木齐举办的"新疆屯垦史学术研讨会"上的报告)

"五凉"时期中西文化交流新考

所谓"五凉"时期,主要指东晋十六国时期在河西走廊和青海东北部湟水流域一带建立的前凉、后凉、南凉、北凉、西凉五个地方政权,从时间上来说,若以公元301年张轨任凉州刺史算起,到公元439年北凉沮渠氏为北魏所灭止,前后有130多年的历史。若以张重华称凉王建立起割据政权算起,到北凉灭亡,已有近百年的历史。

对于五凉文化的研究,近几十年来一直受到学术界的高度重视,迄今仍方兴未艾。对于五凉文化在经学、史学、文学、佛学、艺术、天文、地理诸多方面取得的成就及丰富的内涵,"兼收并蓄、融合创新"的鲜明特征,"承前启后,继绝扶衰,五百年间延绵一脉"的杰出贡献,以及在中国文化史上的重要地位和影响,许多学者均作过相应研究,取得丰硕成果。本文则拟在前人研究的基础上,聚焦五凉时期丝绸之路上的中西文化交流,对其作进一步的探讨,以就教于学界。

一、五凉时期中西交通的主要线路

五凉政权所在的河西走廊及青海东北部一带,早自张骞"凿空"起就已发展成为著名的丝绸之路所经的枢纽地带。那么,迨及五凉时期其丝路交通的状况如何呢?一些学者认为,由于五凉及整个十六国时期北方长期分裂割据,相互攻伐,政局动荡,这无疑会给我国与中亚、西亚、南亚以至于欧洲、非洲的往来造成障碍和影响,五凉时期的中西交通以及经济、文化的交流已大为衰退,非昔日可比。然而,据现有史料以及河西等地大量的出土文献来看,这一时期的中西交通以及经济、文化交流不仅没有断绝或倒退,而且在某些方面(例如佛教文化及石窟艺术的传播)还呈现出一派兴盛的景象,河西走廊及青海东北部一带连通中西交通的地位依然十分重要。加之五凉政权中,前凉、后凉、西凉、北凉均对西域一带施行过有效的经营与管理,这就更有利于中西文化的交流。总体来看,五凉时期中西交通的主要线路有以下几条。

(一)河西走廊大道

从长安出发,越过陇山,穿过陇东陇西高原,在景泰或兰州附近西渡黄河,沿祁连山北麓的河西走廊继续向西,远达中亚、西亚乃至欧洲、非洲。这条道路早在丝绸之路凿空伊始,就呈现出"使者相望于道,一辈大者数百,小者百余人"的繁荣景象。降及十六国时期虽战乱频多,但这条大道仍是中西交往的重要通道,我国与亚、欧各国之间的联系及经济、文化交流仍是比较密切的,例如,后秦弘始六年(404年)京兆新丰僧人智猛一行就是通过河西走廊大道得以前往印度的。智猛"招结同志沙门十有五人,发迹长安,渡河跨谷三十六所,至凉州城,出自阳关,西入流沙,凌危履险……遂历鄯善、龟兹、于阗诸国"①。又如,北魏一些使节西行,亦选择河西大道,途经姑臧时北凉政权还往往派遣向导,"护送出流沙"②。

(二)河南道

河南道指"五凉"及其以后一段时期(公元4至6世纪),东晋南朝经由益州(今成都)与西域交通的一条路线。该道从益州经川北,顺岷江或白龙江,或洮河河谷,通过茂县、松潘等地,经甘南临潭,青海同仁、贵德等地抵达青海湖畔伏俟城(吐谷浑国都),然后穿越柴达木盆地而至西域。陈良伟先生考得,"丝绸之路河南道虽然与吐谷浑国有着千丝万缕的联系,但是河南道真正的凿通者并非吐谷浑,而是前凉政权。"③例如,公元334年前后,前凉派遣以张淳为代表的使团前往东晋,张淳一行就是经行岷江河谷,南向经过成都,最后抵达东晋都城建康。继张淳之后前凉继续使用这条通道,分别于公元347年、361年、363年、365年、370年和373年成功出访东晋。又如,北凉时酒泉僧人慧览前往西域各地游览,他从于阗出发,"路由河南,

---

①〔梁〕释慧皎:《高僧传》卷三《智猛传》,中华书局,1987年,第125页。

②《资治通鉴》卷一二二"元嘉八年(431年)"条。

③陈良伟:《丝绸之路河南道》,中国社会科学出版社,2002年,第39—46页。

河南吐谷浑慕延世子琼等敬览德问,遣使并资财,令于蜀立左军寺,览即居之"①。

(三)大斗拔谷道

该道从长安出发,沿渭河西行,越陇关(今甘肃清水县东陇山东麓),过天水(汉代称上邽,唐秦州)、兰州(金城郡),西渡黄河,取道湟水谷地西行,于西宁附近折向西北,翻越祁连山脉垭口大斗拔谷(今扁都口),直达张掖,连接河西走廊大道。或过天水,抵临洮(狄道)、河州(枹罕,今临夏市),经永靖、炳灵寺,然后取道湟水谷地至西宁(西平),及其以远。公元400年法显西行(详后),公元609年隋炀帝巡行河西,皆经由此道。

(四)居延道

也称草原路,大体与河西大道平行西进。发自阴山山脉,途经居延绿洲(今黑河下游额济纳旗一带),西达天山南北麓。早在汉代这条道路就发挥着重要作用。②迨及魏晋南北朝时期其作用更趋重要。例如,据《高僧传·昙无竭传》《大藏经》卷二〇五九《高僧传》卷三记载,五凉时期幽州僧人昙无竭于宋永初元年(420年),召集沙门之徒25人,并带着幡盖供养之物,出发西行。他们"初至河南国,仍出西海郡,进入流沙,到高昌郡。经历龟兹、沙勒诸国,登葱岭,渡雪山,瘴气千重,冰层万里。"这里所说的河南国,指的是乞伏氏所建的西秦政权,因为当时只有乞伏氏被封为河南王,其国称为河南国。所言"西海郡",据《晋书·地理志》,为汉献帝兴平二年(195年)所置,领有居延一县。昙无竭一行当从西秦首都苑川或兰州一带向西进入河西走廊,再北至居延绿洲,然后沿着居延路,穿过流沙,去到西域各地。

二、五凉时期往来于中西交通大道上的僧侣

自两汉之际佛教传入我国后,特别是魏晋南北朝以降,中外僧侣、学者的文化交流日趋频繁,许多僧侣万里迢迢,不惧艰险,长途跋涉,或去西方求经,或来中国

---

① [梁]释慧皎:《高僧传》卷一一《释慧览传》,中华书局,1987年,第418页。
② 王北辰:《古代居延道路》,《历史研究》1980年第3期,第107—122页。

布道,留下了许多珍贵的记载。以下举两位五凉时期著名高僧的例子。

法显。平阳武阳(今山西襄垣县)人,俗姓龚,于后秦弘始元年(399)从长安出发远赴天竺取经访学,渡流沙,越葱岭,遍历天竺,前后凡14年,于晋义熙八年(412)回国。归来后又潜心佛经翻译,并著有《佛国记》,为研究南亚次大陆各国古代史地的重要著作。炳灵寺第169窟19号龛壁画下层佛像左侧供养僧人题名"法显供养之像"。我认为该法显就是东晋十六国著名高僧法显。因为能够留下供养像和题名的僧人绝非一般僧人,应为高僧。查南朝梁释慧皎《高僧传》,别无第二个法显。且法显供养像的位置十分突出,绘于佛像的左上方,紧靠佛像,所绘形体较大,端庄富态,显示出其地位之尊崇。又据《佛国记》载,法显于后秦弘始二年(400)往天竺求经"初发迹长安,度陇至乾归国,夏坐。夏坐讫,前行至耨檀国。度养楼山,至张掖镇"。"度陇"即翻过陇山;"乾归国"当指西秦乞伏乾归之地,时立都于今榆中宛川;"耨檀国"为南凉秃发傉檀之地,时立都于今青海乐都;"养楼山"指今扁都口一带的祁连山东段。可见法显的行程是由秦陇南道西行的。既过耨檀国,必经炳灵寺,在此一带渡过黄河,然后经由大斗拔谷道至张掖继续西行。因而炳灵寺中自然应留有法显的供养像及题记,也由此可见炳灵寺及第169窟的始建年代,无疑应早于公元400年,远在该窟著名的"建弘元年"(420)题记之前。炳灵寺当为我国开凿最早的石窟之一。

单道开。敦煌人,俗姓孟,少年出家,与著名高僧佛图澄是同时代人。记忆力超群,能诵经40余万言。据《高僧传》卷九《晋罗浮山单道开传》,他因修习禅定而辟谷,只食柏实、松子、细石子、姜、椒等达7年,行为怪诞,衣着粗陋,数日不眠。据《晋书》卷九五《艺术传》,他后来离开敦煌,可能取大斗拔谷道,经西平(今西宁)、秦州、邺(今河北临漳县西南),进入中原,后终于罗浮山。

除上而外,见于《大藏经》卷二〇五九《高僧传》、梁释慧皎《高僧传》《魏书·释老志》《历代三宝记》《开元释教录》等史籍记载,五凉时期经行这一带西去求法的高僧尚有:释法绪、释昙弘、释道汪、释慧睿、佛驮什、昙摩密多、缰良耶舍、僧伽跋摩、释慧览、智严、宝云、支法领、法净、昙纂、竺道嵩、昙无竭、智猛、道泰、沮渠安阳等;东来传法的高僧主要有：鸠摩罗什（龟兹）、昙摩耶舍（罽宾）、昙摩崛多（天竺）、昙摩密多（罽宾）、昙无谶（中天竺）、弗若多罗（罽宾）、佛陀耶舍（罽宾）、佛陀跋陀罗（天竺）、卑摩罗叉（罽宾）、跋陀罗（天竺）、师贤（罽宾）、浮陀跋摩（西域）等。对于上述高僧本文就不一一备细了。

三、敦煌出土的4世纪初粟特文信札中所反映的丝绸之路上商贸活动

1907年，英国探险家斯坦因在敦煌北部一座长城烽燧遗址中，掘出写于公元4世纪初期（前凉统治时期）的粟特文古信札8封，编号T.XII.a.ii1—8。对于这批古信札，多年来中外不少学者都有研究，如林梅村、陈国灿、毕波、蔀勇造、麦超美、安妮特.L.朱丽安娜、辛姆斯—威廉姆斯、王冀青、冯培红、杨洁等，对于其基本内容已有初步的解读。[①]这些信札从河西走廊的武威、敦煌等地寄出，送往撒马尔罕及西域等地。收寄双方都是粟特人。这是一批目前所知年代较早且保存较好的粟特文写本，更是年代最早的粟特文经济类文书之一，他们真实地反映了以凉州和敦煌为大本营，活跃在河西走廊，并且深入中原地区的粟特商人的商贸活动及日常生活，具有弥足珍贵的学术价值。

这些信札中出现的地名有敦煌、酒泉、姑臧、金城、长安、洛阳、楼兰、撒马尔罕，这些城镇都是当时重要的商镇和交通枢纽，尤其敦煌和姑臧两地更是如此。据《三国志》卷一六《魏书·仓慈传》，早在曹魏时期就有不少来自西域一带的胡商来到敦煌及沿着丝绸之路前往洛阳等地交易，敦煌太守仓慈对他们的通行予以保护，"欲诣洛者，为封过所，欲从郡还者，官为平取，辄以府见物与共交市，使吏民护送道路，由是民夷翕然称其德惠"。姑臧向为商贸重镇，《后汉书》卷三一《孔奋传》记："时天下扰乱，唯河西独安，而姑臧称为富邑，通货羌胡，市日四合；每居县者，不盈数月，辄致丰积。"五凉时期河西商贸活动方兴未艾，如张轨任凉州刺史时，"立制准布用

①毕波：《粟特文古信札汉译与注释》，《文史》2004年第2辑，第73—97页。

钱,钱遂大行,任赖其利"①。

学者们认为,由这些粟特文信札可见公元4世纪入华的粟特人聚落之间存在着一个双重的邮政系统,一个属于区域性,例如河西与楼兰之间;一个存在于更为广阔的远距离空间,例如河西与撒马尔罕之间。这8封信件虽然寄信人、收信人、写信地点都不尽相同,但在发现时都放在同一个包裹里,清楚地表明信件的传递送达是由专人负责的,可见粟特人的邮政系统高度发达,服务于各个粟特聚落之间的商贸和家庭联系。

粟特文2号信札的寄信人是居住在河西某地的商人那你槃陀(Nanai—van-dak),收信人是远在撒马尔罕的主人拔槎迦(Varzakk)。

那你槃陀应是粟特商队在河西的一名管理者,负责安排商队出行、人员派遣、贸易信息收集以及给主人报告工作等事项。可见在一个粟特贸易团队中商人的行动必须按照商队头领的安排进行,个人的行为受到相当的限制;沿丝绸之路进入河西、中原的粟特商队并非孤立的,他们与撒马尔罕之间保持着密切的联系。

粟特文5号信札是居住在姑臧的发黎呼到(Frī—khwatāw)写给商队首领萨般达(Aspandhtā)的,收信人地址不详。该信向商队首领汇报了居住在敦煌、姑臧的粟特人面临的困境、商队货物情况等,涉及中国的战乱对贸易的阻碍和影响等。

这批信件中提到的贸易商品有黄金、白银、麝香囊、樟脑、麻布、织物、胡椒、谷物、葡萄酒等,凡15大类,可基本上体现出公元4世纪初的前凉时期在丝绸路上贸易商品的大致情况。

通过这批粟特文信札,使我们对公元4世纪初的五凉时期丝绸之路商贸活动的活跃程度有了更为切实、直接的了解,其价值弥足珍贵。而且我们还看到,随着商贸活动的进行,当时粟特人已在河西走廊等地形成了一批相当规模的聚落。

由以上的探讨可以看出,五凉时期虽然多有战乱,然而丝绸之路上的交通依旧兴盛,中西方经济、文化的交流并未因动乱而停滞和衰退,而是不断地在持续发展,

---

①《晋书》卷八六《张轨传》。

五凉时期的中外文化交流应在丝绸之路史、在中西文化交流史上写下浓墨重彩的一笔。

（本文为作者在 2021 年 9 月 24 日于敦煌举办的"第五届丝绸之路（敦煌）文化博览会、第十届敦煌行·丝绸之路国际旅游节"的"五凉文化论坛"上的报告）

蕃占时期对塔里木盆地东南部一带的经营

——以米兰出土简牍为中心

本文所论的塔里木盆地东南部一带,指今以新疆维吾尔自治区若羌县辖境为中心的一带区域,含若羌河绿洲、米兰河绿洲、瓦石峡河绿洲、车尔臣河下游一带、罗布泊周边、阿尔金山大部及其与昆仑山脉之间的山间盆地等地。这一带即西汉时著名的楼兰国之所在。据《汉书·西域传》,元凤四年(前77)汉另立楼兰新王,更其国名曰鄯善,迁国都于扞泥城,笔者考得扞泥城故址即今若羌县城西北的"老古城"。据《魏书·世祖本纪》,太平真君六年(445)八月,鄯善国亡于北魏,太平真君九年(448)北魏王室专派"交趾公"来这里镇守,对其进行"比之州县"的有效统治。约在公元6世纪初,鄯善、且末一带被吐谷浑据有。据《隋书·地理志》,大业五年(609)隋平吐谷浑,置鄯善郡,并"发天下轻罪徙居之"。迨及唐代前期,塔里木盆地东南部一带为康国首领康艳典管辖,高宗上元二年(675)隶属于沙州。敦煌文书《沙州伊州地志》(S.0367)载,石城镇"隋置鄯善镇,隋乱,其城遂废。贞观中康国大首领康艳典东来居此城,胡人随之,因成聚落,亦曰典合城。其城四面皆是沙碛。上元二年(675)改为石城镇,隶沙州"。石城镇即今若羌县城。

安史之乱爆发后,驻防河陇及安西四镇的精兵大部东调平叛,吐蕃势力则乘虚北上,相继蚕食大片土地。据《新唐书·吐蕃传》等史料,约公元8世纪末叶包括本区在内的西域大部分地区落入吐蕃之手。若羌县米兰古城遗址等地出土了400余枚这一时期的吐蕃文木简文书,可较为详细地反映出吐蕃占领后在塔里木盆地东南一带的经济、军事、文化、宗教、氏族、部落、语言、民俗等方面情况,弥足珍贵,引起国内外一些学者的关注。如英国东方学家、古藏文专家F·W托马斯(1886—

1956），对这批文献中的精华部分进行拉丁字母转写，并加以注释①。我国学者王尧、陈践对其辑录整理、译注，编著成《吐蕃简牍综录》一书②，由此大大方便了相关研究的开展。笔者不揣简陋，拟以这批简牍为主要史料，对于蕃占时期塔里木盆地东南部一带的经营状况作一浅探，以就教于学界。

一、吐蕃在塔里木盆地东南部一带设置的军政官员

张云《新疆出土简牍所见吐蕃职官考略》，对于吐蕃统治西域的职官，如大尚论、政务主宰大论、王者大论、内大论、纰论或外相、尚论、论、节儿论、军镇长官、军镇郎官、节儿、副节儿、小节儿、茹本或翼长、万户长等，作了系统的探讨。③杨铭《唐代吐蕃与西北民族关系史研究》一书，对于吐蕃驻鄯善一带的官吏、将军与（dmagpon）节度使（khrom）、节儿（rtserje）、千户长（stongpon）等，亦进行了细致的研究。④除此而外，于简文中见吐蕃在塔里木盆地东南部一带还设有"鄯善总管节儿及岸本""镇将""婼羌守捉官""先锋官""副先锋官""仲巴"等以及具体从事农牧业生产管理等方面的官员。笔者拟结合具体简文，主要从开发经营的角度，对于前人未曾涉及或需进一步探究的官员进行必要的考证。

（一）鄯善总管节儿

387简："……致鄯善总管节儿及岸本……要求任职，诏令上已决定。……应允光临，酒……"由于木简本身缺损及文字漫漶，其含义不能尽知，但从保存的文字来看，吐蕃在鄯善地区设有总管节儿，而且此官员须由吐蕃王室"诏令"决定，这应是其统治鄯善地区，即塔里木盆地东南部一带的最高军政长官。节儿，为吐蕃在河陇、西域等占领区设置的官职，约相当于唐代的刺史，在敦煌即有沙州节儿，为吐蕃在沙州设置的最高军政长官。

①［英］F·W托马斯编著，刘忠、杨铭译注：《敦煌西域古藏文社会历史文献》，民族出版社，2003年。
②王尧、陈践编著：《吐蕃简牍综录》，文物出版社，1985年。
③张云：《新疆出土简牍所见吐蕃职官考略》，《西域研究》1992年第1期，第63—72页。
④杨铭：《唐代吐蕃与西北民族关系史研究》，兰州大学出版社，2012年，第148—151页。

此外,简文中还可见到"大罗布节儿总管及尚论"一称。393简:"此案为悉编掣通(观察使)所判,交付大罗布节儿总管及尚论。"这里的"节儿总管"与前面的"总管节儿"应是同一个意思。简文中既记有大罗布(Nobchedpo),又记有小罗布(Nobchung),这显然是不同的两处地方。《吐蕃简牍综录》中记有"大罗布"简凡8条,记有"小罗布"简18条。如369简:"龙年春季二月,孜扎鲁为向婼羌(小罗布)用兵事向大尚论钵心禀报。"因知小罗布(nob—chung)在婼羌一带,应属鄯善总管节儿所辖。又如410简:"召(小罗布)地的镇将大论及茹本四人前来见我。"知小罗布一地设有镇将大论及茹本,他们应听命于鄯善总管节儿。至于大罗布,如90简:"野息将种驴送往……纳职……悉猎与交岱,多岱充使,畜费当面议价……"编著者王尧、陈践解释:"纳职,nob—ched可意译为大罗布(泊),与nob—chung小罗布(婼羌)相对而言。唐代已置纳职县。"即认为大罗布在唐之纳职县之地。学界公认,该县故址即今哈密市五堡乡四堡村内的拉甫却克古城。

大罗布居地果真如此吗? 我们不妨先来看一条敦煌文书的相关记载。S.0367《沙州伊州地志》(写于唐光启元年,即885年)记:"石城镇,东去沙州一千五百八十里,去上都六千一百里。本汉楼兰国。《汉书·西域传》云:地沙卤,少田,出玉。傅介子既杀其王,汉立其弟,更名鄯善国。隋置鄯善镇,隋乱,其城遂废。贞观中康国大首领康艳典东来居此城,胡人随之,因成聚落,亦曰典合城。其城四面皆是沙碛。上元二年(675年)改为石城镇,隶沙州。屯城,西去石城镇一百八十里。鄯善质子尉屠耆归,单弱,请天子:国中有伊循城,城肥美,愿遣一将屯田积谷,得衣(依)其威重。汉遣司马及吏士屯田伊循以镇之,即此城是也。胡以西有鄯善大城,遂为小鄯善,今屯城也。"杨铭据之考得,鄯善有大、小城之分,前者即石城镇,今之若羌县城;后者为屯城,今之米兰;而藏文 Chedpo(Chenpo)意为"大",Chung 为"小",则 Nob - chedpo 当指鄯善大城,Nobchung 指小鄯善城;若音译,可分别读作"大罗布""小罗布"①。此说颇有道理,笔者完全赞同。大罗布不可能在今哈密一带,哈密距若羌远

---

①杨铭:《吐蕃简牍中所见的西域地名》,《新疆社会科学》1989年第1期,第87—88页。

达千里之遥,且其间又被茫茫的罗布荒原和库鲁克塔格山脉阻隔,通行异常困难,两地不可能同属鄯善总管节儿管辖。

386简还记有"于阗王总管节儿"一职,应是统领今和田一带的最高军政长官。由上可见,吐蕃占领西域南部至少设有三个总管节儿,即鄯善总管节儿、大罗布总管节儿和于阗王总管节儿。

(二)岸本

岸本一职,张云等对此已有论及。除上引387简外,又可见于266、335等简。266简:"从和阗驿站发给鄯善岸本书信:一天一夜要行五个驿站,此木牍迅速紧急送往高齐巴,文木牍不能按时到达或有误,依法惩办,从和阗……日……"335简:"论悉诺热之奴隶周洛息,已下令将其并作萨毗地方岸本之属民,现在在小罗布地面……"萨毗属于鄯善辖内,在今若羌县城东南的阿尔金山山间盆地(详后)。由此知鄯善境内除总管节儿所兼岸本外,还有地方岸本。对照敦煌所出吐蕃文献可知,"岸本"一职应为主管经济方面事务,如仓廪、税收、户籍等的官员。如P.T.1097《薪俸支出粮食清册》:"……(龙)年孟春上旬,司俸禄之岸(本)又张文安……和宋锷三人,从所管库内,将小米、青稞……支付官方酬酢及食用糌粑、油料胡麻,由(尚论)牙牙盖印,确定付给人员,点名填造清册如下……"[1]又如,《敦煌本吐蕃历史文书》之《大事记年》77行:"及之虎年(开元十四年,即726年)……春,大论芒夏木于岛儿集会议盟,订立岸本之职权,征宫廷直属户税赋。"[2]此外,吐蕃还有"大岸本"一称。如《敦煌本吐蕃历史文书》之《大事记年》43行:"及至龙年(长寿元年,即692年),赞普驻于辗噶尔。夏,于'雄那'集会议盟,任命六大岸本。"[3]大岸本应是中央一级岸本,可见"岸本"是有不同级别的。

(三)茹本

前引410简即提到小罗布"茹本四人"。又如400简:"……委派作萨毗之茹

①王尧、陈践译注:《敦煌吐蕃文献选》,四川民族出版社,1983年,第52页。

②王尧、陈践:《敦煌本吐蕃历史文书》,民族出版社,1980年,第114页。

③王尧、陈践:《敦煌本吐蕃历史文书》,民族出版社,1980年,第107页。

本。"405简:"茹本通颊所属村落,小巴乌玛若聂地方以上一带,去该处侦查探明后将经过(工作)记录汇总。……"据前人考证,吐蕃的军政建制在早期实行茹(ru)与东岱(stong—sde)两级统率编制结构,"茹"意为翼,吐蕃有"五如六十一东岱"之称;茹本为一个地方军政的最高指挥官,例由当地最大的氏族贵族担任。米兰简牍中出现的东岱,如乞力塘部、芒·噶部、朗迷部、聂巴部、几堆部、计藏部、那雪部等,分属于吐蕃五个茹,证明他们都曾离开原驻地,开赴西域,参加争夺瓜州四镇的战斗。①笔者认为,吐蕃进入西域后,适应变化了的新形势,茹本一职虽作为军事指挥官的职能未变,但可能已分为不同的级别,米兰简牍中的"茹本",大多应属于地方性的军事官员,如以上提到的仅小罗布地区就有茹本四人。

(四)镇将、先锋官、副先锋官、守捉官、仲巴等

383简:"如今上峰指派(我一人)兼任镇将及农田官……,(我)不敢推辞……责任;过去,(我)遂曾任农田官及镇将,但工作无把握,力不胜任。"又如401简:"交与节儿总管及镇将大论。"402简:"镇将大论茹聂穹"。镇将应属于军事方面的官员,亦应有不同的级别划分,既有节儿总管兼任的镇将,又有较低级别的镇将。

7号简:"格来领受:先锋官之农田两突。"4号简提到"副先锋官田一突"。先锋官与副先锋官,亦应属于吐蕃军队中比较重要的将领,其级别可能不会太高,或许隶属于镇将。391简:"……部落之甲拉玛去婼羌充任守捉官,其职由……达达支,论……和论玛……"守捉官可能亦是隶属于镇将的军事官员。320简:"琼垄仲巴然木绮堡塞之……"王尧和陈践认为,仲巴(brung—pa)为边防守捉官员,驻守总管,有指挥军队、提调财政、参与政治的权利。

此外,简文中还有"资悉波""农田官""司牧长官""牧场长官""牧马官"等官员,前引张云论文对部分官员亦有所论及,本文拟在后面结合有关史料做进一步分析。

---

① 王尧、陈践:《吐蕃兵制考略》,《中国史研究》1986年第1期,第119—120页。

二、吐蕃在鄯善一带的军事布防

简文中也反映了吐蕃在鄯善一带的军事布防及有关行动,当时的主要军事任务是驻防,安置哨所,实行坐哨和巡哨制度。其中萨毗为重点防御地区之一。

106简:"春季二月初新增守城军共……"286简:"……答应派两名邦岱之守城人……"守城军与守城人,应是专门负责防守城池的人员。166简:"朗部落之布薄绒噶(地名),坐哨在鄯善之廓拉……"379简:"……佣奴梅悉猎去和阗探亲,回来时见山上有许多坐哨……"可见其坐哨设置之严密。118简:"……后也领七升口粮,在凉包抚服突然入境之汉人及突厥人。玉巴山有敌情……"140简:"卑职杂萨弥在鄯善以下巡逻,为何官长长期遗忘? 至今我仍未收到(发给之)衣衫。往后,完成两个月(巡逻)任务后,请准予返家数日。"所谓鄯善以下,应指今若羌河、车尔臣河下游一带,为其重点巡逻地区之一。144简:"虾蟆山四名斥候一个驿站。龙年夏季五月初六日派出斥候之木牍。"148简:"所发口粮够吃到引穷。我所写木牍信件,江朗孜以上之斥候速往鄯善递送。"266简:"从和阗驿站发给鄯善岸本书信,一天一夜要行五个驿站……"日夜兼程,所送肯定是紧急军情要件。

109简:"酉年春,沙州……萨毗地区,作阻击敌军之军事准备……军队和……此时,遵照命令,立即给以奖赏……"萨毗(Tshal—byi),敦煌文书《沙州伊州地志》(S.0367)、《寿昌县地境》记有萨毗城,该城"西北去石城镇(今若羌县)四百八十里,康艳典所筑,其城近萨毗泽,山路险阻,恒有吐蕃及吐谷浑来往不绝"。唐代《沙州地志》残卷(P.5034)亦记:"其城康艳典造,近萨毗泽。"依此记载,萨毗城位置当在今若羌县东南祁曼塔格乡境内的库木库里一带。这里为阿尔金山支脉祁曼塔格山与昆仑山支脉阿尔喀山之间的山间盆地,面积达15000余平方公里,皮提勒克河等流入其中,汇为阿牙克库木湖,唐五代称其为萨毗泽,面积近1000平方公里。萨毗南通藏北高原,东连敦煌南山以至河西走廊,为吐蕃本土北出西域的要径,不仅交通地位十分重要,无疑也是鄯善地区的军防重地,因而其军事布防格外受到重视。138简:"详细统计数字,如前所颁。彼此多(日来)日夜巡逻,午前、午后均十分警惕。去时如发现可疑足迹,即在该地竖立标记,务使清晰可见。首先,别碰掉足迹,到跟前立标记。如在萨毗地面发现可疑足迹,由吐谷浑(军)负责……"吐谷浑早在唐高宗时即被吐蕃所并,其军队即随吐蕃调遣,成为吐蕃别部。可见萨毗一带主要由吐谷浑军驻守。

萨毗一地还设有"将军"和"巡察使",以统领这一带的军防任务。F·W托马斯所引米兰出土的纸质文书 i 23(大英图书馆东方文献部编号 Or.15000/265)是一封通颊属员琛萨波噶致昆赤热的信,其中提到:"鉴于我等来自郎迷(Lang—myi)部落,从父辈起就……(遵)命来通颊(Mthong—khyab)服役,萨毗(Tshal—byi)将军(Dmag—pon)审查了服役者";琛萨波噶"弟兄五六人",被雇用来在这一带巡察服役,其中"有两兄弟在通颊的服役中堪称能手,如果君王及其母后有命令,在令中指示萨毗将军和巡察使(Spyan)(发出通知),通颊之属员应得到他们的佣金,如此我们即能免去一死"①。米兰木简中亦几次提到"萨毗将军"。杨铭认为,有将军身份的人相对于汉文史料就是吐蕃"节度使",可主持会盟。②可见萨毗将军身份颇高,并可直接听命于吐蕃君王及其母后。萨毗设有将军并巡察使,突出体现了其地位的举足轻重。另外,抄写于公元818年的敦煌文书 P.2469V《账目及僧尼名录》记有:"又十月内将麦九驮与萨毗郎主下人。""萨毗郎主"一称,仅见此一例,应是萨毗地区具有一定身份者之称,"下人"应是其属下。有学者认为萨毗郎主就驻在敦煌,恐非是,即使其出现在敦煌,也可能是临时性派遣。

172简:"在大萨毗所辖地面,通颊北边驻有个别守边斥候。根据旧令及新建万人部落之令,不可像盗匪般使庶民不信任,不可抢劫,但所属地区发生内乱,萨毗属地之内设庐氏、属庐氏等家族叛离,做尽坏事……"通颊,据《贤者喜宴》,为附在孙波茹之后的汉人千户(东岱),在敦煌汉文文书中常能见到这一名称。杨铭认为,通颊是吐蕃一种役职部落名称,它起源于吐蕃本土,人员主要用于巡逻、守卫等,吐

---

①[英]F·W托马斯编著,刘忠、杨铭译注:《敦煌西域古藏文社会历史文献》,民族出版社,2003年,第117页。

②杨铭:《唐代吐蕃与西北民族关系史研究》,兰州大学出版社,2012年,第149—150页。

蕃攻占唐朝河陇地区后,曾将这种建制引入被征服的民族中,在凉、甘、肃、瓜、沙、鄯善编制了5个通颊万户,主要由汉人、粟特人充任。①以上引文所谓"新建万人部落",即包括设在鄯善地区的"通颊万户"。在萨毗驻有通颊部落,主要担负巡逻、守卫之职,亦可看出其军事地位的重要。设庐氏为吐蕃大姓,吐蕃大相尚婢婢即出自其族。属庐氏,亦为吐蕃大姓巨族,世代为相。这些家族均被派遣到西域一线。由上述简文知,通颊斥候,还负有监视这些家族成员可能发生的"叛离"以及"地区发生内乱"等职责。

吐蕃在鄯善一带建立的堡寨有:达古沙山堡寨(309、310简)、囊与处之堡寨(312、313简)、悉诺弩结之堡寨(315、316简)、悉诺厮啰结之堡寨(317简)、江朗孜堡寨(318简)、沙石峪之堡寨(319简)、琼垄仲巴然木绮堡寨(320简)、城子堡寨(77简)等。一些堡寨今天仍有遗址可觅。可见吐蕃在这一带布防之严密。

三、蕃占时期的生产方式仍主要为农业生产

吐蕃占领塔里木盆地东南部一带的生产方式仍主要为农业生产,保留并维护了绿洲原有的经济形态,以适应新占领地区的自然条件,并借此维持其统治的稳定,同时亦有畜牧业等的经营。

米兰简牍中保存有不少吐蕃官员领受农田的记录。1号简:"……论本二人领受:零星农田一突,通颊……好田一块,右茹茹本田一突,门笃……田一突茹玛达一突田附近,茹本农田主渠对面,田一突一并领受。"这是一份有关官员领受农田的记录。突,为吐蕃田亩计量单位,敦煌所出吐蕃文献中亦常见之,一突约等于唐制10亩。茹,已如前述为吐蕃军事行政区划机构,右茹为吐蕃境内一处大茹,在新疆出现右茹木牍,说明吐蕃的军旅驻扎在新占领区仍保留原来的番号。王尧、陈践对此简的注文认为,从木牍上看田与地是有区别的,田是已经营日久的熟田,依敦煌惯例,垦荒5年的土地即可称为田,新垦荒地或垦荒不足5年的土地,称为地;这种区

①杨铭:《通颊考》,《敦煌学辑刊》1987年第1期,第113—116页。

别反映出吐蕃人依照当地沿用的唐人习惯来奖励垦荒。该简还提到"农田主渠"，既然有主渠，肯定还会有支渠、子渠等，构成一定规模的灌溉网系。可见蕃占时期水利灌溉依然是当地农业生产的重要环节，受到统治者重视。米兰古绿洲保存的规模宏大、系统完整的古代灌区遗迹，①即从汉代以来一直沿用至吐蕃时期。

似此类记载官员领受农田的木简还有不少。如2号简："……之农田一突，邦布小王农田一突，资悉波农田一突，悉斯赞新垦荒地在通颊有两突，零星散地一突。"资悉波为吐蕃财务官员。又如4号简："班丹领受：资悉波之田地三突，军官俸田一突，茹本之新垦荒地一突，副先锋官田一突。"俸田，应是用以酬赏军、政官员的薪俸土地。又如12号简："农田使官拉罗领受属桂之田一突。""桂"，据《贤者喜宴》为吐蕃"人民中优秀而参加军武人员"。上引383简即提到"镇将及农田官"，农田使，或曰农田官，为吐蕃在新占领的原属唐廷的地区沿用唐制所设的主管土地事务的长官，在各级政府中均有此种官员设置，说明当时土地经营的兴盛。

又如31简："交付萨毗军官与负责营田之人。"负责营田之人无疑亦是有关农业方面的官员。萨毗一地不仅军事与交通位置重要，又有面积广阔的萨毗泽，其周围一带不仅牧场优良，而且还能种植某些农作物。

吐蕃贵族、官员的土地一般交由"佣奴"耕种。15简："那松之农田佣奴三人……（领受）农田三突。"16简："论赞之农田佣奴，领受聂拉木以上查茹拉（农田）四突。"22简："……（领受）小铜告身者之农田三突，一名耕田人……"耕田人的身份显然较佣奴要高，可能相当于自由民，为雇佣者耕种。又如24简："……内有茹本农田一突和零星地一突，为军帐长官耕种。"耕种者亦为耕田人。

为了增加粮食产量，吐蕃统治者奖励垦荒。358简："……分后，有权者和有永业田者诸人……分配去开荒地。一次，将城中住户迁出……。大罗布范围王田之上方地，长满青草（无人耕种），迁出小罗布住户……"揆其语义，即从小罗布迁出部分住户到大罗布开垦荒地。23简："保超地方新开荒四突。"26简："在彭地，有则屯

---

①陈戈：《米兰古灌溉渠道及其相关的一些问题》，《考古与文物》1984年第6期，第91—94页。

之待垦荒地一突半(一个半突)。"27简:"玉屯之新开荒地,则屯之田一突,(耕田一突半)。"

农田类型有"良田"(10简)、"好田"(1简)、"中等田"(18简)、"平坝田"(1简)、"雪之田"(30简)、"雪水中草坪之田"(30简)、"水中干地田"(177简)等,所种作物有大麦、小麦、青稞、谷子、小米、粟米等,还有大米和蔬菜。如35号简:"麦子一克。"克为吐蕃粮食计量单位,其含量不明。33号简:"青稞十六克半又三升……白谷子一克半又四升四合(四捧)两掬。"39号简:"一个月口粮为麦子六(升),青稞四升。五个半月食物合计:麦子一克十七升、青稞十八升。其中有我口粮二升,祭神用麦子九升、青稞三升,羊价麦子三升,大米小圆升三升给邦羌白……"青稞还用来酿酒。421简:"……午饭,连续献上迎宾青稞酒三瓢,置一盛酒大碗,顺序饮酒……"415简:"往小罗布送去粟米两克,从过去的粟米中给拉穷达仁(克)……"28号简:"农田长官多贡之佣奴农户,专种蔬菜的零星地……"当时有专营蔬菜种植的行当。355简:"在小罗布(婼羌)有八畦菜园子……"430简:"……青年及同行的二十人,平均每人食品……(四个)圆饼、发面饼、青菜、腌菜、碗。"当时的水果有果子、杏、葡萄等。419简:"(每组)油炸薄饼和果子各十五个,饼和发面饼各二十五份,杏干、葡萄干各三捧,切玛各三两,酸奶一勺,上好糌粑五升半。"

粮食是当地人民的主要食物,农业收成的丰歉对于百姓来说自然极其重要,这也体现在宗教占卜中。438简:"祭女神之美貌少女一名,以兵器卜有无危险……兔年秋收之麦子和青稞年成可佳?"441简:"……祭降生时命官守护男女值日神祇及福德正神时……以兵器卜有无危险?小罗布城范围内,以后有无敌人?年成好否?……有无。"

四、蕃占时期的畜牧业经营

除以农业经营为主外,吐蕃在这一带还辟有"牧区"(395简),设有"司牧长官"(357简)、"牧场长官"(413简)、"牧马官"(171简)等官员从事管理。此外还有民户的厩养和放牧等经营形式。放牧者既有当地牧民,也有"外部牧户"(103简)。草场划分有界限,界限一旦划定,不允许别的部落进入。342简:"(草场)划分定界后,选了证人乞力郭和乞力则。部落不让牧畜去水池饮水,并责备放牧人,欺骗守池人……"在鄯善一带草场放牧的除"吐蕃住户"外还有外来的"于阗住户","住在此地之于阗住户及吐蕃住户,他们在草场方面,如若不合",那就请于阗人另寻牧地(373简)。

牧养的牲畜有羊、马、毛驴、骆驼、黄牛、奶牛、牦牛等。87简:"节儿之羊群晚间死亡……"425简:"……的祭神用良种公山羊一只……"442简:"……祭女神,宰四头羊……"羊还被用来运送物品。61简:"……一部分(青稞)如以羊驮运不完,可派牛运。"此外,吐蕃占卜所用"灵骨"大多也为羊胛骨。如437号简为书于羊胛骨上之卜辞:"在此灵骨(羊胛骨)上占卜:吉,祈求神门启开,鬼门闭合;凶,人有生命危险。"

黄牛和毛驴为主要役畜,此外还有奶牛饲养。77号简:"两头毛驴和一头借来黄牛(共三头),已向城子堡寨几个人讲情……"98简:"尺岱将吃一条黄牛腿之人唱名登记如下",这些人"每人交四捧谷物。"91简:"朝加有奶牛四头。"380简:"要细致照料奶牛,无论哪头先产,若不很好喂食,将会死去。"90简:"野息将种驴送往……纳职……悉猎与交岱,多岱充使,畜费当面议价……"从若羌至纳职不厌千里迢迢,送去种驴,说明若羌毛驴质量优良。

马匹不仅用于乘骑和役力,更是军队、驿站的重要装备,需精心喂养,因设"牧马官"一职专司其事。170简:"四匹马一组交与斥候牧养,与政事关系极大,诏令谓以后要交与军队,因此要尽全力放牧好。"101简:"马、麦、酒录入木牍中……有北路驿传马匹。"84简:"桑俄尔部落之斯古局穹,从章村部落囊玛家,借马去巡察农田分布情况及界标。"马匹亦用于农田巡察等。171简:"牧马官管交约高(人名)。"骆驼为戈壁沙漠地区重要的运输畜力。259简:"从婼羌派出骆驼与其余(牲畜配伍),一起赶往大行军衙。"321简记载调用"婼羌辖境全部骆驼"运送粮食之事。牧养牲畜需储备草料。77简:"……务请下令让老弱劳力割草。"94简记载葭芒园中还备有"马料"。

　　另外,据F·W托马斯译注的米兰出土xiv109a纸质文书,小罗布还有公牦牛、母牦牛与粮食等物品的交易。[①]牦牛原本主要生活于青藏高原一带,并不大适应塔里木盆地的气候环境,但因吐蕃人的进入,这里亦可见到牦牛,这些牦牛应主要放养在海拔较高的萨毗山区。

　　大约公元9世纪以后,吐蕃势力退出塔里木盆地,以后又迭经战乱,米兰古绿洲一带就被废弃沙漠化了。

　　　　　　　　　　　　　　　　（原载《石河子大学学报》(社)2019年第1期）

---

　　①[英]F·W托马斯编著,刘忠、杨铭译注:《敦煌西域古藏文社会历史文献》,民族出版社,2003年,第129—130页。

“凉州会谈”的重大意义论略

公元1247年,代表西藏僧俗各界的政教领袖萨班,应驻守凉州(今甘肃省武威市)的蒙古汗国皇子阔端的邀请,不顾年事已高与路途险远,亲赴凉州,就西藏的归属问题与阔端举行会谈,这即是中国历史上具有伟大意义的壮举——“凉州会谈”。

在“凉州会谈”中,阔端与萨班经过一系列商谈,最后议定了西藏归附蒙古汗国的条件。会议协商的结果以公开信的形式,由萨班亲笔草拟而成,然后分发给各地领主与各教派领袖,这就是著名的《萨迦班智达致蕃人书》。该书首先表明了蒙古统治者对藏传佛教的敬重及对萨迦派的优待,并向西藏僧俗各界说明归顺蒙古汗国的利害关系;接着声明萨迦派已经带头归顺了蒙古汗国,蒙古汗国也授权萨迦派代理西藏事务;然后讲清归顺蒙古汗国的条件和要求,开列出应向蒙古纳贡的物品清单。

对于“凉州会谈”,曾有不少学者作过探讨,特别是樊保良、水天长教授主编的《阔端与萨班凉州会谈》一书(甘肃人民出版社,1997),对其作了全面系统、深入细致的研究。笔者拟在先贤研究的基础上,对于“凉州会谈”的重大意义,略述管见。

1.首先,“凉州会谈”使西藏正式纳入伟大祖国的怀抱,成为祖国神圣领土永远不可分割的一部分,藏民族成为中华民族大家庭中永远不可或缺的成员。藏族的先民羌、氐、吐蕃,自古以来就与中原各民族之间有着密切的政治、经济、文化交往,虽然其间也有战争,但交流往来一直是其主流。“凉州会谈”后不久元朝政府即在西藏地方设置管理机构、清查户口、委命官吏、征收贡赋,使西藏真正置于中央政府的管理之下,从而理顺了中央与西藏的关系。因此,“凉州会谈”既是对西藏与其他各民族长期政治、经济、文化交流以及传统友谊的巩固,也是对这一成果的重大突破与发展。

2."凉州会谈"顺应了历史发展的潮流,反映了中国历史发展的总趋势,促进了统一的多民族国家的进一步巩固与发展。中国自唐朝灭亡以后三百多年间,境内出现了许多独立的割据政权。各个政权为了争夺领土与人口,经常进行战争,给各族人民带来了深重的灾难,也不利于经济文化的交流,更不利于社会的稳定与发展进步。13世纪崛起的蒙古汗国,凭借其强大的军事力量,逐步剪灭了西辽、西夏、金国,并完成了对南宋王朝的包围,统一全国已经成为历史的趋势。萨班与阔端摒弃个人利益与民族偏见,审时度势,顺应历史的潮流,对祖国的统一共同作出了贡献。这一丰功伟绩,永远值得全体中华儿女颂扬与怀念。也由此表明国家的安定统一,民族的友好团结,符合全国各族人民的共同利益。

3."凉州会谈"的成功举行,为西藏地方赢得了和平与安宁,推动了西藏社会的发展。众所周知,任何一个国家的统一进程,难免要伴随着血雨腥风。这个过程既充满着希望与光明,同时也伴随着残酷与阵痛。因而和平统一的方式是各族人民所共同向往的。然而由于各种各样的原因,这种方式往往难以实现。蒙古在统一中国的过程中,征西辽、平西夏、灭金国、攻南宋,曾经给各族人民带来了深重的灾难。然而唯独西藏归顺蒙古汗国,成为祖国版图的一部分,是以和平会谈的方式进行的。这充分展示了蒙藏双方领袖阔端与萨班的远见卓识与宽阔胸怀,也给各族人民,尤其是藏族人民带来了安宁与和平。正如藏族史籍《青史》所载:"卫藏之僧人、弟子和施主等众生,阅读《萨迦班智达致蕃人书》后无不欢欣鼓舞。"由此表达了西藏僧俗各界广大群众对这次会谈结果的热切期盼与衷心拥护。

4."凉州会谈"的成功举行,也加强了西藏人民内部的团结与稳定。自9世纪中期吐蕃政权瓦解后,四百年间西藏内部大大小小的封建领主割据称雄、征战不休,给藏族人民带来了诸多灾难与痛苦。"凉州会谈"后,萨迦派在中央王朝的推崇与扶植下,成为西藏地方政教界的领导力量。他们代理中央政权与中央派驻西藏的管理机构及人员共同管理西藏,使西藏地方有了共同的权力中心和共同的精神领袖。在萨迦派的领导与管理下,西藏基本上结束了长期的战争与分裂割据,使内部逐步走向统一,增强了凝聚力,为西藏社会经济文化的发展赢得了和平稳定的社会环境,并为藏族与祖国各民族进行经济文化广泛深入的交流开辟了广阔的道路。

5.“凉州会谈”的成功,也为藏传佛教向全国传播与发展带来了难得的机遇,藏传佛教的传播也由此进入了一个新的历史时期。会谈后,先是以阔端为首的蒙古贵族在凉州接受萨班灌顶而皈依了佛教,以后上自元朝皇帝忽必烈,下至普通蒙古百姓,都先后皈依了藏传佛教。也就是从这时起,藏传佛教逐渐成为蒙古族全民信仰的宗教,从而对其社会生活、文化习俗等产生了深远的影响。同时,一部分汉族与其他少数民族的群众,尤其是与藏族毗连的甘、青、宁地区的群众也改信藏传佛教,一批汉传佛教寺院也改建为藏传寺院。自此藏传佛教跨出雪域高原,传遍全国。

凉州会谈后,萨班仍然停留凉州。在凉期间,他广宏佛法,又为当地百姓医病施药,并捐资扩建修缮了城北海藏寺、城南金塔寺、城西莲花寺、城东白塔寺,即所谓凉州四部寺。四部寺中白塔寺规模最大,有山门、钟楼、鼓楼、三宝殿、金刚殿、大经堂等建筑,萨班当年就住在该寺。由于仰慕萨班的学识与英名,凉州及附近蒙、汉、回鹘等族群众纷纷信奉藏传佛教,而此时的凉州也发展成为藏传佛教向外传播的中心。

1251年11月,70岁高龄的萨班在凉州仙逝。为了纪念萨班为和平统一西藏与为蒙藏人民友谊做出的丰功伟绩,当地人民在城东白塔寺为其修建了一座高大的灵骨塔,八思巴亲自为灵骨塔开光。

如今当我们漫步古城凉州时,萨班与阔端当年会谈的遗迹仍然依稀可寻。现存武威市武南镇刘家台庄的白塔寺遗址,可以看到一座高8米、边长14米的土台,这就是当年萨班灵骨塔的塔基。灵塔及白塔寺由于1927年的大地震而塌毁。灵骨残塔往西150米,有一座复原重建的萨班灵骨塔,雄伟神圣,矗立在苍茫的云天下。塔高32.58米,通体雪白,塔顶金黄,为藏式覆钵塔,这是国家文物局几年前拨专款修建的。另外,在武威博物馆还珍藏有一尊铜头铁身的藏僧坐像,等身大小,表情肃穆,据说是萨班像。

瞻仰着这些遗迹遗像,思古之情油然而生。白塔寺、灵骨塔、萨班铜像、海藏寺等胜迹向世人昭示,西藏是祖国神圣领土永远不可分割的部分。

(本文与杨发鹏同志合写)

"凉州会谈"不能说成"凉州会盟"

近年见于一些学者的论著和一些领导的讲话中,甚至在一些相关的影视作品中,每每将"凉州会谈"说成"凉州会盟"。略举几例。高荣主编的《河西通史》第八章《西夏、元时期的河西》中专设小标题《凉州会盟及藏传佛教在河西的兴盛》①;张正锋、刘醒初主编的《中国地域文化通览·甘肃卷》第五章第六节标题为《〈萨迦班智达致蕃人书〉与凉州会盟》;②陶明《解读甘肃》中专有一节为《元代"行省"的设置与凉州会盟》③;中国社会科学院与武威市凉州文化研究院主编的《"凉州与中国的文化交流与文明嬗变"学术研讨会论文集》,其中两篇文章的标题就写为"凉州会盟"(金蓉《凉州会盟的历史意义及时代启示》、王守荣《从民族交往交流交融视角谈"凉州会盟"的现实意义》)④。又如,由王新建制片、导演,甘肃省委宣传部、央视科教频道联合摄制的大型纪录片《河西走廊》,第八集的标题亦为《(凉州)会盟》。有关例子不胜枚举。"会谈"与"会盟",虽只一字之差,但其含义却大相径庭。

何谓"会盟"?《辞海》释曰:会盟即"古代诸侯间的集会、订盟。《史记·齐太公世家赞》:'桓公之盛,修善政,以为诸侯会盟称伯,不亦宜乎'!"举春秋时齐桓公会盟诸侯的例子,解释"会盟"之意⑤《辞源》曰:"会盟,古代诸侯间聚会而结盟。《左传·昭三年》:'今诸侯三岁而聘,五岁而朝,有事而会,不协而盟。'《史记·秦记·桓》十

---

①高荣编:《河西通史》,天津古籍出版社,2011年,第387—389页。

②张正锋、刘醒初主编:《中国地域文化通览·甘肃卷》,中华书局,2013年,第168—174页。

③陶明:《解读甘肃》,人民出版社,2011年,第41—45页。

④中国社会科学院、武威市凉州文化研究院主编:《"凉州与中国的文化交流与文明嬗变"学术研讨会论文集》,中西书局,2021年,第467—478页。

⑤辞海编辑委员会编:《辞海》,上海辞书出版社,1980年,第316页。

年：'当是之时，楚霸，为会盟合诸侯。'"①可见"会盟"一词有特定的含义，即指古代诸侯国之间举行的聚会和结盟。会盟的主体为诸侯国，会盟的目的是谋求霸权或其他相关利益。

检之《春秋》《左传》《国语》《史记》等书，在春秋战国500多年的历史发展中，诸侯国之间的会盟不绝于册。例如，春秋时期"五霸"之首的齐桓公"通货积财，富国强兵"，成为霸主，随后齐桓公几次大会诸侯，特别是于周襄王元年（前651）在葵丘（今河南民权县东北）举行的会盟，连周天子也派人参加，其霸业达到顶峰。又如，晋楚城濮（今山东鄄城临濮集）之战（发生于公元前632年）后，使中原小国摆脱了楚国的控制，归附了晋国。战后晋文公大会诸侯于践土（河南原阳西南），周襄王遂正式册封晋文公为霸主，从而成就了"取威定霸"的业绩。是年冬，晋文公又召集齐、秦、宋、鲁、郑、陈、蔡、莒等国诸侯在温（河南温县）会盟，周襄王也被召赴会，晋国霸主地位愈加巩固。

再如，春秋时曾举行过两次"弭兵"之会，第一次在周简王七年（前579），由宋国执政华元发起，约合楚晋，于宋相会，订立了彼此不使用武力、互相帮扶、抢救危难、共同讨伐违命反抗诸侯的盟约，晋楚之间则暂时休战。然而订立盟约后仅仅三年，楚国执政就公然喊出"敌利则进，何盟之有？"撕毁了盟约，战端又起。长年的争战，百姓疲于奔命，希望和平，于是在宋都（河南商丘）举行了有14个诸侯国参加的弭兵大会。晋、楚两大国利用弭兵会议，以牺牲中小国家的利益，互相瓜分了霸权，维持了均势。

据朱绍侯主编《中国古代史》统计，《春秋》记载的242年间，诸侯国进行的战争多达483次，朝聘盟会凡450次。学者普遍认为，这些军事行动和朝聘盟会实际上是大国对小国的掠夺。晋国规定各附属国"三岁而聘，五岁而朝，有事而会，不协而盟"，借此从小国那里榨取财物和利益。而小国在大国面前总是"唯强是从""职贡

---

①广东广西湖南河南辞源修订组、商务印书馆编辑部编：《辞源》修订本（上册），商务印书馆，2010年，第1608页。

不乏,玩好时至"。

时至战国,诸侯国之间的会盟仍屡见史册。例如,魏惠王为了谋求霸业,于周显王八年(前361)与韩昭侯相会,三年后又用军事压力迫使韩昭侯与其结盟。两年后,鲁、宋、卫、韩的国君都去朝见魏惠王,从而使其成为诸侯的领袖。公元前351年,魏又与赵国在漳水之上结盟,并与齐国妥协,以对付西边的秦国。此后,魏、齐、赵、秦间展开了长达五年之久的激烈战争,魏国继续维持了霸业。周显王二十五年(前344),魏惠王又召集了逢泽大会,参加会盟的达12个诸侯国。

又如,著名的"合纵连横",即是为了争取友国、孤立敌对诸侯国之间进行的一系列结盟活动。合纵是"合众弱以攻一强"之意,以阻止强国进行兼并;连横是"事一强以攻众弱"之意,强国迫使弱国帮助其进行兼并。从地域上来说,原是以韩、赵、魏为主,北连燕,南连楚,南北相连为纵;东连齐或西连秦,东西相连为横。起初合纵既可以对秦,也可以对齐;连横既可以连秦,也可以连齐,直到长平之战后,才凝固成合纵是六国并力抵抗强秦,连横是六国分别投降秦国之意。

不仅春秋战国如此,中国历史上的其他时期也多有"会盟"之举。例如,唐"安史之乱"后,唐朝国力衰落,吐蕃则乘机强大起来,与唐朝进行了数十年的军事斗争。频繁的战争削弱了吐蕃的国力,进入公元九世纪以后,吐蕃开始由盛转衰,无力再向外扩张。于是就谋求与唐朝休战和好。据《旧唐书·吐蕃传》记载,长庆元年(821)吐蕃可黎可足赞普派专使到唐朝请求会盟,缔结友好盟约。唐朝也颇为重视,隆重的会盟仪式先后在唐朝国都长安和吐蕃国都逻些(拉萨)举行,盟约中强调要"患难相恤,暴掠不作",永远和好相处。长庆三年(823)在拉萨竖立的唐蕃会盟碑,至今仍耸立在大昭寺门前。

我们再来看"凉州会谈"。据有关史料及樊保良、水天长主编的《阔端与萨班凉州会谈》一书①,公元1247年,代表西藏僧俗各界的政教领袖萨班,应驻守凉州(今甘肃武威市)的蒙古汗国皇子阔端的邀请,不顾年事已高与路途险远,亲赴凉州,就

---

①樊保良、水天长主编:《阔端与萨班凉州会谈》,甘肃人民出版社,1997年。

西藏的归属问题与阔端举行会谈。会谈中,阔端与萨班经过一系列商谈,理顺了中央与西藏的关系,达成重要共识,西藏正式纳入中国的版图,成为伟大祖国神圣领土不可分割的一部分。藏族的先民羌、氐、吐蕃,自古以来就与中原各民族之间有着密切的政治、经济、文化交往,通过会谈使藏族同胞更成为中华民族大家庭中不能分离的一员。"凉州会谈"后不久元朝政府即在西藏地方设置管理机构、清查户口、委命官吏、征收贡赋,使西藏真正置于中央政府的管理之下。

"凉州会谈"顺应了历史发展的潮流,反映出中国历史发展的总趋势,促进了统一的多民族国家的进一步巩固与发展,也由此表明国家的安定统一,民族的友好团结,符合全国各族人民的共同利益。"凉州会谈"的成功举行,也为西藏地方赢得了和平与安宁,推动了西藏社会的进步和发展。正如藏族史籍《青史》所载,卫藏之僧人、弟子和施主等众生,阅读会谈发布的《萨迦班智达致蕃人书》后,"无不欢欣鼓舞",表达出西藏僧俗各界广大群众对这次会谈结果的热切期盼与衷心拥护。

我们不妨来比较一下"凉州会谈"与"会盟"的不同。凉州会谈双方出席的人员:一方是驻守凉州的代表中央政府的蒙古汗国皇子阔端;另一方是代表是西藏地方僧俗各界的政教领袖萨班。双方是中央与地方的代表,而并非诸侯与诸侯,或"国"与"国"之间的代表;会谈的目的是西藏以和平的方式纳入祖国的版图,寻求国家的统一,而并非诸侯国间为了谋求霸权、掠夺小国的行为;会谈的结果并非诸侯国大国为了控制若干小国、壮大自身实力之举,或某些小国为了自身生存和利益而依附大国的行为;也并非双方政权间势均力敌、寻求和好相处的举动。

因而"会盟"与"会谈"二词的含义迥然有别。如果把凉州会谈说成是"凉州会盟",那就会大大曲解凉州会谈的目的,大大贬损和矮化凉州会谈的伟大意义和深远影响。因而"凉州会谈"绝不可以说成是"凉州会盟"。

（原载《中国社会科学报》2022年1月17日第5版）

古代城防设施——羊马城考

　　羊马城,是我国古代城邑建筑中特有的军防设施,曾在历史上发挥过重要作用。然而在以往的城址考察报告和论著中却鲜有人论及,或已无存,或原未设置,或为人忽略。笔者在河西走廊的田野工作中看到,一些城址乃至烽燧的周围仍残留羊马城遗迹,原本无识,后检阅有关史籍,搞清了其名称、形制和功用等方面情况。

　　查《资治通鉴》知,唐河阳城(位于今河南省孟州市)即筑有羊马城。该书卷二一一载,唐乾元二年(759)十月,史思明寇河阳,与守将李光弼接战,光弼命荔菲元礼出劲卒于羊马城以拒贼。胡三省注云:"城外别筑短垣,高才及肩,谓之羊马城。"同书卷二六二载,光化三年(900),李克用遣李嗣昭将步骑三万下太行,攻怀州,拔之,进攻河阳;河阳留后侯言不意其至,狼狈失据,嗣昭坏其羊马城。胡三省又注:"城外别立短垣以屏蔽,谓之羊马城。"可见羊马城系城垣外侧另外加筑的仅及肩高的一道矮墙,可用以拒敌,对城垣起屏蔽作用。

　　《通典》卷一五二《守拒法附》:"城外四面壕内,去城十步,更立小隔城,厚六尺,高五尺,仍立女墙,谓之羊马城。"由此知羊马城乃是城壕内侧和城墙外侧间加修的小隔墙,虽然不高,但上立女墙,显系防御设置,可为城厢增设一道防线。该隔墙贴城较近,才及10步,唐5尺为步,唐量地亩、测距离用大尺,一大尺合今30厘米[1],则每唐步合今1.5米,10步合今15米。离城较近,且设于城壕内侧,可与城壕构成一套有机的防御整体,这尤其适用于对付离城壕距离较近的敌军,并可与城邑主垣一同组成高低交织的火力网络,对城邑起到更为有效的防护作用。羊马城可谓我国古代城防设施的一项创举。

---

　　[1]中国科学院《中国自然地理》编辑委员会:《中国自然地理·历史自然地理》,科学出版社,1982年,第261页。

羊马城的建造形制,于唐宋时期的一些兵书上亦可察其概貌。唐人李筌《太白阴经》卷五"筑城篇"之43曰:"其羊马城,于濠内筑,高八尺,上置土女墙。"所云高度较《通典》所记为高。宋人曾公亮等撰《武经总要》前集卷一二"守城"条叙之更详:"古法曰:三里之城,万家守之足矣。今若遇敌逼近,人力不暇者,即且约容一军人马。如筑于闲时,须稍宽阔。作四门,二开二闭,门外筑瓮城,城外凿壕,去大城约三十步,上施钓桥。壕之内岸筑羊马城,去大城约十步。凡城上皆有女墙。……羊马城高可一丈以下,八尺以上,亦偏开一门,与瓮城门相背,若瓮城门在左,即羊马城门在右也。女墙高可五尺,壕面各随其地为阔狭,大要在面阔底狭,其深及泉,使箭炮难及即住。壕桥直对羊马城门,若城门汲水须在城外,则瓮城、羊马城各各对开一门,以通汲路,唯不得对大城门。"知羊马城的高度可在8—10尺间,并置有与瓮城城门相对,且直对壕桥的城门。瓮城、羊马城、城壕等均为城垣外侧的防御系统,它们有机配合,相互策应,组成一道道难以逾越的屏障。

羊马城不独为河阳城所有,笔者在对河西走廊的古城遗址考察考证中得识,这一设置亦可见于唐敦煌郡(沙州)城、晋昌郡(瓜州)城和建康军城等。

敦煌遗书《唐天宝年代敦煌郡仓会计帐》(P.2626)记:"郡城墙四面周回叁仟陆佰□□□墙(?)□□□肆拾伍尺,羊马城□□□□伍尺□□□壹□□□□□□尺以授□佰步。"知唐代敦煌郡城垣外侧亦筑有羊马城,惜因文书太残,其详况不明。汉唐敦煌郡城遗址今天仍存,位于今敦煌市城西、党河西岸里许,其遗迹范围南北1132、东西718米,犹存南、西二面断续残垣[①],但羊马城却早已毁之荡然。

笔者考得,唐晋昌郡(瓜州)城遗址为今甘肃省瓜州县桥子乡南8公里处残留的锁阳城址[②]。实地所见,该城残垣亦存,可分内外二城:外城呈不规则形,从北、西、东三面包围内城,其北垣长1338米、东垣530.5米、西垣1102.7米,面积约80万平方米;内城呈规则矩形,南北487米、东西565米,面积约27.5万平方米,内城又分

---

①李并成:《河西走廊历史地理》,甘肃人民出版社,1995年,第108页。
②李并成:《河西走廊历史地理》,甘肃人民出版社,1995年,第110—118页。

为东西二城;墙基厚7.5米、顶宽4.6米、残高10米许。该城东、南二垣外侧羊马城遗迹历历在目,尤以南垣外侧显见,西、北垣外侧则形迹隐失。羊马城于东、南垣外侧断续分布,残高约1米～1.5米,远低于主垣高度,基厚1.4米～1.7米,夯土版筑,夯层厚约12厘米,其上女墙已毁;墙体距主垣约25米,这一距离较《通典》所载"去城十步"略远,《通典》所言当为约数而已,各地所筑自然不免因地而异有所变通。羊马城外侧城壕遗迹亦存,残深1米许,口阔约21米。

笔者考得,唐建康军城遗址为今甘肃高台县城西略偏南21公里处的骆驼城址[①]。实地所见,该城可分南北二城,南城南北494、东西425米;北城南北210、东西亦425米;全城南北通长704米,总面积299200平方米。墙体夯土版筑,夯层厚10厘米～15厘米,墙基宽6米、顶宽1.8米、残高5米许。南城东垣外侧30米～40米处存羊马城残址,残高0.4米～1.1米、残宽1.5米许;墙体外侧城壕残深0.5米～1.2米、口阔25米许。其余垣外羊马城迹已损毁殆尽。笔者还考得,骆驼城最初为十六国前凉张骏所置的建康郡城,北周废郡,周证圣元年(695)王孝杰于此置建康军。如之,则早在前凉时是否即有羊马城的设置? 存疑。

此外,笔者还于考察中见,甘肃瓜州县巴州古城址亦存羊马城残迹。该城位于瓜州县南岔乡六工村西13公里处的芦草沟下游古绿洲上,墙垣全部坍圮,仅留基址。城址基本正方形,东、西、南、北四垣分别为296米、296米、285米、294米,墙基残宽3.6米～4.5米,面积约8.8万平方米。东垣外6.9米和西垣外4.6米处发现羊马城遗迹,几近坍平,地面上仅见一道白色的夯土茬痕,与东、西墙垣平行并列。茬痕残宽仅0.8米许,远较主垣窄薄,其外侧则有城壕残迹。南北城垣因受风力剥蚀较重,羊马城缺失,仅有城壕遗迹,壕宽约15米。由该城暴露的遗物观之,可能为汉唐代时期的城址,笔者考得该城为魏晋时期寄理敦煌郡北界之伊吾县城。[②]

除城邑外,唐代一些烽燧的周围亦置有羊马城。《通典·守拒法附》:"烽台于高

①李并成:《河西走廊马营河、摆浪河下游的古城遗址及沙漠化过程考》,《北京大学学报》历史地理专刊,1992年,第95—97页。

②李并成:《魏晋时期寄理敦煌郡北界之伊吾县城考》,《敦煌研究》2003年第3期,第39—42页。

山四顾险绝处置之,无山亦于孤迥平地置,下筑羊马城。"此类羊马城今天亦有遗存。甘肃省肃北蒙古族自治县明水乡政府驻地附近残存一唐代烽燧,覆斗形,底边正方形,每边长8米,残高9米许,夯筑。烽周环以矮墙,已缺损不全,四垣各长约35米,残高1米~1.5米,城内散落唐三彩残片等物。此即烽燧周围的羊马城址,类似于汉代烽燧周围的坞,除军防作用外,还可于其内建造烽子居室或堆放薪苣、狼粪、兵器等物。

迨及宋代又有羊马墙之称。广西桂林市鹦鹉山崖壁上存南宋咸淳八年(1272年)石刻,上镌宋宝祐六年(1258)以来静江府(今桂林市)为防御蒙古军队入侵,前后四次所修城防工事的平面图。图面高2.82、宽2.93米。此图为研究中国古代城防建筑和桂林市城市发展史提供了重要史料。依图所刻以及宋咸淳八年章时发撰《静江府修筑城池记》石刻知,该城经数次兴修,建成了北依诸山,东临漓江,由城壕、羊马墙、月城、重城组成的纵深防御设施;羊马墙沿城壕内侧修筑,墙头开设箭孔[①]。由前考可知,宋代的羊马墙与唐代的羊马城当属一事,二者一脉相沿,在我国历史上至少沿用了六七百年之久。

(原载《考古与文物》2002年第4期)

---

①参见《中国大百科全书·考古学》,中国大百科全书出版社,1986年,第244页。

兰州在丝绸之路上的重要地位新考

丝绸之路是古代沟通旧大陆三大洲间最重要的国际通道,数千年来曾为整个人类社会的物质文明和精神文明做出过巨大贡献。在这条交通大动脉上,兰州处于极为重要的襟带枢纽之地,具有十分突出的区位优势。笔者曾撰文就此作过若干考证[①],今拟对其从以下几个方面展开,作进一步的深入揭示与再探讨。

一、座中四联,襟山带河,护秦联蒙,援疆系藏

兰州居于中国内陆几何中心,座中四联,无论从自然地理、经济地理、军事地理、交通地理,还是从民族地理、宗教文化地理等方面来看,其区位优势极为明显,而且在许多方面其他地区无可取代。从自然地理上来看,兰州坐落在黄土高原、青藏高原、内蒙古高原三大高原的交会过渡地带,亦为我国东部季风区、西北干旱区、青藏高寒区三大自然区的交会地带,而且是我国这三大高原、三大自然带交会带的唯一的一座百万人口以上的大城市。从经济地理上来看,兰州是我国主要农耕区与畜牧区的相接地带,也是旱作农业区与灌溉农业区的过渡带。从民族地理上来看,兰州为汉族与藏族、蒙古族以及回族等主要少数民族的过渡或杂居地带。从宗教文化地理上来看,兰州为佛教、伊斯兰教等汇聚或过渡地带;从军事地理上来看,兰州襟山带河,地势高峻,"紫塞千峰凭栏立,黄河九曲抱城来",进退攻守皆有形便,素为兵家必争之地,处于战略要冲地位。

尤其应引起我们关注的是,兰州在丝绸之路交通上更是具有极为重要的地位。

[①]李并成:《"山结""水结""路结"——对于兰州在丝绸路上重要地位的新认识》,《历史地理》第24辑,上海人民出版社,2010年,第255—262页。

就国际交通来看,兰州是长安—天山廊道以至远达中亚、西亚、南亚、欧洲、非洲等地的咽喉重镇;就国内交通来看,兰州居于中心战略地位,可用"护秦联蒙,援疆系藏"几个字来概括。兰州向东,经渭河谷地或翻越陇山—六盘山隘口,可直达关中平原以至中原各地及其以远;兰州向西,穿越千余公里的河西走廊或柴达木盆地,可远达天山南北及其以远;兰州向西经湟水流域、越过日月山脉,可深入青藏高原、拉萨河谷及其以远;兰州向北,经宁夏平原、河套平原等地,可抵达蒙古高原各地。

二、兰州地处丝绸路上"山结""水结""路结"之地

通过多年来的实地考察,笔者发现兰州一地恰处于丝绸路上的一大"山结",亦为"水结"之处,自然也是"路结"所系之地,丝路东段的 5 条主要干道在这里交会。笔者前引论文对其作过相应探讨。现拟对其再作一些剖析和透视。

考之横贯欧亚大陆丝绸之路的整个走向和路网布局,可以清楚地看到沿途有两大山结,亦为"水结",同时也是丝绸路上最重要的两大枢纽。一大山结即帕米尔高原(古葱岭),昆仑山脉、喀喇昆仑山脉、天山山脉、喜马拉雅山脉、兴都库什山脉等宏大山系皆在这里汇聚,塔里木河、伊犁河、印度河、锡尔河、阿姆河等大河亦发源于这一带。受这些山系、河系走向、流向的控制,沿山麓地带、山间河谷行进的交通路线亦在此附近汇集,形成"路结"。行经天山南麓的西域丝路中道与昆仑山北麓的西域丝路南道西汇于葱岭,由葱岭向南出发可达印度半岛(古天竺),向西南可抵伊朗高原(古波斯),向西可直至地中海沿岸,向西北又可与由天山北麓西行的丝路北道相合。

另一大"山结""水结"即在兰州附近,由西北而来的祁连山脉,逶迤向东延伸的西秦岭,以及耸立于青藏高原东北边缘的小积石山、达坂山、拉脊山等均在兰州附近汇聚,黄河上游的几条大支流——大夏河、洮河、湟水、大通河、庄浪河亦在这一带相继注入黄河,渭河亦源于兰州东南不远的洮渭分水岭。自然兰州一带也是"路结"所在,沿着这些山麓、河谷地带而行的丝绸之路东段 5 条干道,即秦陇南道、羌中道(吐谷浑道)、唐蕃古道、大斗拔谷道、洪池岭(乌鞘岭)道,皆在这一带辐辏相

聚。丝绸之路既被誉为世界文化流播的"大运河",那么这条路上的"山结""水结"和"路结"交通枢纽的所在无疑更是东西方文明的荟萃之处。兰州一地由此可长时期地受丝路惠风熏染,含英咀华,啜饮东西方文明的甘露芳醇,吮吸无限丰美的营养,在丝路交通、政治军事、文化传播上的重要地位我们应有充分的认识。

三、丝绸之路东段五条干道汇聚兰州一带

(一)兰州一带的黄河渡口

丝路东段5条干道汇结兰州一带,无论东来西往、北去南归,都要渡过黄河,黄河渡口也就成为控扼这些道路的喉襟所系。因而首先有必要对兰州一带的黄河渡口做一番考察。

据有关文献记载、前人所做工作和笔者的实地调查,兰州一带的黄河渡口主要有金城关渡、石城津渡和黄河上、下渡。金城关渡口,学界公认在今兰州市中山黄河铁桥北岸西侧1公里许,今已辟为金城关文化园区。《隋书·地理志》记,金城郡"有关官"。《新唐书·地理志》云,金城郡治五泉县(今兰州市城关区)"北有金城关"。《元和郡县图志》卷三九"兰州"条:"金城关在州城西,周武帝置金城津,隋开皇十八年改津为关。"《宋史·地理志》"兰州"条:"金城关,绍圣四年进筑,南距兰州约二里。"该关其实早自汉代即已设置,宋绍圣四年(1097)复以修筑。《读史方舆纪要》卷六〇"兰州"条:"金城关,州北二里,当黄河西北山要隘处,本汉置。阚骃《十三州记》金城郡有金城关是也,后废。宋绍圣四年,复置关于此,据河山间筑城以为固。崇宁三年,王厚请移关于北境硙龙谷,不果。今设巡司于河南。"据乾隆《皋兰县志》,明洪武十八年(1385)于这里建成镇远浮桥,桥用大船25艘,横排河面,每船相距1.5丈,以长木连接,两侧围以栏杆。浮桥随波升降,平如坦途,号称"天下第一桥"。1909年,耗银30余万两于此建成黄河铁桥,为黄河上最早、最重要的铁桥之一,从而大大便利了中原与新、青、藏边疆地区的联系。

石城津渡口又称为金城渡口,位于汉金城县北,今兰州市西固区河口镇,地处庄浪河注入黄河处,为丝绸路上必渡之口。《水经注·河水》:"湟水又东流,注于金城

河,即积石之黄河也。阚骃曰:河至金城县,谓之金城河,随地为名也。……河水又东经石城南,谓之石城津。阚骃曰:在金城西北矣。河水又东南经金城县故城北。"《读史方舆纪要》卷六〇:"石城津,(兰)州西境。阚骃曰石城津在金城西北。"今石城废址仍存,位于河口镇北黄河北岸1公里许,东临庄浪河,兰新铁路从城西穿过。城址大体方形,每边残长约100米,残高1米许。《资治通鉴》卷一〇四记,东晋孝武帝太元元年(376)八月,前秦苟苌率军从石城津渡过黄河,会同梁熙攻克前凉缠缩城,进而军抵姑臧(武威)灭前凉。可见石城津渡口在军事、交通上的重要性。所云缠缩城,笔者考得即从石城津渡河后不远处,位于庄浪河谷的今永登县城北8公里的罗城滩古城①。

　　黄河上、下渡分别位于炳灵寺上、下游河段,笔者曾撰文《河州古道》对之做过考证②。黄河上渡位于今积石山保安族东乡族撒拉族自治县大河家(古积石关,亦称临津关)至关门一带,早在西汉时即已辟用。汉宣帝神爵二年(前60)于此置河关县,"盖取河之关塞"为名,其故址亦存,即今积石山大河家西南康吊村古城。置县前一年汉将赵充国率万骑于四望峡附近夜渡河,即应取此渡口而往。隋大业五年(609)炀帝出巡河右,出临津关至西平亦应在此渡河。明代于此口置官船2只,水夫20名,以通往来,明末船废。黄河下渡位于今临夏县莲花城附近,古名凤林关、安乡关,为大夏河北入黄河河口处,即旧永靖县治莲花城(今被刘家峡水库淹没)。《旧唐书·地理志》记,河州凤林县,"取关名也"。北宋筑安乡关,并"夹河立堡,以护浮梁(浮桥),通湟水漕运,商旅负贩入湟者,始络绎于道"③。笔者实地查得,于此处渡河后,经炳灵寺,沿黄土梁行经今永靖县杨塔、王台、川城,青海民和回族土族自治县古鄯,顺隆治沟至民和下川口;亦可从古鄯向北,顺巴州沟达民和上川口;或由临夏市取向西北,至积石山东麓之临津关渡黄河,经官亭,溯乾河而上,至古鄯,与前道合;再由古鄯或民和县上、下川口沿湟水谷地西行,可接通羌中道、大斗

---

　　①李并成:《晋河会城、缠缩城、清塞城考》,《中国历史地理论丛》1999年2期,第176—177页。
　　②李并成:《河州古道》,《丝绸之路》1993年3期,第36—38页。
　　③《宋史》卷三四九《姚雄传》。

拔谷道和唐蕃古道。这条古道上至今仍存留大量古烽燧、古城址等遗迹。烽燧多耸立于黄土梁峁顶部,一般相距2.5公里~4公里,黄土夯成。如临夏县北塬的尕墩底,积石山自治县的东山坡墩、大墩,青海民和古鄯附近的塔墩、王墩岭、大墩等。

上述四处渡口控扼汇结于兰州一带的丝绸之路东段5条主干道,它们不但为中央王朝经营西域、青、藏的要津,亦为东西方经济、文化交流的重要咽喉,其交通地位之高、作用之大不言而喻,兰州一地在丝绸之路上的重要地位由是可观。此外,兰州附近还有其他一些渡口,如永靖小川渡,位于刘家峡下口,今永靖县城小川以东,为兰州至河州(临夏)间的重要渡口;西固新城渡,位于河口正东3公里,今新城黄河公路大桥处,312国道由此通过;七里河浮桥渡口,位于黄峪沟入河口西侧至十里店间,此处河面较窄而岸平,明洪武五年(1372)、八年(1375),冯胜、邓愈分别在这一带搭建浮桥,渡军西征。另有钟家河渡、青石嘴渡、八盘峡渡、小寺沟渡、段家湾渡、皋兰什川渡等,其地位较为次要,不赘述。

(二)秦陇南道

秦陇南道,因位于由长安径向西北,绕过六盘山北麓,经由固原(汉安定郡治高平县,唐原州)、靖远(汉鹑阴县,唐会州)西渡黄河,直趋河西走廊及其以远的大道(可称为北道,其路线居延新简EPT59:582、敦煌悬泉汉简Ⅱ0214①:130有载)之南,故名。该道发自长安,沿渭河西行,越陇关(今甘肃清水县东陇山东麓),过天水(汉代称上邽,唐秦州)、兰州(金城郡),继续西行;或抵临洮(狄道)、河州(枹罕,今临夏市),经永靖、炳灵寺,然后取道湟水谷地至西宁(西平),及其以远。

早自公元前2世纪张骞"凿空"以后,该道即成为丝绸路上的主干路段之一,使节、商旅、军队、僧侣,经此道不断汇聚兰州,渡过黄河,西去东来。如西汉元狩二年(前121年)霍去病"将万骑出陇西,……隃乌盩,讨邀濮,涉狐奴,历五王国,……转战六日,过焉支山千有余里"①。笔者考得其进军路线即是从今兰州一带渡过黄河,沿庄浪河谷北上,越乌鞘岭进入河西走廊,进抵匈奴浑邪王统治中心焉支山一带

①《汉书·霍去病传》。

的。①又如《周书·文帝纪》载,西魏废帝二年(553)四月,"太祖勒锐骑三万,西逾陇,渡金城河至姑臧"。这3万大军即是沿秦陇南道西行,越过陇山,于兰州渡过黄河而前往武威的。

我国台湾著名学者严耕望所撰《唐代交通图考》卷二《河陇碛西区》对唐代的秦陇南道作了系统考证。②考得凉州(武威)东南至长安,或取兰州,或取会州(今靖远黄河东岸)而往,有南北两道。南道取兰州而往,即秦陇南道,经兰、临(今临洮)、渭(今陇西)、秦(今天水)、陇(今陕西陇县)5州及凤翔府(今凤翔),而至长安,计程约2000里。该道发长安都亭驿西出开远门,经临皋驿、望贤宫、咸阳县、温泉驿、始平县、马巍驿、望苑驿、武功县、扶风县、龙尾驿、岐山县、横水驿、岐州、凤翔府治所雍县、汧阳县(今千阳县),西循汧水河谷而上至陇州治所汧源县(今陇县);又西经安戎关、大震关,越小陇山分水岭,西经弓川寨、清水县,至秦州治所上邽县(今天水)。自陇州以西过大震关越分水岭道,古称陇坻大坂道,盛唐时西出陇右者取此道为多。秦州向西略循渭水而上,经伏羌县(今甘谷)、洛门川、陇西县、渭州治所襄武县、渭源县,西北至临州、临洮军治所狄道县(今临洮)。由此北行,略沿洮水河谷而下,经长城堡,越沃干岭,折入阿干河谷,而北至兰州治所五泉县。

唐代高僧玄奘西行求经,即是经由秦陇南道抵达兰州,而继续西行。《大慈恩寺三藏法师传》:"贞观三年(629)秋八月,将欲首涂,……时有秦州僧孝达在京学《涅槃经》,功毕返乡,遂与俱去。至秦州,停一宿,逢兰州伴,又遂去至兰州。"唐代著名边塞诗人岑参奔赴西域,由其沿途留下的诗作来看亦是沿秦陇南道西行,经由兰州而往的。《初过陇山途中呈宇文判官》:"一驿过一驿,驿骑如星流。平明发咸阳,暮及陇山头。陇水不可听,鸣咽令人愁。"《西过渭州见渭水思秦川》:"渭水东流去,何时到雍州。平添两行泪,寄向故园流。"《临洮客舍留别祁四》:"客舍洮水聒,孤城胡雁飞。"《发临洮将赴北庭留别》:"闻说轮台路,连年见雪飞。春风曾不到,汉使亦应

---

①李并成:《河西走廊历史地理》,甘肃人民出版社,1995年,第32页。
②严耕望:《唐代交通图考》卷二《河陇碛西区》,《中央研究院历史语言研究所专刊》第83期,1985年。

稀。白草通疏勒，青山过武威。"《题金城临河驿》："古戍依重险，高楼见五凉。山根盘驿道，河水浸城墙。"由此可见岑参自长安出发，经由咸阳、雍州（今陕西凤翔）、陇山、渭州（今甘肃陇西）、临洮等地而至兰州，所走正是秦陇南道。又由诗作知，当时兰州置有临河驿，该驿即应建在今黄河北岸的金城关之地，驿道即沿岸边山根盘行，其驿楼之高可以远眺"五凉"（今河西）之地。

炳灵寺许多洞窟中保留了大量经由秦陇南道来往的僧人、行旅的有关题记，而尤以秦州（天水）等地的行旅为多，生动地反映了该道红尘走马、客旅络绎的史实。如第169窟2号龛佛像背光西侧墨书："天宝十三载（754）天水郡人康伏涣一心供养。"①又题："天宝十三载天水郡人康伏溪一心供养。"3号龛佛像西侧菩萨龛边题："天水郡人康伏涣供养，天宝十二载（753）。"又题："秦州道人法通□供养佛时。"佛像东侧力士龛边题记："大总管泾州四门府折冲都……乾元三年（760）正月一日。"唐之泾州位于今甘肃泾川县境，据《新唐书·地理志》，该州辖有四门等军府，折冲都尉为该军府最高长官。可见泾州一带的行旅亦在此道往来。

12号龛壁画旁题记："秦州道人道聪供养佛时""秦州陇城县□"等。陇城县在今甘肃秦安县东北。16龛题记："天水郡人支院吕鸾张权朝于此礼拜。"147号窟窟门外南侧题记："秦州上邽县杨药师记也。"均为秦州一带行客所题。12号龛窟壁画旁又题："衡州人纥奚河曹供养佛早得家保佑华还庞要遇""山西信士王道进香"等。唐代衡州即今湖南省衡阳市。172窟北壁五身佛旁题记："泽州□乐室""山西平阳府赵城县李村里人本楠"等。唐泽州，今山西省晋城市；平阳府赵城县，今山西省洪洞县北赵城。这些礼佛进香者无疑亦沿秦陇南道，途经兰州而来的。

（三）羌中道（吐谷浑道）

羌中道，东接由兰州或河州西行的丝路大道，从金城渡口或临津关渡过黄河，取道湟水谷地继续西行，经乐都、西宁等地，翻越赤岭（今日月山），复经青海湖北岸

---

① 本文所引炳灵寺石窟题记，均引自阎文儒、王万青编著：《炳灵寺石窟》，甘肃人民出版社，1993年。以下不再一一出注。

或南岸,穿越柴达木盆地,越阿尔金山噶斯山口可直达若羌,西接西域南道。早在张骞"凿空"返回时"并南山",即曾取该道。汉宣帝神爵元年(前61)赵充国经营西羌,亦由此道往来。魏晋北朝时沿途为吐谷浑居地,故又称其为吐谷浑道。当时河西走廊大道因战乱受阻,该道愈显重要。北魏僧人惠生和宋云等西行求经,即由此道入西域再转赴天竺。《洛阳伽蓝记》卷五《城北》载,神龟元年(518)十一月冬,"初发京师,西行四十日至赤岭,即国之西疆也。……发赤岭,西行二十三日,渡流沙,至吐谷浑国。路中甚寒,多饶风雪,飞沙走砾,举目皆满,唯吐谷浑城左右暖于余处。……从吐谷浑西行三千五百里,至鄯善城,其城自立王,吐谷浑所吞。……从鄯善西行一千六百四十里至左末城。……从左末城西行一千二百七十五里,至末城。"吐谷浑城约在今青海都兰县境内;鄯善城即鄯善国都伊循城,位于今新疆若羌县米兰遗址;左末城即且末城,今新疆且末县;末城即于阗国东境城池。所行正是吐谷浑道。南朝僧人昙无竭亦取此道西行。北周武成初年(559),犍陀罗人阇那崛多一行则由此道东来。《大藏经》卷二〇六〇《续高僧传·阇那崛多传》记:"时年二十有七,受戒三夏。师徒结志,游历弘法。初有十人,同契出境。路由迦臂施国,淹留岁序。……使逾大雪山西足,固是天险之峻极也。至厌怛国。……又经渴罗盘陀及于阗等国。……又达吐谷浑国,便至鄯州,于是时即西魏后元年也。……发踪跋涉,三载于兹。十人之中,过半亡没,所余四人,仅存至此。以周明帝武成年初届长安,止草堂寺。"迦臂施国即《大唐西域记》所记迦毕试国,故址在今阿富汗首都喀布尔以北60余公里处的贝格兰姆(Begram);厌怛即厌哒,在今阿富汗北部;渴罗盘陀即渴盘陀,本为帕米尔古国;于阗即今和田;鄯州即今青海乐都县。可见阇那崛多一行东来正是行经吐谷浑道,其前往长安必经兰州。

炳灵寺题记中与该道有关的记载亦较多。如第169窟3号龛佛像西侧菩萨龛边题:"大代延昌四年(515)鄯善镇铠曹掾智南郡书斡陈雷子等诣窟□□。"据《元和郡县图志》卷三九鄯州条,"后魏以西平郡为鄯善镇,孝昌二年(526)改镇立鄯州",治所在今青海省乐都县。至于智南郡则不见于史载,或许为人名。

（四）唐蕃古道

唐蕃古道，由兰州西渡黄河，取道湟水谷地西行，经乐都、西宁等地，翻越日月山，又穿过青海高原腹地，南越昆仑山，再越唐古拉山口，经安多、那曲等地至拉萨（古逻些）。唐道宣《释家方志》所记"东道"即此。义净《大唐西域求法高僧传》中称其为吐蕃路。文成公主、金城公主入藏，唐使节王玄策出使天竺，刘元鼎入蕃会盟均循此道。该道向南可进入尼泊尔、印度等地，故又成为一条唐代对外贸易的重要通道。

炳灵寺下寺区中段崖面之54龛题记："大唐永隆二年（681）闰七月八日陇右道巡察使行殿中侍御史王玄策，敬造阿弥陀佛一躯并二菩萨。"王玄策为唐代杰出的外交活动家，从贞观十七年（643）至麟德二年（665）曾四次奉敕出使天竺，在中外文化交流史上建树过不朽的业绩。[①]54龛题记为我们研究王玄策的事迹提供了新材料。该题记位置显著，字迹刻写清晰，唯"策"字因年久风化，有所剥落，稍显模糊。著名学者阎文儒先生一行于1963年8月对炳灵寺的系统调查中，即释此字为"策"[②]。2002年9月23—25日，笔者在出席"炳灵寺石窟学术研讨会"期间，特就此字在实地细细辨认。其字形虽然有些模糊，但因系石刻，基本笔画仍历历可辨，特别是其上部的"竹"字头和下部的"木"字较为分明，此字确应为"策"，题记者确为王玄策。玄策西使所走的路线即为西出兰州的唐蕃古道。

与王玄策题记同一年的还有如下题记：51龛："大唐永隆二年（681）闰七月八日巡察使典雍州醴泉县骆弘爽，敬造救苦观世音菩萨一躯。"52龛："大唐永隆二年闰七月八日，御史台令史蒲州河东县张积善奉为过往亡尊及见存眷属、一切法界众生，敬造救苦观世音菩萨一躯。"53龛："大唐永隆二年闰七月八日巡察使判官岐州郿县丞轻车都尉崔纯礼为亡考亡姚敬造阿弥陀佛一躯并二菩萨。"这些巡察使无疑均是经由兰州而前往炳灵寺的，魏文斌认为他们在这一带的活动可能与当时的唐、

---

①孙修身：《王玄策事迹钩沉》，新疆人民出版社，1998年。陆庆夫：《论王玄策对中印交通的贡献》，《丝绸之路史地研究》，兰州大学出版社，1999年。

②阎文儒、王万青编著：《炳灵寺石窟》，甘肃人民出版社，1993年，第66页。

蕃关系有关，①其说颇有见地。兰州为当时邻近吐蕃居地最重要的一大城镇，在唐蕃交通和唐王朝处理与吐蕃的关系上扮演着重要角色。

（五）大斗拔谷道

由兰州西渡黄河，取道湟水谷地西行，于西宁附近折向西北，翻越祁连山垭口大斗拔谷（今扁都口），直达张掖，连接河西走廊大道。公元400年法显西行，公元609年隋炀帝巡行河西，皆经此道。炳灵寺中与该道往来有关的题记亦不少，如第12窟留有"敦皇（煌）翟奴"的画像和题记，则此翟奴即应是经由此道从敦煌到达炳灵寺的。尤应引起注意的是，第169窟10号龛壁画下层佛像左侧绘有一位颇为醒目的供养僧人画像，并题名"法显供养之像"。该法显是否是晋代著名高僧法显？目前虽不能完全肯定，但笔者认为可能性极大。

能留有供养像和题名的僧人，绝非一般僧侣，应为高僧。查南朝梁释慧皎《高僧传》，所载法显即往天竺求经的法显②，别无第二个法显。且法显供养像的位置十分突出，绘于佛像的左上方，紧靠佛像，所绘形体较大，端庄富态，显示出其地位之尊崇。又据《佛国记》载，法显于后秦弘始二年（400）往天竺求经，"初发迹长安，度陇，至乾归国，夏坐。夏坐讫，前行至耨檀国。度养楼山，至张掖镇"。"度陇"，即翻越陇关；"乾归国"当指西秦乞伏乾归之地，时立都于今兰州市榆中县宛川；"耨檀国"，为南凉秃发傉檀之域，时立都于今青海乐都，"养楼山"，指今扁都口一带所在的祁连山脉东段。可见法显的行程是经由秦陇南道西行的。既过"耨檀国"，必经兰州和炳灵寺，在此一带渡过黄河，然后转由大斗拔谷道至张掖继续西去。因而炳灵寺中自然应留有法显的供养像与题记。也由此可知，炳灵寺及第169窟的始建年代无疑应早于公元400年，远在该窟著名的纪年题记"建弘元年"（420）之前。炳灵寺当为我国开凿最早的石窟之一。

①魏文斌：《炳灵寺石窟唐"永隆二年"诸龛简论》，《敦煌研究》1999年3期，第11—19页。
②［梁］释慧皎：《高僧传》卷三，中华书局，1992年，第87—90页

（六）洪池岭（乌鞘岭）道

由兰州石城津或金城关等处渡口渡过黄河，溯庄浪河谷而上，翻越洪池岭（今乌鞘岭），西北行直达武威，接河西大道。《三国志·魏书》卷一五《张既传》载，黄初二年（221）凉州卢水胡反，姑臧（武威）危急，帝命张既率军数千人渡过黄河增援武威，张既扬言军从鹯阴口（约在今白银市平川区水泉镇牙沟水村）过河，实际上大军突然由且次至姑臧，大败卢水胡。且次即凉州揟次县，笔者考得该县县城位于今古浪县土门镇西3公里的王家小庄一带①。由且次至姑臧，必是从兰州一带渡河，向北经洪池岭道而往的。已如上考，东晋太元元年（376）前秦苟苌率军会同梁熙灭前凉，即是从石城津过河，沿此道而往姑臧的。

及至唐代，该条大道更趋繁荣，盛况空前。严耕望《唐代交通图考》卷二考得，秦陇南道至兰州治所五泉县后，又北渡河出金城关，正北微西略循逆水河谷（今庄浪河）而上，行220里至广武县（今永登南），又约200里至昌松县（今古浪西），又西北越洪池岭，凡120里至凉州治所姑臧县（今武威）。兰、凉间凡置20驿，皆无考，而沿途汉晋以来故城堡则颇多可指。严先生这里有一处疏误。先生据《通鉴》胡注、《读史方舆纪要》等所记"姑臧东南有洪池岭"，认为该岭在武威东南、古浪县以北。事实上古浪县以北即进入河西走廊平原地带，而古浪与武威之间平原坦荡，并无山岭。洪池岭其实就是今天的乌鞘岭，该岭位于武威市东南约85公里、古浪县南30公里处，西接祁连山，余脉向东延至景泰县境，东西横亘，屏蔽天成，为黄河流域与内陆河流域的分水岭。雄居河西走廊东端，控扼我国东南半壁通往西北半壁的襟喉之地，历来被称作古丝路大通道上的"金关铁锁"，军事、交通地位十分显要。

《大慈恩寺三藏法师传》载，当年玄奘西行到达兰州后，"遇凉州人送官马归，又随去彼处。停月余日，道俗请开《涅槃》《摄论》及《般若经》，法师皆为开发。凉州为河西都会，襟带西蕃、葱右诸国，商侣往来，无有停绝。"很显然，玄奘即取洪池岭道由兰州而至凉州的。岑参亦取该道前往武威，其诗作《武威送刘单判官赴安西行

---

①李并成：《河西走廊历史地理》，甘肃人民出版社，1995年，第42—44页。

营》《武军送刘判官赴碛西行军》《凉州馆中与诸判官夜集》《武威春暮闻宇文判官西使还已到晋昌》等均是在武威写的。

炳灵寺第172窟木阁门两侧及顶部留有多条与该道有关的题记,如"河州卫凉州换领班把总指挥金宗信……""西大通都府刻字张样张"。该窟北壁五身佛旁墨书题记"庄浪卫目云峰徒吴真□"等。明代庄浪卫即今位于庄浪河谷的甘肃永登县城,为翻越乌鞘岭,沟通黄河流域与河西走廊内陆河流域的必经通道。

四、藏风聚气,利好叠加——兰州风水地理一瞥

我国古代城市的选址及其发展演进,无不受到中国传统风水学的深刻影响,兰州概莫能外。因而探讨兰州在丝绸之路上的重要地位,就有必要从风水学说上作一些剖析和解读。

风水学,是我国传统文化的组成部分之一,也是中国传统地理学的源头之一。风水起源于古人对于生活、居住环境的观察、思考,是古人选择环境和处理环境的一整套理论与方法。风水学说认为,人的居住地(城市、聚落、房屋、墓地)周围的风向、水流等形势,能够招致住者或葬者的吉凶福祸。由于风水产生于远古,流传于民间,不免鱼龙混杂,结合着现实与想象、科学与神秘,其中论述环境与人类行为关系,有的合乎天理,顺乎人情,有着较深刻的学术思考,有的则玄虚难解,荒诞不经,这就需要我们运用科学的观念对其加以辨析。

从风水地理的角度上考察兰州的城市选址,可谓占尽天时地利,藏风聚气,优长尽得,利好叠加。笔者不拟对其作全面的剖析,只讲其中一点。

风水学说讲究关水聚气,流进来的水越多越好,而出水口越窄越好。水口关生气,以紧锁为吉。兰州上游众水汇聚,黄河上游的五大支流:大夏河、洮河、湟水、大通河、庄浪河,全部在兰州上游相聚,蔚成奇观;而出水口桑园峡最窄处仅50米许,锁得特别紧,成为黄河干流上最为狭窄的河段。风水学说认为聚水就是聚气,以至于在兰州盆地内聚集的生气特别多,特别旺。更为吉祥的是,不仅桑园峡十分狭窄,而且其下游又连接着一连串的峡谷,如乌金峡、红山峡、黑山峡等,将黄河河谷一直锁得很紧,长达约300公里,直到银川平原。兰州在气候上常年风力很小或无风,以至于使在兰州聚集的生气不易被吹走,所谓"气乘风则散,界水则止"。而且兰州即便有一些风,但其常年盛行风向为东风,这恰巧与水流方向相反,风力顶托,反而更有利于聚气。因而亦可认为兰州是"气结",即风水中的"生气之结"。其实兰州不仅是风水文化上的"气结",而且在自然地理上由于位于我国三大自然区和三大高原的交汇带,各种"气"均在这里相聚。

兰州城市布局颇有太极图之象,法天象地,负阴抱阳,相土尝水,而且是金水连环,环环相套,犹如奥运五环。风水文化中最忌水流的直泻僵硬,需要山环水抱,气流"喜回旋,忌直冲",藏风纳气,以至福气绵延。兰州城区盆地内由于黄河及其支流的潆洄环绕,遂形成了有名的"十八滩",如雁滩、马滩、张苏滩、北面滩、南面滩、均家滩、宋家滩、崔家大滩、周滩、黄家滩等。这些滩地若从地貌学上来看,均属于黄河的一级阶地,地势低平,甚或为河岸湿地。现代地理学、生态学也证实,弯曲回环的水流、连绵的滩涂湿地,十分有利于生物的多样性及其保护,也有利于消减洪灾及泥石流等突发性地质灾害。

讲到这里,有必要对于风水学的核心理念"气"作一些思考。风水的理论是建立在中国古代哲学"气"的概念上的,古人认为世界上的一切都源于气,气是造化自然与人类的本体,是创造一切的原始性力量。那么"气"的本质是什么?有学者提出一些不同的认识。我认为,"气"虽然看不见,摸不着,但不宜否认它的存在,"气"有可能就是我们多年来苦苦寻觅、迄今仍在努力探查的占到整个宇宙总物质和总能量76%的暗物质和暗能量。

兰州城市风水地理的各种要素占尽优长,生气旺、地气旺、财气旺、人气旺。因而丝绸之路的主干道选择从兰州经过,并且兰州发展成了丝绸路上最重要的节点和枢纽重镇之一,与其在风水地理上的诸多利好不无关系,势之必然。我们有理由相信,在兰州这块土地上蕴藏着巨大的能量和丰厚的积淀。

今天兰州依然为欧亚大陆桥新丝绸路上的咽喉重镇,依然是由我国东中部腹地通往新疆、青海、西藏、宁夏、内蒙古中西部等地的必经要地,为陇海、兰新、包兰、兰青、兰渝、兰成(成都,在建)6条铁路干线,兰新高铁、银(川)—中(卫)—兰高铁和国道 G30(连云港—霍尔果斯)、G6(北京—西藏)、109(北京—拉萨)、212(兰州—重庆)、213(兰州—景洪)、309(荣城—兰州)、312(上海—霍尔果斯)、316(福州—兰州)等公路干线的汇聚之处,依然是我国西部最重要的交通枢纽和政治经济文化中心之一。在新世纪里,古老而又青春的兰州又焕发着勃勃生机和活力,正在为我国经济社会的发展做出新的更大贡献。

丝绸之路上的白银

白银市地跨黄河两岸,位处黄土高原、内蒙古高原和河西走廊的接合部,又地处甘肃省、宁夏回族自治区和内蒙古自治区三省区的交界之域,也是我国三大自然区:东部季风区、西北干旱区、青藏高寒区的过渡地带,以及干旱地区与半干旱地区的过渡带,也是我国历史上传统的农业区与畜牧业区的过渡地带。区位独特,位置显要。境内大河奔腾,山岳雄峻,气象万千;且历史悠久,名胜遍地,文化积淀十分丰厚,为古丝绸之路上文化及旅游资源丰富之区。

白银市在丝绸之路上的重要地位以及文化旅游资源的突出优势

白银市在丝绸路上的重要地位以及文化旅游资源的突出优势和总体特色可以定位为:黄河古渡、丝路要津、"第一国道"、长城锁钥、会州古郡、河西门户;石林胜景、丹霞画廊、引黄奇观、红色足印。具体来说:

一、白银是古丝绸之路中原通往河西、西域及其以远的门户和要隘,是丝绸之路国际大通道最早开辟的路线(可称之为"第一国道")所经的重地,且位处丝绸之路东段的"十字路口"

自张骞"凿空"后,由长安通往西域及其以远的丝绸之路遂得以开通。当时这条道路所经的具体路线如何? 由于史料的缺略,长期以来人们对之若明若暗,不甚了了。所幸的是,1972年居延甲渠候官遗址出土了一枚珍贵的记载有关丝路沿线城镇、置之间里程的汉简EPT59:582简,可称之为里程简。该简记,自长安起,经茂陵、好止、月氏、乌氏、泾阳、平林置、高平等地,而后抵达媪围;"媪围至居延置九十里,居延置至鲽里九十里,鲽里至揩次九十里,揩次至小张掖六十里";然后又经删丹、日勒、钧著置、屋兰、氐池等地,沿着河西走廊继续西行。茂陵即汉武帝陵冢所在的今陕西省兴平市东北 9.5 公里处的南位乡茂林村之地,月氏、乌氏、泾阳、高平均为汉安定郡属县,其位置均在今甘肃省平凉市西北以至宁夏回族自治区东南部一带,其中郡治高平即今宁夏固原市。

这段道路的大体走向是由长安出发后沿渭水西行,又复沿六盘山——陇山东麓北上,在今固原一带绕过六盘山北端尾间,然后由固原径趋西北,在索桥渡口渡过黄河进入河西走廊,经媪围、揟次、小张掖等地,直趋姑臧及其以远。这段道路是汉代开辟的最早的丝绸之路所走路线,是有史记载以来最早的官道,可誉为汉代的"第一国道"。

汉媪围县即今景泰县芦阳镇吊沟村吊沟古城,媪围县西九十里的居延置即在今景泰县寺滩乡白茨水。鲽里在今古浪县大靖镇北 1 公里处的古城头古城,汉于此置扑䥽县,鲽里即为扑䥽县的一个里;揟次在今古浪县土门镇西 3 公里的王家小庄一带;小张掖指汉武威郡张掖县,今武威市凉州区东河乡王景寨古城;姑臧,今武威城。[①]

由此可见,今白银市为西汉"第一国道",即最早开辟的丝绸之路所经要地,在中西交通上占有重要地位。

事实上,通过景泰这条连接关中、中原与河西、西域的道路,不仅是西汉时所辟丝绸之路的重要通道,而且早在先秦时期就是民族往来的要径。景泰境内既然设有居延置,表明这里曾有居延戎的居住和活动。《山海经》记流沙之外有居繇之国,《史记·匈奴列传》记秦穆公征服西戎八国中有"朐衍之戎"。《汉书·地理志》记秦北地郡有朐衍县,汉因之,笔者考得该县即今宁夏盐池县张记场古城。

约在战国时部分朐衍戎进入河西,被译写为居繇,后又主要聚居于黑河下游居延海一带,故汉称其地为居延并设居延都尉、置居延县。居延戎进入河西后,肯定有留居于今景泰者,故其地遂有居延置之设。可见早在战国时期景泰一地即是民

---

①李并成:《河西走廊历史地理》,甘肃人民出版社,1995 年,第 35—50 页。

族往来的重要通道。居延置一名,生动地揭示了古代民族通过白银道路迁徙往来的重要历史事实。

白银不仅为汉代"第一国道"上控扼黄河渡口的必经重地,而且还是黄河右岸南北方向上的大通道,实处于丝绸之路东段的"十字路口"。由白银市景泰县向北,经红水、天涝坝梁等地,可达中卫、银川、河套等地,进而向东连通华北平原;由白银向南可直达兰州及其以远;向东连通固原、长安及其以远,向西直达武威,进入河西走廊,通往西域及其以远。此外由景泰县五佛寺向北经营盘水等地,可达雅布赖盐池及其以远,向北亦可达巴音(阿拉善左旗),此路也称作盐路,五佛寺也因之被称作盐寺。

可见五佛是历史上一处十分重要的商品集散地,属于黄河上游串珠状盆地(兰州盆地、靖远盆地、旱坪川、五佛盆地、中卫盆地、银川平原、河套平原等)之一,为一处富庶的黄河冲积小平原,交通便利,物产丰饶,人烟稠密。笔者考得唐代这里设有乌兰县,其西南七里设乌兰关,与会宁关(北城滩古城)"夹河并置"[①]。盐路是景泰向北通道的又一条重要支线。

近年来,景泰县博物馆发现天涝坝梁是一处十分重要的聚落遗址。2011年5月28日,笔者与高启安教授、沈渭显馆长一行来这里考察,所见该遗址范围南北约600米、东西约200米,遗址内院落密集毗连,院墙以就地紫红色砂岩石块砌成,残高大多不足1米,到处散落明清时期的青瓷片、残瓦片、碎砖块等物,亦见宋代的影青瓷片、西夏和元代的白瓷片、黑瓷片、用于游戏的羊骨节等物。遗址内尚有街道残迹,残宽约6米。遗址南部发现水井一口,其边缘用紫红色石块砌有围栏。遗址年代应为西夏至清代中期。遗址西北里许还残存寺庙遗址一处。

---

①李并成:《唐代会州故址及其相关问题考》,《中国历史地理论丛》2016年第3期,第46—53页。

二、白银扼守丝绸路上地位最重要、规模最壮观、迄今保存遗迹最宏大的黄河渡口

索桥黄河渡口,位于白银市靖远县与景泰县之间的黄河东西两岸,为古丝绸路上最重要、历史最悠久、通行时间最长的黄河渡口之一,也是连通长安—河西—西域之间路途最短、最便捷的黄河渡口。

笔者曾于1989年起,多次来这里考察,摸清了其遗存状况及历史面貌。①所见索桥遗址分布于黄河东西两岸。河西岸遗址位于景泰县一侧,沿边坡、台地展开,范围可达2平方公里许。遗址墙垣皆取用就地山体(红山峡)风化的紫红色板岩砌筑而成,均已倾圮。整个遗址由30余处院落废墟组成。其上建筑遗迹密集,鳞次栉比,院落套院落,门户轮廓历历在目。

台地中部有一条南北走向残宽5米许的街道。台地北侧一座孤立小山包上残存汉代烽燧一座,夯土夹石块砌成,夯层厚11厘米,系典型汉燧建筑样式,烽燧四周围以长宽各约30米的坞院。三级阶地西北约百米的缓坡上,存一座似寺院的残址,围墙以石板垒砌,东西约50米,南北40米许。

三级阶地再往上约百米为黄河西岸四级阶地,其上残留一组明代烽燧,其中大墩一座,底基方形,每边长4.5米,残高约5米;大墩北侧依次排列5座较小的旗墩。大墩与旗墩外侧均以就地紫红色石板垒砌,中间填以夯土。西岸索桥遗址地表散落遗物有少许汉晋时期灰陶片、砖瓦碎块、石磨残块,唐代莲花纹砖块,宋元时期残瓷片、粗缸瓷片,以及大量明清时期的青瓷片、瓦片砖块、建筑残件等,真实地反映了索桥古渡两千多年来的历史沧桑。

西岸索桥遗址北侧约1公里许见明长城遗址,墙体以就地紫红色石块夹夯土筑成,其内侧残高约2米,外侧(北侧)为一道壕沟,距墙垣顶部7米~8米,颇为险

---

① 李并成:《索桥黄河渡口与汉代长安通西域"第一国道"》,《丝绸之路研究集刊》第三辑,商务印书馆,2019年,第17—28页。

峻。临近黄河处全部用石板筑墙,一直伸至河边,残宽0.8米,高出河面3米～4米,类似山海关的"老龙头"。

近年有人撰文,依据清代的方志认为索桥为明代遗址,最早建于明隆庆初年(1567)左右。诚然索桥堡确实是明代修建的,但索桥渡口的使用则不晚于汉代,索桥遗址今天仍留存汉代及其以后的遗迹。《中国文物地图集·甘肃分册》上亦记,索桥古渡为汉代遗址。汉代以后直到民国初年一直使用。

东汉曹魏时这里名为鹯阴口,因位于鹯阴县境内故名。鹯阴县故址笔者考得即今缠州古城(详后)。十六国时期,索桥渡口名为阳武下峡渡。《资治通鉴》卷一〇九"隆安元年(397)正月"条胡注:"阳武下峡在高平西,河水所经也。"然而延至唐代情况发生了变化,索桥渡口虽然仍在使用,但其重要地位已下降。唐代会宁关渡(今靖远县北城滩古城,位于索桥以北约10公里)取代了索桥渡口的重要地位,成为这一带黄河上最主要的津渡。会宁关为唐开元13所中关之一,系"大津"所在,控扼着由长安到凉州的北道以至通往西域的襟喉。严耕望先生大著《唐代交通图考》对于唐会宁关的重要地位及当时的兴盛状况论之甚详。尽管如此,然而索桥渡口在唐代并未废弃,只是其地位下降而已。会宁关虽在唐代繁盛一时,但却在宋初陷于党项后就完全废弃了,且此后一直未能恢复,而索桥渡口则一直沿用了下来。其原因何在? 笔者曾撰文对这些问题作过分析[①]。

延及明清,索桥渡口不仅沿而未废,并且再度成为靖远一带黄河上的主要渡口。康熙《重修靖远卫志》等记载,明代隆庆初年以来索桥渡口再度兴盛,曾反复采用船桥、船渡方式以通往来,并于明万历年间在其河东、河西分别修筑桥堡,以保护通行。并创建芦塘堡,修筑新边(长城,即今索桥遗址北约1公里遗址),这一系列大规模活动的重要目的之一就是为了有效保护索桥渡口,充分说明索桥当时在交通上的重要地位。这些活动均为政府行为,索桥绝不仅仅是一个民间商用渡口。

时至清代,索桥更趋兴盛和显要。《秦边纪略》:"索桥,黄河之津处也,名桥而实

---

①李并成:《唐代会宁关及其相关问题考》,《历史地理》第34辑,2017年,第240—252页。

无之……庄、凉、甘、肃而往河东,自镇远、索桥外更无他途也。桥非大道,盖宁夏、固原往河西之捷径耳。然西安商旅亦有不由兰州往河西,而取道靖虏以渡索桥者,路捷三日也……舟子日纳渡赀一金于官,其利可知。"所谓"庄"即庄浪卫,今永登县;"镇远"指兰州黄河上的镇远桥,今中山铁桥。可知当时河西各地通往河东,渡河地点只有兰州镇远桥和索桥两处,而西安商旅取道索桥而往河西者较取道兰州渡河往河西者可"路捷三日",其优势不言而喻,索桥渡口自然受到青睐,以至于仅舟子每天缴纳的"渡赀"就达"一金"。民国初期,随着近代公路交通的发展,特别是1910年兰州黄河铁桥建成后,前往河西、新疆等地的中东部地区人员多取兰州黄河铁桥而往,索桥渡口由此衰落,仅为沿河两岸靖远、景泰两县民间驮远渡口。

三、白银为世界文化遗产万里长城的重要线段和河西汉、明长城的东端点

白银境内的明长城遗迹至今仍然存留,走向清晰。黄河东岸靖远县境内的明长城有明代中期修筑的属于靖虏卫管辖的芦沟堡及其所辖的墩台,以及由宁夏中卫渡黄河而来的一批山地墩台和各山口夯土边墙。黄河西岸的边墙东起黄河渡口索桥咀,西北行,经景泰县芦阳镇北、城北墩、一条山北、青石洞村、案门塘村、红墩子,折而西行,复经昌林山北麓之高家墩、保进墩、牦牛圈,进入古浪县境;又经裴家营、大靖北、西景、土门镇,圆墩子等地,进入武威市境内,遂与自庄浪河谷延伸、翻越乌鞘岭北来的另一条明长城相会合,继续沿河西走廊北部向西延伸。

这条明长城的修筑晚于自庄浪河谷、乌鞘岭北来的那条明长城,始建于明万历二十七年(1599年),称之为"新边墙"。时任兵部尚书、三边总督的李汶,于万历二十六年(1598年)取得松山(天祝松山滩)战役胜利后,实地勘察这一带地势形胜、攻守形势后,决意构筑此段长约400里的新边墙,遂上报朝廷获准。同时沿线建造烽燧120余座,并在松山、大靖、土门、裴家营、红水等重要地点修筑城堡,形成了一道直接连接河西重镇武威与索桥黄河渡口,布局严谨、设施完备的新的长城防御体系。由此河西走廊东部就有了新、旧两道边墙。

明长城状况如此,白银境内有无汉长城遗址?长期以来人们并不很清楚。笔者曾撰文认为,汉代为防御北部匈奴部族的袭扰,除修筑起自令居溯今庄浪河谷延伸、翻越乌鞘岭而来的那段长城外,一如明代,势必要在土门、大靖、索桥一线北部构筑塞垣,可谓势在必行。明崇祯十三年(1640)驻守"新边"大靖的副总兵官木壬孟颜立碑云:"大靖何地也? 一墙之外,豺虎丛嗅之区。山光黯淡,云气苍茫,幽窈荒凉,石田沙碛,盖西南一绝域也。"

清代古浪知县徐思清立碑曰,新边大靖一带"控贺兰之隘,抗北海之喉,用以独当一面,而使凉镇无东北之虞者,不啻泰山之倚也。"对于如此重要的军防要地,明清时殊为关注,在汉代亦不可能置之不顾。明代李汶所上《计处松山善后事宜疏》即云"查得历凉(武威)之泗水,以至靖之索桥,横亘不过四百余里许,……勘得自镇番以至中卫,烽堠相望,迄今旧址犹存"。这一明代犹存的"旧址"即应为这道军防要线上汉代所筑的长城、烽燧遗址。

同时,在这段汉代丝绸之路沿线还设有媪围、扑剽、揟次、张掖等县城,汉王朝绝不可能将如此重要通道和沿途县城不加防护而直接暴露在北来匈奴的打击之下而不顾。笔者在河西地区多年的田野工作中,还从未发现有置于长城之外的汉代县城。由此思之,汉代在这条通道和沿线县城以北设置长城塞垣应是理所当然的。

笔者的上述想法得到了田野工作的证实,即在今古浪县土门镇北东至裴家营石嘴子、姚家井一线,发现了断续延伸的汉长城残迹,已坍成土梁状,大多残高0.5米~1米,残宽2米~3米,夯筑,夯层厚10厘米~12厘米,大约每三层夹筑茇茇草、柽柳或白刺一层,柴草层厚约3厘米许,与夯土层已牢固地"锈"为一体,不易剥离。其沿线还散落灰陶片、汉砖块、残铁片、五铢钱等汉代文物,并分布有大面积的汉代墓群。①

依理推之,上述古浪县境内汉塞不可能中途而断,它无疑应一直向东延伸,抵

---

①李并成:《河西走廊东部新发现的一条汉长城——汉揟次县至媪围县段长城勘察》,《敦煌研究》1996年第4期,第129—131、第112页。

达黄河岸边。今天在景泰留存的明长城很可能是在汉长城基础上重修的。2013年8月2日,由景泰县与民革甘肃省委员会在水沟共同召开了"甘肃景泰汉长城遗址研讨会",虽未作出很肯定的结论,但也提供了较多的证据。如"三普"时新发现景泰北边的红湾子、土墩子、八代水、岗墩梁、青崖子等烽燧皆为汉燧;一些墙段的构筑方式用石块夹砂土、夹柴草筑成,有的夯层仅约10厘米许;长城内侧有不少汉墓;长达400里的"万历新边"仅四个月即已筑成,等等。

高启安教授多年来一直留心于此,在景泰县境内悉心查寻,果然有新的发现。2020年8月15日,高教授与笔者,以及景泰县文物局王洪安局长,白银市文体广电局邵云祥副局长、黄大鑫科长、陈秀琴副站长,西北师大刘再聪教授、黄兆宏博士、秦丙坤博士、李顺庆博士,兰州财经大学庞颖博士等一道前来考察。在景泰县老红水庄子北边的沙坡里,留存有一段长城遗迹,夯土版筑,已很残破,大体上南北方向,从青石头沙河河滩延伸到山脚边,残长约100米,残高0.5米~2米,底宽约1米,顶宽0.5米~1米,捡到绳纹灰陶片,应为汉代遗物,还有后代的褐釉瓷片、白釉瓷片等物。此段长城位于明长城北侧里许,较这一带的明长城残破许多,显然应系更早的长城遗存,由其留存的汉代遗物判断,应系一段汉长城残迹。可见景泰县境内不仅多有汉代烽燧,而且确有汉长城遗迹。相信以后还会有更多的汉塞发现。

四、白银市境内遗留了丝路沿线一批重要的古城遗址,它们是我国古代文明具有权威性的历史标本,保存了我国汉代县城、唐代州城、唐代军城、明代军事城堡遗址的典型的实物例证

白银境内文物荟萃,历史文化遗迹十分丰富。由于气候干燥,降水稀少,地表文物较少受雨雪、地下水、盐碱等的侵蚀,人为活动的破坏也相应较轻,从而保存下来了各个历史时期的不同等第、规格、形制、规模的大量古城遗址。这些古垣旧墉今天虽然早已无声无息地退出了历史的舞台,但它们如同座座历史的丰碑,仍巍巍屹立,向人们无声地倾诉着这里悠远的过去,昭示着丝绸之路永不磨灭的历史辉煌。

　　白银市境内古城遗址的另一突出特征是:保存了我国汉代县城、唐代州城、唐代军城、明代军事城堡遗址的典型实物标本,这在全国其他地方是很少见的。

　　例如,处于"四会之地"的著名的会州城,即是今位于平川区水泉镇牙沟水村北1.3公里处的柳州古城,[1]该城始建于西魏,随着丝绸之路的繁荣,唐代贞观时一度改名粟州,因其农产丰饶、人口较多之故,永泰元年(765)又升为"上州",州治会宁县为上县,会州的地位更加重要。今古城遗址仍然保存较好,城址平面大体呈方形,南北340米,东西360米,周长约1400米,墙基坍宽约15米,顶宽1.5米~2米,大多墙段残高3米~5米,最高处可达11米,是丝路古道上具有标志性的建筑遗存。

　　位于会州故城东北420米处的另一座古城遗址缠州城,为西汉鹑阴县、东汉鹯阴县故址。城垣破损严重,大段墙体坍塌缺失,但其基本轮廓仍可辨识。城址平面略呈长方形,东西长305米,南北宽270米许,周长约1150米,城垣外侧四周开挖护城壕。该城堪为丝绸路上汉代县城的典型代表。例如城址规模符合汉代县城大小(平面矩形,周长大多为1000米~1500米),夯筑,夯层较薄,约0.1米~0.12米,墙垣形制单调,无马面设置等。

　　又如,景泰县芦阳镇吊沟古城,为汉代武威郡媪围县城、唐代新泉军城。遗址可分为山城与滩城两个部分,山城高出大沙河床约80米,形势险峻,墙体顺山而上,已多不连贯,墙基石砌,宽约5米~7米,开东西二门,上建墩台,显示了唐代军城的典型特征。川城早已被夷为农田。

　　再如,位于景泰县寺滩乡的永泰城址,平面略呈乌龟状,故又名龟城,为著名的明代军事城堡。筑于万历三十五年(1607),东西520米,南北500米,墙基宽6米,顶宽5米,高达12米,开东、西、北三面城门,外筑半圆形瓮城,城周有护城河,距北城墙约20米处筑大墩1座,其东北又有小墩5座。城西有地下泉水串流城内五井中,俗称"五脏"。该城是迄今所见保存相当完好的明代军事城堡,对于研究丝绸之路上的军事史、建筑史、明史具有重要意义。

　　[1]李并成:《唐代会州故址及其相关问题考》,《中国历史地理论丛》2016年第3期,第46—53页。

五、白银市是红军长征三大主力的会师地,也是红军西路军西征的出发地,红色旅游资源十分丰富且颇具特色

1936年10月,中国工农红军三大主力在会宁县胜利会师,结束了长征。10月10日,在会宁县文庙大成殿举行隆重的庆祝会师联欢大会。会宁境内留存了大量红色遗迹和名胜,如会师楼、红二方面军总指挥部旧址、红二方面军营级指挥部旧址、红四方面军前敌指挥部旧址、红四方面军剿匪办公处旧址,以及红军驻地旧址、红军墓、红军标语等遗迹。

三大主力会师后,红四方面军21800多名指战员奉命从靖远虎豹口西渡黄河,进入景泰境内,拉开了西征序幕。红军足迹遍及全市大部分乡村,西路军在一条山、尾泉、沙淌子、锁罕堡、芨芨水、大芦塘、五佛寺、城北墩、秀水、石窝、大拉牌、井子川等地进行了激烈战斗,并组建了"五佛抗日民主促进会"等组织。靖远、景泰也因而留下了许多弥足珍贵的红色遗迹。

可见白银市既是红军三大主力的会师地,又是红西路军的出发地,这在全国具有唯一性。

六、景泰川电力提灌工程,是甘肃省在全国率先建成的一项高扬程、大流量、多梯级电力提灌工程,是我国水利战线上名闻遐迩的样板工程和一面旗帜,亦是可资发展农业旅游、科技旅游的重要资源

该工程始建于1969年,1994年二期建成,最大提水高度602米,灌溉面积80万亩。工程收到了十分可观的经济、社会和生态效益,使昔日"遍地是沙丘,十种九不收"的景泰川变成了生机勃勃的新绿洲,因而该工程被誉为"翻身工程""脱贫工程""致富工程"。事实上,它还可作为一项独具特色的旅游工程。

游人在这里可目睹高扬程泵站、长距离压力输水钢管、大跨度渡槽、高品质农牧业生产、先进的节水灌溉技术、沙产业示范等项目。景泰县应充分利用其光照资源丰富、热量条件好、土地平整、灌溉技术先进、农牧业科技含量高等优势,大力培育适宜本地区的优质农牧业产品(如鸵鸟、肉牛、肉羊等),大力发展诸如自动化育种、自动化智能温室等高新农业技术,大力建设生态农业观光园区。

七、位于景泰县西部的昌林山和寿麓山为干旱荒原上罕见的绿岛,景致绝妙

二山平地崛起,虽环处荒漠,然而山上却郁郁葱葱,密林蔽日,松柏四季常青,泉水潺潺不绝,与山下的景色恰成鲜明对比,令人拍案叫绝。二山为远近闻名的避暑胜地,昌林山俗称"小庐山"。

护秦屏陇,连蜀系蒙,援疆翼藏

——天水在丝绸之路上重要地位的再揭示

天水,中国历史文化名城,中华文明的重要发祥地,在古代丝绸之路上也占有极其重要的地位。

对于天水重要的地理位置,前人曾多有论述。清初著名舆地学家顾祖禹在《读史方舆纪要》卷五九《陕西八》中论道:"关中,天下之上游;陇右,关中之上游,而秦州其关陇之喉舌欤。"秦州即天水,为控扼关中与陇右的咽喉,可见其地位极端重要。《天水县志·序》中有一段概括性语言,将天水的地位讲得更为明晰:"天水,清之秦州直隶州,古之上邽,属汉阳郡治也,扼陇坻之险,临清渭之渊,东走宝凤,缩毂关中;南下昭广,屏藩巴蜀;西入甘凉,原野千里;北倚六盘,遥控洪荒。所谓踵秦旧迹,表里山河,天地之奥区也。"指出天水控驭陇山及其要隘通道、地处清水渭河之渊的位置,以及在沟通东(宝鸡、凤翔、关中)、西(甘州、凉州)、南(昭化、广元、巴蜀)、北(六盘山及其以远)四个方向地理位置上的重要性。

雍际春先生在其所著《陇上江南——天水》一书中论道:"天水既是中原王朝经营边防、统御西北的前沿,又是中亚、西域使节,胡商和西域文化进入中原的最后枢纽,也是中原文化西传的首站。无论在民族融合与文化交流、中外文化的扩散,还是中原王朝开发西北,天水都处于举足轻重的地位。"[1]雍先生又在其《三国时期天水战略地位探微》一文中进一步分析:"天水始终处于战略要冲的地位。史称天水地'当关陇之会,介雍梁之间'。这里地势高险,进退攻守皆有形便,东上秦陇,可攻雍岐;南下阶成,可取梁益;西指兰会,可占河湟,实为交通枢纽、战略要塞,所以素

①雍际春:《陇上江南——天水》,三秦出版社,2003年,第5页。

为兵家必争之地。"[1]

以上所论,均很有道理,但若从整个丝绸之路线路走向的大背景和我国西部战略格局的全局上来看,天水重要的历史地位尚值得进一步深入揭示。众所周知,丝绸之路是古代沟通旧大陆三大洲最重要的通道,数千年来曾为整个人类世界的物质文明和精神文明做出过巨大贡献。丝绸之路的走向和布局如何? 目前学界一般认同联合国教科文组织对于"古丝绸之路"的界定:古丝路有四条,即草原丝绸之路、绿洲丝绸之路、西南丝绸之路、海上丝绸之路。通常所指的丝绸之路就是绿洲丝绸之路,起点是在西安市,海上丝绸之路的起点在泉州市。[2]绿洲丝绸之路通常是由古代长安(或洛阳)西行经陇东陇西高原、河西走廊、而抵达西域及其以远,为古丝绸之路通行时代最久、最重要的主干线(因需穿越我国西北和中亚地区的大片沙漠地区,亦可称之为沙漠路);西南丝绸之路通常由关陇一带向南经巴蜀至中国云南至缅甸及其以远;草原丝绸之路通常由华北、东北平原向西经蒙古高原、抵达中亚西亚及其以远。而天水恰处于古代长安至西域的丝绸之路主干线——绿洲丝绸之路与西南丝绸之路的交汇点上,而且是这两大丝绸之路主干线唯一交会连接的枢纽重镇,同时天水又可北上与草原丝绸之路产生密切关系。由此可见,位处关中与西北、西南接合部的天水,实为四方辐辏之区,在丝绸之路路网格局中居于极为重要的无可替代的地位。

若从天水在全国的战略格局及其对于我国西部的重要影响和作用来看,笔者认为对于天水的战略地位及区位优势可用以下12个字来概括:护秦屏陇,连蜀系蒙,援疆翼藏。这一表述依地域远近的不同可分为3个层面来看。首先从较近的地域范围看,天水东面毗邻关中,隔陇山与关中地域相连,紧紧护峙在关中以西,成为关中平原天然的屏障,故而"关中要会,常在秦州,争秦州则自陇以东皆震矣"。天水本身地处陇东高原最东部,由天水沿渭河谷地向西可直通陇西、临洮、兰州等

①雍际春:《三国时期天水战略地位探微》,载《陇右历史文化与地理研究》,中国社会科学出版社,2009年,第467页。
②任国征:《关于丝绸之路的补充》,《光明日报》2011年1月18日12版。

地,天水的得失对于陇东、陇西的安危关系重大,故而有"护秦屏陇"之谓。若从较远的地域范围来看,天水向南越过西秦岭,可达武都盆地、汉中盆地、四川平原及其以远,可谓锁钥关陇川陕;天水向北经宁夏、河套平原可深入蒙古高原腹地,即所谓"连蜀系蒙"。若从更远的地域空间来看,天水向西经陇东陇西,越过千余公里的河西走廊,可一直通达天山南北,亦可经陇西、兰州、湟水流域,直达青藏高原腹地,此所谓"援疆翼藏"。

翻检有关史料及实地考察可知,天水作为连通我国西北与西南最重要的交会枢纽,历史上形成了通往川蜀的多条古道,主要有祁山道(秦州—盐官—祁山堡—石堡—西和县—石峡关—府城—太石渡—白马关—大南峪—窑坪—略阳—汉中)、青泥道(成县—鸡峰山—镡河—云台—窑坪—郭镇—两河—铜钱—阳坝—安乐河,进入四川)、阴平道(舟曲—两河口—武都—火烧关—文县—碧口—白水—剑门关—绵阳—成都)、茶马古道(亦名秦蜀道,秦州—皂郊—娘娘坝—李子园—白音峡—高桥—火钻—榆树—徽县—青泥岭—白水江镇—九股树—略阳—汉中—成都)等。此外尚有西倾山道、白水道、白马道等,亦沟通天水、陇南与川蜀的若干地区。[1]例如,唐肃宗乾元二年(759)杜甫即是由祁山道从秦州入蜀的;南宋嘉定十年(1217)金将杨沃衍出秦州进攻宋军,走的也是祁山道;明万历十三年(1585)李自成起义军亦由秦州经陇南入蜀。

事实上是,天水作为连通我国西北与西南最重要的交会枢纽,不仅在古代社会其他地区无以取代,即便在今天其交通地位仍然十分显要。兹举一例:20世纪50年代初,国家拟建设通往四川的铁路,其最初的选线即是从兰新铁路天水站引出,向南经白龙江—嘉陵江河谷、广元、绵阳、德阳等地,到达成都,即建设天成线,而不是从宝鸡入川的宝成线。这自然是因为天水自古以来就是入川的重要通道,天水向南虽然要穿越西秦岭山地等一系列山地河谷,然而从这里入川可避开秦岭主脉,工程建设的难度相比需翻越秦岭主脉、大巴山、剑门山等的宝鸡要容易一些。然

---

①罗卫东:《陇南古道叙论》,《甘肃史志》2017年第3期,第38—48页。

而,考虑到建设入川铁路的紧迫切性,后来将这条铁路的起点选在距离成都更近的宝鸡,即建设宝成线,以便尽快入川。经筑路大军的艰辛努力,历经4年,1956年宝成线胜利建成通车。

甘青新地区西王母文化遗存的实地调查与考证

在中国灿烂的历史文化遗珍中,西王母是一位与黄帝有着同样重要传说的领袖人物,又是一位仙界显赫尊神,也是形成中华民族的远古先祖。中国古代哲学思想认为,西王母是化生中华的神灵之一,她与东王公分别主理造化万物的阴、阳二气。西王母手中掌有"不死之草"和"长寿之桃",是中国人期望生命永恒的美好化身,受到广泛持久的崇拜信仰。

近年来对于西王母的文化遗存,经学者、专家们的潜心研究,以及许多台湾同胞、海外侨胞多次回祖国大陆寻根追祖,普遍认为今甘肃省泾川县回山是西王母的降生处和发祥地。这里不仅巍然屹立着王母宫山(回山),山上有瑶池胜景,至今仍完好保存着始建于北魏、重修于唐宋明清的王母宫石窟及其众多的宫观寺庙,留存着宋代镌刻的《王母宫颂碑》《王母宫题名十一碑》,明清时撰写的《重修王母宫记》《重修回中王母宫山下关帝庙及药王洞龙王庙石窟寺五龙王庙碑记》等珍贵遗存,而且历史上许多有关西王母的传说、故事都产生在泾川回山。

笔者近检有关史料,并经实地考察,发现有关西王母文化遗存不仅在泾川、平凉等甘肃东部地区比比可见,即使在甘肃西部的河西走廊以至青海、新疆等地也多有留存。

一

《汉书》卷二八《地理志》"金城郡"条载:"临羌,西北塞外,有西王母石室、仙海、盐池。北则湟水所出,东至允吾入河。西有须抵池,有弱水、昆仑山祠。"《水经注》卷二《河水》"又东过金城允吾县北"条注亦曰:"河水径其南,不在其北,南有湟水出塞外,东迳西王母石室、石釜、西海、盐池北。"金城郡,即今兰州市,汉时辖县十三,允吾为其郡治,故址约在今湟水汇入黄河的青海省民和县下川口附近。临羌为金城郡辖县之一,位置约在今青海省湟源县西部,该县西北塞外的"西王母石室,当在今青海湖以西、祁连山脉南麓之大通山一带。仙海、西海应即今青海湖,湟水即今湟水,须抵池似为今弱水(黑河)上游的哈拉湖,盐池即今茶卡盐池一带。可见在河西走廊祁连山南麓、今青海省北部的青海湖一带亦有西王母胜迹。

迨及十六国时期,这一西王母石室仍香火旺盛。《晋书》卷八六《张轨传》附"张骏传"记,酒泉太守马岌上言:"酒泉南山,即昆仑之体也。周穆王见西王母,乐而忘归,即谓此山。此山有石室玉堂,珠玑镂饰,焕若仙宫。宜立西王母祠,以裨朝廷无疆之福。"张骏从之。《十六国春秋》之《前凉录》也有相同记载。酒泉南山即祁连山脉南麓,所云西王母室,恐即上云汉临羌县西北塞外的西王母石室,其巍峨华丽、美轮美奂之貌令人叫绝。当时不仅平民百姓纷纷前来拜祭,就连当地的最高统治者亦不怠慢。《晋书》卷一二九《沮渠蒙逊载记》称,北凉国主沮渠蒙逊率领中军三万人,浩浩荡荡,"循海而西至盐池,祀西王母,寺中有玄石神图"。

清乾隆二年(1737)刊《重修肃州新志·沙州卫·仙释》:"史汉云,安息长老传闻,条支有弱水、西王母,未尝见。而《列子》在史汉之前已云,周穆王升昆仑之邱,遂宾于西王母,觞于瑶池之上。故晋太守马岌以肃州西南山当之。……要之,流沙之境,洵为仙灵窟宅,神人往来栖息之乡,爰著之于此焉。"光绪二十三年(1897)修成的《肃州新志·营建·寺庙》载:"王母祠,在州西南二百五十里。后(前)凉张骏时酒泉太守马岌言,周穆王见西王母于昆仑山,宜立祠,骏从之。《广舆记》云:昆仑山在肃州,其巅峻极,春夏积雪不消,周穆王见西王母于此。其祠珠玑镂饰,焕若神宫。"

近年来,祁连山脉之大通山南麓、青海湖西北天峻县境内的二郎洞与青海湖东南的湟源县宗家沟石洞,受到一些学者和有关人士注目,被认为是"西王母石室"遗址。二郎洞位于天峻县城东关角乡平滩地上突兀拔起的一座孤立小山丘上,高约20米,窟龛犹存,共有4窟,其中主窟洞内空间约100平方米,但其雕像已毁。小山丘西不到百米处另有一片建筑遗迹,其东西长约七八十米,南北宽五六十米,当地文物部门曾于此处采集到"长乐未央""常乐万亿"等高规格汉晋时期的瓦当。近几年,天峻县拟复原石室旧观,现已完成洞外建筑工程。

湟源县日月藏族乡大石头村宗家沟深处,另有一处规模较大的石洞群,有石洞百余,颇为壮观,惜洞内文物无存。据了解,这里的祭祀活动早已有之,当地人们认定这里就是西王母石室。2011年5月,湟源县以"走进王母故里,缅怀中华母亲"为主题,在这里举行了"首届中华母亲节暨第三届王母故里敬母大典",煨桑、献祭、恭读祭文、沐手上香、表演《王母颂》舞蹈,气氛热烈,人声鼎沸。同日,还举行了西王母巨型塑像揭幕和中国民俗学会在湟源县设立的"西王母文化研究基地"的授牌仪式。

除地面遗迹外,青海河湟地区民间至今还保留念诵西王母宝卷的活动。宝卷又名宝传,是一种流行于明清以来的民间讲唱文学。其内容包括儒、释、道及各种秘密宗教的说教,民间神话、传说和戏曲故事,非宗教历史人物等;其结构为散韵相间,有说有唱;其讲唱地点从庙会、娱乐场所,直到家庭院落。宝卷以其曲折的故事情节、生动的人物形象、通俗的语言和抒情婉转的曲调,赢得群众喜爱。今仍流传于河湟地区与西王母信仰有关的宝卷有多卷:《王母经》《王母降下佛坛经》《王母新诗论》《护国威灵西王母宝卷》《瑶池金母金丹忏》《王母消劫救世真经》等,多在民间信仰活动的嘛呢会上念诵,参加念诵的有汉族、土族、藏族等各族群众。

二

甘肃省武威市五坝山汉代壁画墓中有表现昆仑仙虚的景象,画面中绘有西王母,及其周围环绕的开明神兽、不死树、羽人等。[1]

甘肃省酒泉市城西8公里处的果园乡丁家闸村,1977年发掘出数座魏晋时期的壁画墓,其中五号墓最为壮观,被誉为"地下画廊"。其封土堆呈平顶方形,墓道

---

①张朋川:《由五坝山西汉墓壁画论我国早期山水画》,载《黄土上下:美术考古文萃》,山东画报出版社,2006年,第121—123页。

东开,长36米,墓底距地表12米,墓室用青砖砌成,分为前后二室。前室高3.7米,面积约11平方米,覆斗顶,顶部藻井彩绘莲花。从顶到底整个墓室砖墙均薄施草泥,上盖一层极薄极细的黄色泥皮,然后在上面绘满彩画。墓画内容分为天上、人间、地下三个境界,以土红色宽带间隔。天景第一层无彩绘,象征天;第二层东壁绘东王公,西壁绘西王母,南壁绘白鹿、羽人,北壁绘神马,这四幅大画都以倒悬龙首、周围青云缭绕为背景。其中尤以西壁的西王母形象描绘得最为雍容华贵。西王母饰三起大髻,着襦裙羽衣,拱手端坐在曲柄花盖下的昆仑山上,头上为一轮圆月,月内绘肥硕的蟾蜍,座前有九尾狐、三足乌,似乎随时都在等候着西王母的差遣。东壁的东王公袖手盘坐在扶桑树上,其上为太阳,内绘金乌。北壁的天马踏云披雾,与武威雷台汉墓出土的铜奔马颇为相似。南壁的白鹿和羽人,在天界驰骋飘荡,自由自在。天界下山峦起伏,神兽出没,祥瑞种种,其内容寓意吉祥、长寿、子孙繁多,是人们对和平美好的社会环境的一种向往。人间部分绘有墓主人宴享图,以及仆从、侍役、乐舞伎、眷属出行,车马、农耕、采桑、园林、运输、庖厨等场面。地下绘有赑屃等。[1]西王母、东王公的形象作为整个墓室壁画的主体,分外醒目,可见当时人们对他们的尊崇之情。

酒泉市东面的高台县发现两座魏晋时期的壁画砖墓中绘有西王母像。一座为1994年发现的骆驼城乡西南6公里处的苦水口一号墓,墓室早先被严重盗掘,共残留画像砖58块。其中前、中室画砖内容有伏羲、女娲、东王公、西王母,还有牛耕、放牧、牛车、宴饮、庖厨、山石、云气等画面。后室画砖内容为丝束、丝帛、衣架等。西王母画像为独立像,身旁无配属,身着朱色宽袖长袍,拱手端坐,双袖对拢于腹前,云髻高绾,面前扶桑玉立,身后瑞云升腾。[2]另一座墓为高台县许三湾墓群西南发现的二号墓,一砖一画,主要内容反映出当时农业生产,畜牧渔猎,饲养、屠宰家畜,墓主人生活、信仰及死后升天等场景。其中西王母画砖为正面像,端坐于榻上,

---

①酒泉市博物馆编著:《酒泉文物精华》,中国青年出版社,1998年,第101—105页。
②张掖地区文物管理办公室、高台县博物馆:《甘肃高台骆驼城画像砖墓调查》,《文物》1997年第12期,第44—51页。

身着红袍,肩部有翼,身旁配有长几。亦因墓室被盗,出土位置不明。还有部分砖上绘云气、青龙、山石、树木等。①

三

不独酒泉、高台如此,1999年考古工作者在敦煌佛爷庙湾墓群魏晋十六国时期墓群的一号画像砖墓(为一家族墓群中的祖墓),也发现西王母、东王公彩色画像,以及伏羲、女娲、尚阳、舍利、受福、鼍鼋、托山力士、鹿、朱鸟、赤雀、凤、李广射虎、麒麟、河图、洛书、万鳝、鲵鱼、白兔、青龙、白虎等形象和墓主人夫妇坐像,另有云气纹、兽面纹等。②其中西王母画像绘于外层照墙上段中央,为坐姿,头束云髻,左侧插簪,端头垂缨,亦着宽袖汉襦,双袖对拢于腹前。双肩有翼,领周饰羽毛。两侧绘二侍女,跪姿面向西王母,头梳双髻,衣领亦饰羽毛,双手持华盖柄。此砖下层的三块砖上分别画三只青鸟。一只呈飞翔状,两只展翅站立,其中一只为二足,一只为三足。《山海经·西山经第二》:"又西二百二十里,曰三危之山,三青鸟居之。"晋人郭璞注云:"三青鸟主为西王母取食者,别自栖息于此山也。"同书《海内北经第十二》亦曰:"西王母梯几而戴胜,其南有三青鸟,为西王母取食,在昆仑虚北。"同书《大荒西经第十六》亦曰:"西有王母之山、壑山、海山。……有三青鸟,赤首黑目,一名曰大鵹,一名少鵹,一名曰青鸟。"郭璞注云:"皆西王母所使也。"张华《博物志》记叙西王母与汉武帝会面时亦曰:"有三青鸟,如乌大,使侍母旁。"《汉书·司马相如传》引司马相如所作《大人赋》中亦有三足乌的记载:"吾乃今日睹西王母,暠然白首,戴胜而穴处兮,亦幸有三足乌为之使,必长生若此而不死兮,虽济万世不足以喜。"由上述佛爷庙湾画像砖见,三足乌当为三青鸟中的一只,似亦可以三足代表整个三青鸟。敦煌佛爷庙湾的位置即在三危山北麓脚下,这里正是传说中西王母使者三青鸟的居处。

---

① 甘肃省文物考古研究所、高台县博物馆:《甘肃高台县骆驼城墓葬的发掘》,《考古》2003年6期。
② 殷光明:《敦煌西晋墓出土的墨书题记画像砖考察》,《佛教艺术》,2006年,第45—72页。

郭璞还留有《三青鸟》诗作："山名三危,青鸟所憩。往来昆仑,王母是隶。穆王西征,旋轸斯地。"《淮南子·主术训》记："东至旸谷,西至三危。"高诱注："三危,西极之山。"指三青鸟由旸谷至三危往返取食。汉代刘向《九叹·远游》:"弛六龙于三危兮,朝西灵于九滨",所指亦为西王母之事。晋陶渊明《三青鸟》吟道:"翩翩三青鸟,毛色奇可怜。朝为王母使,暮宿三危山。我欲因此鸟,且向王母前。在世无所需,唯酒与常年。"隋代薛道衡《豫章行》诗曰:"愿作王母三青鸟,飞来飞去传消息。"唐段成式《戏高侍御七首》其二云:"曾城自有三青鸟,不要莲东双鲤鱼。"后世又将三青鸟多比作爱情的信使。李白《相逢行》:"愿因三青鸟,更报长相思。"

河西壁画墓照墙上往往绘有双阙、鸡首人身和牛首人身像。双阙多位于照墙下段,用砖搭砌而成,有阙顶和阙身,阙顶多绘云气纹。学界普遍认为,双阙意味着进入仙界的大门,是通往西王母的世界昆仑山的大门,即天门,河西墓葬天门图像的流行也正是汉代以来升仙思想在河西地区盛行的反映。鸡首人身和牛首人身像均绘于或刻于照墙双阙门扉之上的窗棂两侧,相对而立,均着长袍,双手持笏,如高台县许三湾东南墓、高台南华镇一号墓葬等皆如此。此二像亦与西王母的仙境有着极为密切的关系,二像在阙身站立有着仆侍的性质,应为阙门旁的迎立神像。至于墓画中常见的羽人、青龙、白虎等祥禽瑞兽,亦为升仙的题材内容。

河西魏晋墓中除绘制西王母的真身画像外,敦煌佛爷庙湾第133号西晋墓的照墙上还有西王母象征物的砖雕图像[①]。该墓照墙保存完整,题材丰富,其券拱之上可分上、中、下三部分,下部主要绘斗拱,斗拱中间即为竖置的象征西王母的"胜"。"胜"为西王母头部两侧的装饰物。前引《山海经·海内北经第十二》即云"西王母梯几而戴胜",所戴之"胜"即此。《山海经·西山经第二》亦云:"西王母其状如人,豹尾虎齿而善啸,蓬发戴胜,是司天之厉及五残。"郭璞注:"胜,玉胜也。"同书《大荒西经第十一》亦记,昆仑之丘"其下有弱水之渊环之,其外有炎火之山,投物辄然。有人,戴胜,虎齿,有豹尾,穴处,名曰西王母。""胜"有时即可代表西王母的形

---

① 戴春阳:《敦煌佛爷庙湾西晋画像砖墓》,文物出版社,1998年,第37页。

象而单独存在。郑岩先生注意到133号墓照墙砖雕图像,他以西王母"胜"为突破口,解释这是河西地区最早的升仙题材;该墓照墙最上端外端为双阙,其中间的假门即是"汉代画像砖中常见的天门"。①代表西王母的"胜"和双阙的组合在四川泸州、合江、重庆等墓中亦有发现。何志国认为,莫高窟第275窟北凉弥勒天宫图像的出现,既是犍陀罗佛像与汉地西王母神灵信仰传统的契合,也是佛教艺术中国本土化的早期例证;第275窟弥勒天宫图像还在敦煌北魏洞窟流行,并影响到云冈石窟;天门图像的核心特征是,双阙作为天门的形象标志。西王母主神等是天门的内涵象征,②其说很有道理。

敦煌文书中留有不少西王母的记载。P.2537《籯金》记西王母会见汉武帝一事。S.5547、P.3645《前汉刘家太子传》中对西王母、汉武帝会王母、东方朔偷蟠桃等事记之较详。P.3174《古贤集》记有"王母乘龙戴宝花"一句,《不知名类书》有"西王母乘紫云车而至","王母与帝取蟠桃"等记载。约作于天复十年(即后梁开平四年,910年)敦煌"西汉金山国"开国之际国相张永所写的《白雀歌》(P.2594v等)中吟道:"王母本住在昆仑,为贡白环来入秦。"将张承奉称白衣帝与西王母"贡白环"联系起来。P.3910《听唱张骞一西(新)歌》:"张骞本自欲登山,汉帝使遣去升天。今朝德(得)遇西王母,驾鹤乘舟上紫烟。王母壹见甚朦胧,花林玉树竞开红。比闻仙桃难可见,不期今日得相逢。"在这首颂咏张骞"凿空"事迹的新歌中,将张骞的西行与见到西王母联想在一起,别有意趣。

世界文化遗产敦煌莫高窟虽为佛教石窟,但其壁画中亦绘有大幅西王母的尊像。北魏第249窟窟顶,中心为莲花藻井,四披上部画天宫诸神,下部绘山水林木和狩猎场面,构成整体境界。令人注目的是,该窟顶四披画面上既有佛教的阿修罗和摩尼宝珠,又有中国传统的题材东王公、西王母和四神。西王母的形象绘在窟顶南披,着大袖襦,拱手端坐在三只凤凰驾的车上,车上悬重盖,车后飘旌旗,车前有

---

①郑岩:《魏晋南北朝壁画墓研究》,文物出版社,2002年,第153—158页。
②何志国:《天门·天宫·兜率天宫—敦煌第275窟弥勒天宫图像的来源》,《敦煌研究》2016年第1期,第1—11页。

乘鸾扬幡持节仙人引导，车后尾随着天兽开明，车旁文鳐腾跃，白虎护卫。在天花旋转、云气缥缈中，他们组成浩浩荡荡的巡天行列。正如《拾遗记》中所说："西王母乘翠凤之辇而来，前导以文虎、文豹，后列雕鳞紫麟。"《汉武帝内传》也说："唯见王母乘紫云之辇，驾九色斑龙，别有五十天仙，侧近鸾舆，皆身长一丈，同执彩毛之节……威往殿前。"

除壁画图像资料外，莫高窟对面的三危山峰顶上还建有王母宫。这里原来有建筑废墟，但早已坍圮。1928年，敦煌道士王永金筹资重建，西面修庙一间，庙后建塔两层，遥对鸣沙山，虽不甚壮观，但也有一定气势，惜已废。

四

敦煌市东面的瓜州县亦建有王母宫，位于该县踏实乡南22公里的榆林河北岸的一处自然台地——蘑菇台上，东距榆林窟5公里。这里有地表水，为前往榆林窟求仙拜佛香客的必经之地，也是榆林窟僧道人等的生活基地。王母宫建于清代，南临榆林河，周围大树参天，环境幽雅，今为县级文物保护单位。土木结构建筑，坐北朝南，面阔三间，东西宽8.9米，南北进深11.4米、高5.7米。三间大殿歇山顶单飞檐，四周墙体土坯垒砌，内外抹泥，墙高3.5米、宽0.4米。南墙正中开门，门宽2米。门外有立柱，镶有廊檐，前廊檐板雕刻二龙戏珠，东西廊彩绘壁画。宫内四壁原亦有壁画，正壁彩绘西王母画像，今已残损。王母宫东北约250米的另一处台地上原建有老君庙，亦已破损。2012年5—11月，瓜州县文物局对王母宫遗址进行了抢救性加固维修。

笔者了解到，张掖市原来亦有清代所建王母宫一座，坐落于城外东北角。整个建筑亭台、楼阁、回廊、水榭浑然一体，结构严谨，布局明快，充分体现了清代建筑的特色。每年农历七月十五日，于宫内举行蟠桃会，为张掖入秋后的大型庙会，人头攒动，热闹非凡，惜今已无存。

除王母宫等遗迹外，河西地区许多地方还建有娘娘庙、娘娘殿，或名金花娘娘庙、送子娘娘庙等。如武威市凉州区松树乡莲花山、张义镇观音山、古城乡上古城和下古城等处,原来均建有娘娘庙,惜皆已损毁,唯有该区下双乡大庙古建筑群中的娘娘殿尚存,整个建筑群被列为省级重点文物保护单位。近年来在当地群众的捐资下,有些已损毁的娘娘庙又在原址重建。这些娘娘庙(殿)虽然名称上不以西王母庙(殿)称之,但是实际上它们很多都应与西王母有关,都是从西王母这位天神、先仙一脉相沿下来的。如笔者在武威市调查访问时,当地群众都说他们信仰的王母娘娘,也就是西王母。

与河湟地区类似,河西走廊民间念诵宝卷的活动今天亦在流行。据有关调查和搜集,今天保存于河西地区的宝卷总数达133种、版本为265种。[1]其中与西王母有关者亦有数种。例如,《香山宝卷》之《观音济度本愿真经》中就每每提及"瑶池金母"。

五

新疆的西王母文化遗存亦有所见。例如,新疆天池被传为西王母的瑶池。天池坐落在乌鲁木齐市以北约90公里处的北天山东段博格达峰下,海拔1980米,面积4.9平方公里,湖水深数米到百余米,为第四纪以来形成的冰碛湖。湖水清澈,晶莹如玉,四周群山环抱,绿草如茵,野花似锦;挺拔、苍翠的云杉,塔松漫山遍岭,遮天蔽日,景色绰约多姿。郭沫若曾诗赞天池:"一池依墨盛砚底,万木长毫挺笔端……"天池又称"瑶池""神池""龙潭",据《新疆风物志》记载,千百年来人们一直把天池当作西王母的沐浴池,甚至说天池是西王母梳妆台上的银镜,同时也是约3000年宴请款待周穆王的仙境瑶池。传说当年周穆王西游至此,与西王母举觞畅饮,赋诗吟唱,盛况空前。天池旁边另有一处方圆约几十米、碧净玲珑的小池,人们称其为小天池,传说就是王母娘娘的濯脚盆。

最近一个时期,新疆呼图壁县西南天山北麓康家石门子大规模的摩崖石刻岩画再度引起学者们的关注。画中人物形象中出现了具有女性特征的图形,"不仅雕

---

①西北师范大学古籍整理研究所、酒泉市文化馆编:《酒泉宝卷》,甘肃人民出版社,1991年,第2—3页。

刻精细、线条流畅、比例协调、姿态优美,而且布局讲究、画面整洁疏朗,是某一时间段某一人群思想观念体现的作品",因而被有的专家认为,"岩画早期人物形象中的女神与四川盐源树形青铜器存在承继关系,是四川和中国西南地区西王母主题摇钱树文化的主要来源",进而认定"该岩画可能是中国西王母文化的起源地……西王母最早产生于天山,更是表明古代新疆对中国文明发展壮大历史过程无比重要"[①]。

《光明日报》记者王瑟等报道:"岩画中最为突出、最引人注目、最具震撼力的是上区具有女性特征的图形。……岩画上区7个庄严高大的女神,其手势表现的是草原游牧文化背景人群共有的上下摆手的舞蹈姿态,唯一一组上下两排小人肩并肩跳舞的写实形态,生动地记录了原始歌舞中表现游牧文化模仿骑马行进姿态的曼妙。……岩画中女神形象最典型的艺术表现手法是以三角形表达的女神的身体。"

随后不久,《中国社会科学报》记者杨阳亦报道,康家石门子"在东西宽约12.5米、距地面1.85米~8米的岩面上,清晰可辨的刻画图像有292个,其中绝大部分为人的形象,还有部分动物形象。有趣的是这么多的人物形象几乎都在做同一个动作—跳舞,舞姿优美,肢体舒展,呈现出一种集体手舞足蹈的效果,十分活泼生动……最为突出、最具有震撼力的是上区的七个具有女性特征的图形。……岩画所表现的集体性、规模性的巫舞形态,是《山海经》等中国古文献及各地考古发现的西王母人物造型的重要文化原型,对中国古代特别是西南地区的西王母信仰观念的变迁具有深远的影响。"[②]

笔者经过仔细观察、比较已发表的康家石门子岩画中的这些"女神"形象,发现与我国西部地区发现的众多岩画中的女性形象并无明显差别。例如,嘉峪关黑山四道股形沟右侧崖壁上所刻绘的32位女性舞者,皆宽肩束腰,亦呈现出与康家石

---

①王瑟、秦伟利:《多位专家学者判断天山康家石门子岩画或为中国西王母文化起源地》,《光明日报》2017年8月7日第9版。

②杨阳:《康家石门子岩画:探究西王母文化符号》,《中国社会科学报》2017年8月17日第7版。

门子岩画中相似的"三角形",亦双腿分开站立,或双手叉腰,或一手弯曲扬起,一手叉腰。①此外,在内蒙古阴山岩画、宁夏贺兰山岩画、云南沧源岩画、广西花山等岩画中,此类女性肩并肩的舞者形象亦不少见。不仅国内岩画如此,据汤惠生、张文华研究,这种图案早在六七千年前两河流域的哈拉夫文化、欧贝德文化的彩陶上就已经出现,印度河谷的彩陶和岩画也有较多呈现;另外在西亚、南欧、美洲及俄罗斯等地的岩画和器物上也有不同时代的连臂舞图案。②况且康家石门子岩画所刻绘的为7位女性群体舞者,并未突出表现出一位高大庄严的"女神"形象,这如何能与西王母的形象联系起来? 难道西王母有7位? 画面中也未发现梯几、戴胜、华盖、天门以及三青鸟等西王母形象中这些应有的元素。因而康家石门子中的女性形象恐难以与西王母形象联系起来。再者,康家石门子岩画时代距今约3500—3000年,而四川盐源树形青铜器为战国秦时期物品,二者年代相差过远,又相距遥远,亦难以将它们直接联系在一起。

除上而外,还有人把青海孟达天池,黄河源头的扎陵湖和鄂陵湖、伊塞克湖(古之热海)等比附为西王母的瑶池。看来越是美丽的东西人们越是喜欢给它锦上添花。

---

①张晓东、牛海鹏主编:《嘉峪关黑山岩画图录》,甘肃文化出版社,2016年,第68页。
②汤惠生、张文华:《青海岩画:史前艺术中二元对立思维及其观念的研究》,科学出版社,2001年,第128—141页。

有关西北干旱区历史地理研究中
几个重要问题的辨析

随着西部大开发的深入推进,近年来对于西北干旱地区历史地理的研究也愈来愈受到学界的重视,相关领域不断拓展,学术成果大量涌现,呈现出一派喜人景象。然而目前在此方面尚有一些较为流行的说法,值得引起讨论。以下姑举数例,略作辨析。

一、历史上西北开发的负面影响大于正面影响吗

有学者认为,中国西北干旱地区的垦荒史是一部不恰当开发自然的历史,造成了生态环境的巨大破坏。还有学者认为,历史上西北开发的负面影响大于正面影响。言下之意,西北干旱地区本不该开发,应维持其原始的生态面貌。

对于历史时期西北干旱地区开发的功过得失如何评价是个大问题,这不能不引起我们的关注。笔者对这一问题的看法是:人类为了自身的生存繁衍和社会发展,不可能不去利用自然、改造自然,不可能不去开发资源,且不说地域如此广阔、资源丰饶的西北需要开发、值得开发,就连生存环境比西北恶劣千万倍的月球、火星,以至于更广阔的外太空领域人类都去涉足,它们最终有可能被开辟为人类的第二、第三或第N个家园。数千年来,我国西北地区各族人民在这方热土上辛勤耕耘,多方面取得了巨大成就,为我们国家的发展作出了重大的历史贡献。正是由于西北的历史开发,才将这片广袤的原野改造成了人类生息繁衍的家园,将自然绿洲改造成了适于人类生活生产的沃土。其开发的成就不仅使大西北成为国家重要的农产品、畜产品生产基地,成为丝绸之路的黄金路段,甚至在盛唐时期还曾出现过"天下称富庶者无如陇右"那样足以夸富于天下的繁荣景况,更不用说西北的开发在政治上、军事上对于祖国边疆的稳固、民族的团结等方面的重大意义。因而那些

认为西北开发的负面影响大于正面影响的看法,显然是片面的,是难以站得住脚的。

当然我们也不得不看到,历史上西北干旱地区在创造辉煌的同时,也曾有过深刻的教训,付出过惨痛的代价。由于某些地区的滥垦、滥牧、滥伐、滥用水资源等不合理地开发利用,的确对原本就脆弱的生态环境造成了许多方面的破坏,甚至酿成严重恶果,如水土流失、沙漠化发生发展等。如根据笔者的调查研究,仅河西走廊(含内蒙古西部)历史时期废弃沙漠化的古绿洲就有民勤县西沙窝、古居延绿洲、张掖"黑水国"、金塔县东沙窝、马营河摆浪河下游(高台骆驼城一带)、玉门花海比家滩、疏勒河洪积冲积扇西缘(锁阳城一带)、瓜州县芦草沟下游、古阳关绿洲等,面积达4700多平方公里。[①]但是我们不能单从这一点出发就去否认西北开发所取得的巨大历史成就。即便就所出现的环境问题来看,主要发生在局部地区和某些时段,如果开发利用得当,开发的强度没有超出自然环境的承载能力,也不会造成对环境的严重破坏。但历史上西北开发成功的例子比比皆是,诸如"金张掖""银武威""塞上江南"银川平原、富饶的吐鲁番盆地等。因而在对西北开发的历史评价中,我们认为其成就是主要的,是占据主导地位的;但其中的失误和教训也是不应忽视的。对于西北开发史上无论是成功的经验,还是失败的教训,我们都应该认真地加以总结和汲取,为今天的西部大开发及经济社会的可持续发展提供有益的历史借鉴。这才是我们对待历史的应有的正确态度。

二、今天西北地区的自然灾害较之历史上更为频繁和严重吗

有学者认为,由于人类活动的影响导致了西北干旱地区自然环境的恶化,以至造成西北干旱地区的自然灾害越来越频繁、越来越严重,今天西北的灾害较之历史上更为频繁和严重。这种看法应该是有一定道理的。诚然今天人类的活动的确对西北的自然环境造成严重影响,甚至于某些方面的环境恶化已经达到难以收拾的

---

①李并成:《河西走廊历史时期沙漠化研究》,科学出版社,2003年。

危险程度,人为因素成为导致环境变迁和诱发自然灾害的一个十分重要的因素,我们对之绝不可掉以轻心。然而检索有关史料我们又看到,近两三千年来,人类活动的强度和影响虽不断加大,西北的自然环境也不断有所变化,但除局部时段和部分地区变化比较剧烈外,从整体上看,今天西北干旱区自然环境变化的幅度在一些方面并没有超出历史上曾经出现过的范围和程度,因而也难以证明今天的自然灾害本身越来越严重和频繁。略举几例:

就拿沙尘暴灾害来说,西北两千多年来诸如"大风拔木""黄雾下尘""昏尘蔽天""尘沙噎日""土雾竟天""黄埃涨天"之类的记载不绝于史。如清光绪二十三年(1897)修《肃州新志》载,明嘉靖三十六年(1557)春正月肃州(今酒泉)"阴霾障天,狂风逾月"。这场沙尘暴整整刮了一个月,其危害之重可想而知。不仅处于沙尘源头或加强源头的河西等地如此,就连远离风沙线的关中、陇南、陕南一带也不能幸免。即以西汉成帝建始元年(前32)的长安为例,据极为有限的史料记载,是年四月、十二月,先后就有两场大规模沙尘暴袭来,其发生频度不可谓不高,威力不可谓不大。《汉书·五行志》:"成帝建始元年四月辛丑夜,西北有如火光。壬寅晨,大风从西北起,云气赤黄,四塞天下,终日夜下,著地者黄土尘也"。这样的"黄土尘"从西北一直吹到长安,其威力即使与今天最严重的沙尘暴相比,也毫不逊色。而且这次沙尘暴发生在四月,时值初夏,早已大地披绿,草长莺飞,并非沙尘天气最盛季节,但其势头仍然如此凶猛,令人瞠目。又据《汉书·成帝纪》,即在这一年的十二月,又有一场大风暴席卷长安,"大风拔甘泉畤中大木十韦以上"。师古注:"韦与围同。"风力可以拔得十围以上的大木,其危害自然不小。以上记载的是两千多年前发生的事,那时西北地区的人口还很有限(如据《汉书·地理志》记载,西汉末年河西走廊加内蒙古西部的人口总数仅约28万,约为今天这一地区人口数的1/20),农田开垦的面积和对环境影响的程度自然也不至于过大,但那年的两场沙尘暴其势头之猛、作用距离之长、破坏程度之烈,与今天的沙尘暴相比也是有过之而无不及的。

再拿旱灾来说,据袁林先生《西北灾害史》一书所辑史料,两千多年来西北地区旱魃频生,其严重程度有时令人触目惊心。[1]如汉献帝兴平元年(194)四月至七月,三辅(今关中一带)大旱,"是时谷一斛五十万,豆麦一斛二十万,人相食啖,白骨委积"。又如五代后晋天福八年(943),在关中、关西大范围区域内(今陕西、陇东、陇南、宁夏等地),"州郡蝗、旱,百姓流亡,谷价翔踊,人多饿殍,饿死者千万计。四月,关西诸州旱、蝗,关西饿殍尤甚,死者十七八"。

再拿地震灾害来说,葛剑雄先生检得,历史上西北地区危害最重、死亡人数最多的一次地震是发生在明代嘉靖三十四年十二月十二日(1556年1月23日)的以陕西渭南等地为震中的大地震[2]。《明史·五行志》载,是年十二月壬寅,"山西、陕西、河南同时地震,声如雷,渭南、华州、朝邑、三原、蒲州等处尤甚。或地裂泉涌,中有鱼物,或城郭房屋陷入地中,或平地突成山阜,或一日数震,或累日震不止。河、渭大泛,华岳、终南山鸣,河清数日,官吏军民压死八十三万有奇"。据之推知,此次大地震震级不会低于8.5级,远超1976年唐山大地震、2008年汶川大地震的震级;死亡人数高达83万之多,为唐山、汶川大地震死亡人数的数倍。

由此可见,自然灾害本身有其发生发展的客观规律和机制,并非完全由人类活动所导致的,除人为活动的影响外,自然灾害还受自然规律支配,人类活动只能是在自然规律的基础上对灾害的发生发展起着某种诱发、加剧或延缓作用。

三、今天西北河流的水量较之历史时期水量大大减少了吗

有学者认为,今天西北干旱地区河流的水量较之历史时期的水量大大减少了,如昔日烟波浩渺的罗布泊、居延泽等,早已干涸;过去疏勒河水量之丰富可用于运送军粮,而现在这条河的河水尚未流到敦煌境内就已干涸了。还有学者认为,今天敦煌莫高窟前流过的大泉河这股细小渠水,与《唐陇西李府君修功德碑》所记之"碧波映阁"的大泉河水,已有惊人的悬殊变化,唐时的水量比今天大得多,足以使莫高

---

① 袁林:《西北灾害史》,甘肃人民出版社,1994年,第332、第362页。
② 葛剑雄:《未来生存空间·自然空间》,上海三联书店,1998年。

窟的楼阁在碧波中反映出来。

古代西北干旱地区河流的水量果真比今天大得多吗？探讨古今河流水量的变化，那就首先应该追溯河流水量的补给来源，看其是否有所变化。河流的水量一般有多种途径补给，但其归根到底来源于大气降水，即便如天山、昆仑山、祁连山等山脉的冰川雪融水同样也来源于大气降水。就拿河西走廊来说，笔者曾研究得出，河西地区近两千年来的大气降水虽屡有波动，但波动的幅度是不大的，气候波动所引起的河流水量的增减幅度也是不大的。[①]

既然如此，那又何以解释今天这一地区河流水量出现的这种状况呢？问题的关键并非河流的水量古今有多大变化，而在于古今对于河流水量的使用、分配存在着重大差异。今天我们之所以感到水源短缺，似乎河流的来水少了许多，下游终闾湖泊干涸，流域地下水位也不断下降，究其原因主要由于今天的人口和耕地面积较之古代大大增加，需水量自然也随之大大增加。如自公元前2世纪后期农业人口迁入河西走廊后直到清代中叶，河西走廊人口规模一般不超过100万，盛唐时河西走廊拥有的耕地总亩数约合今320万亩，耕地最多的清代中期也未超过600万亩。祁连山诸河系的来水养育这些人口、滋育这些土地当然绰绰有余，除满足农田灌溉外，富余的水流还能注入猪野泽、居延海等终闾湖泊，绿洲地下水位亦高，湿地面积亦广。而今天河西走廊的人口已达500万，绿洲农业灌区的人口密度超过450人/平方公里（河西走廊共有绿洲面积约11000平方公里）。不仅如此，河西走廊每年还要输出约13亿公斤的商品粮（粮食商品率高达46%），以及大量的瓜果、油料、蔬菜、棉花等。河西走廊地区以其占全省18.4%的人口、19%的耕地，生产了占全省32%的粮食、42%的油料、90%的棉花、87%的甜菜、28%的瓜果和30%的肉类，同时在钢铁、有色冶金、石油、交通、旅游等方面，亦在全省乃至全国占有重要地位。这些产业的发展无疑都要消耗大量的水资源，再加上大量人口的生活需水，本来就

---

①李并成：《河西走廊历史时期气候干湿状况变迁考略》，《西北师范大学学报》（自然科学版）1996年第4期，第56—61页。

有限的水源焉能不捉襟见肘,哪里还有剩余水流到下游终间湖泊,猪野泽、居延海怎么能不干涸。

至于流经莫高窟前的大泉河(亦名宕泉河)水量,古今亦无大的变化,更无使人惊奇的悬殊变化。该河源自莫高窟南10公里许的大泉,泉水自山崖间渗出,汇而成流,其地质构造和水文条件决定该河本身流量就细弱,现代如此,古代亦然。查敦煌遗书和其他一些史料知,该河除浇灌窟前小片菜地外,从未用于大田灌溉,而主要供住窟僧尼等的生活用水,说明其流量之小。唐代固然可以"碧波映阁",今天尽管用水量有增,但"碧波映阁"的情景并不鲜见,如《甘肃旅游》1997年第1期封面上就登载了莫高窟九层楼"碧波映阁"的彩照,巍峨的楼阁在碧波的倒影中更增添了几许亮丽。每年六、七月间,大泉河甚至还多有山洪暴发。因而仅仅根据"碧波映阁"四个字,是难以说明所谓古今水量悬殊变化的。

注入罗布泊的塔里木河、孔雀河、车尔臣河等流域一带的状况亦与河西相似。新中国成立以来这里人口增加不少,加之成批的军垦官兵等的移入,特别是在其中游一带大兴农垦,大量的河水被截流灌溉,甚至于一段时间还用漫灌的方式大面积种植水稻,创造"塞外江南",同时工、商、牧各业亦高度发展,需水量遂大大增加,致使下游注入罗布泊的水量锐减乃至断流。显然,罗布泊的干涸并非塔里木等河流本身水量的显著减少,而在于新中国成立以来河流上中游地区人为用水量的大大增加。

需要说明的是,本文所论主要是就河流总的水量状况而言,认为其古今并无太大变化,当然如就其上中下游不同河段在不同时段的水量来看,其变化则是显然的。正如以上所云,由于今天党河、疏勒河、塔里木河等河流上中游地区的大量引灌等方面用水,其下游河段的来水必然大减,乃至终间湖泊趋于干涸,但其整个河流总的水量则古今变化不大。

四、今天的绿洲较之古代绿洲大大萎缩了吗

有学者认为,随着人类利用改造自然活动的加剧,西北地区沙漠化过程亦不断强化,沙漠化土地不断扩大,绿洲范围则日趋缩小,今天的绿洲较之古代绿洲已经大大萎缩了。按照这一观点,似乎沙漠化的发展是一种势所必然的历史趋向,似乎自古至今绿洲面积越来越小,沙区则越来越大。果真如此吗? 笔者颇有疑惑,如若那样的话,总有一天地球上的绿洲将不复存在,终将被沙漠悉数吞噬,这将是一幅多么令人可怕的景象! 如何科学地认识这一问题,并对其作出一种科学的估计和考测,这不仅是西北历史地理研究中的重大理论课题,而且对于今天的绿洲开发和防沙治沙亦有着重要的史鉴意义。

今天的绿洲果真比古代绿洲大大缩小了吗? 众所周知,绿洲的形成和发育与水资源状况有着密切的关系,河流乃是营造绿洲的最主要因素,绿洲是否缩小直接取决于流域内水量是否减少。已如上考,既然古今西北地区河流的水量并无太大的变化,那么今天的绿洲怎么会比古代绿洲大大缩小呢?

就此问题,笔者曾撰文《今天的绿洲较古代绿洲大大缩小了吗》①予以讨论。文中以敦煌绿洲和石羊河下游绿洲为例,运用敦煌文书和其他有关文献和考古资料,考得这两处绿洲尽管历史上都曾发生过沙漠化过程,如敦煌古阳关一带被流沙吞噬,石羊河下游西沙窝古绿洲荒弃沙化,但就整个敦煌地区和石羊河流域而言,今天的绿洲却并未比古代绿洲缩小。如笔者曾依据《沙州都督府图经》等百余卷敦煌文书,并经反复实地踏勘,考出有唐一代敦煌地区曾进行了大规模的水利建设,开有大小干支渠道百余条②。从这些渠道的分布格局来看,唐代敦煌绿洲的范围不仅没能超出今天的绿洲,而且还较今稍小。唐代敦煌城周绿洲的四至为:最西端位于沙州城西25里的马圈口堰,即今黑山咀附近,与今绿洲西端相吻;最南端抵达沙州城南10里鸣沙山麓的神农渠,亦与今绿洲南端相吻;最北端远至沙州城北45里的北府渠尾闾,即今转渠口镇马圈滩村北部一带,尚未达到今黄墩子国有农场一带,较今绿洲北端萎缩15里许;最东端延至沙州城东40里以外的官渠、三支渠尾闾,即

①李并成:《资源科学》2001年第2期,第17—21页。
②李并成:《唐代敦煌绿洲水系考》,《中国史研究》1986年第1期,第159—168页。

今莫高镇新店台村及城湾农场一带,亦与今绿洲东端大体相吻。可见唐代敦煌城周绿洲的范围除北部延伸不及今日外,余皆与今相吻,这怎么能说今天的绿洲比古代绿洲大为缩小呢?

我们再来看一下敦煌另一块绿洲寿昌绿洲的情况。唐代寿昌县开有大渠、长支渠、令狐渠等多条灌溉渠道,其分布范围亦大体和今日南湖绿洲相似。又据《唐天宝年代敦煌寿昌乡退田簿》(Φ.0366)载,当时寿昌绿洲的四至以寿昌城为中心,南10里、东5里、北10里、西30里,面积约120平方公里。而今天南湖绿洲总面积约130平方公里,较唐亦有所扩大。

笔者在此基础上进而提出了如何科学地历史地认识"沙漠化过程的实质"的问题,笔者认为沙漠化过程一般发生在流域绿洲的局部地段(以下游地区居多),就局部地段来看,绿洲的确是大为缩小乃至毁灭;但就整个流域来看,却并不意味着绿洲总面积的缩小,而在很大程度上表现为一种绿洲的转移;沙漠化过程的实质是一种主要因人类不合理的开发经营活动引发的,由于绿洲水资源的转移和重新分布而导致的绿洲的转移过程,转移的基本方向之一是由下游向中上游的迁移,而并非绿洲的不断缩小或消失。伴随着这种迁移,造成原有绿洲的荒废和新绿洲的出现;此处发生沙漠化,彼处可能又有新的绿洲的形成;因为绿洲乃是水资源作用的产物,只要大的气候环流形势和流域总水量无大变化,则其所发育形成的绿洲总面积就不会发生的大的改观,因而所谓今天的绿洲较古代绿洲大大缩小了的论点是缺乏理论依据和历史根据的,是难以站得住脚的。随着今天的科技进步和人们对水资源利用能力的提高,绿洲的面积不是比古代缩小了,恰恰相反,还有所扩大。当然,尽管沙漠化过程不一定会导致流域内总的绿洲面积的缩小,然而伴随着这种绿洲的转移过程,则势必造成对原有绿洲的破坏和巨量的经济损失;新绿洲的垦辟同样又需要投入巨量的人力、物力、财力,因而防治沙漠化的发生发展的确是摆在我们面前不容忽视的重要任务。即使今天人们的科技手段(如抽取深层地下水)可以使绿洲耕地有所扩大,但在此问题上仍应十分慎重,切不可不顾及绿洲水资源总量而盲目扩大垦殖,否则同样会造成严重的环境后果,历史的经验教训永远不应忘记。

五、历史上黄土高原果真遍布良好的植被吗

有学者认为,西北地区历史上生态环境优美,就连黄土高原上也森林密布,或者遍布良好的植被,只是由于人为的破坏才形成今天这样的境况。

历史上西北地区的环境究竟如何,黄土高原上果真遍布良好的植被吗? 我们固然可以从史书上找到不少有关森林茂密、水草丰美、土地肥沃、物产丰富一类的记载,但由此就可证明历史上整个西北地区的生态环境优美吗? 西北地域之辽阔、自然环境之复杂,且不说占了西北地区面积一多半的沙漠、戈壁、荒原、高山、寒漠等地不可能环境优美,就拿黄土高原来说,面积超过30万平方公里,诚然区内确有“森林茂密、植被良好”之域,但那主要是在黄土高原上一些突起的岛状山地和河谷岸边,如兰州的兴隆山,漳县的贵清山、遮阳山,渭源的鸟鼠山,靖远的屈吴山,景泰的昌林山、临夏的太子山,庆阳的子午岭等,以及黄河及其支流渭河、泾河、清水河等的河谷地带,在这些地带不仅历史时期林木葱茏,草被繁茂,就是在今天也仍然保存着较好的林草植被。但就整个黄土高原来看,并非全都如此,首先受森林本身立地条件的制约,在年降水量少于400毫米的地区,如兰州、定西、白银、西宁、中卫、银川等地,不可能有大面积的以乔木构成建群种的茂密森林(除过一些如河流沿岸、较高山系等小区域外)。

同时,在这些地区也能找到不少描述沙漠、荒原、干旱、盐碱、苦寒、贫瘠、不毛之地一类的材料,很清楚,这些看似矛盾的地理景观其实是同时存在的。西北地区有大面积的荒山秃岭、苦寒贫瘠之地。对于同一个地区来讲,这两方面的材料或许都是事实,但都不是事实的全部。问题在于对这一问题的研究尚不够深入,特别是缺乏精度,比如说史料记载中森林覆盖到了什么范围,植被完好到什么程度,面积到底有多大,品种和产量是多少? 我们应予以较为准确的判定,切不可以点带面,以偏概全。有些人对于史料的运用缺乏客观的、科学的参照系,结论相当随意。

除上而外,目前西北干旱区历史地理研究中还有一些值得讨论的问题,例如有人认为,在西北地区开发史中凡是游牧民族统治时期生态环境就好,而农耕民族统

治时期环境就破坏严重,因而今天西北地区应该以牧业为主;另有人认为,《资治通鉴》唐天宝十二载条所记"天下称富庶者无如陇右",很不可靠,与历史的真实情况相去甚远,等等。对于这些说法,限于本文篇幅,笔者拟另文专论。

民国时期甘肃发生的疫灾与畜疫灾研究

疫灾,是由重大传染病大规模流行造成对人类健康和生命安全构成直接危害的灾害;畜疫灾是重大传染病对于家畜、家禽的灾害。疫灾、畜疫灾与人类社会相伴随,人类的历史很大程度上是与疫灾、畜疫灾不断斗争并取得胜利的历史。我国自古以来疫灾、畜疫灾多发,早在3000年前的甲骨文中就出现"疫"字。即使到了21世纪,尽管科学技术及医疗水平取得巨大进步,人们的公共卫生意识也早非昔日可比,但疫灾、畜疫灾仍然侵扰着我们的生活和社会。2003年的"非典"、2009年的甲型H1N1流感、2013年的H7N9型禽流感、2018年的非洲猪瘟等足以警示我们,疫灾、畜疫灾仍然是威胁人类社会的一大杀手。

甘肃的疫灾、畜疫灾是我国灾疫史的重要组成部分之一。翻检史册,甘肃最早的疫灾记录为西晋元康元年(291)七月发生的"雍州大旱、殒霜、疾疫"。[1]最早的畜疫灾记录为北周天和六年(571)冬季的"牛大疫,死者十六七"。[2]迨及民国时期,甘肃的疫灾、畜疫灾更是不绝于史,疫情的惨烈程度每每触目惊心。笔者不揣简陋,裒辑有关史料,拟对民国时期甘肃发生的疫灾、畜疫灾作一系统性的揭示与探讨,以期复原历史的真实面貌,分析其时空分布特点,探寻其发生发展的机制及规律,并以史为鉴,对于我们今天的防疫减灾、阻断重大疫情传播、保障人民身体健康有所裨益。

需要说明的是,本文所指的"甘肃",是以今甘肃省辖域范围为界,不含曾属于甘肃省的今青海省湟水流域与宁夏回族自治区之地。本文所论的"民国时期"是指

---

① [梁]沈约:《宋书》卷三一《五行志二》,《二十五史》第3册,上海古籍出版社,1995年,第1737页。
② [唐]令狐德棻等:《周书》卷五《武帝纪》,《二十五史》第3册,上海古籍出版社,1995年,第2590页。

1912年至1949年时段。

一、民国时期甘肃发生的疫灾

笔者检索民国时期省内有关地方志、采访录、《甘肃通志稿》(1936年)①以及各市县灾情表、甘肃赈务汇刊、甘肃民政报告等史料,并参阅了1999年甘肃省地方史志编纂委员会编纂出版的《甘肃省志·医药卫生志·卫生》(以下简称《甘肃卫生志》)②、袁林先生著《西北灾荒史》③中有关疫病方面的记载,检得民国时期甘肃发生疫灾的年份计有26个。兹依灾害发生年份,对于主要疫灾揭示如下。

1912年,据《甘肃通志稿》卷一二六等记载,皋兰县"喉痧疫大流行,小儿死亡甚众"。据民国《秦州直隶州新志续编》卷八,该年秦州(今天水)北乡中滩下"疫死200余人",疫种不详。

1917年,肺鼠疫流行于甘南一带,殃及洮州(今临潭)、夏河、卓尼等地。据《甘肃卫生志》,是年洮州"发生一次外袭性肺鼠疫流行,死亡百余人";夏河美仁新寺"4个村发生肺鼠疫,染病188人,死亡183人,并波及临潭、卓尼"。这是民国时期我省首次记录到的肺鼠疫,死亡率超过97%。第二年卓尼鼠疫仍未停息,"恰盖染病27人,死亡23人",死亡率仍超过85%。

1918年,临夏、和政、武都、文县、天水一带疫疠又起,死亡惨重。《临夏县志》第11编第4章《卫生医疗·防疫》载,是年冬"河州疫疠大行,病者十之八九,死亡甚众。新集、红台、麻尼寺沟、韩集一带发生天花,患者300余人"④据1930年修《和政县志》卷八《纪事门·灾异》,1918年冬,和政"瘟疫流行,城乡男女死者甚众"。据甘肃省文史馆编《甘肃历史自然灾害录》,是年武都、文县"疫疠流行,乡城死亡甚众,逾年

①杨思、张维等纂:《甘肃通志稿》,载《中国西北稀见方志》(六),中华全国图书馆文献缩微复制中心,1994年。

②甘肃省地方志编纂委员会:《甘肃省志》第六十七卷《医药卫生志·卫生》,甘肃文化出版社,1999年。

③袁林:《西北灾荒史》,甘肃人民出版社,1994年。

④临夏县志编纂委员会:《临夏县志》,兰州大学出版社,1995年,第531页。

乃至";秦州"时疫大作"。

1923年,鼠疫又袭夏河博拉,《甘肃卫生志》:"染病70人,死亡70人",死亡率高达100%。

1928年,不仅河东地区的和政、天水、庄浪一带又起瘟疫,而且河西走廊的玉门、高台等地伤寒大流行。据甘肃省档案馆藏《甘肃省民国十八年各市县灾情表》,1928年6月间,天水"热病流行,九月间痢疫大作,人民死亡甚多"。《甘肃通志稿》卷一二六载,庄浪、茶马厅所属瘟疫流行。民国《和政县志》卷八载,是年"因战乱城被围,自入暑后瘟疫流行,至翌年冬稍有停止,前后死七八千人"。《玉门市志·卫生志》第三章第一节《传染病防治》载,是年"伤寒大流行,波及全境,病亡甚众"。①《高台县志》第四编第三章《医药卫生·防疫》载,是年县内"伤寒大流行"。②

1929年,瘟疫铺天盖地而来,殃及河东地区20个县市,为民国时期甘肃境内发生的范围最大、影响最广、危害最重的一次疫灾,主要疫种为喉疫、痢疾、伤寒等。据《甘肃省民国十八年各市县灾情表》《甘肃政务汇刊》第一、二期等史料记载,是年兰州"市区时疫流行,死亡甚多,外来难民死于疾病者十之二三";庆阳"各地瘟疫流行,伤亡者颇多";天水"夏初时疫又复盛行,城内死者除自行掩埋者外,公家掩埋者共计2200余名,乡间时疫更甚;秋,秦州疫,四乡共死2171人,城内死300余人";秦安"白喉、红痢等时疫流行,死亡甚多";清水"流行痢疾、白喉时症,死亡不少";武山"全县发生春瘟,白喉、红白痢等症,死亡甚多";甘谷"患疫者不少,以至死亡相继";武都"疾病相继,灾民越形狼狈";礼县"瘟疫流行,死亡相继,人民死于疫者十之四";临洮"瘟疫盛行,死亡枕藉";洮沙(今属临洮)"全县瘟疫流行";陇西"时疫流行,死亡甚多";岷县"每日瘟疫死者竟达200余人,尸体满野";渭源"最近瘟疫流行,每日死亡尤属不少";临夏"近日时疫流行,死亡甚多;本县韩家集、麻民寺沟、马集、刁祁等地相继发生伤寒,几乎每家都有患者,死亡甚多";和政"近日瘟疫流行,

---

①玉门市地方志编纂委员会:《玉门市志》,新华出版社,1991年,第656页。

②高台县志编纂委员会:《高台县志》,兰州大学出版社,1993年,第418页。

死亡甚众";广河、永靖"时疫流行,死亡无算"。又据《甘肃通志稿》卷一二六记载,是年二月皋兰"风疫大行,传染最速,重者身发黑斑";徽县"六月时疫大行,饥、病死亡甚众"。

1932年,虎列拉(霍乱)在天水、平凉、华亭、灵台等地暴发,势头凶猛,此为甘肃民国时期影响范围最大、危害最重的一次霍乱疫灾。民国《秦州直隶州新志续编》卷八记:是年"秦州虎疫,城乡伤230余人"。民国《平凉县志》卷一一《灾异》载:"七月,大疫传染甚速,患者辄死,状似痧疹,西医曰虎烈拉"。民国《华亭县志》第6编《灾异志》记,"六月二十六日,瘟疫大作,多转腿霍乱、吐泻黑水等症,死人客多于主,至八月三十日已达3000余人;县城及安口地区霍乱死亡者不计其数";直到第二年夏,华亭仍"人多喉痹麻疹,又六月二十至七月朔,发现慢性霍乱症、喉症"。民国《重修灵台县志》卷三《风土志·恤政·灾异附》载,1932年"七月,疫症由东来,西医称为虎列拉,初染时腿肚转筋,两目塌陷,恶泻大作,瞬息死亡。附城极烈,乡间稍轻。死伤客土人民共670余名,传染1000余户"。

1937年,玉门、高台等地爆发白喉疫灾,人口死亡颇多。前引《玉门市志》载,该年白喉暴虐,波及全境,尤以花海、赤金、昌马乡最重,花海乡原有乡民2000余口,疫病流行年余即病死500多口,一时路断人稀,尸曝荒野,狗噬虫咬,无人掩埋;以后连续5年亦有白喉流行。前引《高台县志》载,"居民患白喉,十有六七死"。

1938年,霍乱侵袭兰州西郊、东岗、皋兰等地,《甘肃卫生志》:"得病400余例,死百余人。"

1940年,夏河一带肺鼠疫又起,庆阳、环县等地痢疾、喉症、猩红热肆虐,敦煌、玉门白喉流行。《甘肃卫生志》载,是年夏河美仁新寺"肺鼠疫染病20人,死亡20人";玉门"白喉流行,壮丁死亡30人、花海死亡50余人,以小孩、壮丁居多";庆阳、张掖等县"猩红热流行猖獗"。据陕西省档案馆藏《边区档案》,环县"环城等六区居民染痢疾、喉症、猩红热,共死亡689人""包括庆阳在内的边区,瘟死2205人"。据新修《敦煌志》卷八《卫生·传染病的管理与防治》,1935年至1940年,县内"白喉连续发生"。①

1942年,陇东一带麻疹流行,来势凶猛。《解放日报》1942年4月7日第2版载文《陇东各县麻疹流行,分区派医生下乡救治》云:"环县、合水、镇远等地,最近麻疹等传染病流行甚剧,在二月间环县环城区因此病死掉14个娃娃,到现在为止,环城区一带已死了几十个;合水城区居民得这种病的也很多。"

1944年,夏河又染鼠疫,景泰、礼县、武都天花流行。《甘肃卫生志》载,夏河九甲王府"鼠疫,由青海木桑传入,染病70人,死亡65人""天花,景泰县发病328人,死亡224人;礼县死亡100名小孩";武都"天花,发病228例,死亡81例"。

1945年,兰州等地霍乱再次袭来。《甘肃卫生志》载,兰州小西湖、榆中"霍乱130余例,死亡60余人"。

1946年,华池疫病猖獗。新修《华池县志》第五章《文化志·卫生·传染病的流行与防治》载:"时疫流行,有伤寒、吐黄水、肿脖子、痢疾、霍乱等,3年以来病死1038人";翌年"天花流行,全县死亡416人,白马区(今南梁、林镇、紫坊畔、山庄公社)死亡244人";据该县元城区第一乡的调查,"自去年二月自卫战争以来,全乡害过传染病的户数占90%,人口占84%以上,因病死亡者69人,占总人口的4%强"。②

1948年,全省伤寒多发。《甘肃卫生志》:"全省报告伤寒发病达500例,兰州各医院伤寒病人住院人满为患。"

除上而外,1914年华亭、高台,1915年华亭,1916年高台,1919年静宁、华亭,1920年永昌,1926年靖远,1930年临夏、广河、和政、永靖、天水,1935年敦煌,1939年庆阳、临泽、清水,1942年酒泉、张掖、景泰等地,亦发生过疫灾,涉及疫种有天花、痢疾、伤寒、大头瘟、白喉、猩红热等。限于篇幅,这里就不一一备细了。

综上统计,民国时期甘肃发生疫灾的县市达44个,尤以兰州及其所属皋兰县、秦州(天水)等地疫灾为多。发生疫灾的年份计有26年,疫灾频度为68.42%。有

①敦煌市地方志编纂委员会:《敦煌志》,中华书局,2007年,第657页。
②华池县志编写领导小组:《华池县志》,甘肃人民出版社,1984年,第276页。

时年年有疫,可谓灾连祸结,如1917—1918年、1928—1932年。疫灾对于人民生命和健康造成了严重威胁,每每可见"死亡甚多""死亡枕藉""死亡相继""尸体满野"的惨烈景象。

二、民国时期甘肃发生的畜疫灾害

对于历史上家畜发生的瘟疫灾害,以往学术界关注较少,相关研究成果无多。实际上畜疫灾害与疫灾有着千丝万缕的密切联系,它们同样是危害人类社会的整个生物灾害链条中不可或缺的重要组成环节,畜疫灾不仅会造成家畜、家禽的大量伤亡,严重影响农牧业生产以及人民生活,而且还可能将病毒传染给人类,形成人畜交叉感染。近年来世界上暴发的禽流感、非洲猪瘟等疫灾,就足以骇人听闻,迫使我们对其倍加警觉。因而对于畜疫灾害,包括对于历史上畜疫灾害的研究,如同研究疫灾一样,同样应当予以高度重视。

依据省内有关县志、档案记载以及《甘肃省志·畜牧志》(以下简称《甘肃畜牧志》)[①]等史料,兹将民国时期甘肃发生的主要畜疫灾害列举如下。

民国甘肃首例畜疫灾害记录出现于1914年,此后直到1940年的20多年间,几乎年年见疫,但多数疫灾发生在某一两个县市,大多为牛瘟,涉及华亭、和政、康乐、天水、徽县、庄浪、靖远、山丹、宁县等地。这一时段畜疫灾害虽影响地域有限,但大多数灾情相当严重。据1933年纂《华亭县志》第6编《灾异志》,1914年该县"牛多胃干,栏空,几辍农事";1915年"牛瘟,死十分之四";1916年"秋,牛瘟";1917年"人与猪、牛多喉症";1920年春"猪、牛疫";1921年夏、1924年冬"牛疫";1925年春"牛疫,十栏九空";1928年"猪疫喉疯";1929年夏秋"牛疫,腿硬黄";1933年春"牛疫流行"。

据1930年修《和政县志》卷八《纪事门·灾异》,1914年秋冬该县"耕牛染瘟疫,死者无数"。据《甘肃畜牧志》,1924年和政、康乐"牛瘟流行";翌年漳县大草滩等

---

①甘肃省地方史志编纂委员会、甘肃省畜牧志编辑委员会:《甘肃省志》第二十一卷《畜牧志》,甘肃人民出版社,1991年。

地，"牛瘟流行，死牛 8000 多头"；1929 年徽县榆树"牛气肿疽，病牛 182 头，死亡 160 头"，病亡率高约 88%；1935 年靖远"流行绵羊痘"；1937 年山丹县永固"暴发布鲁氏杆菌病"。又据民国《秦州直隶州新志续编》卷八，1925 年春"秦州新军牌瘟伤牛羊四百余头"。据《甘肃通志稿》卷一二六，1928 年庄浪茶马厅所属"瘟疫流行，大损牲畜"。据《甘肃省民国十八年各市县灾情表》《甘肃政务汇刊》第一、二期，1929 年春天水"畜疫又起，骡马死者亦复不少"；1940 年宁县"三区发生牛疫，死亡 1500 头"。

1942 至 1946 年，据《甘肃畜牧志》以及有关档案资料记载分析，甘肃畜疫灾害呈多地散点式发生，为其特点。如 1942 年成县、永昌、夏河、武威、礼县等，"牛瘟流行，死牛数十万头，损失惊人"；岷县"流行羊口疮，传染性脓疱病"；两当"又遭瘟疫，牲畜死者不计其数"。1943 年环县、合水、华池"牛瘟、马骡之鼻疽、驴驹腹泻、羊瘟、羊黑水泻、羊芥癣、羊痘及羊胸膜肺炎等流行，上半年死羊 80296 只、驴 1939 头、牛 3004 头"；文县"洋汤乡发生牛瘟，死耕牛 246 头"；兰州"发现牛气肿疽病，全省各地零星发生或呈地方流行，危害较严重，天水、武威、武都、酒泉、平凉发生较多"。1944 年宁县"畜疫，本年死牛 2170 头、驴 129 头、羊 3695 只、猪 36 头"。1945 年"陇东牛羊死亡现象严重，本年共死羊 16 万只，死牛 2600 头（共有牛 7 万多头）"；华池"羊痘流行，死羊 35000 只，占当时养只总数 1/4"。1946 年永昌"羊鼻蝇疽病，感染率 96.7%，是羊春乏死亡原因之一。全省它地亦流行"。

1949 年，天祝、卓尼牧区发生牛、羊疫灾。新编《天祝县志》第 4 篇第 1 章《历代畜牧业》载："1949 年全县发生牛瘟，死牛 7800 头；羊因内外寄生虫及传染病，死亡 1.2 万余只。"①《甘肃畜牧志》载，是年卓尼"发生牛瘟，死牛 3000 多头"。

由上统计，民国时期甘肃发生畜疫灾害计有 21 个年份，畜疫灾频度为 55.26%，主要为牛疫，亦有猪、羊、驴、骡、马等疫。这些畜疫灾害殃及 25 个县市，大多数发生在河东地区，尤以华亭县发生最多（这很可能与华亭县留下的相关记录较多有关），河西地区涉及山丹、永昌等 5 个县。"大损牲畜""十栏九空""死十分之四"

①天祝藏族自治县志编纂委员会：《天祝县志》，甘肃民族出版社，1994 年，第 143 页。

"几辍农事"等记载真实地反映出其灾情之重。

三、民国甘肃疫灾、畜疫灾流行的主要疫种

上述史料中有关甘肃疫灾、畜疫灾流行的记载大多缺少具体疫名,一般统称为"瘟疫"或"疫"。如"瘟疫流行""时疫大行""疫大作""疫死颇重"等,明确记载的疫种有喉疫(白喉)、虎列拉(霍乱)、伤寒、痢疾和猩红热。《华亭县志》描述:"瘟疫为妨害生活之大患,华亭人民冬春多伤寒,夏多疟疾,秋多霍乱、泻痢,旱多眼疾喉症,霖多风湿疹疥,其他特疫则杂出于四季之间。"[①]不独华亭如此,统观有关史料所记,以及《甘肃卫生志》和《甘肃畜牧志》的统计,民国时期甘肃地区普遍流行的疫灾主要有鼠疫、霍乱、天花、白喉、麻疹、百日咳、猩红热、痢疾等,主要流行的畜疫灾有布鲁氏杆菌病、口蹄疫、炭疽病等。

鼠疫,又名黑死病,是由鼠疫杆菌所致的烈性传染病,常因人们在疫源地内接触旱獭或其他啮齿目染疫动物而传染得病,或由鼠蚤叮咬而传染给人,通常分腺型、肺型、败血型等类型。临床主要表现为显著高热、出血倾向、极度衰竭等严重中毒现象,传染性极强,病死率颇高。早在清代乾隆年间甘肃就有鼠疫的记载。夏河拉卜楞寺藏《喇海经》记:"乾隆十九年(1754年),青海省河南蒙藏民因剥食旱獭而引起鼠疫流行,波及拉卜楞寺念经喇嘛,死亡100余人。"同治年间,天祝县鼠疫大流行,死亡千余人,之后又发生数次小流行。[②]据笔者调查,2014年至今,省内共发生过5例鼠疫,目前全省已建有13处鼠疫监测点。

霍乱,即虎列拉,或写作虎烈拉,简称虎疫,是由霍乱弧菌所致的烈性肠道传染病,通过被病菌污染的水或食物传播,常爆发性流行,临床上以剧烈吐泻米泔水样排泄物、严重脱水、肌肉痉挛为特征,病死率很高。此外还有副霍乱,由副霍乱弧菌所致,其病势较霍乱轻,但分布面较广。我国自古就有"霍乱"病名,如张仲景《伤寒

---

①郑震谷等修,幸邦隆总纂:《华亭县志》二,《中国方志丛书》,成文出版社有限公司,1967年,第297页。
②甘肃省地方志编纂委员会:《甘肃省志·医药卫生志》,甘肃文化出版社,1999年,第108页。

论》曰:"呕吐而利,名曰霍乱。"中医学上的霍乱,泛指剧烈吐泻、腹痛、转筋等症,包括现代所称的"霍乱"及急性胃肠炎等。

天花,是由天花病毒引起的烈性传染病,古名又称斑疮、痘疮等,通过接触或飞沫传播得病,传染性猛烈。在全球传播至少有3000年历史。清光绪年间,甘肃开始设立牛痘局,将痘苗接种人体,以获得对天花的免疫力。1957年,全省范围内消灭了天花。

白喉,又称为喉痧疫、喉疫、喉痹等,是由白喉杆菌有毒株引起的局部及全身中毒性上呼吸道传染病,由飞沫或直接接触传染,5岁以下儿童易发,是当时甘肃死亡人数最多的传染病之一。甘肃白喉的最早记载见于清同治年间,1995年修《张掖市志》载,同治二年(1863)至光绪三十一年(1905)的42年间,白喉在张掖6次大流行,患者九死一生,弃尸遍野。时至民国依然危害严重。

麻疹,俗称疹子、浮花儿,古籍中的糖疮、麸疮、痧、赤疮子、痧疹、麻澄等名称,都是麻疹的异名,是由麻疹病毒引起的急性呼吸道传染病。临床主要症状为发热、上呼吸道炎、颊黏膜出现麻疹黏膜斑,出疹期出现特殊斑丘皮疹。

百日咳,是由百日咳杆菌引起的一种小儿常见呼吸道传染病,多发生于5岁以下儿童,又称为"疫咳"。

猩红热,是由溶血性链球菌所致的一种急性呼吸道传染病,中医称之为"烂喉痧"。临床主要症状为发热、咽喉炎、草莓舌、全身弥漫性鲜红皮疹以及疹退后明显脱屑。

伤寒,为伤寒杆菌引起的全身性急性传染病,夏秋季节易发,由吃进被病菌污染的食物而感染,最显著的病理变化是肠道内淋巴组织增生与坏死,临床表现为持续性发热,特殊中毒症状、脾肿大、玫瑰疹,可并发肠出血、肠穿孔等严重症状。

细菌性痢疾,是由痢疾杆菌所致的一种脾胃系传染性疾病,因其症状和类型不同又可称为赤痢、红痢、血痢、白痢、脓血痢等。

布鲁氏杆菌病,因布鲁氏杆菌引起的传染病,主要感染牛、羊、猪等家畜,旱獭等为该病菌的中间宿主,人因接触病畜或饮用病畜乳汁,或食用带菌旱獭肉、接触带菌旱獭皮毛亦可得病,但人与人之间不传播。如民国《和政县志》载,光绪十四年(1888年)秋冬和政县发生了"耕牛死者无数"的瘟疫,①即应是由布鲁氏菌引起的。该病患者主要出现发热、发寒、关节疼痛等症状,人感染后与伤寒病症颇相似。

口蹄疫,由病毒引起的一种偶蹄目动物(如牛、羊、猪等)的急性、接触性传染病,通过病畜和被污染的饲料、褥草、护理人员的衣物等传播,传染性极强。病畜体温升高,口腔、舌面、蹄叉、蹄冠和乳房上发生水泡和烂斑,口流泡沫,腿部发硬、转筋,跛行。例如,光绪二十六年(1900年)夏至初秋,华亭"大霖雨,人多伤寒,牛多硬腿黄",②以及1929年华亭县发生的"牛疫,腿硬黄"即属此症。

炭疽病,人畜共患,家畜炭疽病是由炭疽杆菌引起的急性、败血型传染病,常为散发性或地方性流行,经消化道、伤口或虫咬传染,牛、马、羊等草食牲畜最易得病,常不及医治而死。人由于接触病畜的皮毛、吸入带病菌(芽孢型)的尘埃,或进食未煮熟的病畜肉而感染,急性传染。

此外,方志记载中还有一些难以判明病种的传染病,如"大头瘟""窝儿寒""手足肿症""热症"等,有待进一步深入研究。

四、民国时期甘肃疫灾、畜疫灾发生的特点

通过研究民国时期甘肃疫灾、畜疫灾的发生及其造成危害,我们可以从中抽绎、总结出如下几个突出特点。

一是甘肃疫灾、畜疫灾的发生频率高,灾情重,疫灾发生频度超过68%,畜疫灾发生频度超过55%,但其年际分布不均衡,具有明显的高发和低发时段。其中1917—1918年、1928—1932年两个时段为疫灾高发期,几乎年年有疫,灾连祸结。前一时段疫灾主要发生在夏河、卓尼、天水、武都和临夏等地,偏重甘肃东部和南部一些地方。虽然疫区范围不是很大,但疫情严重,而且有些地方灾情可以持续到第

---

①王诏、马凯详纂修:《民国和政县志》,《中国地方志集成》第40册《甘肃府县志辑》,凤凰出版社,2008年,第500页。

②郑震谷等修,幸邦隆总纂:《华亭县志》二,《中国方志丛书》,成文出版社有限公司,1967年,第300页。

二年。如前述1918年武都、文县"疫疠流行,乡城死亡甚众,逾年乃至"。1919年静宁"瘟疫大肆流行,城乡死者众,至明年二月始止"。1928—1932年的高发期,先后被灾30余县市,殃及甘肃河东大部分地区,尤以1929年疫情凶猛,波及近20个县市。其重要原因无疑与这一时段连年的旱灾、大规模的饥荒以及频繁的战乱直接相关。

二是民国时期甘肃疫灾殃及44个县市、畜疫灾殃及25个县,但未见发生过殃及全省范围的特大疫灾和畜疫灾,大多数疫灾、畜疫灾仅限于某些县市,亦有同时殃及一二十个县市者。造成这一状况的主要原因在于当时甘肃人口分布密度较低,除过省会兰州以及"陇上江南"天水、陇东重镇庆阳、平凉等外,其余县、乡镇、村等,人口规模均较小或很小,加之当时交通不便,人员往来较少,因而疫情不容易大规模扩散;许多县城、村镇之间相距较远,地广人稀,尤其是河西地区,片片绿洲被广袤的沙漠、戈壁分隔包围,因而疫灾和畜疫灾都难以在全省范围内大流行,这是甘肃历史上疫灾、畜疫灾流行不同于中原、江南等人口密集地区疫情流行的显著特点。虽然甘肃疫灾、畜疫灾流行范围有限,但是大多数灾情往往惨烈,"死亡过半""伤人无算""饿殍甚多"等记载不绝于史。

三是从甘肃疫灾、畜疫灾发生的地域来看,河东地区比较集中、频度较高。因河东大部分地域属于陇东、陇中黄土高原或陇南亚热带丘陵山地,主要受季风气候影响,较之河西地区降水较多,湿润度较大,气温也相应较高,植被覆盖度亦较高,动植物种类较多,也易于细菌、病毒繁殖;同时由于疫病大多为近邻接触型传播,疫灾大都是密度依赖型灾害,河东地区为甘肃的主要农业区和全省人口分布较为集中、密集的区域,加之相对便利的交通又为流行性传染病的传播提供了便利。尤其是省会兰州及其所属皋兰县,甘肃东部门户、物产丰饶的天水、庆阳等地,更是由于人口集中、人们的活动频繁,疫情更为多发。与之不同,河西走廊位处甘肃西部,气候干旱,境内沙漠、戈壁广布,绿洲面积小,植被覆盖度低,河西本身人口既少且分布稀疏,不仅疫灾、畜疫灾发生次数少、频度低,而且不大容易形成大规模的感染和传播。

　　四是甘肃疫灾、畜疫灾的发生往往由旱灾等灾害以及与之相伴的饥荒引发。由于省境大部分地域处于干旱、半干旱地区,旱灾遂成为甘肃最普遍、最常见的自然灾害,甘肃不少疫灾、畜疫灾之年同样是旱灾之年,当然也有由涝灾、地震等引发的灾情。由于自然灾害频发、生态环境脆弱,加上战乱频多、统治阶级的剥削压榨,饥荒往往成为甘肃民国时期的"常态",时人有"甘肃瘠苦倍于他省"之说。"旱灾—饥荒—瘟疫"这条灾害链可以清晰地显示出甘肃饥荒与疫灾、畜疫灾之间的关系。就拿1929年殃及全省近20个县市的大疫灾来说,即与当年的大旱、大饥荒密切相关。据袁林先生《西北灾荒史》所引甘肃省档案馆存《甘肃省民国十八年各市县灾情表》(甘肃筹赈会编)、《甘肃赈务汇刊》第一、二期(民国十九年、民国二十年)等材料,1929年甘肃全省"遭受旱、匪灾者等总计57县,灾民约457万人,死亡200万人,人口大减,且有全家灭绝者"。例如,天水"自春徂秋,雨泽愆期,灾民占全县人口百分之八十,乡间十室九空,均有奄奄待毙之势"。武山"田禾枯干,夏麦勉强收获,不满二成"。皋兰"本年自三月以后暴阳为虐,田苗均被晒干,田地尽成焦土,掘地数尺不见潮湿,野无青草,树多干枝……连年荒旱,灾民占全县人口百分之九十五,以草籽、树皮、油渣、野菜为食,或逃亡兰州市,闻有吞食石子或偷食人肉者"。庆阳"上年荒旱,冬麦失种,又加疫、匪,灾民占全县人口百分之八十,剥掘树皮、草根为食,甚有掺土充食者,老弱沦于沟壑,惨不忍闻"。灵台"天道亢旱,加以匪患,灾民占全县人口百分之九十七,壮者逃往他乡,老弱者割苜蓿、拾草籽为食,至为饥寒所迫,匪警所迫,竟行自尽"。静宁"旱、雹为灾,草根、树皮将剥食尽净,年壮者乞丐他方,老弱者日寻青草而食,几有以土为食之慨,死亡枕藉,甚有食人之尸者"。甘谷"连年荒旱,加以水、疫、匪患,灾民占全县人口百分之九十二,剥食树皮、油渣,妇女尤为可怜。"礼县"荒旱,大饥,饿殍载道"。临洮"旱灾奇重,加雹、疫、匪患,灾民占全县人口百分之七十五,求食草根、树皮而不得,有负子讨食死于背者,有腐尸露天无法掩埋者"。定西"人民死亡者十居八九,田园荒芜,行百里无有一人者"。会宁"亢旱成灾,灾民占全县人口百分之九十,树皮剥食尽净,卖妻鬻子,多无受主,饥饿身亡,时有所见"。此类的例子还有很多,不胜枚举。据《甘肃通志稿》卷一二六记载,甘肃1928年大饥,至1929年夏"树皮皆空,及50余县,每县死亡多至万人,积尸梗道,臭不可近,甚有碾骨掘尸及易子而食者"。

五是许多疫灾、畜疫灾往往由病原体宿主动物引起。甘肃虽干旱少雨,植被覆盖度较低,但属于病原体宿主一类的动物却不少,如蝙蝠、旱獭、某些蛇类、蚊蝇、跳蚤等,几乎见于民国甘肃每一部地方志和有关史料的记载,许多疫灾、畜疫灾自然与此脱不了干系,尤其是旱獭等病原体动物具有自然疫源性,所导致的疫情更为普遍和严重。如《民国重修古浪县志》卷六《实业志·物产》载:"蝙蝠,俗名夜别虎,即夜蝙蝠之讹。"又云:"貔鼠,俗名哈喇。《本草纲目》注:'貔,言肥也,生西番山泽中,穴土为窠,形似獭,土人掘食之。'蒙古名答喇不花,似獾,重四、五斤,入冬则蛰。"《民国东乐县志》卷一《地理·物产》记:"貔鼠,俗名哈喇,《甘州府志》他喇不花,似獾,重四、五斤,即此物也。"东乐县今为山丹县东乐镇。《民国创修临泽县志》卷一《舆地志·物产》亦记:"貔鼠,俗名哈喇,貔者番语,言其肥也……人掘而食之"。民国《临泽县采访录·物产类》云:"地卜喇花,俗名卜花,常入土中,其油能医冻疮"。地卜喇花即他喇不花、貔鼠。查《辞海》等资料知,貔鼠,又名土拨鼠,即旱獭(Marmotamarmota),哺乳纲,松鼠科,生活在草原、旷野、岩石和高原地带,穴居,群栖,冬眠,为鼠疫、布鲁氏杆菌病和兔热病的传播者,但毛皮柔软珍贵。民国《新纂高台县志》卷二就将地卜喇花列入物产之皮毛类。正是由于旱獭肉肥、皮毛珍贵,且油脂还可医治冻疮,因而一些村民常常习惯将冬眠中的旱獭从土中掘出食用,或做他用,由此造成鼠疫、布鲁氏菌疫在甘肃许多地方的人、畜间流行。

六是由战乱导致或加重的疫灾、畜疫灾较多。民国时期甘肃一度为许多势力争夺的地盘,战乱频多。如1928年至1932的疫灾,就与此时期发生在甘肃的"河州事变""凉州事变""雷马事变"等以及此期间频繁的战事和动乱密切相关。例如1928年和政因战乱"城被围,自入暑后瘟疫盛行,1929年冬稍有停止,前后死七八千人"。①有学者认为因战争导致的死亡人口中,直接致死的只占30%,剩下的70%则死于瘟疫。

七是城乡环境卫生状况差或很差导致、加重了疫灾的发生。民国时期甘肃大部分地区的环境卫生状况恶劣,城市街道粪便、垃圾、污水随处可见,山区圈舍不分离,各地的厕所基本上都是浅坑式的露天简陋茅厕,厕所门口一般都为倾倒垃圾的场所,遇雨则难以下脚,而且随地大小便的现象也很普遍。俄国人鲍戈亚夫连斯基所见:"中国城镇的街道通常脏得令人惊奇,根本无人铺设和整修街道,否则怎能有那么大的坑,以致连行人和马车都不能通过呢? 因此每当阴雨天,泥泞满街,难以通行,晴天则尘土飞扬,弥天遮目。所有的垃圾和脏东西都倒在街上。"②此种状况在甘肃许多地方亦很常见。如前引《华池县志》(1984)载,中华人民共和国成立前县内大部地区卫生条件很差,尤其是县东北部一些农户"习住窑套窑,人畜居住在一个窑洞内,人无厕所,猪无圈,传染病极易发生和流行"。陇东地区有些地方没有给牲畜圈垫土的习惯,以至于发生了牛圈粪尿"稀得把牛娃子溺死"的现象;有的牛羊混圈,羊喝死水、洪水、卧湿地、吃碱土等,都是导致畜疫的因素。③长期以来,甘肃的饮用水大部分地区人们直接饮用河湖、涝坝、窖水或其他水源,往往人畜共饮,水中病菌、虫卵多多,水质不良,加之某些地区人们还有喝生水的不良习惯,更易染病。

八是甘肃为我国畜疫灾害发生的重灾区之一。由于省内自然条件较为严酷,生态环境脆弱,且适宜旱獭等自然疫源性动物生活的草地、旷野、荒滩、岩石等地貌广布,因而由这些宿主动物携带的布鲁氏杆菌、口蹄疫等病毒导致的畜疫灾危害惨重,尤其对于耕牛常常造成重大伤亡。如前所述,1915至1925年,华亭县持续出现牛瘟,以至"十栏九空";1945年庆阳一带死牛2600头;1949年天祝死牛7800头。

①王诏、马凯详纂修:《民国和政县志》,《中国地方志集成》第40册《甘肃府县志辑》,凤凰出版社,2008年,第500页。

②[俄]尼·维·鲍戈亚夫连斯基:《长城外的中国西部地区》,商务印书馆,1980年,第79页。

③黄正林、潘正东:《庆阳通史》(下),商务印书馆,2011年,第1475页。

耕牛的大量伤亡势必严重影响农牧业等生产,而且还可给人染病。羊、猪、驴等家畜感染疫病者亦不少,如1943年华池"死羊甚多";1944年宁县死牛2170头、驴129头、羊3695只、猪36头;1945年"陇东牛羊死亡现象严重,本年共死羊16万只,死牛2600头"。即使在科技发达的今天对于畜疫灾害亦不可小觑,如据报道就在2019年年底,中国农业科学院兰州兽医研究所通报,因与病畜接触等原因,发生大规模集体感染疑似布鲁氏菌疫情事件,截至2019年12月7日,该兽医所共有317名师生接受了布鲁氏菌检测,其中96人血清呈阳性,被诊断为隐性感染,目前无明显症状。①其教训颇为深刻。

五、若干启示

健康是人类生存的第一法则,瘟疫从古至今都是威胁人类生存、损坏身体健康、影响社会发展的重大生物灾害。通过以上对民国时期甘肃疫灾、畜疫灾害的研究,我们从中可以得出若干深刻的教训和启示,可以为我们今天的防疫减灾、应对重大公共卫生安全事件、保障人民身体健康提供若干有益的借鉴。

1.民国时期甘肃未出现过波及全省范围的疫灾和畜疫灾,大多数疫灾、畜疫灾限于某一或少数几个县市,也有一次灾情波及较多县市者,例如1929年的大疫,殃及兰州、天水、武都、临夏等近20个县市。虽然如此,但据之我们今天绝不可掉以轻心。我们应该十分清醒地认识到,今天甘肃的人口规模以及人口分布密度早已远远超历史上的任何时期,交通的便捷更是过去所根本无法比拟的,因而今天疫灾、畜疫灾的威胁程度远远高于民国时期,也远远高于历史上的任何时期。况且,民国时期甘肃疫灾、畜疫灾尽管发生范围有限,但其危害和破坏程度往往相当惨重,这就更值得我们高度警觉。我们必须牢固树立常备不懈的理念,始终把人民群众的生命安全和身体健康放在第一位,切实健全应急管理体系,积极做好应对各种疫情的预案,随时做好思想上、人员上、物质上的各项应急准备,坚决阻断重大疫情

---

① 乔勇进:《防控布鲁氏菌病》,《科学画报》(新知版),2020年第1期,第45页。

的扩散和传播。当前我国已进入常态化疫情防控阶段,仍应咬紧牙关,慎终如始,毫不松懈,齐力夺取疫情防控和经济社会发展的双胜利。

2.坚决服从党和国家的统一部署和调度,夯实各级领导责任,全面加强防控工作。应进一步重视疫情防控方面有关制度层面的建设,健全有关组织和机构,提高及时应对和处置急难险重疫情的能力。积极救治患者,提高收治率和治愈率,降低感染率和病死率。大力弘扬中华民族"一方有难,八方支援"的优良传统,大力弘扬此次抗击新冠病毒肺炎中铸成的新的时代精神,厚植常态化疫情防控的爱国主义精神力量,全社会形成人人有责、人人尽责、人人享有的抗疫共同体。

3.应进一步加强疫情防控法治方面的建设,坚决贯彻2020年2月全国人大常委会通过的《关于全面禁止非法野生动物交易、革除滥食野生动物陋习、切实保障人民群众生命健康安全的决定》,严厉打击、坚决取缔非法猎取、贩运、交易、食用旱獭等野生动物的行为,切实加强市场监管,革除生活陋习,从源头上控制、阻断重大公共卫生风险。由于近几年来我省降水偏多,野外草被长势较好,很利于旱獭等的繁衍,为此我们更应高度警惕,采取必要措施,坚决阻断鼠疫传播。对于家畜、家禽应进行定期严格检疫,及时进行预防接种,对患有严重布鲁氏病、口蹄疫等的家畜以及禽流感、非洲猪瘟等动物,应及时发现,进行必要的扑杀或集中焚烧。加强对牲畜流产物与排泄物的管制,保证畜牧场安全隔离,强化对肉制品、乳制品的安全管理,坚决杜绝未经国家检疫部门批准的牲畜及畜产品流入市场。我们应更加有效地保护野生动物。历史一再告诉我们,保护野生动物就是保护我们人类,善待野生动物就是善待我们人类。

4.由于疫灾的流行具有明显空间分布的特征,所有大规模疫病都是近邻性密度依赖型传播,越是人口密集、经贸活动频繁、交通发达的地区,越易于疫情流播,因而疫情防控的重点应放在人口密度大、人员流动性强的城镇,以便于集中有限的防疫资源,重点做好县级及其以上中心城镇的防控,特别是城镇中的大型超市、商场、农贸市场、娱乐场所、学校、幼儿园、养(敬)老院、军营等人口密集场所,更是防控的重中之重。应进一步加强机场、铁路、国道、省道、县道等交通干线流动人口的疫情监控,精准把握监控对象,有效切断传播途径。

5.进一步强化社区防控网络化管理建设,加强疫情监测,做到"早发现、早报告、早隔离、早治疗",坚决堵住漏洞,守土有责、守土有方,优化社区管控措施,补齐防控体系和治理能力的短板和弱项,形成联防联控、群防群控的强大力量,筑牢社区防控安全屏障。应进一步发挥中国式社会动员的优势,凝聚起社会治理"微力量",让"微治理"释放出大能量,构筑起防控疫灾、畜疫灾的坚强无比的钢铁长城。

6.进一步做好疫情以及常态化防控期间维护社会稳定工作,尤其应加强对群众的心理干预和疏导,正确引导网络舆情,以正能量的广泛传播引导社会情绪,消除群众对疫情的恐慌,筑牢心理防疫堤坝。可以有针对性地设计一些应对预案,比如,由于疫情蔓延必须居家隔离、社区封闭而产生的焦虑和应激反应问题,由于防控物资配发、防控组织动员而引起的人际冲突问题,由于缺乏科学医护知识而产生的疑病、无效应对问题,由于务工返乡家庭融入、社会适应问题等。针对这些问题应及早采取必要措施,做好群众心理健康关怀与援助服务。

7.加快改造和完善现有公共卫生设施,城市应进一步强化符合环境卫生设施标准的公共厕所的修建,以及垃圾粪便的无害化处理和污水、雨水排放系统等设施的建造。农村应全力营造美丽乡村,全面改造旱厕,对粪便进行无害化处理,加快自来水入户建设,彻底改变以往的生活陋习,培育良好的卫生习惯。

8.充分利用各种媒体,加强健康理念和传染病防控知识的宣传教育,切实提高广大群众文明素质和自我保护能力,引导群众养成良好的个人和家庭卫生习惯,加强体育锻炼,提高自身免疫能力,注重生活中关乎健康的卫生细节,保持居住环境的清洁和通风,注意食品及饮水卫生安全,聚餐时应使用公筷、公勺,防止病从口入。

(原载《甘肃社会科学》2020年第5期)

新时代甘肃精神应有新的表达

——艰苦奋斗,开放包容,自强不息,创新跨越

2015年12月30日,习近平总书记在中央政治局第29次集体学习时强调,伟大的事业需要伟大的精神。实现中华民族伟大复兴的中国梦,是当代中国爱国主义的鲜明主题。要大力弘扬伟大的爱国主义精神,大力弘扬以改革创新为核心的时代精神,为实现中华民族伟大复兴的中国梦提供共同精神支柱和强大精神动力。

民族精神是一个民族漫长经历的历史积淀和升华,它渗透到民族的整个肌体里,贯穿在民族的全部历史长河中;民族精神并非抽象的存在物,而是民族的意识、伦理、风俗、科学、艺术等具体内容的共同特质和标记。中华民族精神,是5000年来中华文明长期陶铸的结果,是中华民族在其长期的生产、生活实践中形成的品格风貌和群体特质的凝聚和集中体现,是构成我们生命的基因。我国各族人民在长期共同创造中华的伟业中,共同铸就了伟大的中华民族精神,薪火相传,绵延不绝。

毫无疑问,甘肃精神从属于中华民族精神,为中华民族精神不可或缺的重要组成部分。数千年来甘肃各族人民,曾为我们民族和国家的发展做出过彪炳史册的重大贡献,建树过不朽的丰碑,同时也奉献了丰硕的无比丰美的精神成果。那么究竟什么是甘肃精神? 甘肃精神确立的主要标准是什么,如何准确地概括、抽绎、提炼,用精准的语言词汇来表达甘肃精神呢? 我认为,总起来说甘肃精神应具有历史的厚度、道德的高度、时代的向度、内涵的深度和鲜明的地域特色,是甘肃大多数人所认同的思想品格、价值取向和道德规范,是甘肃人民心理特征、文化传统、思想情感的综合反映,是长期以来维系甘肃经济社会发展的精神支柱。

2007年,我省提出了"甘肃精神",即"人一之,我十之;人十之,我百之"。这一表述的本意是指甘肃人民要焕发出比别人更加强大的斗志,释放出比别人更为充

沛的干劲,以此改变甘肃长期以来处于全国欠发达地区的面貌。这一精神曾在我省发挥了积极效果和作用。然而在其施行过程中,有些人对其进行了带有负面意味的解读,从而影响到其应有作用的发挥。

鉴于这一状况,进入新时代我认为甘肃精神的表达也应与时俱进,这一新的表达可概括为:"艰苦奋斗,开放包容,自强不息,创新跨越"。理由如下。

1.这一新表述的提出,一是符合我省自然和生态环境的实际,符合甘肃相应的区位条件,符合长期以来甘肃经济欠发达的实际。甘肃自然条件比较艰苦、生态环境脆弱。省境内沙漠、戈壁、高山寒漠、盐漠等地貌面积占了60%以上,适应人类居住和生存的地域较少;而且全省大部分地区为干旱半干旱地区,降水较少,甘肃人均占有的水资源量不足全国人均占有量的一半,自然灾害频发,荒漠和半荒漠景观占了相当部分。二是自唐代以后甘肃逐渐远离祖国的政治中心和发达地区,逐渐远离国际交通大动脉丝绸之路的主干道,成为我国西部的欠发达地区。因而,在这种环境和条件下,只能靠艰苦奋斗、不畏艰难、自强不息去谋求生存,谋求发展,别无选择。

2.这一新表述的提出,具有深厚的历史文化底蕴,是对中国优秀传统文化精神内核的继承和弘扬,也是新中国成立以来甘肃人民在中国共产党的领导下顽强拼搏、勇创伟业的真实写照。"自强不息"一句来自于《周易》,早已深深融进中华民族的血液和骨髓中,也是数千年来甘肃各族人民遵循不替和代代相传、弘扬的宝贵精神财富。今天需要这种精神,今后仍然需要这种精神,可以说,艰苦奋斗,自强不息数千年来一直与甘肃人民相伴相行,早已成为甘肃精神永不退却的胎记和不容分割的重要组成部分。"人一之,我十之;人十之,我百之"正是这种精神的又一表达,也是与在我省诞生的"特别能吃苦、特别能战斗、特别能攻关、特别能奉献"的载人航天精神相袭相承的。艰苦奋斗、自强不息具有跨时代的穿透力和感染力,永远是我们战胜一切困难、夺取胜利的重要法宝。只有以艰苦奋斗、自强不息的精神作为支撑,偏居西北的甘肃才能发展进步,甘肃的各项事业才能永葆生机活力。

3.这一新表述的提出,与丝绸之路精神是高度契合的。甘肃位居丝绸之路的黄金路段,数千年来曾为丝绸之路的畅通和繁荣发展作出过巨大的贡献,建树过不朽的丰碑,在长期的历史进程中,甘肃精神自然要与丝绸之路精神高度契合。毋庸置疑,甘肃精神理应体现出"开放包容"的丝绸之路精神特质。国学大师季羡林先生曾有一段名言,世界上四大文化体系汇流的地方只有一个,"那就是中国的敦煌和新疆地区,再没有第二个。"这里所说的敦煌是可以代表整个甘肃的。我曾撰文提出"甘肃是我国最早对外开放的地区,河西走廊是我国走向世界的第一条通道";"开放性、多元性、浑融性、创新性是甘肃历史文化的突出特征"。我国历史上的对外开放,可以追溯至2100多年前张骞的"凿空"。当时对外开放的主方向是向西开放,向欧亚大陆开放,即沿着丝绸之路走出国门,走向世界,位于丝路要道上的甘肃因之成为我国率先对外开放的地区,东西方文明在这里交融汇聚,西传东渐,甘肃每每得风气之先,广接八方来客,海纳外来营养,表现出对外来文化强大的融合力,使得甘肃历史文化不但是本乡本土的产物,而且成为东西方文化交流融合的范例。古代的甘肃是这样,今天在"一带一路"旗帜下的甘肃又一次站在对外开放的前沿,开放包容更是甘肃精神不容或缺的内涵。

4.这一新表述的提出,具有鲜明的时代特征。"艰苦奋斗、开放包容、自强不息,创新跨越"凸显了甘肃人民开拓创新、胸怀天下、敢为人先的精神风貌,深深镌刻着时代的痕迹,具有鲜明的时代烙印。中华人民共和国成立以来,特别是新时代以来在党的领导下,站在对外开放前沿的甘肃,勇立潮头,汇聚起奋进的磅礴之力,不畏艰难,不惧风险,不屈不挠,勇于创新,敢于超越,敢于打破一切束缚发展和创造的旧思想和体制障碍,战胜了一个又一个艰难困苦,创造了一个又一个奇迹,在甘肃大地上孕育出了具有鲜明时代特征的铁人精神、梯田精神、莫高精神、八棵树精神、八步沙·六老汉新时代愚公精神,抗震精神等。2020年,甘肃人民与全国人民一道,昂首阔步、豪情满怀地迈进了小康社会殿堂,将那顶在甘肃人民头上戴了千百年来的"陇原苦,甲天下"的帽子,远远地甩到了历史的身后。从此"苦甲"不再,"甘味"绵长。

5.这一新表述的提出,具有极强的道德感召力和实践意义。无数视死如归的革命烈士、顽强奋斗的英雄人物、忘我奉献的先进模范,为这一精神注入了强大的道德感召力。从铁人王进喜的"宁可少活二十年,拼命也要拿下大油田"豪气:到八步沙六老汉的"困难面前不低头,敢把沙漠变绿洲"的铮铮誓言,他们的革命风范和崇高品格具有跨越时空的穿透力和感染力,对在全社会形成良好的道德风尚具有积极的引领作用。我们应发扬这种道德感召力,汇聚社会正能量,从而形成昂扬向上的价值观和社会推动力。艰苦奋斗、开放包容、自强不息,创新跨越,是我们永远的精神旗帜。

6.这一新表述的提出,显示了甘肃人民不甘落后、顽强崛起、锐意创新、大步跨越的坚强意志和远大胸怀。创新是新时代新发展理念的核心内涵之一,是引领发展的第一动力。习近平总书记指出,抓住了创新就抓住了牵动经济社会发展全局的"牛鼻子"。甘肃欲改变长期以来落后于人的窘境,毫无疑问必须以创新为引领,谋求转型跨越式、"弯道超车"的发展新路子。这就要求我们牢固树立创新理念,加快推进改革开放,积极转变经济增长方式,大力发展循环经济,大力发展光电、风电等新能源产业,大力推进生态文明建设,大力推行互联网、大数据、云计算、区块链高新技术,切实增强自主创新能力,实施以城市为中心区域的创新体系,形成以高新技术产业为先导,基础产业和制造业为支撑、服务业全面发展的产业新格局,大力实施乡村振兴,从根本上大力提升甘肃的综合竞争力和可持续发展能力,力争在不远的将来赶上全国发展的速度和水平。

7.中国共产党人的精神谱系为甘肃精神注入了强大的能量。从新民主主义革命时期的红船精神、井岗山精神、长征精神、延安精神等,到社会主义革命和建设时期的大庆精神、"两弹一星"精神等,到改革开放时期的特区精神、载人航天精神等,再到新时代的脱贫攻坚精神等,中国共产党人的精神谱系构成一条丰富多彩、生动鲜活、绵延不绝、长久滋养后人的强大的精神链条。这一谱系,特别是在中华人民共和国成立后,无疑为"艰苦奋斗、开放包容、自强不息,创新跨越"的甘肃精神的凝练和发展增添了无限丰美的新营养,注入了强大的力量。

综上而论,笔者提出在新时代里甘肃精神的新表达为"艰苦奋斗、开放包容、自强不息,创新跨越"。人无精神则不立,国无精神则不强。伟大的事业孕育伟大的精神,伟大精神推动伟大的事业。心有所信,方能行远,今天站在"两个一百年"奋斗目标的历史交汇点上,面对世界未有之大变局,我们比任何时候都需要精神力量的支撑,需要筑牢信仰之基,补足精神之钙。身为黄河儿女、身处飞天故里的甘肃人民,新时代里无疑会以大河奔流排山倒海、一泻千里的磅礴气势,飞天起舞翱翔九霄、腾达云天的靓丽神采,展示出新时代甘肃人民的精神风貌。

(本文为2022年2月甘肃省人民政府文史研究馆调研课题)

三

附录

甘肃在共建"一带一路"格局下的东西合作论略

2015年3月,国家发改委、外交部、商务部发布的《推动共建丝绸之路经济带和21世纪海上丝绸之路的愿景与行动》中,甘肃被定位为丝绸之路的重要通道、商贸物流的枢纽、重要产业和人文交流的基地,这从国家层面上进一步明确了甘肃作为丝绸之路经济带的"黄金段"地位。随着"一带一路"伟大战略的深入推进,今天的甘肃已从闭塞的内陆一变而为开放的前沿,这是甘肃经济社会腾飞面临的千载难逢的历史机遇。如何紧紧抓住这一机遇,发挥好甘肃作为"通道""枢纽""基地"的优势,加快对外开放步伐,加强东西合作和优势互补,在共建"一带一路"伟大战略中谋求更大的作为,做出更多的贡献,笔者提出如下思考和建议。

一、作为中国向西开放的重要门户,甘肃面临的最大希望是开发开放,因而应始终坚持开放带动的发展取向不动摇,奋力走出一条内陆边远地区开放开发的新路子。

我省应进一步充分发挥自身现有的产业优势和潜力,与丝绸之路沿线国家开展更深层次、更宽领域、更富成效的合作,进一步将甘肃努力打造成为面向中亚、西亚、中东欧等丝路沿线国家产能合作、能源矿产、基础设施、装备制造和现代农业等领域合作的重要基地,开辟甘肃企业大踏步"走出去"的新途径、新模式。如2015年签约的白银公司与哈萨克斯坦矿业公司30万吨铜冶炼项目,为白银公司未来30～50年每年提供约30万吨金属量铜资源,以该项目实施为平台,白银公司将实现工艺技术和相关产业的输出与互补,促进国际化经营进程。

二、应优先选择与我省产业契合度高、具备合作条件和基础、合作愿望强的丝路沿线国家作为重点合作对象。

我省着重在能源资源、装备制造、黑色有色冶金、新能源、轻工建材、特色农产品加工、中药材种植加工、服务贸易、民族用品制造等产业与有关国家的对接合作，优势互补。应进一步鼓励我省企业整合省内外、国内外各类生产要素，在境外组建联合公司、建设产业园区、集成输出装备技术，打造一批国际知名、国内一流的跨国企业。同时应设法为相对过剩的产能搭建向外输送平台。与全国许多地区一样，近年我省在钢铁、水泥等产业方面存在一些相对过剩的产能，而加强区域合作不仅能帮助我们找到过剩产能的出路，也有利于满足其他区域的发展需求，实现真正的双赢。应积极引进国内外影响力大的尤其是世界500强和国内100强企业在甘肃设厂布点，特别是吸引国内有意开拓丝绸之路市场的企业总部落户我省。与之同时，积极培养我省本土特色产业总部，大力培育龙头企业、特色产业，努力提升本土特色产业的竞争力和研发能力。

三、应积极鼓励我省装备制造优势企业与丝路沿线国家开展各种产品和技术合作。

努力扩大我省石油钻采炼化设备、数控机床、电子产品等的出口，在境外合作建设生产销售基地。支持我省新能源装备制造企业走出去，参与中亚西亚国家新能源产业发展。探索在境外建设新型建材生产加工和销售基地。争取国家部委支持我省农业龙头企业和有实力的企业，在中亚、西亚、中东欧投资现代农业，在有条件的地方建立现代农业示范园区。以清真食品、民族工艺品等产业为重点，加快建设民族特需用品生产加工和出口基地。利用中亚丰富的铀矿资源，加快发展核电、核燃料生产、后处理以及核技术应用等产业，把甘肃建成国内重要的铀储备、转化、浓缩及后处理基地。组织优势企业赴中亚西亚等国家举办产品和技术推介会，鼓励各类出口企业在我省设立国际贸易分支机构和生产基地。支持金川公司、白银公司、酒钢集团等大型企业及地勘单位参与中亚西亚国家资源勘探开发利用，建立境外原料基地或加工基地。进一步拓宽技术劳务合作渠道，建立面向中亚西亚等地的劳务培训、输转基地。除此而外，我省还可与沿线国家逐步开拓一些战略性新兴产业合作，如新材料、电子信息、生物医药、节能环保、新兴服务业，尤其是生产性服务业，包括现代物流、金融、会展、文化创意等。

四、立足甘肃资源、能源和产业优势,加强与丝绸之路沿线国家的经贸合作,主动"走出去、请进来",进一步拓展对外开放的空间,提升对外合作的水平。

目前我省已经设立了主要面向中东欧和波罗的海国家、西亚国家、中亚国家以及东南亚国家等多个商务代表处,以霍尔果斯"甘肃特色商品展示展销馆"为平台的"甘肃特色商品走进中亚系列经贸活动"持续进行,为我省150多家企业、1200种特色产品搭建展示展销平台,促进我省瓜果蔬菜、农副产品、灯具等产品的出口。近年与白俄罗斯、伊朗、哈萨克斯坦、吉尔吉斯斯坦等沿线国家签约经贸合作项目合同和协议近百个,高端装备制造、特色农产品等优势产业出口强势增长,国际贸易合作日益活跃。在此基础上应进一步做大做强。同时应加快兰州新区综合保税区建设,争取设立面向中亚西亚的自由贸易区。

五、进一步加快口岸建设与开放步伐,努力把甘肃打造成为丝绸之路经济带陆路货物集散中心。

目前兰州中川机场、敦煌机场、嘉峪关机场国际航空口岸,以及兰州、武威铁路口岸已实现对外开放。应进一步积极开辟国际航线、开行国际货运班列。目前全省已开通14条国际和地区航线,加速打造联通西南、西北及丝路共建国家的重要生产加工贸易基地和物流集散地。2014年12月,开通了"天马号"中欧班列;2015年7月5日,"兰州号"中亚国际货运班列从兰州新区首发;同年8月21日,兰州至汉堡中欧国际货运班列发车,成为甘肃第一列开行到欧洲的往返货运班列,8月28日嘉峪关号酒钢钢材中亚国际货运班列正式发车;2017年9月29日,在兰渝铁路全线开通运营之际,兰州中新南向通道(兰州—重庆—贵阳—广西钦州—新加坡)首趟国际货运专列开通。今后应进一步加快我省口岸建设,特别是应加快作为甘肃陆港的龙头兰州国际港务区的建设,将其打造成共建"一带一路"重要的国际物流中转枢纽和国际贸易物资集散中心,重点建设铁路集装箱、铁路口岸、保税、多式联运、智慧陆港五大核心功能,中欧、中亚、南亚、中新南向四大国际贸易通道,进一步开拓市场,积极筹备货源,强化与乌鲁木齐、重庆、广西以及欧盟、东盟经济体等的紧密衔接,加速联通,保证其常态化运营,形成甘肃连接"一带一路"对外贸易发展的新格局。

六、进一步加大与共建"一带一路"共建国家在技术层面的交流合作。

近年我省充分发挥在风能、太阳能、旱作农业、雨水集蓄利用等方面的技术优势,承担了商务部下达的为30多个国家400多名学员进行的援外项目培训,并积极实施甘肃省国际交流员研习班项目,共有54个国家的232名交流员参加了学习培训。应进一步充分发挥我省在此方面的优势,做出更大贡献。应进一步加强与中亚地区在沙尘暴预防和尘源地生态治理、荒漠化监测和防治等方面的合作,与有关国家开展荒漠化治理、生物多样性保护、森林草原湿地保护等生态项目合作,开展风能、太阳能技术交流和培训。应积极推动中国智库同相关国家智库的合作,加强智库以及学者的学术对接。省内高校应进一步加强与丝路共建国家高校的交流合作,建立校际长期合作交流机制,积极培养具有国际视野、了解国内外市场经济运行规律、熟悉国际规则和惯例并能参与国际竞争的高素质外向型人才,补齐人才短板;应加大对中西亚等国家的访问学者和留学人员互派,增强我省对来华留学生的整体吸引力,扩大留学生规模。应进一步办好孔子学院,扩大孔子学院的招生名额。目前我省已在苏丹、摩尔多瓦、格鲁吉亚、哈萨克斯坦、乌兹别克斯坦等国建有7所孔子学院(ConfuciusInstitute,其中兰州大学4所、西北师范大学3所),这些学院均位于"一带一路"沿线,已成为域外国家学习汉语言和中华文化的重要场所,成为传播中华文化的重要载体。应进一步与丝绸之路共建国家联合开展中医药临床研究、合作成立岐黄中医学院。

七、在积极"走出去"、加快对外开放的同时,还应特别注意以下两方面问题。

其一,我省大部分地区生态环境脆弱,中亚西亚许多地区亦环境脆弱,绝不能以牺牲生态环境为代价换取经济的一时发展,严格避免引进国内外的淘汰落后产业和环保不达标产业。在建设丝绸之路经济带时,既要实现应有的经济目标,更要重视生态环境保护和生态文明建设;既要充分保护和改善国内生态环境,又应充分注意保护国外相关地区的生态环境,消除能源生产及运输等经济因素可能对环境造成的消极影响;二是中亚、西亚等地区民族宗教因素复杂,在扩大对外开放的同时应警惕国际反华势力在民族宗教问题上做文章,绝不能为了经济发展而影响社会稳定,不能"为合作而合作",丝绸之路经济带首先应是一条和平发展与稳定之路。

2017年5月14日,"一带一路"国际合作高峰论坛在北京开幕。习近平总书记在开幕式上发表重要主旨演讲:"一带一路"建设植根于丝绸之路的历史土壤,重点面向欧亚大陆,同时向所有朋友开放。"一带一路"建设将由大家共同商量,建设成果将由大家共同分享。我们要将"一带一路"建成和平之路、繁荣之路、开放之路、创新之路、文明之路。

(本文为2017年10月12日在省参事室、兰州大学等举办的"2017甘肃人民政府参事论坛"上的报告)

实施生态立省战略,努力建设美丽甘肃

党的十八大报告中指出:建设生态文明,是关系人民福祉、关乎民族未来的长远大计;强调要把生态文明建设放在突出地位,融入经济建设、政治建设、文化建设、社会建设各方面的全过程,努力建设美丽中国,实现中华民族永续发展。早在党的十七大报告中,就提出"建设生态文明"的伟大目标和任务,十八大报告中将生态文明建设放在更加突出的地位,不仅专用一章的篇幅加以深刻论述,而且响亮地提出建设美丽中国的号召,这充分体现了党中央对生态文明建设的高度重视,对中华民族永续发展的深层思考,对全球生态安全勇于担当的鲜明态度。

生态文明是以尊重自然和保护环境为核心价值、以人和自然和谐相处为基础、以可持续发展为依据、以未来人类的继续发展为着眼点的文明成果。生态文明建设是科学发展观的重要内容,把生态文明建设好,把政治、经济、文化、社会建设好,整体推进中国特色社会主义建设,这是科学发展观的丰富内涵。甘肃位于亚洲内陆,省境大部分地域属于干旱、半干旱地区,在我省这样一个自然条件严峻、生态环境脆弱的省份大力推进生态文明建设更是具有极为重大的现实意义和深远的历史意义。为此我们建议,我省应大力实施"生态立省"战略,努力建设美丽甘肃。

具体思路和建议如下:

一、省、市(州)、县各级政府应充分认识和高度重视建设生态文明在我省经济社会发展中的重大作用和意义,将其列入重要的议事日程,纳入国民经济和社会发展的总体规划和年度计划,制定切实可行的目标,并认真加以实施

广大领导干部和有关部门应进一步确立生态行政观和生态政绩观,按照建设生态文明的新目标和总体要求,来指导和从事工作。我们应清醒地意识到,良好的生态环境对于促进一个地区的发展至关重要,生态优势就是发展优势,生态环境既是现实的生产力,更是未来的生产力。

二、强化全社会生态教育,动员社会公众广泛参与,大力培育全体公民的生态文明观

应运用大众传媒工具和多种教育手段,开展深入广泛的宣传活动,使科学发展观、生态文明观进工厂,进农村,进单位,进学校,进课堂,进社区,进家庭。增强人们的生态忧患意识、参与意识和责任意识,大力倡导节能环保、爱护生态、崇尚自然,倡导适度消费、绿色消费,形成"节约环保光荣,浪费污染可耻"的社会风尚。同时应加强公民生态道德建设,加强对人们生态环境行为的道德约束,树立良好的生态道德观、价值观、消费观,使人们自觉地承担起保护生态的责任和义务,并敢于同破坏生态环境的行为作斗争。应多层次地搭建政府与公众座谈对话平台,尊重和支持人民群众的生态环保信息知情权、传播权和有关决策的参与权、监督权。

三、加强生态文明的制度和法律体系建设

各级政府应充分发挥综合决策作用,把经济发展目标和生态环境目标结合起来统筹考虑,适时出台相关政策,如引导生态型项目开发的扶持性政策和科技投入政策、防治和遏制破坏性经营的刚性约束政策、修复和重建良好生态环境的补偿性政策等。结合我省实际,建立体现生态文明要求的目标体系、考核办法、奖惩机制。同时建议省人大常委会依照国家的有关法律,制定和充实完善适用我省的有关自然资源保护、土壤污染防治、沙漠化防治、节约用水、节能减排、废物利用、生态责任追究、环境损害赔偿、促进循环经济发展等方面的地方性法规。

四、大力发展循环经济和环保产业

我省应进一步充分利用全国第一个省级循环经济区的政策优势,将发展循环经济作为转变经济发展方式的中心环节和重点领域,全面实施《甘肃省循环经济总体规划》。在着力建设好七大循环经济基地、培育好16条产业链、实施好72大类循环经济重点支撑项目等的基础上,在全省范围内进一步鼓励发展资源节约、综合利用废旧物资回收等生态产业,加大以节能降耗为主要内容的技术改造力度,逐步形成低投入、低消耗、低排放、高效率的节约型增长方式,形成绿色生产与绿色消费之间的良性互动。促进科学技术的生态转向,建设环保科技示范工程,培植一批环保产业骨干企业,努力形成循环经济产业集群。要警惕和防止污染密集型企业借西部大开发之机向我省扩散和转移,应把节能环保的要求贯穿于招商引资的全过程,努力做到择优引进、科学引进。

五、大力推进重大生态修复工程,加强防灾减灾体系建设

在原有的基础上,继续实施好"天保"工程、退耕还林退牧还草工程、"三北"防护林工程,以及石羊河、黑河、党河、讨赖河流域综合治理工程,黄土高原区水土流失治理工程,渭河、洮河、泾河等中小河流综合治理工程等,构建好"三屏四区"生态安全屏障。进一步加强生态监测,强化自然保护区建设与管理,严格实施森林公园、地质公园、风景名胜区等的生态保护。建立完善生态补偿机制,促进生态修复。立足于我省为干旱、洪涝、冰冻、沙尘、滑坡、泥石流、地震等灾害多发地区这一基本省情,树立长期预防和抵御重大自然灾害的战略观念。应透过近年来发生的5.12地震、舟曲泥石流等重大灾害更加清醒地认识到,防范和抵御地质、气象等灾害始终是事关我省社会稳定和经济社会可持续发展的重大议题,我们必须常备不懈,丝毫不敢掉以轻心。应进一步总结经验,完善和构建在大灾条件下的应急指挥和多部门参与的决策协调机制,部门联合、上下联动、区域联防的防灾机制,全社会广泛参与的应对行动机制,省上各市州县区之间重大灾害横向救援机制。应进一步全力完善自然灾害的预警机制,科学布局和加大地震、泥石流等自然灾害监测预警站点的密度,强化专业抢险、救援队伍建设,使其具有一定规模,且训练有素、装备精良、作风顽强、反应敏捷,确保"拉得出,打得赢"。

六、建设以节水、节能、节地、节约矿产资源和原材料为重点的资源节约型社会

据有关材料,我省水资源人均占有量仅约全国人均值的一半和世界人均占有量的八分之一,其他资源的人均占有量也有不少在全国人均值以下,水资源等的短缺已成为严重制约我省经济社会发展的瓶颈,因而全面建设资源节约型、环境友好型社会在我省就显得更为迫切和重要。建议尽快制定《甘肃省节约型社会建设规划纲要》,以指导全省节约型社会的营建;深化资源管理体制改革,促进节水、节能等市场激励机制的形成;大力引进、研制开发和推广先进适用的节水、节能等技术;培育节约型经济、节约型科技、节约型文化。

七、大力促进可再生能源的开发建设

甘肃为我国可再生能源蕴藏丰富的省份,尤其是风能、太阳能等为全国最富集的地区之一,水能、生物质能、浅层地热能等亦有一定储量,开发利用可再生能源在我省有着巨大的潜力和广阔的前景。大漠劲风、长河烈日,不仅仅是古代诗人笔下吟诵不衰的景物,更是今天造福人类的十分宝贵的绿色能源。我省已在风能、太阳能等的开发上走在全国前列,取得突出成就,应进一步将可再生能源的开发建设作为一项推动甘肃转型跨越、富民兴陇的重大产业来抓,在领导机构上、政策层面上、资金支持上、工作力度上等方面,大力促进其开发建设。

八、统筹城乡生态一体化发展,实施生态农业建设工程

生态农业工程应包括清洁田园、清洁水源、清洁家园、庭院生态经济、农村环境监测与农产品质量监控、农林牧复合生态系统、景观生态农业观光、生态农业科技示范园区建设等。建议全面实施美丽农村小康环保计划,加快生态县区、生态乡镇、生态村建设,推行生态种植、生态养殖模式,搞好农作物秸秆、畜禽粪便、农膜等农业残留物综合利用,优化农村生态和人居环境,实现农业生产良性循环和可持续发展。

九、开展创建"生态文明教育基地"活动

开展这一活动的主要目的是:通过创建活动,命名一批生态建设富有成效、可以起到表率示范作用的教育基地,充分发挥基地的示范带动作用,强化全社会生态教育,增强人们的生态忧患意识、参与意识和责任意识,增强领导干部和有关部门的生态行政观和生态政绩观,积极倡导符合生态文明要求的生活理念,广泛传播健康绿色的生活知识,大力推进增长方式和消费模式的转变,大力培育全体公民特别是青少年的生态文明观,以此推进全省的生态文明建设,并可借此增加我省富有特色的旅游景点。生态文明教育基地入选的基本条件应是:生态景观优美,生态保护和建设成效突出,能够充分体现人与自然和谐的价值观,生态功能和社会效益显著,示范带动作用明显,观赏、科研、文化和生态科普教育价值较高。具体入选范围可以是:国家级和省级自然保护区、森林公园、重要湿地和湿地公园,植物园,自然博物馆,标本馆,生态建设纪念馆,重要林区、沙区、国有林场,林业和绿化重点工程典型地段和先进单位,防沙治沙典型地段和先进单位,特色林果基地,野生动物救护繁育单位等。也可以选择个别生态破坏严重、生态损失惨重、难以修复重建的地点,作为反面教育典型和生态警示基地。比如据我的调研,河西走廊留存有十余块历史上的古绿洲演变成的沙漠化区域,如民勤西沙窝、红沙堡沙窝、张掖"黑水国"、金塔东沙窝、瓜州锁阳城一带、敦煌阳关古董滩等,在这些古绿洲上古代城址、遗址遍布,陶片、瓷片、砖瓦碎块等遗物俯拾即是,废弃的大片耕地、阡陌、渠道遗迹历历可辨,昔日壮观的伟墙高垒,今天已成颓垣残堞,昔日富庶的绿洲今天已满目龙荒,沙浪滚滚。这些区域即可作为生态警示教育基地。人们在这里观沧桑历史变迁,发思古之幽情,既可满足其探险寻奇的需求,又能受到环保方面的深刻教育。目前国内外尚无从事古绿洲旅游者,我们亦可抓此良机,精心打造推出古绿洲沧桑变迁生态警示旅游项目。生态文明教育基地可采用命名制,每三到五年进行一次,并实行动态管理。

(本文为 2008 年 1 月 11 日政协甘肃省十届一次会议上的大会发言)

强化服务，优化环境，振兴甘肃民营经济

一、取得的成绩与存在的差距

近年，我与省政府的几位参事对兰州、定西、临夏三市州的8个县区、30多户民营企业进行了专题调研。据我们的调查了解，近几年我省民营经济得到较快发展，发展环境逐渐宽松，发展规模有所提高，就业主体作用日益凸显，企业实力逐渐增强，特色产业逐步形成，产业化经营水平不断提升，经济总量明显扩大，从而为促进甘肃经济社会的发展作出了重要贡献。

然而，同兄弟省区相比我省民营经济的发展存在着明显差距。一是民营经济占GDP份额低，2007年全省民营经济占GDP比重为36.6%。二是企业数量少。由于我省民营经济发展相对较晚，至今企业数量仍然较少，2007年全省规模以上民营工业企业共有1002户，规模以下工业企业9894户，个体工业户68869户。三是发展速度慢，而且后续增长乏力，差距有进一步拉大的趋势。四是产业层次低，从事商业、餐饮等传统行业的占大多数，不少民企基本上仍处于传统的原始资本积累阶段。五是企业规模小。全国民企500强中，我省仅入围1家。2007年我省1002户规模以上民营工业企业中，主营业务收入在千万元以上的有656户，亿元以上的58户，5亿元以上的仅有5户。

由此反映出的主要问题是：一是对发展民营经济重视不够，思想观念不解放，胆子不大，措施不硬，政策落实不到位。2005年，国家专门出台了发展非公经济的《若干意见》(36条)，随后我省出台了《实施意见》(38条)，一些市州部门也相应制定了扶持鼓励民营经济的有关政策措施，但在具体执行过程中大多停留在口头和文件上。不少民营企业家反映，政策虽好，但是"玻璃门"，看得见，进不去。也有人

认为资源配置过度向公有经济倾斜,民营经济被边缘化。

二是管理体制不顺,缺乏统一规划。我省涉及民营经济的管理、指导部门有中小企业局、发改委、经委、工商局、商务厅、劳动保障厅和工商联等,存在多头管理、各自行政的现象。这些部门往往是从各自的职能和自身的角度去开展工作,很难对民营企业统一管理、综合协调、有效衔接形成合力。政府方面将非公经济归到农林口,具体由中小企业局管理,实际上这种体制对非公经济的管理、协调、指导作用十分有限。对民营经济的长远发展,全省缺乏宏观发展规划和强有力的具体的实施计划,多年来民营经济基本上是自生自长,很难做大做强。

三是发展环境仍然不宽松,许多民营企业家都感到甘肃的投资环境、创业环境、发展环境,与其他省区相比仍有很大差距,尤其是软环境不够软,政府有关部门和业务部门综合服务效能跟不上民营经济发展需求,服务体系建设滞后,服务意识不强,难以提供创业辅导、市场分析、技术创新、项目信息等方面的服务;个别部门职能转变缓慢,存在缺位、错位、越位的现象,权力部门化、商业化、利益化的顽疾没有得到根治。有的民企还强烈反映,其"国民待遇"的政策落实不到位,在银行贷款、土地供给、税收优惠、进出口经营权等方面,仍遇到不公平待遇,在劳动用工、技术人才引进、人事档案管理等方面的政策也没有落实到位。

四是融资难仍是制约民企发展的"瓶颈"。资金短缺、紧张始终是长期困扰民营经济发展且难以破解的问题。金融机构强调防范金融风险,对民企贷款存在信贷条件高、办理手续烦琐、贷款抵押担保难、信贷总量小、额度低等现象。而民营中小企业大多处于初级发展阶段,本身就规模小、效益差,寻求信贷担保难度较大。再加上有些企业诚信度较低,社会信用体系滞后,使其融资难的问题更加突出。据省银监局资料,2007年提供中小企业的贷款仅占总量的8%,银行的年度信贷规模与投向基本上忽略了民营经济。同时政府部门扶持民营企业的资金有限或缺乏必要的投入,如2006年全省扶持非公经济发展资金仅落实了1050万,而陕西用于中小企业服务体系建设专项资金达6000万,青海达2000万,远高于我省。

五是民营企业自身存在的问题。我省民营经济就整体结构而言,初级产品加工和传统产业,以及地域性的产品占了极大比重,品种单一,科技含量低,抗市场风险能力弱。且管理水平低,民营企业多数以家庭管理模式为主,缺乏必要的科学决策和有效的制约监督机制。由于普遍规模偏小,其综合竞争力弱,2007年规模以下民营工业企业户均产值仅为342万元。加之从业人员整体文化水平较低,普遍没有受过专门的职业技术培训,人才缺乏,制约着其发展。

二、几点建议

针对以上问题,我们认为要彻底摆脱我省民营经济后进的面貌,促使其又好又快地大发展,需要有大思路、下大手笔,花大工夫,其中优化环境、强化服务为其重要途径。为之提出以下建议:

1.应进一步解放思想,转变观念,在全省范围内开展一场"振兴甘肃民营经济"的大行动。应更深层次地进行民营经济发展的大讨论,明确方向,形成合力,切实将中央和省上关于加快发展非公经济的两个《意见》落实到位,积极探索民营经济改革发展的新途径、新思路、新形式。在思想上再放胆,认识上再提高,政策上再放活,应把民营经济的大发展作为全省经济发展的中的一项重大的战略性问题来考虑,来谋划,应结合我省新的区域发展战略,做好民营经济发展的大文章。

2.在强化服务方面,首先应加强领导,将民营经济的振兴作为"一把手工程",强力推进。建立健全强有力的民营经济组织领导机构,应充实加强全省非公经济发展领导小组,由省委、省政府主要领导挂帅任组长,分管副省长任副组长,各相关厅局领导为小组成员,对全省民营经济发展进行战略部署和宏观指导,对各有关部门进行统筹协调。各市(州)、县(市、区)亦应建立相应的强有力的组织领导机构。省上应对各市州、县区民营经济发展状况作为其主要政绩之一进行认真的考核评定,各级政府也应对有关职能部门发展民营经济的情况,作为其主要业绩重点检查考核。二是要在促进全省民营经济发展过程中实现政府由管理型向服务型的转变。整合行政、社会中介、科研机构、大专院校、金融机构等社会服务资源,为非公经济的发展提供全方位的服务。三是资金扶持,积极构筑与民营经济发展相适应的多层次金融服务体系,拓宽民营经济(特别是中小企业)的融资渠道。政府应加大对民企直接融资的指导力度,筹备较充足的民营经济发展基金,加大专项资金对民企发展的扶持,对重点扶持的企业给予适当贴息补助。与之同时,建议设立由政府支持、社会募集、市场化运作的中小企业投资基金,以破解中小企业融资难问题。又悉,东部地区有大量的民间资本,许多项目在寻求梯队转移,而我省又具有目前东部地区土地、电力、人力等紧缺资源的优势,应千方百计吸引东部资本来甘投资。四是建立健全信用担保服务,建立多渠道的信用担保体系,调动银行对民企贷款的积极性,逐步提高对民企的贷款比重。应扶持组建更多的行业民营信用担保公司,设立以民企自我出资、自我服务、自担风险和保本微利为基本特征的民营企业互助担保公司,为入会企业提供信用担保。积极建立信用担保风险补偿制度。五是强化民企创业孵化服务,对认准的好项目,在产业指导、筹措资金、审批办证、土地征用、拆迁安置、基建安装等过程中一路开放绿灯,使其尽快上马起步。六是信息服务,建立完备的社会化信息服务机构,为民企及时、高效地提供服务。七是技术扶持,通过政府和行业协会及技术咨询组织,建立多层次科技应用服务体系,为民营企业提供先进适用的技术支持。八是开拓市场扶持,应重点扶持科技型、就业型、加工型等民营企业,使其核心产业迅速做强做大,品牌尽快做响。九是教育培训服务,政府应根据全省民营经济职工队伍现状,建全专门的人才培训机构,提供经营管理、专业技能、人力资源、企业经营策略、企业改革创新等方面的培训服务。

3.在优化环境方面,一是应优化政务环境,简化审批手续,改进审批方式,提高办事效率和服务水平。二是应落实政策环境,对国务院和省委、省政府出台的扶持民营经济的政策要逐条逐企落实到位。三是要强化法治环境,进一步规范、整顿市场,依法打击假冒伪劣、欺行霸市、偷税逃税等违法行为,维护规范、公平、安全有序的市场秩序;清理各种乱收费、乱摊派、乱罚款,坚决制止加重民营企业负担的行为。四是规范人才环境,制定相应政策吸引和鼓励大学毕业生、研究生到民营企业就业,解决其人才匮乏、用人机制不活等问题。五是要引导舆论环境,加大力度宣传民营经济对甘肃发展的重要贡献,扭转轻视民营企业的陈旧观念,在全省营造一个全民创业的良好氛围和社会环境。

(本文为2011年元月政协甘肃省十届三次全委会上的发言)

关于我省建设节水型社会的思路和建议

水,是地球上最普通的物质,却又是人类社会发展的基础性自然资源、战略性经济资源和公共性社会资源。水资源的可持续利用,是实现经济社会可持续发展的极为重要的保证。在全世界致力于应对水问题的21世纪,我国作为经济高速发展的人口大国,面临着更为紧迫的压力。水资源短缺已成为未来20年我国全面实现小康社会目标所面临的巨大挑战。

我国《水法》明确规定:"国家厉行节约用水,大力推行节约用水措施,推广节约用水新技术、新工艺,发展节水型工业、农业和服务业,建立节水型社会。"因而树立和落实科学发展观,努力建设节水型社会,是基于我国国情、水情的必然选择和必由之路,是我国持续发展的重大国家战略。

2002年我国水资源人均占有量仅有2180立方米,约为世界人均水资源量的四分之一。以干旱、半干旱大陆性气候为主的甘肃,水资源更为短缺,人均占有量不足全国人均值的一半和世界人均占有量的八分之一,因缺水每年损失的工业产值超过百亿元,因缺水导致的生态灾害更是难以估量。加之省内水资源空间分布不均,降水年内年际变率大,人们对水资源利用方式较为粗放,部分河段水质污染严重,这就使得水资源的供需矛盾更为突出,水资源愈加弥足珍贵。水资源的短缺已成为严重制约我省经济社会发展的瓶颈,因而全面建设节水型社会在我省显得更为急迫,更是大有必要。

建设节水型社会,是一项系统性、综合性、原创性很强的浩大工程,它涉及到农业、工业、服务业和生活、生态节水的方方面面,也涉及到人们思想观念、价值尺度、行为方式转变的各个层面,它是一场深刻的社会变革。为此,就我省建设节水型社会提出以下几方面思路和对策建议:

一、建设节水型社会需要政府的大力推动,更需要全社会的广泛参与和支持

首先各级领导干部应高度认识和重视建设节水型社会的重大意义,各级政府应将建设节水型社会作为建成小康社会必不可缺的一项重要内容,纳入国民经济和社会发展的总体规划和年度计划,制定切实可行的目标,并认真加以落实。通过大力宣传教育,使广大领导干部和有关部门都能按照建设节水型社会的目标和总体要求,来指导和从事自己所分管的工作。

二、采取各种有效手段和方式,全面提高全民的水危机意识与节水意识

充分利用广播、电视、报刊、杂志、互联网等媒体,广泛、深入、持久地开展宣传,大力倡导节俭文明的生活方式,形成"节约水资源光荣,浪费水资源可耻"的良好社会风尚,创造全民积极主动参与节水型社会建设的良好氛围。各级教育部门要将水资源节约纳入中小学教育、高等教育、职业教育和技术培训体系,全面加强水资源节约方面的教育。

三、尽快制定《甘肃省节水型社会建设规划纲要》,以指导全省节水型社会的形成

并尽早着手编制我省各行业用水定额指标,制定适应建设节水型社会的经济结构调整规划、农作物种植结构调整规划、节水型畜牧业发展规划、工业节水规划、生活节水规划、节水生态规划等,编制污染物排放总量方案,培育节水的经济、节水的科学技术、节水的文化。

四、深化水资源管理体制改革,建立符合自然规律和经济社会发展规律的水资源统一管理体制

从用水制度改革入手,通过明晰水权,实行总量控制、定额管理。应以流域为单位建立权威性的统管整个流域的水资源管理机构,对全流域水资源实行统一规划、统一管理、优化调度,从全流域的整体利益出发,综合平衡和优化上中下游、农林牧工矿各业用水,彻底改变过去那种用水配水的无政府、无节制状态。促进节水市场激励机制的形成,运用价格杠杆作用,适时、适地、适度地调整现有水价,使节水形成产业,形成市场。重视节水立法,健全法律监督机制,依法进行全面节水管理。

五、各项经济活动和生产建设,要遵循"量水而行""以水定发展"的原则,充分考虑现有水资源的承载能力,并适度留有余地,切不可"竭泽而渔"

河西干旱地区的农业开发要严格以水定地,量水种植,土地开发利用的强度要与水资源实际可能承担的灌溉能力相适应,以确定合理的绿洲规模,绝不能盲目扩大垦殖,超规模发展绿洲,否则很容易招致沙漠化的发生发展。其他地区的农牧业活动和其他方面的经济活动,如矿产资源开发、工业发展、城市规模扩展等,亦应充分考虑实际可利用的水资源状况。要积极调整种植结构和产业结构,对于高耗水的作物和项目应严格限制其发展,使有限的水资源创造出更多更优的经济、生态和社会效益。要科学地进行机井布局,严禁超采地下水。

六、大力引进、研制开发和推广先进实用的节水技术

通过发布有关目录、组织节水现场会、举办节水展览、节水技术交流等方式,加快先进成熟适合甘肃的节水技术的推广应用。建立有关信息发布制度,及时发布国内外各类水耗信息、先进技术和管理信息。培养和发展节水技术服务体系,为农村、城市、企业等提供良好的节水技术服务。

七、节约城市用水

推广使用节水型龙头、节水型便器、红外线感应式淋浴器等先进器具,提倡生活用水的重复利用,不断加大城市污水处理回收再利用的能力,城市冲厕、浇花、洗车尽可能多用中水,少用自来水,并尽量减少乃至杜绝城市供水管网的"跑冒滴漏"现象。

八、大力评选、表彰节约用水的先进家庭、先进单位、先进企业、先进社区、先进乡村、先进城市

充分发挥先进典型的表率示范作用,促进全民节水风尚的形成。切实加强舆论监督,建立健全举报机制,对浪费水资源、破坏节水设施的不良行为公开曝光、处理。

(本文为2005年元月政协甘肃省九届三次全委会上的发言)

关于促进我省绿色能源开发的建议

绿色能源,亦可称之为可再生能源、新型能源、清洁无污染能源,包括太阳能、风能、水能、生物质能等。绿色能源的开发不仅能够有效地弥补当今能源紧缺的状况,而且十分有利于环境保护和可持续发展,对于我们建设资源节约型、环境友好型社会具有非常重要的意义。

一、甘肃省绿色能源蕴藏概况

甘肃为我国绿色能源蕴藏十分丰富的省份,利用开发绿色能源有着巨大的潜力和广阔的前景。大漠劲风,长河烈日,不仅仅是古代诗人笔下吟诵不衰的景物,更是今天造福人类的十分宝贵的绿色能源。

我省是全国风能蕴藏量丰富的省份,尤其是河西为全国风能最富集的地区之一。河西年平均风速一般都超过2.5米/秒,其中民乐和金塔鼎新3.4米/秒、古浪3.5米/秒、瓜州3.7米/秒、玉门镇4.2米/秒、乌鞘岭4.6米/秒,均属全国高值地区。年均≥8级以上大风日数张掖14.9天、武威15.9天、山丹17.4天、永昌18.3天、临泽21.7天、民勤27.8天、金塔32.9天、玉门镇42天、乌鞘岭44.7天,瓜州更是高达68.5天,素有"世界风库"之称。大风每每造成吹蚀表土、埋压农田之灾,然而强劲的风力又是我省一笔得天独厚的宝贵财富。据测算,河西地区风能总储量高达1亿千瓦以上,其中可开发利用的就超过2000万千瓦,而且其稳定性高、连续性好、破坏性风速小,适于大规模开发。

我省也是全国太阳能辐射的高值地区,具有开发利用太阳能资源十分优越的条件,尤以河西地区为优。河西年日照时数高达2360小时～4000小时,年太阳总辐射收入高达120千卡/平方厘米～155千卡/平方厘米。省内中部和陇东半干旱地区,也是全国太阳能资源较丰富的地区,陇南、甘南等地则属于全国太阳能资源中等类型地区。

我省位处全国地形第一级阶梯与第二级阶梯的过渡地带,海拔从4000米以上的青藏高原边缘山脉降至1000米～1500米许的走廊平原和黄土高原,经过省境的大部分河流落差达3000米左右,蕴藏着巨量的水能资源。

我省生物质能源亦有一定储量,省内还有较丰富的地热资源,尤以渭河流域上中游的通渭、武山、天水、清水等地为多。

二、促进我省绿色能源建设的几点建议

1.充分认识、高度重视绿色能源开发在我省能源建设上的独特优势和重要地位。省、市(州)、县各级政府应将绿色能源的建设作为重要的议事日程和一项重大产业来对待,在领导机构上、政策层面上、资金支持上,工作力度上等方面,切实促进绿色能源的建设。

2.通过深入的调查研究,摸清我省绿色能源的基本家底。制定甘肃省绿色能源建设的中、长期发展规划和年度发展计划,并切实付诸实施。还应尽量争取国家对我省绿色能源开发的支持和投资。

3.进一步加大对太阳能的综合利用。我省自20世纪80年代起就在一些县市逐步推行太阳灶、太阳能热水器和太阳能暖房,但发展较为缓慢,有些县市缺乏有组织有计划地推动。为此需大大加快太阳能开发利用的力度,在农村中应将太阳能的综合利用作为新农村能源建设中的主要任务之一,抓出成效;在城市居民中也应大力推进太阳能利用。应积极推进太阳能屋顶计划、户用光伏电源系统、太阳能路灯、被动式太阳房等多种太阳能利用方式。

4.加快沙漠太阳能热发电的研发和建设。据有关报道,通过国家863等项目的支持,目前我国已经掌握了太阳能热电站的聚光关键技术和成套设备,建立大容量装机的太阳能热电站将会成为现实。建设大规模、大容量的太阳能热电站,需要大片的土地和丰富的太阳能资源,土地利用率低的沙漠和戈壁遂成为建立该类电站的最佳选择。我省沙漠、戈壁的面积超过20万平方公里,约占全省总面积的一半,主要集中在河西地区,而且河西地区交通发达、技术力量先进,有望成为我国沙漠太阳能热发电的重要基地。我们应积极准备、努力争取,推动我国沙漠太阳能热发电的发展。

5.积极发展风电。近年我省的风电建设发展较快,应在此基础上加大开发力度,加大对风电产业在政策上、资金上的扶持,使之做大做强,形成更大规模。应积极研发、引入大型化、国产化风力机组,尽快使我省风力资源优势转化为能源产品优势。

6.合理利用、适度开发生物质能源。目前生物质能源开发主要是利用作物秸秆等作为燃料。在农村应积极推进节柴灶、节燃炕等的使用和普及,并不断研发和引进推广新的节燃产品和技术。同时,我们还应注意到作物秸秆本身数量有限,有些秸秆还要作为牲畜饲料和建材使用,况且在目前耕地资源十分有限的情况下,也不可能辟出耕地专门种植主要用于能源用途的生物质,加上我省本身植被稀疏,对天然生物质资源利用时更应注重保护,严禁乱砍滥伐。因而在生物质资源的利用上应该遵循适度开发、合理利用的原则。

7.有序推进农村小水电的建设。应按照不同流域的资源状况,在保护环境的前提下,科学规划、合理布局、有序开发、稳步推进,使小水电成为我省电力的重要补充。

8.大力推动农村沼气建设,大大减少天然薪柴的砍伐燃用。我省早在上世纪50年代就在农村搞过沼气,但几经反复,几起几落,目前的发展仍不理想。建议将农村沼气建设作为我省新农村建设的一项"惠民工程",切实抓紧抓实,要防止将沼气池作为新农村建设的装饰品或是一种摆设。应加大农户沼气补助标准,做好沼气池设计、施工、设备供给以及后续服务等方面工作,使沼气建设和"一池三改"真正成为深受广大农民欢迎的自觉行动,巩固新能源建设成果。考虑到农村单家独户建设、运营沼气池在技术、经验、原料、占地、资金等方面的困难,建议在有条件的地区,可以自然村或连片居住区为单位,集中建设统一的大沼气池(站),将每户的补助费统一使用建池,对于大沼气池统一运营,专人管理,并可采用公司加农户的方式从事建设运营。农户给沼气池(站)提供原料,沼气池(站)给农户免费或收取少量运营管理费用集中供气。

9.重视发展核电。核电虽然一般不列为绿色能源,但作为一种新型能源有着广阔的发展前景。我省目前尚无核电生产,然而甘肃作为我国重要的核工业基地,有着雄厚的核技术力量,并且省境地域广阔,可选择建站的地点众多。因而应充分发挥我们的优势,积极争取立项在我省建设核电。甘肃可望成为我国核电生产的重要地区。

10.加大对绿色能源开发的研究和科技投入。建议在兰州设立由多学科专家组成的西部地区绿色能源研发机构,专门从事对于风能、太阳能、生物质能等的开发利用研究,并为从事绿色能源的企业培训人才。

11.城市垃圾也是一种不容忽视的资源和能源。建议首先在兰州、天水等大、中城市,积极研发并有计划地建设垃圾热电厂,以更好地保护环境、提供能源。

12.浅层地热能、工业排放的余热余压能等,也应列入我省能源建设的日程,使其逐步得以开发。

13.依据省内不同地区绿色能源的资源禀赋,各地在绿色能源建设上应有所侧重,确定不同的主攻方向。如河西地区应以发展风能、太阳能等为主,建议将风能、太阳能的开发作为河西星火产业带的主要建设项目之一。中部和陇东半干旱地区应以发展太阳能和沼气等能源为主,陇南、甘南和靠近山区的一些县更应重视小水电的建设,大城市应积极探讨开发垃圾发电等项目。

（本文为2007年7月18日政协甘肃省九届十九次常委会上的发言）

关于我省哲学社会科学创新发展的若干思考

最近,胡锦涛总书记在两院院士大会的讲话中指出,建设创新型国家,"就要把增强自主创新能力作为国家战略,贯彻到现代化建设各个方面,激发全民族创新精神,培养高水平创新人才,形成有利于自主创新的体制机制,大力推进理论创新、制度创新、科技创新,不断巩固和发展中国特色社会主义伟大事业。"这是对全面贯彻创新战略的深刻阐述,是对国家创新战略与各方面创新关系的科学论断。

没有创新,就没有科学技术的腾飞,同样也就没有哲学社会科学的腾飞,就不可能有国家核心竞争力的提升。刚刚颁布的《国家哲学社会科学研究"十一五"(2006—2010年)规划》中强调:"哲学社会科学的研究能力和成果,是国家文化力量的重要标志和体现,是国家重要的战略性资源。中国特色社会主义事业的发展,离不开哲学社会科学研究的深化和拓展。一定要从党和国家事业发展全局的高度,充分认识哲学社会科学研究的战略地位,把深化和拓展哲学社会科学研究作为一项重大而紧迫的任务,切实抓紧抓好。"

多年来,我省广大哲学社科工作者坚持正确的理论方向,紧密结合社会实践发展的需求,弘扬求真务实的精神,进行了不懈地探索,在马克思主义理论、政治学、哲学、法学、文学艺术、历史学、民族学、经济学、教育学、社会学、软科学等研究领域取得许多方面的丰硕成果。在新的历史时期中社会科学如何紧跟时代前进的步伐,适应形势发展的新要求,努力增强创新能力,为我省经济社会的发展发挥更大的作用,这是摆在我们面前的迫切任务。笔者认为增强我省社会科学创新发展能力的一个重要方面,就是应深入发掘我省历史文化资源,充分发挥我们的特色和优势,做强做大我们的品牌,使我省的社科研究在全国占有更重要的地位。

与祖国东中部发达地区相比,我省虽然在经济发展上仍相对落后,但在历史文化资源上却十分丰厚,曾写下过灿烂的篇章,曾为我们民族和国家的发展建树过不朽的丰碑。甘肃历史文化品位高雅,价值非凡,魅力永恒,不仅在全国占有重要地位,而且许多方面在世界上都享有盛誉,这正是我们今天赖以创新发展的重要基础之一。通过深入挖掘这批宝贵的资源财富,我省的敦煌学、丝绸之路研究、伏羲文化研究、西北民族研究、西北史研究、西北历史地理研究、简牍学、藏学、西夏学、陇右文献整理研究、西北文化研究、先周先秦文化研究、《四库全书》研究、非物质文化遗产研究、旅游发展研究等学科,已经形成了自己的特色,具有较明显的比较优势,有的成为国际性显学,有的在全国颇负影响。

为了进一步发挥文化资源优势,创新发展我省哲学社会科学,提出以下思路和建议:

1.切实加强和改善对哲学社会科学工作的领导。各级党委和政府应从党和国家事业发展全局的高度,进一步高度重视哲学社会科学工作,充分认识哲学社会科学在我省经济社会发展中的重大作用,全面落实科学发展观,切实贯彻科教兴省、人才强省战略,充分调动广大哲学社会科学工作者的积极性和创造性,不断提升我省哲学社会科学的研究水平和社会影响。建议依据《中共中央关于进一步繁荣发展哲学社会科学的意见》《国家哲学社会科学研究"十一五"(2006—2010年)规划》和我省"十一五"规划的精神,制定《甘肃省哲学社会科学"十一五"发展规划》和《甘肃省哲学社会科学中长期发展规划纲要》,以指导和推动我省哲学社会科学的创新发展。

2.重视哲学社会科学人才特别是创新型人才的培养和队伍建设。牢固树立人才资源是第一资源的观念,营造有利于优秀人才脱颖而出的机制,努力开创社科领域人尽其才、人才辈出的生动局面。尊重知识,尊重劳动,珍惜人才,用好人才,关心、爱护广大社会科学工作者,为他们干事创业搭建好平台,创造好条件,帮助他们解决工作和生活中的实际困难。结合我省的实际,应有针对性地加大留住人才、吸引人才、稳定人才的研究,制定切实有力的政策措施,从根本上扭转我省人才外流的状况。加强对拔尖人才的重点扶持,培养一批在国内外社科界有影响的高水平领军人物和学术大家。

3.重点建设一批具有我省特色和优势的学科,树立精品意识,做大做强敦煌学、民族学、丝绸之路研究、伏羲文化研究、《四库全书》研究等品牌,力争在此方面产出一批具有更强显示度的重大科研成果,增强我省在国内外的影响力和知名度。对于特色重点学科应加大经费投入,整合研究力量,培育学术团队,优化资源配置,孵化和催生科研平台和新的学术品牌。大力扶持有重大创新意义的研究项目,大力扶持对弘扬民族精神、传承民族文化有重大作用的研究项目。

4.深化哲学社会科学教学改革,切实提高教学质量和课堂效果,重视我省特色学科的精品课程建设。精品课程是指具有特色和一流教学水平的优秀课程。精品课程建设要求体现现代教育思想,引导教师创新,符合科学性、先进性和教育教学的普遍规律,具有鲜明特色,并能恰当运用现代教学技术、方法与手段,教学效果显著。应积极支持我省敦煌学等特色课程进入国家精品课程行列,扩大其示范和辐射推广作用。

5.努力营造良好的社会科学创新发展的学术环境和社会氛围。新闻媒体应进一步加强宣传我省优势文化资源和特色学科创新发展,宣传科技创新、社科创新的典型事迹和典型人物,大力弘扬我省社科领域中多年来形成的如像"打不走的莫高窟人"的那种创业和奉献精神,扩大我省优秀社科成果的社会影响力,推动优秀社科成果更多更及时地应用于实际。引导全社会树立创新光荣的价值观,关注我省的科技和社科创新发展。大力倡导和弘扬崇尚创新、鼓励创新的风尚,大力发展奋力攀登的创新文化,在全社会构建以人为本、创新为魂、和谐宽松的创新文化环境。

6.如同重视自然科学的科普工作那样,重视我省哲学社会科学科普工作,使广大民众和青少年更多地了解甘肃历史文化的独特品位和价值,了解我省社会科学创新发展的状况,以增强民族自豪感和自信心,激发广大群众热爱甘肃、建设甘肃、奉献甘肃的情怀,不断提高民众的哲学社会科学素养。

7.我省广大哲学社会科学工作者应始终坚持正确的研究方向,积极探索、努力把握哲学社会科学发展规律,不断开拓社科学术创新视野,心系祖国,放眼全球,立足当代,继承前人,不畏艰险,勇攀高峰,着力从我省博大精深的传统文化中,从激昂向上的时代精神中,从健康有益的外来文化中汲取营养,积极推动学术观点创新、学科体系创新和研究方法创新,争当创新的尖兵。

（本文为2006年7月26日政协甘肃省九届十五次常委会会议上的发言）

关于加强和改进大学生思想政治工作的若干建议

　　大学生是祖国的未来,民族的希望,是国家宝贵的人才资源。大学生不仅应掌握一定的文化科技知识,更重要的还应有良好的思想政治素质、健康的心理和高度的社会责任感,并应有健壮的体魄。切实做好大学生的思想政治教育工作,是建设社会主义和谐社会的重要一环,是党和政府的一项重要工作,更是高等学校义不容辞的神圣职责。

　　对于进一步加强和改进大学生思想政治工作,党和国家一直十分重视。我省教育部门和高校,长期以来在大学生思想政治教育方面做了大量工作,积累了丰富经验,取得了显著成绩。现就如何进一步加强和改进此项工作提出如下方面建议:

　　一、各级党委和政府应从贯彻落实邓小平理论和"三个代表"重要思想的高度,从提高党的执政能力巩固党的执政地位的高度,从科技强省人才兴省的高度,以科学发展观为指导,进一步提高对于做好大学生思想政治教育工作重大意义的认识

　　将其摆在更加突出的位置,放在更加重要的议事日程上,切实担负好这一政治责任。建议我省制定做好大学生思想政治教育工作的长期规划和近期具体行动计划,应随时掌握大学生思想政治方面的动态,有针对性地经常研究此方面工作,并根据时代发展的要求,与时俱进,不断创新工作模式,提高工作质量,夯实工作基础,增强工作后劲。应重视动员社会各方面的力量,整合社会各方面的资源,密切配合,共同营造大学生健康成长的良好的社会氛围。

　　二、高等学校作为大学生思想政治教育的主阵地主课堂主渠道,切实做好此项工作责无旁贷

　　应借此次中央工作会议的东风,进一步充分认识做好此项工作的重大意义,以高度的社会责任感和更加紧迫的使命感,认真研究部署加强和改进大学生思想政治教育工作的规划、计划和具体行动。应从思想上和行动上切实解决好培养什么人、如何培养人这个根本问题,以科学发展观为指导,始终不渝地全面贯彻落实党的教育方针,坚持学校教育育人为本,德智体美德育为先的原则,以加强理想信念、爱国主义、思想道德和基本素质教育为重点,以"三贴近"为突破口,以提高针对性、实效性和吸引力、感染力为要求,以培养造就德智体美全面发展的中国特色社会主义事业合格建设者和可靠接班人为根本任务,把大学生思想政治教育摆在学校各项工作的首位,把育人贯穿于教育教学的各个环节,扎扎实实地开展工作。

三、充分发挥课堂教育的主导作用,把思想政治教育贯穿于知识传授的过程中

思想政治理论课应进一步增强吸引力和感染力,积极改进教学方法,改善教学手段,使大学生们对之喜见乐闻。其他各类课程亦蕴涵着丰富的思想政治教育资源,亦具有重要的育人功能。应积极引导教师在教学中深入挖掘反映人类文明成果、体现人文精神和科学精神、弘扬民族优秀文化、表现健康的道德情操等方面的内容,把对学生崇高思想品德和文明健康素质的培养有机地融会到课堂教学中去。所有课程都具有育人功能,所有教师都负有育人责任。高校中从事管理、教辅、后勤等工作的人员亦责无旁贷,亦应千方百计地做好管理育人、服务育人。高校教师不仅要做治学领域的典范,而且要做道德为人、育人方面的表率。

四、创新工作模式,拓展有效途径,提高大学生思想政治教育的针对性和实效性

应进一步重视社会实践活动的教育作用,积极组织学生开展富有实效的实习考察、社会服务、下乡支农、助学支教等社会活动,使学生在社会实践中了解社会,体察民情,锤炼意志,陶冶情操、优化素质、完善人格、增长才干、提升境界。按照建设先进文化的要求,大力加强校园文化建设,积极开展各种生动活泼、健康向上的学术科技、文体艺术、文明修身、社会服务、娱乐、青年志愿者活动等,营造浓厚的育人氛围,促进大学生全面健康在发展。重视学生社团工作,积极引导学生社团开展

活动。重视对校园报刊、广播、有线电视和网络的建设,加强对论坛、讲座、沙龙、研讨会的管理,努力建设一批融思想性、知识性、趣味性、服务性为一体的校园文化载体与媒体。西北师范大学近年来实施的"校园文化活动精品计划""校园制度文化建设计划""学风建设计划""大学精神培养与弘扬计划""校园环境建设计划""学校品牌形象塑造计划"等校园文化活动,收到了良好的效果,为建设和谐、理性、开放、绿色、清雅的校园环境作出了积极贡献。

五、应特别重视大学生心理健康教育,建立全方位的心理健康教育体系

遵循思想政治教育和大学生心理发展规律,针对大学生中存在的群体适应问题、学业问题、人际交往问题、恋爱问题、择业求职问题、自我意识问题等,通过课堂教学、讲座沙龙、课外咨询、解疑释惑、解决实际困难等方式,向大学生普及心理健康知识,解析心理现象,介绍增进心理健康的方式和途径,传授心理调适方法,使他们能以科学的态度对待心理问题,养成良好心理品质,培养文明的生活方式,塑造昂扬的精神风貌,促进大学生思想道德素质、科学文化素质和身心健康素质的协调发展。在对大学生理解、尊重、宽容的基础上,帮助他们解决所面临的生活、学习、情感等方面的实际问题,春风化雨,把工作做到大学生的心坎上。各高校应重视对大学生心理状况的调查和心理咨询服务,重点对于新生、应届毕业生、家庭贫困生等的心理调查和咨询,有针对性地建立学生心理档案,对发现的学生心理问题采用重点辅导、专人管理、跟踪调查等方法,及时诊治。应建立学生异常情况与紧急处理预案,完善大学生心理问题高危人群预警机制,做到及早发现,及时预防,有效干预。大学校园不仅仅是知识的海洋,而且还应成为阳光明媚的心灵港湾。

六、强化大学生思想政治教育队伍的建设

对于学校党政干部和共青团学生会干部、思想政治理论课和哲学社会科学课教师、辅导员和班主任这三支思政教育主干队伍,应不断提高其组成人员的素质和能力,增强责任心和使命感。学校其他教师和人员,亦应结合自己的教学和本职工作,积极开展思想政治教育工作,并应将思政工作的实效和业绩列入其年度考核指标。鉴于目前专职思政人员较少的情况,各高校可采用硕士生兼做本科生辅导员、博士生兼做硕士生辅导员的办法,以充实思政队伍。这样做的好处,一是硕士生、博士生易于贴近大学生,更容易了解、理解他们的思想情感,更容易发现问题,更便于有针对性地开展工作;二是可以使硕士生、博士生本身得到锻炼,提高自身思想素质,提高实际工作能力;三是兼做辅导员的硕士生、博士生还可得到一定的报酬,补充他们的学习、生活费用。高校应努力形成党政齐抓共管、专兼职队伍相结合,全校紧密配合,上下共同推进的强大合力。同时还应与家长、校友及社会公众建立良好的沟通机制,营造良好的社会环境,全社会共同关注大学生思想政治教育。

(本文为2007年1月26日政协甘肃省九届五次全委会上的发言)